파이썬을 이용한 알기쉬운 수치해석

김시조 지음

도서출판 홍릉

저자소개

김시조 (공학박사/교수)

현재 : 국립안동대학교 공과대학 기계로봇공학과 교수
학력 : 연세대학교 기계공학과 학사(1984)
POSTECH 기계공학과 석사(1991)
POSTECH 기계공학과 박사(1995)
경력 : 미국 에크론 대학 교환교수(1997)
미국 미네소타 대학 교환교수(2007)
미국 미시시피 주립 대학 교환교수(2014)
국방과학연구소 연구원(1984~1989)

파이썬을 이용한 알기쉬운 **수치해석**

인 쇄 : 2024년 12월 23일 초판 1쇄
발 행 : 2024년 12월 30일 초판 1쇄

저 자 : 김시조
발행인 : 송 준
발행처 : 도서출판 홍릉
주 소 : 01093 서울시 강북구 인수봉로 50길 10
등 록 : 1976년 10월 21일 제5-66호

전 화 : 02-999-2274~5, 903-7037
팩 스 : 02-905-6729
e-mail : hongpub@hongpub.co.kr
http://www.hongpub.co.kr
ISBN : 979-11-5600-256-7(93000)

정 가 : 18,000원

머릿말

21세기는 기술 혁신과 지식의 융합이 핵심 동력으로 작용하는 시대다. 특히 4차 산업혁명과 인공지능 기술의 발전은 전통적인 공학 분야에 새로운 도전과 기회를 제공하고 있다. 이러한 환경에서 수치해석은 공학 문제를 해결하는 핵심 도구로, 다양한 데이터 기반 분석과 최적화 문제 해결에 활용되고 있다.

현재 수치해석의 중요성은 더욱 강조되고 있으며, 특히 자율주행 자동차의 수치해석에서 가장 중요한 것은 정확도와 실시간 처리이다. 자율주행 차량은 다양한 센서 데이터를 실시간으로 처리하며, 도로 상황을 정확하게 예측하고 반응해야 하기 때문이다. 이러한 기술은 수치해석을 통해 더욱 정교해지고, 안전한 자율주행을 가능하게 한다.

또한 AI와 수치해석은 깊은 관계를 맺고 있으며, AI의 발전이 수치해석 방법론에 많은 영향을 미쳤고, 반대로 수치해석 기술이 AI의 성능을 향상 시키는데 중요한 역할을 해왔다. 수치해석은 실세계의 문제를 수학적으로 모델링하고 해결하기 위한 다양한 알고리즘과 방법을 제공하며, AI는 이러한 수학적 모델을 데이터 기반으로 학습하고 최적화하는 능력을 갖추고 있다. 이 둘의 결합은 현대 과학과 공학의 중요한 연구 분야로 자리 잡있다.

예를 들어, 2024년 노벨 물리학상은 머신러닝과 AI 기술이 물리학 문제 해결에 중요한 기여를 한 연구자에게 수여되어, 머신러닝이 복잡한 물리적 시스템을 시뮬레이션하거나 예측하는 데 사용되고 있으며, 또한, 알파고에 이은 알파폴드와 같은 AI 분야 노벨 화학상을 수여 받았다. 이는 수치해석 기법을 바탕으로 AI 모델이 실세계 문제를 해결하는 데 어떻게 활용될 수 있는지 보여준다.

이 책은 파이썬 프로그래밍 언어를 활용하여 수치해석의 기초부터 심화 내용까지 단계적으로 학습할 수 있도록 구성되었다. 첫 장에서는 파이썬의 기본 문법과 데이터 처리에 필수적인 라이브러리(예: NumPy, Matplotlib)를 다루며, 프로그래밍과 수치해석의 연결 고리를 제공한다. 이어지는 장에서는 비선형 방정식 근사법, 선형 연립방정식 해법, 수치미분 및 수치적분, 보간법, 수치 회귀 등 전통적인 수치해석의 핵심 주제들을 체계적으로 소개한다.

특히, 후반부에서는 상미분 방정식과 편미분 방정식의 수치적 해법을 다루며, 유한차분법(Finite Difference Method)과 유한요소법(Finite Element Method)의 응용을 통해 실질적인 문제 해결 방법을 제시한다. 이와 더불어, Python을 활용하여 다양한 수치해석 문제를 직접 해결해보는 연습문제를 포함해 독자가 이론과 실습을 병행하며 학습할 수 있도록 하였다.

끝으로, 이 책이 수치해석 발전에 밑거름이 되기를 바라며, 이로부터 수치해석 분야에서의 AI, 자율주행 관련 연구에 도움이 되기를 희망한다.

김시조

차례

1 장 파이썬의 이해

파이썬은 현대 프로그래밍 언어 중 가장 직관적이고 유연한 도구로, 특히 수치해석과 같은 공학적 계산에서 강력한 도구로 자리 잡았다. 이 언어는 플랫폼 독립성, 간결한 문법, 동적 타이핑과 같은 특징을 갖추고 있어, 다양한 환경에서 동일한 코드로 수치 계산 작업을 수행할 수 있다. 또한, 인터프리터 기반 언어로서 코드를 작성하고 즉시 실행해 결과를 확인할 수 있다는 점은 학습자와 연구자에게 큰 이점을 제공한다.

수치해석의 관점에서 파이썬은 공학적 문제를 빠르고 간단히 해결할 수 있는 도구이다. 일반적으로 수치해석은 복잡한 수학적 문제를 근사적으로 해결하기 위해 반복적인 계산과 데이터 처리를 필요로 한다. 파이썬은 이러한 반복 작업을 간단한 문법으로 표현할 수 있어, 사용자는 알고리즘 구현에 집중할 수 있다. 특히, 반복 계산, 조건 계산, 데이터 입출력 기능을 내장하고 있어 수치적 문제 해결 과정 전반을 효율적으로 다룰 수 있다.

파이썬의 강력한 라이브러리 생태계는 수치해석 작업을 한층 더 단순화한다. NumPy는 벡터와 행렬 연산을 포함한 고성능 수치 연산을 지원하며, pandas는 복잡한 데이터셋을 쉽게 조작하고 분석할 수 있도록 돕는다. Matplotlib은 데이터 시각화를 통해 결과를 직관적으로 이해할 수 있는 도구를 제공하며, Scipy는 수학, 과학, 공학 문제에 필요한 고급 연산 기능을 제공한다. 이처럼 파이썬은 복잡한 수치해석 문제를 손쉽게 다룰 수 있도록 폭넓은 도구와 라이브러리를 제공하며, 이를 통해 공학적 문제 해결 능력을 크게 향상시킨다.

(1.1) 파이썬의 특징

이 절에서는 파이썬에서의 변수 선언 방식과 활용 방법에 대해 다룬다. 자료형 변환(Type Casting)을 통해 변수의 값을 명시적으로 다른 자료형으로 변환할 수 있으며, 이러한 기능은 데이터 처리 및 다양한 연산에서 유용하게 활용되며, 프로그램의 유연성과 효율성을 증대시킨다. 또한, 파이썬에서는 예약어(Keywords)를 변수명으로 사용할 수 없으므로, 제공되는 키워드 리스트를 숙지하여 충돌을 방지해야 한다. 이 절에서는 이러한 파이썬의 변수 선언과 활용 방법을 예제와 함께 상세히 설명한다.

(1.2) 변수선언

이 절에서는 파이썬에서의 변수 선언과 활용에 대해 설명한다. 파이썬에서는 변수를 선언할 때 자료형을 명시하지 않고 값을 할당하는 순간 자료형이 자동으로 결정되며, 이를 통해 프로그래머는 코드 작성 시 자료형 선언의 번거로움을 줄이고 프로그램 설계의 유연성을 확보할 수 있다. 또한, 파이썬은 자료형 변환(Type Casting)을 통해 변수의 값을 명시적으로 변환할 수 있는 기능을 제공한다. 아울러, 파이썬에서는 예약어를 변수명으로 사용할 경우 충돌이 발생하므로, Python이 제공하는 키워드 리스트를 숙지하여 이를 방지하는 것이 중요하다.

(1.3) 배열(Array)과 행렬(Matrix)

이 절에서는 파이썬에서 배열과 행렬을 다루는 방법과 그 활용법에 대해 설명한다. 파이썬의 리스트는 간단한 배열을 구현하는 데 사용되며, 다양한 데이터 구조를 저장하고 처리할 수 있다. 하지만 대규모 데이터나 복잡한 계산을 수행할 때는 리스트보다 NumPy 라이브러리를 활용한 배열과 행렬이 더 적합하다. 이 절에서는 리스트를 활용한 기본 배열 생성부터 NumPy를 사용한 고급 배열 연산, 행렬 연산까지 다양한 예제를 통해 배열과 행렬의 개념과 응용을 다룬다. 특히, 데이터 분석과 과학적 계산에서 배열과 행렬이 중요한 역할을 한다는 점을 강조하며, 이를 효율적으로 구현하는 방법을 제시한다.

(1.4) 튜플(tuple)

이 절에서는 파이썬의 주요 데이터 구조 중 하나인 튜플(Tuple)에 대해 설명한다. 튜플은 리스트와 유사하지만, 생성된 이후에는 값을 변경할 수 없는 불변(immutable) 자료구조로, 데이터의 무결성을 유지해야 하는 경우에 적합하다. 이 절에서는 튜플의 기본 사용법과 리스트와의 차이점을 비교하며, 실질적인 활용 사례를 예제와 함께 다룬다. 튜플은 데이터 보호와 안정성을 보장해야 하는 프로그램에서 중요한 역할을 한다는 점을 강조한다.

(1.5) 사전(Dictionary)

이 절에서는 파이썬의 사전(Dictionary) 자료구조에 대해 설명한다. 사전은 사전의 키는 고유해야 하며, 값에는 모든 자료형이 허용된다. 이를 통해 복잡한 데이터 구조를 간단하게 표현할 수 있다. 사전은 데이터의 추가, 수정, 삭제 작업이 간단하며, 동적 데이터를 관리하는 데 적합하다. 이 절에서는 사전의 기본적인 선언과 활용 방법뿐만 아니라, 사전을 사용한 다양한 데이터 처리 예제와 응용 방식을 다룬다.

(1.6) 수학 연산자 및 NumPy 비교

이 절에서는 파이썬의 기본 수학 연산자와 고급 수치 계산 라이브러리인 NumPy의 차이점을 설명한다. 이 절에서는 기본 연산자와 NumPy 연산의 사용법과 결과를 비교하며, NumPy의 장점을 실습과 함께 자세히 다룬다. 이를 통해 효율적인 데이터 처리와 수치 계산 방법을 학습할 수 있다.

(1.7) 반복 계산

이 절에서는 파이썬에서 반복 계산을 수행하는 다양한 방법을 설명한다. 파이썬은 for문과 while문을 사용하여 반복 작업을 수행할 수 있다. 반복문은 데이터의 처리, 계산, 조건부 작업 등에 널리 활용되며, NumPy와 같은 라이브러리를 활용하면 벡터화 연산을 통해 반복문 없이 대규모 데이터의 연산을 수행할 수 있다. 이 절에서는 반복문을 사용한 다양한 예제와 함께 효율적인 반복 계산을 위한 팁을 제공하며, 복잡한 문제를 간단한 코드로 해결하는 방법을 다룬다. 이를 통해 데이터 처리와 알고리즘 구현에서 반복문을 효과적으로 활용하는 방법을 학습할 수 있다.

(1.8) 조건 계산

이 절에서는 파이썬에서 조건문을 사용하여 프로그램의 흐름을 제어하는 방법을 설명한다. Python은 조건문(if, elif, else)과 조건 표현식을 통해 유연하고 직관적으로 조건 계산을 구현할 수 있다. if, elif, else 문을 사용하여 복잡한 조건 분기를 구현할 수 있으며, 리스트와 결합하여 대량의 데이터를 처리하거나, 조건 표현식을 사용하여 간결한 조건 계산을 수행할 수 있다. 간단한 조건문은 단일 값을 평가하고 다른 결과를 반환하는 데 적합하며, NumPy의 조건 계산은 행렬 및 대규모 데이터에서 조건 기반 작업을 효율적으로 수행할 수 있도록 설계되었다. 이 절에서는 조건문 사용법과 활용 예제를 다루며, 조건 계산을 통해 효율적인 데이터 처리와 프로그램 설계를 학습할 수 있다.

(1.9) 입출력

이 절에서는 파이썬에서 데이터의 입력과 출력을 처리하는 방법을 설명한다. 파이썬은 input() 함수를 사용해 사용자로부터 데이터를 입력받을 수 있으며, print() 함수를 통해 결과를 출력한다. 입력된 데이터는 문자열로 처리되며, 필요한 경우 자료형 변환을 통해 다양한 연산에 활용할 수 있다. 또한, 파일 입출력 기능을 활용하여 데이터를 외부 파일에 저장하거나 파일로부터 데이터를 읽어오는 방법도 다룬다. 이 절에서는 기본적인 콘솔 입출력부터 파일 입출력까지 다양한 예제를 통해 효율적인 데이터 입출력 방법을 학습한다. 이를 통해 데이터 저장 및 읽기 작업을 포함한 실질적인 프로그램 설계 능력을 배양할 수 있다.

(1.10) 함수(Function)

이 절에서는 파이썬에서 함수를 정의하고 사용하는 방법에 대해 설명한다. Python은 내장함수와 사용자 정의 함수를 활용해 코드의 가독성과 재사용성을 높인다. 내장함수는 간단한 작업을 빠르게 처리하며, 사용자 정의 함수는 복잡한 작업을 모듈화하여 효율성을 높인다. 또한, NumPy 같은 라이브러리의 내장함수는 데이터 처리와 수학 연산을 효과적으로 지원한다. 이 절에서는 함수의 정의와 호출 방법뿐만 아니라, 함수 내부의 지역 변수와 전역 변수의 차이, 재귀 함수, 람다 함수와 같은 고급 기능도 다룬다. 이를 통해 함수 활용 능력을 심화하고, 효율적이고 구조적인 프로그램 설계를 학습할 수 있다.

(1.11) NumPy를 이용한 벡터, 행렬

이 절에서는 파이썬의 고성능 수치 계산 라이브러리인 NumPy를 사용하여 벡터와 행렬 연산을 처리하는 방법을 설명한다. 벡터화 연산을 통해 반복문 없이 데이터를 처리하고, 고차원 배열을 활용하여 복잡한 선형대수 연산을 간단히 구현할 수 있다. 이 절에서는 벡터와 행렬의 기본 사용법부터 고급 연산까지 다루며, 특히 두 벡터의 연산, 예로 내적, 외적, 두 행렬의 곱에 대해 다룬다.

(1.12) 객체지향 프로그래밍(OOP)

이 절에서는 파이썬의 객체지향 프로그래밍(Object-Oriented Programming, OOP) 개념과 활용 방법을 설명한다. OOP는 데이터를 객체로 모델링하고, 객체 간 상호작용을 통해 프로그램을 설계하는 방식이다. 파이썬에서 클래스(Class)를 정의하여 객체를 생성할 수 있으며, 클래스는 속성(변수)과 메서드(함수)로 구성된다. 상속(Inheritance), 다형성(Polymorphism), 캡슐화(Encapsulation)와 같은 객체지향 프로그래밍의 주요 특징을 통해 코드 재사용성과 유지보수성을 높일 수 있다. 이 절에서는 클래스 정의, 객체 생성, 메서드 호출, 생성자 함수(__init__) 사용, 그리고 상속과 다형성을 활용한 프로그램 설계 방법을 다룬다. 객체지향 프로그래밍의 기본 원리를 학습함으로써 복잡한 문제를 체계적이고 효율적으로 해결하는 방법을 익힐 수 있다.

(1.13) matplotlib를 이용한 그래프 시각화

이 절에서는 파이썬의 데이터 시각화 라이브러리인 Matplotlib를 사용하여 데이터를 그래프로 표현하는 방법을 설명한다. Matplotlib는 선 그래프, 막대 그래프, 히스토그램, 산점도 등 다양한 그래프 유형을 지원하며, 데이터를 시각적으로 분석하는 데 유용하다. 그래프의 기본 구성 요소인 제목, 축 레이블, 범례 등을 설정하여 그래프를 사용자 정의할 수 있다. 또한, 플롯 스타일을 조정하거나, 서브플롯을 생성해 여러 데이터를 동시에 시각화하는 방법도 다룬다. 이 절에서는 Matplotlib의 기본 사용법부터 고급 그래프 작성 방법까지 실습과 함께 다루며, 데이터를 효과적으로 표현하고 분석할 수 있는 방법을 학습한다.

(1.14) 연습문제

각 절에서 배운 내용을 복습하고 Python 구현을 연습할 수 있는 문제들이 포함되어 있다. 연습문제는 기본 개념의 이해를 돕고, 실제 문제에 대한 응용력을 높이기 위해 설계되었다. 이를 통해 독자는 수치해석 기법과 Python 코딩 기술을 동시에 발전시킬 수 있다.

(1.1) 파이썬의 특징

이 절에서는 파이썬에서의 변수 선언 방식과 활용 방법에 대해 다룬다. 파이썬은 변수를 선언할 때 자료형을 명시하지 않고 값을 할당하는 순간 자료형을 자동으로 결정하는 동적 타이핑(dynamic typing)을 지원한다. 이를 통해 프로그래머는 코드 작성 시 자료형 선언의 번거로움을 줄이고 유연성을 높일 수 있다. 자료형 변환(Type Casting)을 통해 변수의 값을 명시적으로 다른 자료형으로 변환할 수 있으며, 예를 들어 int(), float(), str() 함수 등을 사용하여 숫자를 문자열로 변환하거나 반대로 변환할 수 있다. 이러한 기능은 데이터 처리 및 다양한 연산에서 유용하게 활용되며, 프로그램의 유연성과 효율성을 증대시킨다. 또한, 파이썬에서는 예약어(Keywords)를 변수명으로 사용할 수 없으므로, 제공되는 키워드 리스트를 숙지하여 충돌을 방지해야 한다. 이 절에서는 이러한 파이썬의 변수 선언과 활용 방법을 예제와 함께 상세히 설명한다.

(1.1.1) 플랫폼 독립성

파이썬 코드를 Windows, macOS, Linux 등 다양한 운영 체제에서 동일한 결과를 얻을 수 있다. 예를 들어, 간단한 파일 읽기 코드는 모든 운영 체제에서 동일하게 작동한다.

```
with open('example.txt', 'r') as file:
    print(file.read())
```

(1.1.2) 인터프리터 언어

파이썬 코드를 작성하고, 바로 실행하여 결과를 확인할 수 있다. 파이썬 쉘에서 간단한 계산을 바로 수행해 볼 수 있다.

```
print(2 + 3)
```

(1.1.3) 블록과 줄바꿈

파이썬에서 블록(block)은 들여쓰기(indentation)를 통해 정의한다. 파이썬은 중괄호 {} 대신 들여쓰기를 사용하여 코드의 구조를 나타내며, 같은 수준으로 들여쓰기된 코드가 하나의 블록으로 간주된다. 들여쓰기 규칙은 블록 내 코드는 4칸(space) 또는 탭(tab)으로 들여쓰면 편하다. 같은 블록 내에서는 들여쓰기 크기를 동일하게 유지해야 한다. 섞인 들여쓰기는 오류를 발생시킨다. 블록에 코드를 작성하지 않을 경우, pass 키워드를 사용해 빈 블록을 유지한다.

① 예제: 조건문과 반복문의 블록

코드	출력 결과

<pre>n = 5
if n > 0: # 조건문 블록 시작
    print("n is positive")
    for i in range(n): # 반복문 블록 시작
        print(f"Iteration {i}")
    print("Loop finished")
print("Outside all blocks")</pre>
	n is positive
	Iteration 0
	Iteration 1
	Iteration 2
	Iteration 3
	Iteration 4
	Loop finished
	Outside all blocks

(1.1.4) 객체지향 프로그래밍 지원

파이썬에서 클래스를 정의하고 객체를 생성하여 사용하는 방법은 객체지향 프로그래밍의 핵심 개념을 적용한다.

코드	출력 결과

<pre>class Animal:
    def __init__(self, name):
        self.name = name
    def speak(self):
        return "makes a sound"
 	
class Dog(Animal):
    def speak(self):
        return "barks"
 	
pet = Dog("Buddy")
print(pet.name, pet.speak())</pre>
	Buddy barks

(1.1.5) 동적 타이핑

변수에 대한 타입 선언 없이도 다양한 타입의 값을 할당하고 변경할 수 있다. 이는 코드 작성을 더 유연하고 간단하게 해준다.

코드	출력 결과

number = 10 # 처음에는 정수를 할당
print(number)
number = "ten" # 나중에는 문자열을 할당
print(number)
	
	10
	ten

(1.1.6) NumPy 라이브러리

NumPy는 파이썬에서 고성능 수치 계산을 가능하게 하는 라이브러리로, 대규모 다차원 배열과 행렬 연산에 최적화되어 있다. 이는 과학 및 공학 연산을 위한 강력한 도구로 자리 잡았다.

코드	출력 결과
import numpy as np a = np.array([1, 2, 3]) b = np.array([4, 5, 6]) print(a + b) # 배열 간 덧셈	 [5 7 9]

(1.2) 변수선언

이 절에서는 파이썬에서의 변수 선언과 활용에 대해 설명한다. 파이썬에서는 변수를 선언할 때 자료형을 명시하지 않고 값을 할당하는 순간 자료형이 자동으로 결정되며, 이를 통해 프로그래머는 코드 작성 시 자료형 선언의 번거로움을 줄이고 프로그램 설계의 유연성을 확보할 수 있다. 또한, 파이썬은 자료형 변환(Type Casting)을 통해 변수의 값을 명시적으로 변환할 수 있는 기능을 제공한다. 예를 들어, int(), float(), str() 함수 등을 사용하여 숫자를 문자열로 변환하거나 반대로 변환할 수 있으며, 이는 데이터 처리에서 형 변환이 필요한 경우 매우 유용하다. 다만, 변환 과정에서 데이터 손실이 발생할 가능성이 있으므로 주의가 필요하다. 아울러, 파이썬에서는 예약어를 변수명으로 사용할 경우 충돌이 발생하므로, Python이 제공하는 키워드 리스트를 숙지하여 이를 방지하는 것이 중요하다.

(1.2.1) 자료 형, 변수 선언과 변환

① 자료형과 변수

파이썬은 동적 타이핑을 지원해 자료형 선언 없이도 변수를 사용할 수 있다. 문자열은 단일 문자도 문자열(str)로 처리하며, 숫자형과 문자열 간 변환이 간단하다. 예를 들어, int("123")은 문자열을 정수로 변환하고, str(123)은 정수를 문자열로 변환한다. 정수형(int)은 크기 제한 없이 동작하며, 실수형(float)은 부동 소수점 연산을 지원한다. 문자열은 다양한 연산을 제공하며 유니코드 지원으로 강력한 처리 기능을 가진다.

② 파이썬 메모리 관리

파이썬은 변수의 크기를 자동으로 조정하며, 정적 타이핑 언어처럼 메모리 크기를 명시하지 않아도 된다. 예를 들어, 정수와 실수 모두 사용자가 직접 메모리 관리를 고려하지 않아도 동작한다. 동적 메모리 관리로 인해 큰 정수나 긴 문자열도 문제없이 처리 가능하며, 프로그래머는 로직에 집중할 수 있다.

③ 다양한 변수 선언에 대한 파이썬 코드와 실행 결과

이 표는 다양한 변수 선언과 그 결과를 명확히 설명하며, 파이썬의 변수 선언과 자료형 변환에 대한 이해를 돕는다. 각각의 사례는 파이썬의 동적 타이핑과 유연성을 강조하며, 프로그래밍 초보자에게 적합한 예제다.

코드	출력 결과	설명
x = 10 print(x)	10	정수 값 10을 변수 x에 할당하였다. 파이썬은 값에 따라 자료형을 자동으로 결정하며, 여기서 x는 int 자료형으로 저장된다.
y = 3.14 print(y)	3.14	실수 값 3.14를 변수 y에 할당하였다. 파이썬은 이를 float 자료형으로 인식한다.
name = "Alice" print(name)	Alice	문자열 "Alice"를 변수 name에 할당하였다. 파이썬은 문자열을 str 자료형으로 처리한다.
is_valid = True print(is_valid)	True	Boolean 값 True를 변수 is_valid에 할당하였다. True는 논리적으로 참을 나타내며, 연산 시에는 숫자 1로 간주된다.
a = 5 b = a + 2 print(a, b)	5 7	변수 a에 정수 값 5를 저장하고, 변수 b에 a + 2의 결과를 저장하였다. 변수 간 연산이 정상적으로 수행되었음을 보여준다.
c = 10 c = "Hello" print(c)	Hello	변수 c에 처음에는 정수 10을 저장하고, 이후 문자열 "Hello"를 다시 저장하였다. 파이썬의 동적 타이핑 특성으로 같은 변수에 다른 자료형을 저장할 수 있다.
try: print(z) except NameError as e: print(e)	name 'z' Is not defined	선언되지 않은 변수 z에 접근하려고 시도하면 NameError가 발생한다. 이는 파이썬이 초기화되지 않은 변수를 사용할 수 없도록 제한함을 보여준다.

④ 자료형 변환(type casting)의 의미 및 예제

자료형 변환은 데이터를 한 자료형에서 다른 자료형으로 바꾸는 과정이다. 문자열을 숫자로 변환해 계산하거나, 숫자를 문자열로 변환해 출력 형식을 조정할 수 있다. 파이썬에서는 주로 명시적 변환(explicit type casting)을 사용하며, 다양한 변환 함수를 제공해 데이터 처리를 유연하게 지원한다. 자료형 변환은 데이터의 형식을 변경해 필요한 작업을 수행할 수 있도록 도와주는 중요한 기능이다. 예제와 함께 이를 이해하고 활용하는 것은 프로그래밍에서 필수적이다.

이 예제는 자료형 변환(Type Casting)의 관점에서 문자열을 실수형으로 변환하는 과정을 보여준다. 파이썬에서는 문자열, 정수, 실수 등 서로 다른 자료형 간의 변환이 가능하며, 이를 통해 데이터를 원하는 형태로 처리할 수 있다. 먼저 변수 c는 문자열 값 '76.3'을 저장하고 있다. 이 값은 숫자처럼 보이지만, 실제로는 문자열(str) 자료형으로 간주된다. 문자열을 숫자형으로 변환하려면 해당 문자열이 숫자로 변환 가능한 형식이어야 하며, 이 경우 float() 함수를 사용하여 문자열을 실수형으로 변환할 수 있다. d = float(c) 코드는 문자열 c를 실수형(float)으로 변환하여 변수 d에 저장하는 과정이다. 변환된 값은 실수 76.3이며, 이제 d는 숫자형 데이터로 간주된다. 자료형 변환 후 print(d)를 통해 변수 d의 값을 출력하면 실수형 값 76.3이 출력된다. 이는 자료형 변환이 성공적으로 이루어졌음을 보여준다. 그러나 print(c + d)와 같이 서로 다른 자료형 간 연산을 시도하면 오류가 발생한다. 이 경우, 변수 c는 여전히 문자열 자료형으로 유지되고, 변수 d는 실수형이기 때문에 문자열과 숫자는 더할 수 없다. 파이썬에서는 문자열과 숫자 간의 연산이 명시적으로 정의되지 않았기 때문에 TypeError가 발생한다. 이는 자료형 간의 연산 규칙을 준수하지 않았기 때문이다.

코드	출력 결과	설명
c = '76.3'	없음	c는 문자열(str) 자료형으로 인식된다.
d = float(c)	없음	d는 실수형 자료형이 된다.
print(c)	76.3	문자열 c를 출력한다.
print(d)	76.3	실수형으로 변환된 d를 출력한다.
print(c + d)	오류 발생: TypeError	문자열과 숫자는 서로 연산할 수 없다.

아래는 자료형 변환의 예제 코드, 실행 결과, 설명을 표로 정리한 내용이다:

코드	출력 결과	설명
x = int(3.9) print(x)	3	float 값을 int로 변환하여 소수점을 버리고 정수 부분만 저장한다.
y = float(5) print(y)	5.0	int 값을 float로 변환하여 소수점 아래에 .0을 추가한 실수형으로 저장한다.
z = str(42) print(z)	42	결과는 문자열로, 숫자가 아닌 텍스트 데이터로 처리된다.
a = "3.14" b = float(a) print(b)	3.14	문자열로 저장된 숫자 값을 float로 변환한다. 이 경우, 문자열이 숫자 형식이어야 변환이 가능하다.
c = "10" d = int(c) print(d)	오류 발생: TypeError	문자열 "10"을 정수형으로 변환하여 숫자 연산이 가능하게 만든다.
e = 1 + True print(e)	2	True는 숫자 1로 간주되어 정수 연산이 수행된다. 파이썬에서 True는 1, False는 0.

(1.2.2) 파이썬 예약어 (Keywords)

파이썬의 예약어(Keywords)는 언어의 문법과 구조를 정의하는 데 사용되는 미리 정의된 단어들이다. 이러한 예약어는 변수명이나 함수명으로 사용할 수 없으며, 각각 고유한 기능과 역할을 수행한다. 예를 들어, if, else, for는 조건문과 반복문을 정의하며, class, def는 클래스와 함수를 정의하는 데 사용된다. 또한, import는 외부 모듈을 가져오는 데 사용되고, return은 함수에서 값을 반환하는 데 활용된다. 이처럼 예약어는 파이썬 코드의 흐름과 동작을 제어하는 핵심 요소로, 총 33개의 예약어가 있으며, 대소문자를 구분한다. 개발자는 예약어를 이해하고 적절히 사용해야 오류를 방지하고 가독성을 높일 수 있다.

and	as	assert	break	class
continue	def	del	elif	else
except	exec	finally	for	from
global	if	import	in	is
lambda	nonlocal	not	or	pass
print	raise	return	try	while
with	yield			

(1.3) 배열(Array)과 행렬(Matrix)

이 절에서는 파이썬에서 배열과 행렬을 다루는 방법과 그 활용법에 대해 설명한다. 파이썬의 리스트는 간단한 배열을 구현하는 데 사용되며, 다양한 데이터 구조를 저장하고 처리할 수 있다. 하지만 대규모 데이터나 복잡한 계산을 수행할 때는 리스트보다 NumPy 라이브러리를 활용한 배열과 행렬이 더 적합하다. NumPy 배열은 고성능의 벡터 및 행렬 연산을 지원하며, 데이터 처리 속도를 향상시킨다. 이 절에서는 리스트를 활용한 기본 배열 생성부터 NumPy를 사용한 고급 배열 연산, 행렬 연산까지 다양한 예제를 통해 배열과 행렬의 개념과 응용을 다룬다. 특히, 데이터 분석과 과학적 계산에서 배열과 행렬이 중요한 역할을 한다는 점을 강조하며, 이를 효율적으로 구현하는 방법을 제시한다.

(1.3.1) 리스트(List)를 사용한 배열

파이썬에서 배열은 기본적으로 리스트로 구현된다. 리스트는 1차원 또는 다차원 데이터를 표현할 수 있으며, 자료형에 제한이 없어 다양한 데이터 타입을 혼합하여 저장할 수 있다. 배열은 파이썬에서 리스트(list)를 이용하여 간단히 생성할 수 있다. 예를 들어, 1차원 배열은 리스트 형태로 정의되며, 여러 데이터 타입을 저장할 수 있다. 리스트(List)는 파이썬에서 가장 기본적이고 유연한 데이터 구조 중 하나로, 여러 데이터를 순서대로 저장할 수 있는 컬렉션이다. 리스트는 대괄호([ ])로 선언하며, 각 요소는 쉼표(,)로 구분한다. 리스트는 다양한 자료형의 데이터를 함께 저장할 수 있으며, 길이를 동적으로 변경할 수 있다. 리스트는 데이터를 추가, 삭제, 수정할 수 있는 다양한 메서드를 제공하여 데이터를 효율적으로 다룰 수 있게 한다. 그러나 리스트는 배열처럼 수학적 연산이나 벡터 연산에 적합하지 않다. 리스트는 배열과 유사한 데이터를 저장할 수 있지만, 벡터 연산, 행렬 연산 등 복잡한 수학적 계산을 효율적으로 처리할수 없다는 한계가 있다. 다차원 데이터를 다룰 때도 연산 처리 속도가 느리다는 한계가 있다.

① 리스트(list) 형식 및 특징

리스트는 데이터를 저장하고 다룰 수 있는 파이썬의 유연한 자료구조로, 다양한 자료형을 함께 저장할 수 있으며 동적 크기 조정이 가능하다. 삽입, 삭제 등 데이터를 조작하는 데 적합하며, 다양한 메서드를 제공해 데이터 분석과 알고리즘 설계에 효율적이다. 기본 형식은 list_name = [element1, element2, element3, ...]로 정의되며, 요소는 공백 또는 반점(,)으로 구분한다.

리스트는 기본적으로 행벡터(row vector)로 취급되지만, NumPy를 활용하면 열벡터(column vector)를 포함한 다양한 벡터 연산을 쉽게 처리할 수 있다. 파이썬 리스트는 대규모 데이터 처리나 수학적 연산에는 한계가 있어 반복문 작성이 필요할 수 있다. 이를 보완하려면 NumPy를 사용하여 효율성과 속도를 높이는 것이 좋다.

리스트는 데이터를 저장하고 기본적인 접근 및 연산을 수행할 수 있지만, 대규모 데이터 처리나 수학적 연산에는 적합하지 않다. 요소별 연산을 처리하기 위해 추가적인 반복문이나 연산 코드를 작성해야 하므로, 효율성과 속도 면에서 한계가 있다.

코드	출력 결과	설명
array = [1, 2, 3, 4] print(array)	[1, 2, 3, 4]	리스트를 사용하여 1차원 배열처럼 데이터를 저장한다.
array_2d = [[1, 2], [3, 4]] print(array_2d)	[[1, 2], [3, 4]]	2차원 데이터를 생성하였다. 수학적 연산에는 적합하지 않다.
sum = array[0] + array[1] print(sum)	3	리스트 요소를 인덱싱하여 접근하고, 간단한 덧셈 연산을 수행하였다.

다양한 리스트 선언 예제와 활용이다.

코드	출력 결과	설명
colors = ['red', 'green'] print(colors)	['red', 'green']	비어 있는 리스트를 선언하였다.
empty_list = [] print(empty_list)	[]	비어 있는 공간.
mixed_list = ['Hello', 1, 2] print(mixed_list)	['Hello', 1, 2]	문자열과 숫자가 혼합된 리스트를 선언하였다.
nest = [['Hello', 'World'], 1, 2] print(nest)	[['Hello', 'World'], 1, 2]	리스트 안에 또 다른 리스트를 포함한 중첩 리스트를 선언하였다.

리스트의 데이터 접근과 연산 예이다.

코드	출력 결과	설명
a = [10, 20, 30, 40] print(a[0])	10	리스트의 첫 번째 요소를 가져왔다. 인덱스는 0부터 시작한다.
print(a[-1])	40	음수 인덱스는 뒤에서부터 요소에 접근할 수 있도록 한다.
sum = a[0] + a[1] print(sum)	30	리스트 요소 간의 연산을 수행한다.

중첩 리스트(Nested List)에서 데이터 접근: 이 코드 예제는 리스트를 중첩하여 사용하는 방법과, 중첩된 리스트의 요소를 호출하는 방법을 잘 보여준다.

코드	출력 결과	설명

a = [1, 2, ['a', 'b', ['Life', 'is']]] print(a[2][2][0])	Life	인덱스를 중첩하여 원하는 데이터를 추출할 수 있다.

② 중첩 리스트의 행렬화:

중첩 리스트는 행(row)과 열(column)로 구성된 데이터 구조인 행렬(matrix)로 간주할 수 있다. 주어진 예제에서는 1차원 리스트 v1, v2, v3가 각각 7개의 숫자를 포함하고 있으며, 이 리스트들을 포함하는 리스트 A를 생성하였다. 리스트 A는 다음과 같은 구조를 가지며, 이를 통해 행렬 형태의 데이터를 표현할 수 있다. A는 3개의 1차원 리스트를 포함하는 2차원 리스트로 구성된다. 이를 통해 2차원 데이터를 효율적으로 관리할 수 있다. 이 코드 예제는 리스트를 중첩하여 사용하는 방법과, 중첩된 리스트의 요소를 호출하는 방법을 잘 보여준다. 2차원 이상의 데이터를 리스트로 표현할 때 매우 유용한 방식이다.

$$A = \begin{bmatrix} v1 \\ v2 \\ v3 \end{bmatrix} = \begin{bmatrix} [1,2,3,4,5,6,7] \\ [1,2,3,4,5,6,7] \\ [1,2,3,4,5,6,7] \end{bmatrix}$$

코드	출력 결과	설명
v1 = [1, 2, 3, 4, 5, 6, 7] v2 = [1, 2, 3, 4, 5, 6, 7] v3 = [1, 2, 3, 4, 5, 6, 7] A = [v1, v2, v3] print(A[0])	[1, 2, 3, 4, 5, 6, 7]	리스트 v1, v2, v3를 생성하고, 이를 포함하는 2차원 리스트 A를 생성하였다. A[0]은 첫 번째 리스트 v1을 반환한다.
print(A[1])	[1, 2, 3, 4, 5, 6, 7]	두 번째 요소는 리스트 v2이다.
print(A[2])	[1, 2, 3, 4, 5, 6, 7]	세 번째 요소는 리스트 v3이다.

(1.3.2) 리스트(List) 슬라이싱(Slicing)

슬라이싱(Slicing)은 리스트에서 특정 범위의 요소를 쉽게 추출할 수 있는 강력한 기능이다. 슬라이싱을 사용하면 복잡한 반복문 없이 원하는 요소들을 빠르고 간결하게 가져올 수 있다. 이 기능은 데이터 분석, 배열 처리, 문자열 조작 등 다양한 분야에서 효율적으로 활용된다. 슬라이싱의 장점으로 단순한 문법으로 간단한 구문으로 데이터 추출 가능하고, 시작, 끝, 간격을 조정하여 다양한 데이터를 얻을 수 있는 유연성이 있고, 리스트의 특정 범위를 빠르게 추출할 수 있어 대규모 데이터 처리에도 적합하다.

① 슬라이싱의 필요성

㉠ 효율적인 데이터 추출: 반복문 없이 특정 범위의 데이터를 쉽게 가져올 수 있다.

㉡ 코드 간결성: 긴 코드를 줄이고 가독성을 높인다.

㉢ 데이터 조작: 리스트의 일부를 다른 리스트로 저장하거나 수정할 수 있다.

② 슬라이싱의 기본 형식: list_name[start:end:step]

㉠ start: 시작 인덱스(포함). 기본값은 0.
㉡ end: 끝 인덱스(포함되지 않음). 기본값은 리스트의 길이.
㉢ step: 인덱스의 간격(기본값은 1).

③ 코드 기초 예제

코드	출력 결과	설명
a = [0, 1, 2, 3, 4, 5, 6, 7, 8, 9] print(a[2:5])	[2, 3, 4]	인덱스 2부터 4까지의 요소를 추출하였다. 끝 인덱스는 포함되지 않는다.
print(a[:4])	[0, 1, 2, 3]	처음부터 인덱스 3까지의 요소를 추출.
print(a[5:])	[5, 6, 7, 8, 9]	인덱스 5부터 리스트 끝까지 추출.
print(a[::2])	[0, 2, 4, 6, 8]	리스트의 처음부터 끝까지, 2씩 건너뛰며 요소를 추출하였다. step 값을 사용한 슬라이싱 예제.
print(a[-3:])	[7, 8, 9]	리스트의 끝에서 3개의 요소를 추출하였다.
print(a[::-1])	[9, 8, 7, 6, 5, 4, 3, 2, 1, 0]	리스트를 거꾸로 뒤집었다. step 값을 -1로 설정하여 역순으로 요소를 추출하였다.

④ 데이터 분할:

슬라이싱을 사용하여 데이터셋을 학습용(train)과 테스트용(test)으로 나눌 수 있다.

```
data = [1, 2, 3, 4, 5, 6, 7, 8, 9, 10]
train = data[:7]  # 처음 7개
test = data[7:]   # 나머지
print(train)  # [1, 2, 3, 4, 5, 6, 7]
print(test)   # [8, 9, 10]
```

⑤ 데이터 샘플링: 간격을 두고 데이터를 추출할 때 유용하다.

```
a = [0, 1, 2, 3, 4, 5, 6, 7, 8, 9]
sampled = a[::3]  # 3칸 간격으로 추출

print(sampled)  # [0, 3, 6, 9]
```

⑥ 리스트 복사: 슬라이싱을 사용하면 리스트의 일부 또는 전체를 복사할 수 있다.

```
original = [1, 2, 3, 4, 5]
copied = original[:]  # 리스트 전체 복사
print(copied)  # [1, 2, 3, 4, 5]
```

(1.3.3) NumPy와 배열과의 관계

NumPy는 배열 연산에 특화된 라이브러리로, 리스트보다 메모리 효율적이고 연산 속도가 빠르다. NumPy 배열은 동일한 자료형만 저장 가능하며, 벡터화 연산을 통해 간단한 코드로 복잡한 연산을 수행할 수 있다.

NumPy 배열은 리스트보다 더 효율적이고 수학적으로 정교한 계산이 가능하다. 특히 벡터화 연산은 루프 없이 요소별 연산을 수행할 수 있어 코드가 간결해지고 성능이 향상된다. 리스트와 비교해 자료형 일관성과 연산 최적화 측면에서 큰 장점을 제공한다.

코드	출력 결과	설명
import numpy as np array_np = np.array([1, 2, 3, 4]) print(array_np)	[1, 2, 3, 4]	NumPy 배열을 생성. 리스트와 달리 동일한 자료형만 저장 가능하며, 수학적 연산에 적합.
array_2d = np.array([[1, 2], [3, 4]]) print(array_2d)	[[1, 2], [3, 4]]	2차원 데이터를 NumPy 배열로 표현.
result = array_np + 10 print(result)	3	벡터화 연산을 지원하여 각 요소에 10을 더하는 연산.

(1.3.4) 행렬과 배열과의 관계

행렬은 데이터를 2차원으로 구조화한 형태로, 선형대수 연산에 적합하다. NumPy는 행렬 연산을 위한 강력한 기능을 제공하며, @ 연산자나 np.dot() 함수로 행렬 곱과 같은 복잡한 연산을 간단히 처리할 수 있다. 행렬은 데이터를 2차원으로 구조화하여 선형대수 연산에 적합하게 사용된다. NumPy 배열과 달리, 행렬은 행렬 곱, 전치 등의 연산이 기본적으로 제공되며, 이를 통해 데이터 분석, 머신러닝 등 다양한 분야에서 활용된다. NumPy의 행렬 연산 기능은 복잡한 수학적 연산을 단순화하며, 대규모 데이터를 효과적으로 처리할 수 있다.

코드	출력 결과	설명
A = np.array([[1, 2], [3, 4]]) B = np.array([[5, 6], [7, 8]]) C = A @ B print(C)	[[19 22] [43 50]]	두 행렬 간의 행렬 곱을 수행하였다. @ 연산자는 NumPy에서 행렬 곱을 나타낸다.
transpose = A.T print(transpose)	[[1 3] [2 4]]	행렬의 전치를 수행하였다.
D = np.dot(A, B) print(D)	[[19 22] [43 50]]	np.dot() 함수는 행렬 곱 연산을 수행. @ 연산자와 동일한 결과.

(1.4) 튜플(tuple)

이 절에서는 파이썬의 주요 데이터 구조 중 하나인 튜플(Tuple)에 대해 설명한다. 튜플은 리스트와 유사하지만, 생성된 이후에는 값을 변경할 수 없는 불변(immutable) 자료구조로, 데이터의 무결성을 유지해야 하는 경우에 적합하다. 튜플은 소괄호를 사용하여 선언되며, 다양한 데이터 타입을 포함할 수 있다. 또한, 튜플의 슬라이싱, 중첩, 언패킹(Unpacking) 등 다양한 활용 방법을 통해 데이터 처리를 효율적으로 수행할 수 있다. 이 절에서는 튜플의 기본 사용법과 리스트와의 차이점을 비교하며, 실질적인 활용 사례를 예제와 함께 다룬다. 튜플은 데이터 보호와 안정성을 보장해야 하는 프로그램에서 중요한 역할을 한다는 점을 강조한다.

(1.4.1) 튜플이란?

리스트와 비슷한 순서열이지만, 리스트와 달리 생성된 항목을 변경할 수 없는 순서열이다. 이러한 성질 때문에 데이터를 수정할 필요가 없거나 데이터의 안정성을 보장해야 할 때는 튜플을 사용하고, 데이터를 동적으로 변경해야 하는 경우에는 리스트를 사용하는 것이 좋다. 또 다른 차이점으로, 리스트는 대괄호([ ])를 사용하여 생성하지만, 튜플은 소괄호(( ))를 사용하여 생성한다.

(1.4.2) 튜플(tuple) 형식

튜플의 형식은, 리스트에서는 대괄호 "[,]"를 이용해서 만든다면 튜플은 소괄호 "(,)"를 이용해서 만든다. ( ) 괄호 사용 항목 추출하기는 리스트처럼 숫자 인덱스를 사용하거나 콤마(,)를 사용한다. 파이썬 튜플은 리스트와 같이 순서가 있지만, 수정 불가능한 자료구조이다.

코드	출력 결과
T = ((10, 20), (30, 40), (50, 60)) print('T=',T) print('T[0] [0]=',T[0] [0]) T4 = (1, 2, ('a','b',('Life',4))) print(T4[2][2][0])	T= ((10, 20), (30, 40), (50, 60)) T[0] [0]= 10 Life

(1.4.3) 튜플(tuple) 특징

튜플의 요소 값은 변경하거나 삭제할 수 없다.

코드	출력 결과
T = ((10, 20), (30, 40)) T[0] [0]=55	TypeError Traceback (most recent call last) Cell In[3], line 2 1 T = ((10, 20), (30, 40)) ----> 2 T[0] [0]=55 TypeError: 'tuple' object does not support item assignment

값이 하나만 있는 튜플은 콤마 하나 꼭 붙여야한다.

코드	출력 결과

T=(55,) print(T[0])	55

코드	출력 결과
T=(55) print(T[0])	TypeError Traceback (most recent call last) Cell In[5], line 2 1 T=(55) ----> 2 print(T[0]) TypeError: 'int' object is not subscriptable

(1.4.4) 튜플(tuple) 예제

코드	출력 결과

my_list = [1, 2, 3, 4, 5] # 리스트 생성
print("my_list",my_list)
my_tuple = (1, 2, 3, 4, 5) # 튜플 생성
print("my_tuple",my_list)
my_list[0] = 6 # [6, 2, 3, 4, 5] # 리스트 값 변경
print("my_list[0]",my_list)
my_list.append(6) # [6, 2, 3, 4, 5, 6] # 리스트 값 추가
print("my_list.append(6)",my_list)
my_tuple[0] = 6 # 튜플 값 변경 - 오류 발생
print("my_tuple[0]",my_list)
my_tuple.append(6) # 튜플 값 추가 - 오류 발생
print("my_tuple.append(6)",my_list)
	my_list [1, 2, 3, 4, 5]
	my_tuple [1, 2, 3, 4, 5]
	my_list[0] [6, 2, 3, 4, 5]
	my_list.append(6) [6, 2, 3, 4, 5, 6]
	
	TypeError Traceback (most recent call last)
	Cell In[6], line 18
	     15 print("my_list.append(6)",my_list)
	     17 # 튜플 값 변경 - 오류 발생
	---> 18 my_tuple[0] = 6
	     19 print("my_tuple[0]",my_list)
	     21 # 튜플 값 추가 - 오류 발생
	
	TypeError: 'tuple' object does not support item assignment

(1.4.5) 듀플(tuple) slicing : ":" 사용

":" 사용하여 배열의 원하는 부분을 잘라 새로운 배열로 추출 가능하다.

코드	출력 결과
T = (1, 2, 3, 4, 5, 6, 7)	T : (1, 2, 3, 4, 5, 6, 7)

T1 = T[0:3] ;T2 = T[0:-3] T3 = T[:]; T4 = T[5:]; T5 = T[:5] print(f'T : {T}') print(f'T[0:3] : {T1}') print(f'T[0:-3] : {T2}') print(f'T[:] : {T3}') print(f'T[5:] : {T4}') print(f'T[:5] : {T5}')	T[0:3] : (1, 2, 3) T[0:-3] : (1, 2, 3, 4) T[:] : (1, 2, 3, 4, 5, 6, 7) T[5:] : (6, 7) T[:5] : (1, 2, 3, 4, 5)

(1.4.6) 튜플(tuple) Extended slicing : "::" 사용

A(::), A(1:2:3), A(::-1) 등으로 배열의 index에 접근하는 방법이며, A(a:b:c)의 의미는, index a 부터 index b 까지 c의 간격으로 배열을 만들라는 뜻이다. 만약 A가 없으면, 즉 A(:b:c) 이라면, 처음부터 b 까지 c의 간격으로 배열을 만들어라는 뜻이다. B가 없으면, 즉 A(a::c) 이라면, index a 부터 할 수 있는 데까지, 즉 예를 들어 c가 양수라면 마지막 index까지, c가 음수라면 첫 index까지가 c의 간격으로 배열을 만들라는 뜻이다. 마지막으로 c가 없으면, 즉 A(a:b:) 이라면, index a 부터 index b 까지 한 칸 간격으로 배열을 만들라는 뜻이다. Extended slicing : "::" 사용하여 파이썬 프로그램을 해 보자.

코드	출력 결과

A = [0, 1, 2, 3, 4, 5, 6]
A_copy = A[::] # A[::] - 배열 전체를 복사
# A[1:2:3]: 인덱스 1부터 2까지 3의 간격으로 추출 	
A_slice_1 = A[1:2:3]
A_reverse = A[::-1] # A[::-1] - 배열을 역순으로 추출
print(f'A_copy: {A_copy}')
print(f'A_slice_1: {A_slice_1}')
print(f'A_reverse: {A_reverse}')
	A_copy: [0, 1, 2, 3, 4, 5, 6]
	A_slice_1: [1]
	A_reverse: [6, 5, 4, 3, 2, 1, 0]

(1.5) 사전 (Dictionary)

이 절에서는 파이썬의 사전(Dictionary) 자료구조에 대해 설명한다. 사전은 데이터를 키-값(key-value) 쌍으로 저장하는 자료구조로, 데이터 검색과 조작이 매우 빠르고 효율적이다. 사전의 키는 고유해야 하며, 값에는 모든 자료형이 허용된다. 이를 통해 복잡한 데이터 구조를 간단하게 표현할 수 있다. 사전은 데이터의 추가, 수정, 삭제 작업이 간단하며, 동적 데이터를 관리하는 데 적합하다. 이 절에서는 사전의 기본적인 선언과 활용 방법뿐만 아니라, 사전을 사용한 다양한 데이터 처리 예제와 응용 방식을 다룬다.

(1.5.1) 딕셔너리(dictionary)

딕셔너리는 키(key)와 값(value)의 쌍으로 데이터를 저장하는 자료구조로, 데이터를 빠르게 검색하거나 조작할 때 유용하다. 딕셔너리는 중괄호 {}를 사용하며, 키는 고유해야 하고 변경 불가능한 자료형(예: 문자열, 숫자)을 사용한다. 값은 어떠한 자료형도 가능하다. 딕셔너리는 데이터의 추가, 삭제, 업데이트와 같은 작업을 효율적으로 처리하며, 데이터를 체계적으로 저장하고 검색하는 데 적합하다. 딕셔너리는 다음과 같은 특성을 가진다:

① **키(key):**
변경 불가능한(immutable) 데이터 타입만 사용할 수 있다. 예: 문자열, 숫자, 튜플.

② **값(value):**
모든 데이터 타입을 허용한다.

③ **속도:**
데이터 검색과 수정 속도가 빠르다.

④ **가변성:**
딕셔너리는 동적으로 수정, 추가, 삭제가 가능하다.

(1.5.2) 딕셔너리(dictionary) 예제

이 코드는 파이썬 딕셔너리를 생성한 후, 값의 접근, 추가, 수정, 삭제를 통해 데이터를 조작하고 최종적으로 수정된 딕셔너리를 출력하는 과정을 보여준다. 이 코드는 학생 정보를 저장하는 딕셔너리를 생성하고, 데이터를 접근하거나 수정, 추가, 삭제하는 방법을 보여준다. student라는 딕셔너리는 학생의 이름, 나이, 전공 정보를 키와 값의 쌍으로 저장하고 있다. "name" 키는 학생의 이름인 "Alice"를 나타내며, "age" 키는 학생의 나이를 나타내고 초기값은 25로 설정되어 있다. "major" 키는 학생의 전공을 나타내며, "Engineering"으로 설정되었다. 코드 실행 과정에서 "name" 키를 사용해 학생의 이름을 가져오고, "age" 키의 값을 26으로 업데이트하여 학생의 나이를 수정한다. 또한 새로운 키 "grade"를 추가해 "A"라는 값을 저장하고, del 명령어로 "major" 키를 삭제하여 전공 정보를 제거한다. 최종적으로 수정된 딕셔너리를 출력하면, 학생의 이름, 나이, 성적만 포함된 결과를 볼 수 있다.

코드	출력 결과

# 딕셔너리 생성 	
student = {
    "name": "Alice",
    "age": 25,
    "major": "Engineering"
}
 	
# 값 접근 	
print(student["name"]) # 출력: Alice
 	
# 값 추가 및 수정 	
student["age"] = 26
student["grade"] = "A"
	Alice
	{'name': 'Alice', 'age': 26, 'grade': 'A'}

# 키 삭제 	
del student["major"]
 	
# 딕셔너리 출력 	
print(student)	

(1.6) 수학 연산자 및 NumPy 비교

이 절에서는 파이썬의 기본 수학 연산자와 고급 수치 계산 라이브러리인 NumPy의 차이점을 설명한다. 파이썬의 기본 연산자는 간단한 산술 연산(+, -, *, / 등)과 비교 연산(<, >, == 등)을 수행하며, 소규모 데이터나 간단한 계산에 적합하다. 반면, NumPy는 벡터와 행렬 연산에 최적화된 고성능 라이브러리로, 대규모 데이터 처리와 복잡한 계산을 효율적으로 수행할 수 있다. NumPy 배열은 반복문 없이 대량의 데이터를 병렬 처리할 수 있어 실행 속도가 빠르고, 선형대수, 통계 연산 등 다양한 수학적 연산을 지원한다. 이 절에서는 기본 연산자와 NumPy 연산의 사용법과 결과를 비교하며, NumPy의 장점을 실습과 함께 자세히 다룬다. 이를 통해 효율적인 데이터 처리와 수치 계산 방법을 학습할 수 있다.

(1.6.1) 파이썬의 기본 수학 연산자와 NumPy 연산 비교

스칼라 산술 연산과 우선 순위이며 *곱 **제곱 /나눈 값의 몫 %나눈 값의 나머지이다. 제곱승을 구할려면 그림과 같이 *를 해서 같은 수를 반복해서 입력을 해도 되고 *를 두 번 반복해서 입력하여 (**) 출력하고 싶은 제곱승을 입력하는 방법도 사용해도 된다. 나머지값을 구할려면 값에 %을 입력하고 나누려면 /값을 입력하면 된다.

연산자	Python 연산자	NumPy 연산	설명
덧셈	a + b	np.add(a, b)	요소별 덧셈. NumPy는 벡터화 연산을 지원.
곱셈	a * b	np.multiply(a, b)	요소별 곱셈. NumPy는 요소별 곱셈을 수행.
나눗셈	a / b	np.divide(a, b)	요소별 나눗셈.
제곱	a ** b	np.power(a, b)	NumPy는 배열의 요소별 거듭제곱 연산을 지원.
제곱근	없음	np.sqrt(a)	NumPy는 배열의 요소별 제곱근 계산을 기본 제공.
행렬곱	없음	np.dot(a, b) 또는 a @ b	Python 기본 연산자는 행렬 곱을 지원하지 않지만, NumPy는 dot()과 @ 연산자로 간단히 수행 가능.

(1.6.2) Python 과 NumPy의 기본 연산

Python의 기본 연산자는 스칼라 값(단일 숫자)을 처리하는 데 매우 직관적이다.

코드	출력 결과
a = 5 ; b = 3 # Python 기본 연산 print(a + b) # 출력: 8	8

NumPy에서도 단일 값 연산이 가능하지만, 수로 배열과 함께 사용된다.

코드	출력 결과

import numpy as np # NumPy 기본 연산
a = np.array([5]); b = np.array([3])
print(a + b) # 출력: [8]
	[8]

(1.6.3) Python 과 NumPy의 배열 연산

Python의 기본 연산자는 리스트를 사용할 때 요소별 연산을 자동으로 수행하지 않는다. 대신, 반복문이나 리스트 컴프리헨션을 사용해야 한다.

코드	출력 결과

# Python 기본 연산 (리스트) 	
a = [1, 2, 3]; b = [4, 5, 6]
c = [a[i] + b[i] for i in range(len(a))]
print(c) # 출력: [5, 7, 9]
	[5, 7, 9]

NumPy는 벡터화 연산을 지원하여 반복문 없이도 배열의 요소별 연산을 간단히 수행할 수 있다.

코드	출력 결과
# NumPy 배열 연산 import numpy as np a = np.array([1, 2, 3]); b = np.array([4, 5, 6]) c = a + b ; print(c) # 출력: [5 7 9]	[5, 7, 9]

Python 과 NumPy의 배열 계산 성능 비교: NumPy는 배열 연산에 대해 Python 기본 연산보다 훨씬 빠르다. 이는 NumPy가 C 언어로 구현되어 있고, 벡터화 연산을 통해 반복문을 내부적으로 처리하기 때문이다. 여기서 1_000_000은 숫자 1,000,000을 나타내며, range() 함수로 0부터 999,999까지의 숫자를 포함하는 리스트를 생성한다. 이 숫자 크기는 리스트 연산과 NumPy 배열 연산의 성능을 비교할 때 사용된다. 언더스코어를 사용하여 코드의 가독성을 높이고, 특히 큰 숫자를 다룰 때 실수를 줄이는 데 유용하다.

코드	출력 결과

# 성능 비교 	
import numpy as np ; import time
 	
# Python 리스트 연산 	
a = list(range(1_000_000))
b = list(range(1_000_000))
	리스트 연산:
	0.11910867691040039
	NumPy 연산:
	0.0010001659393310547

```
start = time.time()
c = [a[i] + b[i] for i in range(len(a))]
print("리스트 연산:\n", time.time() - start)

# NumPy 배열 연산
a_np = np.arange(1_000_000)
b_np = np.arange(1_000_000)
start = time.time() ; c_np = a_np + b_np
print("NumPy 연산:\n", time.time() - start)
```

Python 리스트의 연산에서는 더하기(+)나 반복하기 (*) 같은 연산자가 적용된다. 여기서 덧셈, 곱셈은 원래 수학적인 연산이 아니라 다른 의미의 연삼임을 주의하자. 덧셈 연산은 벡터의 각 원소를를 더하는 것이 아니라 리스트에 추가적으로 더해지고, 곱셈 연산자는 반복하기을 나타내므로 리스트 크기가 달라진다. 따라서 python에서 수치해석적으로 특화된 numpy를 사용하는 것이 바람직하다. 반복하기(*)연산의 예이다.

코드	출력 결과
v1 = [1, 2, 3] v1 * 3	[1, 2, 3, 1, 2, 3, 1, 2, 3]

NumPy에서도 단일 값 연산이 가능하지만, 주로 배열과 함께 사용된다. numpy를 사용한 스칼라(scalar), 벡터(vector) 연산의 예는 아래와 같다.

numpy를 사용한 벡터(vector) +, - 연산:

코드	출력 결과
import numpy as np v1 = np.array ([1,2,3]) v2= np.array ([1,2,3]) print (v1 + v2)	[2 4 6]

numpy를 사용한 벡터(vector) 스칼라 곱하기 연산:

코드	출력 결과
import numpy as np v1 = np.array ([1,2,3]) v2= np.array ([1,2,3]) print (3*v1 + 2*v2)	[5 10 15]

Python 기본 연산자는 행렬 곱 연산을 지원하지 않는다. NumPy는 @ 연산자 또는 np.dot() 함수를 사용하여 행렬 곱을 수행할 수 있다. numpy를 사용한 두 벡터(vector) 내적 계산은 sum(v1*v2) 또는 np.dot(v1,v2)을 사용하면 된다. matrix [A], matrix [B] multiplication 경우 np.dot(A,B)을 사용한다.

코드	출력 결과
import numpy as np v1 = np.array ([1,2,3]) v2= np.array ([1,2,3]) print (sum(v1*v2)) print (np.dot(v1,v2))	14 14

(1.7) 반복 계산

이 절에서는 파이썬에서 반복 계산을 수행하는 다양한 방법을 설명한다. 파이썬은 for문과 while문을 사용하여 반복 작업을 수행할 수 있으며, 리스트 컴프리헨션과 같은 간결한 문법을 통해 반복문을 더욱 효율적으로 작성할 수 있다. 반복문은 데이터의 처리, 계산, 조건부 작업 등에 널리 활용되며, NumPy와 같은 라이브러리를 활용하면 벡터화 연산을 통해 반복문 없이 대규모 데이터의 연산을 수행할 수 있다. 이 절에서는 반복문을 사용한 다양한 예제와 함께 효율적인 반복 계산을 위한 팁을 제공하며, 복잡한 문제를 간단한 코드로 해결하는 방법을 다룬다. 이를 통해 데이터 처리와 알고리즘 구현에서 반복문을 효과적으로 활용하는 방법을 학습할 수 있다.

(1.7.1) 반복계산이란?

반복 계산은 동일한 연산을 여러 번 수행하여 결과를 얻는 과정으로, 수학적 문제 해결, 데이터 처리, 과학적 계산 등에서 필수적이다. Python은 반복문(for, while)과 벡터화 연산을 통해 효율적인 반복 계산을 구현할 수 있으며, 이는 대규모 데이터 처리와 복잡한 알고리즘 설계에 중요한 역할을 한다. 반복문은 이론적으로 이해하기 쉽지만, 실전에서 응용하기 위해서는 연습이 필요하다. 특히, 큰 행렬의 계산이나 반복 구조는 처리 과정을 자동화하여 효율성을 높인다.

(1.7.2) for 문을 이용한 반복 계산

① 특징:

C/C++/Matlab/Java 언어들처럼 파이썬에도 for 문으로 반복 계산이 이루어 진다. if 서술문이나 기타 들여쓰기 된 블록처럼, for 문도 얼마든지 그 안에 블록화 된 코드가 들어갈 수 있다.

② for 구문:

for statement는 반복문 중 하나로, 주어진 iterable(반복 가능한) 객체의 모든 요소에 대해 반복하여 작업을 수행하는 데 사용된다. for 문은 주로 리스트, 튜플, 딕셔너리, 문자열과 같은 iterable(반복 가능한) 객체를 다룰 때 많이 사용된다. for 문은 다음과 같은 구문을 가지게 된다. variable: 반복문에서 현재 처리 중인 요소(element)를 나타내는 변수. iterable: 반복문이 실행될 iterable 객체. 만약 특정한 횟수만큼 실행시키고 싶다면, 목록 부분에 range() 함수를 사용하면 된다.

```
for variable in iterable:
    구문
```

③ 범위(range)를 사용:

for 문을 사용할 때, 범위(range)를 사용하여 어떻게 변수가 추출되어 반복 계산하는지 아래 예를 들어 설명한다. 반복문을 사용하였다. 시작에 for를 입력하면 그 뒤의 문자을 반복하게된다. 반복문을 사용할 때 range라는 범위를 입력해주면 범위안의 숫자를 반복해서 계산하게 된다. 만약 range(1,4)라면 1이상 4미만의 수를 반복해서 사용한다. 만약 1부터 4까지의 숫자를 사용하고 싶다면 range(1,5) 또는 range(0,4)을 사용해야 한다.

주석으로 설명한 소스 코드	출력 결과

# 첫 번째 for 루프: range() 함수를 사용해 1부터 3까지 반복 	
# range(1, 4)는 1, 2, 3을 생성 (4는 포함되지 않음) 	
for val in range(1, 4):
    print(val) # 현재 반복 값(val)을 출력
 	
# 두 번째 for 루프: 리스트 [1, 2, 3, 4]를 순회 	
 # 리스트의 각 요소를 순서대로 변수 i에 할당
for i in [1, 2, 3, 4]:
    print(i) # 현재 리스트 요소(i)를 출력
	
	1
	2
	3
	1
	2
	3
	4

④ 반복문을 이용한 합 계산

for 반복문을 사용하여 1부터 10까지의 숫자를 순차적으로 더했다. 이 방식은 간단한 반복 계산에 적합하며, 원하는 범위 내에서 반복 연산을 수행한다.

주석으로 설명한 소스 코드	출력 결과
# 1부터 10까지의 합 계산 total = 0 for i in range(1, 11): total += i print("1부터 10까지의 합:", total)	1부터 10까지의 합: 55

⑤ 리스트를 이용한 반복 계산

리스트에 저장된 각 요소를 반복문을 통해 제곱한 뒤 새로운 리스트에 저장하였다. 반복 계산은 리스트와 같은 데이터 구조에서도 간단히 구현할 수 있다.

주석으로 설명한 소스 코드	출력 결과

# 리스트 요소의 제곱 계산 	
numbers = [1, 2, 3, 4, 5]
squared = []
	리스트의 제곱: [1, 4, 9, 16, 25]

for num in numbers: squared.append(num ** 2) print("리스트의 제곱:", squared)	

⑥ 예제: 0부터 n까지의 홀수 합

1부터 n까지의 숫자를 다 더하고 싶다면 문자 하나를 0으로 정의해 놓고 for 반복문에 범위를 range(1,n+1)로 입력한다. 그런 다음 0으로 정의해 놓은 문자에 반복되는 문자를 더해주면 1부터 n까지 더하는 과정이 모두 계산된다. 0에서 n까지 합 계산하는 프로그램을 만들고 n=100인 경우 그 결과는 어떻게 되는가? x 가 0일때부터 val 변수의 범위인 1부터 100까지 수를 반복하여 x 에 대입하여 값을 출력한다.

주석으로 설명한 소스 코드	출력 결과

print("0부터 n까지의 홀수 합을 계산.")
print("n을 입력하세요.")
 	
# 입력받은 값을 정수로 변환하여 변수 n에 저장 	
n = int(input())
 	
# 합계를 저장할 변수 초기화 	
val = 0
 	
# 0부터 n까지 반복 	
# i는 0부터 n까지 순서대로 값을 가짐 	
# i가 홀수?(2로 나눈 나머지가 1이면 홀수) 	
for i in range(0, n + 1):
    if i % 2 == 1:
        val = val + i #홀수라면 val에 i를 더함
 	
print("n까지의 홀수 합 : ", val)
	0부터 n까지의 홀수 합을 계산.
	n을 입력하세요.
	100
	n까지의 홀수 합 : 2500

⑦ 예제: 0부터 n까지의 홀수 합

0에서 n까지 짝수 합 계산하는 함수를 만들고 n=100인 경우 그 결과는 어떻게 되는가?

주석으로 설명한 소스 코드	출력 결과

# 사용자에게 알림 메시지 출력 	
print("0부터 n까지의 짝수 합을 계산.")
 	
# 사용자로부터 n 값을 입력받음 	
print("n을 입력하세요.")
	0부터 n까지의 짝수 합을 계산.
	n을 입력하세요.
	100
	n까지의 짝수 합 : 2550

# 입력받은 값을 정수로 변환하여 변수 n에 저장 	
n = int(input())
 	
# 합계를 저장할 변수 초기화 	
val = 0
 	
# 0부터 n까지 반복 	
# i는 0부터 n까지 순서대로 값을 가짐 	
# i가 홀수?(2로 나눈 나머지가 1이면 홀수) 	
for i in range(0, n + 1):
    if i % 2 == 0:
        val = val + i #짝수라면 val에 i를 더함
 	
# 계산된 짝수 합을 출력 	
print("n까지의 짝수 합 : ", val)	

⑧ 예제: 함숫값 이용

반복문을 사용하여 함숫값을 연속적으로 구해보자. 임의로 정의한 $f(x) = x^2$ 에 x값을 0부터 4까지의 수를 대입하여 구하기 위해서는 x값에 들어갈 숫자의 범위를 정해준 뒤 반복한다. 프로그램을 프린트하면 0부터 4까지 숫자를 차례대로 넣은 함숫값이 나오게 된다. 변수 x의 값을 정해준 후 다음 range 용어를 활용하여 값 도출하는 것이다. range 함수를 통하여 범위내에 수를 4번 반복하여 $f(x) = x^2$ 값을 계산한다.

주석으로 설명한 소스 코드	출력 결과

# 함수 정의: 입력값 x를 제곱하여 반환하는 함수 f(x) 	
def f(x):
    return x**2 # x를 제곱한 값을 반환
 	
# 반복문: range(0, 4)로 0부터 3까지 반복 	
for x in range(0, 4): # x는 0, 1, 2, 3의 값을 순서대로 가짐
    print(f(x)) # 함수 f(x)의 결과(제곱값)를 출력
	0
	1
	4
	9

(1.7.3) while 문을 이용한 반복 계산

while 문은 조건이 참(True)인 동안 계속해서 반복 실행되는 루프를 제공한다. 조건이 거짓(False)이 되면 루프가 종료된다. 주로 반복 횟수가 명확하지 않거나, 특정 조건을 만족할 때까지 실행이 필요한 경우 사용된다. 조건식: 반복을 계속할지를 결정하는 논리식. True일 때 반복이 진행된다. 반복 실행할 코드: 조건식이 참일 때 실행되는 코드 블록이다.

```
while 조건식:
    반복 실행할 코드
```

이 코드의 작동 방식은 사용자가 입력한 값 n까지 1부터 반복하면서 합계를 계산한다. while 문의 조건이 i <= n일 때만 루프가 반복되므로, i가 n을 초과하면 루프가 종료된다. 이 방식은 조건 기반 반복의 전형적인 사용 예다.

주석으로 설명한 소스 코드	출력 결과

# 1부터 n까지의 합을 계산 	
 	
# 프로그램 시작 메시지 출력 	
print("1부터 n까지의 합을 계산.")
 	
# 사용자로부터 n 값을 입력받음 	
 	
# 입력값을 정수로 변환하여 n에 저장 	
n = int(input("n 값을 입력: "))
 	
# 반복에 필요한 초기 변수 설정 	
i = 1 # 반복 변수, 1부터 시작
total = 0 # 합계를 저장할 변수
 	
# while 문을 이용한 반복 	
 	
# i가 n 이하일 때 루프를 실행 	
# total 변수에 i 값을 더함 (누적합 계산) 	
# 반복 변수 i를 1 증가시킴 (루프 탈출 조건 형성) 	
while i <= n:
    total += i
    i += 1
 	
# 최종 결과 출력 	
print(f"1부터 {n}까지의 합은 {total}.")
	1부터 n까지의 합을 계산.
	n 값을 입력: 100
	1부터 100까지의 합은 5050.

(1.8) 조건 계산

이 절에서는 파이썬에서 조건문을 사용하여 프로그램의 흐름을 제어하는 방법을 설명한다. 조건 계산은 특정 조건에 따라 다른 연산이나 작업을 수행하는 계산 방식이다. Python은 조건문(if, elif, else)과 조건 표현식을 통해 유연하고 직관적으로 조건 계산을 구현할 수 있다. if, elif, else 문을 사용하여 복잡한 조건 분기를 구현할 수 있으며, 리스트와 결합하여 대량의 데이터를 처리하거나, 조건 표현식을 사용하여 간결한 조건 계산을 수행할 수 있다. 조건 계산은 Python의 조건문과 NumPy의 조건 기반 함수(np.where)를 통해 간단한 데이터 평가부터 복잡한 행렬 연산까지 유연하게 처리할 수 있다. 간단한 조건문은 단일 값을 평가하고 다른 결과를 반환하는 데 적합하며, NumPy의 조건 계산은 행렬 및 대규모 데이터에서 조건 기반 작업을 효율적으로 수행할 수 있도록 설계되었다. 이 절에서는 조건문 사용법과 활용 예제를 다루며, 조건 계산을 통해 효율적인 데이터 처리와 프로그램 설계를 학습할 수 있다.

(1.8.1) if ~ else 구문

if ~ else 구문은 조건에 따라 프로그램이 서로 다른 코드를 실행하도록 제어하는 조건문이다.
if 문은 조건이 참(True)일 경우 실행되는 코드 블록을 지정하고, else 문은 if 조건이 거짓(False)일 경우 실행되는 대체 코드를 지정한다. 함수 안의 모든 코드는 들여쓰기 된다. if 표현식이 참이면 들여 쓰기된 블록이 실행되고 그렇지 않으면 else 블록으로 실행이 옮겨간다. 물론 if 블록과 else 블록에는 여러 줄이 수행할 경우, 같은 양만큼 들여 쓰기 한다. C/C++/Java 의 경우에는 { ; ; }처럼 중괄호를 열고 닫으면 된다. 이 else 블록은 두 줄의 코드를 안에 담고 있음. 여러-줄 코드 블록을 위한 다른 특별한 구문은 없습니다. 그냥 들여쓰고 즐기시면 된다. Matlab의 경우는 if else end 구조를 가지며 { ; ; }처럼 중괄호를 열고 닫을 필요가 없다.

```
if 조건식:
    # 조건이 참일 때 실행할 코드
else:
    # 조건이 거짓일 때 실행할 코드
```

(1.8.2) 다중 조건문 (if ~ else ~ else 구문)

if ~ elif ~ else 구문은 다중 조건을 처리하기 위해 사용된다. 여러 조건 중 하나만 만족하면 해당 블록의 코드가 실행되고, 이후 조건 검사는 중단된다.

```
if 조건식1:
    # 조건식1이 참일 때 실행할 코드
elif 조건식2:
    # 조건식1이 거짓이고, 조건식2가 참일 때 실행할 코드
elif 조건식3:
    # 조건식1과 조건식2가 거짓이고, 조건식3이 참일 때 실행할 코드
else:
    # 위의 모든 조건이 거짓일 때 실행할 코드
```

(1.8.3) if 구조 예문

① 예제 코드: 숫자가 짝수인지 홀수인지 판별하기

주석으로 설명한 소스 코드	출력 결과

# 사용자로부터 숫자를 입력받음 	
 	
# 입력값을 정수로 변환 	
num = int(input("숫자를 입력하세요: "))
 	
# if ~ else 구문을 이용해 짝수와 홀수 판별 	
 	
# 숫자를 2로 나눈 나머지가 0이면 짝수 	
if num % 2 == 0:
    print(f"{num}은 짝수입니다.")
else: # 나머지가 0이 아니면 홀수
    print(f"{num}은 홀수입니다.")
	숫자를 입력하세요: 5
	5은 홀수입니다.

② 리스트와 조건문을 이용한 다중 조건 계산

Python에서는 리스트와 조건문을 결합하여 여러 데이터를 효율적으로 처리할 수 있다. 리스트 scores에 있는 각 점수를 조건문으로 평가하여 등급(grades) 리스트에 저장하였다. 반복문과 조건문을 조합하여 다중 조건 계산을 수행하는 예제이다.

주석으로 설명한 소스 코드	출력 결과

# 학생 점수와 등급 계산 	
scores = [95, 82, 67, 58, 89]
grades = []
 	
for score in scores:
    if score >= 90:
        grades.append('A')
    elif score >= 80:
        grades.append('B')
    elif score >= 70:
        grades.append('C')
    else:
        grades.append('D')
 	
print("점수:", scores)
print("등급:", grades)
	점수: [95, 82, 67, 58, 89]
	등급: ['A', 'B', 'D', 'D', 'B']

③ 조건 표현식을 이용한 간단한 조건 계산

Python은 조건 표현식(삼항 연산자)을 사용하여 간결한 조건 계산을 구현할 수 있다. 조건 표현식을 사용하여 number의 값이 양수, 음수 또는 0인지 간단히 판별하였다. 조건 표현식은 단일 라인으로 조건 계산을 구현할 때 매우 유용하다.

주석으로 설명한 소스 코드	출력 결과

# 숫자가 양수, 음수 또는 0인지 판별 	
number = -5
result = "양수" if number > 0 else "음수" if number < 0 else "0"
 	
print(f"숫자: {number}, 결과: {result}")
	숫자: -5, 결과: 음수

(1.8.4) 비교연산자

비교 연산자는 두 값을 비교하여 참(True) 또는 거짓(False)을 반환한다. 이 연산자는 조건문이나 반복문에서 조건을 설정하는 데 주로 사용된다. 주요 특징은 다음과 같다. ==와 !=: 값의 동등성을 확인한다. >, <, >=, <=: 값의 크기 비교를 수행한다. 조건문 (if), 반복문 (while) 등에서 조건 설정 시 자주 사용된다.

연산자	의미	예시	결과
==	같다	5 == 5	True
!=	같지 않다	5 != 3	True
>	크다	5 > 3	True
>=	크거나 같다	5 >= 5	True
<	작다	3 < 5	True
<=	작거나 같다	3 <= 5	True

① 예제 코드: 비교 연산자 사용

주석으로 설명한 소스 코드	출력 결과

# 두 숫자를 입력받아 비교 	
a = int(input("첫 번째 숫자를 입력?: "))
b = int(input("두 번째 숫자를 입력?: "))
 	
# a와 b가 같은지 비교 	
print(f"{a} == {b}: {a == b}")
 	
# a와 b가 다른지 비교 	
	첫 번째 숫자를 입력?: 1
	두 번째 숫자를 입력?: 5
	1 == 5: False
	1 != 5: True
	1 > 5: False
	1 >= 5: False
	1 < 5: True
	1 <= 5: True

print(f"{a} != {b}: {a != b}")
 	
# a가 b보다 큰지 비교 	
print(f"{a} > {b}: {a > b}")
 	
# a가 b보다 크거나 같은지 비교 	
print(f"{a} >= {b}: {a >= b}")
 	
# a가 b보다 작은지 비교 	
print(f"{a} < {b}: {a < b}")
 	
# a가 b보다 작거나 같은지 비교 	
print(f"{a} <= {b}: {a <= b}")	

(1.9) 입출력

이 절에서는 파이썬에서 데이터의 입력과 출력을 처리하는 방법을 설명한다. 파이썬은 input() 함수를 사용해 사용자로부터 데이터를 입력받을 수 있으며, print() 함수를 통해 결과를 출력한다. 입력된 데이터는 문자열로 처리되며, 필요한 경우 자료형 변환을 통해 다양한 연산에 활용할 수 있다. 또한, 파일 입출력 기능을 활용하여 데이터를 외부 파일에 저장하거나 파일로부터 데이터를 읽어오는 방법도 다룬다. 텍스트 파일뿐만 아니라 CSV, JSON과 같은 데이터 형식의 입출력도 Python 표준 라이브러리나 추가 라이브러리를 통해 간단히 처리할 수 있다. 이 절에서는 기본적인 콘솔 입출력부터 파일 입출력까지 다양한 예제를 통해 효율적인 데이터 입출력 방법을 학습한다. 이를 통해 데이터 저장 및 읽기 작업을 포함한 실질적인 프로그램 설계 능력을 배양할 수 있다.

(1.9.1) 키보드로 입력 및 화면으로 출력

키보드 입력과 화면 출력은 Python의 input() 함수는 사용자가 입력한 값을 문자열로 반환한다. input()으로 사용자의 이름과 나이를 입력받고, 나이는 int()를 사용해 정수로 변환하고 rint()를 사용하여 사용자 입력값을 출력하였다. \n을 사용하여 명시적으로 줄 바꿈을 포함할 수 있다.

주석으로 설명한 소스 코드	출력 결과

# 키보드로 입력받아 계산 후 출력 	
name = input("이름을 입력하세요: ")
age = int(input("나이를 입력하세요: "))
print(f"안녕하세요, {name}님. \\
        \n당신의 나이는 {age}살입니다.")
	이름을 입력하세요: 김시조
	나이를 입력하세요: 22
	안녕하세요, 김시조님.
	당신의 나이는 22살입니다.

(1.9.2) 파일로 입력 및 파일로 출력

Python의 open() 함수를 사용하면 파일 입출력을 쉽게 구현할 수 있다. 파일 모드는 다음과 같

다:

- w: 쓰기 모드(파일이 존재하지 않으면 새로 생성)
- r: 읽기 모드
- a: 추가 모드(기존 내용에 추가)

with open() 구문은 파일을 자동으로 열고 닫아주는 안전한 방법이다. write()를 사용하여 파일에 데이터를 저장하고, read()를 사용하여 파일 내용을 읽었다.

① 파일 쓰기

주석으로 설명한 소스 코드	출력 결과

# 파일에 쓰기 	
with open("output.txt", "w") as file:
    file.write("안녕하세요.\n")
    file.write("Python 파일 입출력 예제입니다.\n")
	안녕하세요.
	Python 파일 입출력 예제입니다.

② 파일 읽기

주석으로 설명한 소스 코드	출력 결과

# 파일 읽기 	
with open("output.txt", "r") as file:
    content = file.read()
    print("파일 내용:\n", content)
	파일 내용:
	 안녕하세요.
	Python 파일 입출력 예제입니다.

③ 하나로 합친 완전한 Python 소스 코드

아래는 "파일로 입력 및 파일로 출력"을 하나로 합친 완전한 Python 소스 코드이다. 이 코드는 파일에 데이터를 쓰고, 저장된 파일을 읽어 출력하는 과정을 포함한다.

주석으로 설명한 소스 코드	출력 결과

# 파일로 입력 및 파일로 출력 	
# 파일에 데이터를 쓰고, 저장된 데이터를 읽어 출력하는 코드 	
 	
# 파일 쓰기 	
with open("output.txt", "w") as file:
    file.write("안녕하세요.\n")
    file.write("Python 파일 입출력 예제입니다.\n")
print("데이터가 파일에 저장되었습니다: output.txt")
	output.txt 파일 내용:
	안녕하세요.
	Python 파일 입출력 예제입니다.
	
	터미널 출력:
	데이터가 파일에 저장되었습니다: output.txt
	
	파일에서 읽어온 내용:

# 파일 읽기 	
with open("output.txt", "r") as file:
    content = file.read()
    print("\n파일에서 읽어온 내용:")
    print(content)
	안녕하세요.
	Python 파일 입출력 예제입니다.

(1.9.3) $m \times n$ 행렬 [A] 입출력 하기

아래는 "m by n 행렬 [A]의 입출력" 코드를 하나로 통합한 완전한 Python 코드이다. 이 코드는 행렬을 생성하고 파일에 저장한 후, 저장된 파일에서 행렬을 불러와 출력하는 과정을 포함한다. 코드를 간단히 설명하면, 행렬 생성, 파일 저장, 파일 읽기 등으로 이루어 진다. 행렬 생성에서는 np.array()를 사용하여 NumPy 배열로 3x3 행렬 A를 생성하고 print()로 생성된 행렬을 화면에 출력하였다. 파일 저장으로는 np.savetxt() 함수로 행렬을 파일 matrix.txt에 저장하고 저장시 fmt="%d"는 정수 형식으로 저장하고, delimiter=","는 쉼표로 데이터를 구분한다. 파일 읽기에서는 np.loadtxt() 함수로 저장된 matrix.txt 파일을 읽어와 NumPy 배열로 복원하였고, dtype=int로 읽어온 데이터를 정수형으로 변환하였다.

주석으로 설명한 소스 코드	출력 결과

import numpy as np
 	
# m x n 행렬 생성 	
A = np.array([[1, 2, 3], [4, 5, 6], [7, 8, 9]])
print("생성된 행렬 A:")
print(A)
 	
# 행렬을 파일에 저장 	
np.savetxt("matrix.txt", A, fmt="%d", delimiter=",")
print("\n행렬 A가 'matrix.txt' 파일에 저장 ")
 	
# 저장된 파일에서 행렬 불러오기 	
loaded_A = np.loadtxt("matrix.txt", delimiter=",", dtype=int)
print("\n파일에서 불러온 행렬 A:")
print(loaded_A)
	화면 출력::
	생성된 행렬 A:
	[[1 2 3]
	 [4 5 6]
	 [7 8 9]]
	
	행렬 A가 'matrix.txt' 파일에 저장.
	
	파일에서 불러온 행렬 A:
	[[1 2 3]
	 [4 5 6]
	 [7 8 9]]
	
	matrix.txt 파일 내용::
	1,2,3
	4,5,6
	7,8,9

(1.10) 함수(Function)

이 절에서는 파이썬에서 함수를 정의하고 사용하는 방법에 대해 설명한다. 함수는 코드의 특정 작업을 수행하는 독립적인 블록으로, 반복적인 작업을 모듈화하여 코드의 재사용성과 가독성을 높이는 데 활용된다. Python은 내장함수와 사용자 정의 함수를 활용해 코드의 가독성과 재사용성을 높인다. 내장함수는 간단한 작업을 빠르게 처리하며, 사용자 정의 함수는 복잡한 작업을 모듈화하여 효율성을 높인다. 또한, NumPy 같은 라이브러리의 내장함수는 데이터 처리와 수학 연산을 효과적으로 지원한다. 함수는 반복 코드를 줄이고 프로그래밍을 체계적으로 설계하는 데 필수적이다. 파이썬에서 함수는 def 키워드를 사용해 정의하며, 함수 이름, 매개변수, 반환값 등을 포함할 수 있다. 기본 매개변수, 키워드 매개변수, 가변 매개변수 등을 지원하여 다양한 호출 방식을 구현할 수 있다. 이 절에서는 함수의 정의와 호출 방법뿐만 아니라, 함수 내부의 지역 변수와 전역 변수의 차이, 재귀 함수, 람다 함수와 같은 고급 기능도 다룬다. 이를 통해 함수 활용 능력을 심화하고, 효율적이고 구조적인 프로그램 설계를 학습할 수 있다.

(1.10.1) 내장함수와 사용자 정의 함수

내장함수(Intrinsic Functions)는 Python에서 기본적으로 제공하는 함수로, 추가적인 정의 없이 바로 사용할 수 있다. 예를 들어, len(), sum(), print() 등이 있다. 사용자 정의 함수(User-defined Functions)로, 프로그래머가 특정 요구사항을 충족하기 위해 직접 설계한 함수. def 키워드를 사용하여 정의한다.

(1.10.2) 파이썬과 NumPy의 내장함수 종류

① Python List 내장함수

㉠ append

append(a)는 리스트의 마지막에 a라는 변수를 추가하는 함수이다.

㉡ index

index(a)는 리스트에 a라는 변수가 있으면 그 값을 return 하는 함수이다.

㉢ insert

insert(a,b)는 리스트의 a번째 위치에 b를 삽입하는 함수이다.

㉣ sort

sort 함수는 리스트의 요소를 순서대로 정렬한다.

② append, remove, insert 내장 함수 예제

주석으로 설명한 소스 코드	출력 결과
v=[0 ,1 ,2 ,3] #변수v에 리스트를 저장	[0, 1, 2, 3, 111]

v.append(111) #v의 리스트에 111을 추가 print (v) #v의 리스트를 출력. v.extend([22 ,33 ,'aaa']) #새로운 리스트를 추가. print (v)#v의 리스트를 출력. v.remove(22) #v의 리스트에 22을 제거. v.remove(111) #v의 리스트에 111을 제거. v.remove(33) #v의 리스트에 33을 제거. v.remove('aaa') #v의 리스트에 33을 제거. v.remove(1) #v의 리스트에 1을 제거. print (v) #v의 리스트를 출력. v.insert(1 ,'bbb') #1번에 bbb를 추가. print (v) #v의 리스트를 출력.	[0, 1, 2, 3, 111, 22, 33, 'aaa'] [0, 2, 3] [0, 'bbb', 2, 3]

(1.10.3) 사용자 정의 함수 선언과 특징

Python은 다른 언어(C, C++, Java, Fortran 등)와 마찬가지로 함수를 만들 수 있으며, 이를 통해 특정 작업을 수행하는 코드를 모듈화할 수 있다. 하지만 Python의 함수 선언 방식은 다른 언어들과 몇 가지 차이점을 가진다.

① 함수 선언 방식

㉠ Python에서는 def 키워드를 사용하여 함수를 정의한다. def는 definition(정의)의 약자로 함수 선언의 시작을 의미한다.

㉡ 함수 이름 뒤에는 괄호가 오며, 괄호 안에는 필요에 따라 인자를 정의할 수 있다. 여러 개의 인자가 있을 경우, 쉼표(,)로 구분한다.

㉢ Python은 반환 데이터 유형을 명시적으로 정의하지 않는다. 함수가 값을 반환하려면 return 키워드를 사용하면 된다.

② Python과 다른 언어의 차이점

㉠ Python에서는 Header 파일이 필요하지 않다.

㉡ 변수와 반환값이 데이터 유형을 명시하지 않아도 된다. 이는 C, C++, Java, Fortran 등과의 큰 차이점 중 하나이다.

㉢ Python의 유연한 데이터 관리 방식을 통해 함수 내에서 다양한 데이터 유형을 쉽게 처리할 수 있다.

(1.10.4) 사용자 정의 함수 예제

① 함수 예제: 수학적 함수와 도함수

아래는 함수 f(x)와 그 도함수 f'(x)를 정의하고 사용하는 Python 코드의 예이다. f(x) 함수는 정의된 수학 함수로, 입력값 x를 받아 식 9 - x * (x - 10)의 결과를 반환한다. fprime(x) 도함수는 f(x)의 도함수로, 입력값 x에 대해 식 -2 * x + 10의 결과를 반환한다. print()를 통해 두 함수의 결과를 확인한다.

<table>
<tr><th>주석으로 설명한 소스 코드</th><th>출력 결과</th></tr>
<tr><td><pre>
# f(x) 함수 정의
def f(x):
    return 9 - x * (x - 10)

# f'(x) 도함수 정의
def fprime(x):
    return -2 * x + 10

함수 출력 예제
print("f(3) =", f(3))   # f(x)의 결과
print("f'(3) =", fprime(3))   # f'(x)의 결과
</pre></td><td>f(3) = 0
f'(3) = 4</td></tr>
</table>

② 함수 예제: 팩토리얼 계산

<table>
<tr><th>주석으로 설명한 소스 코드</th><th>출력 결과</th></tr>
<tr><td><pre>
# 사용자 정의 함수: 팩토리얼 계산
def factorial(n):
    if n == 0 or n == 1:
        return 1
    else:
        return n * factorial(n - 1)

# 사용자 정의 함수 호출
print("5! =", factorial(5))
print("7! =", factorial(7))
</pre></td><td>5! = 120
7! = 5040</td></tr>
</table>

③ 함수 예제: 함수 F(x)를 정의하고 계산

함수 F(x)를 정의하여 방정식의 값을 계산하여 보자. 주어진 함수 f(x)= 9 - x*(x-10) 에 101 이라는 값을 대입하여 값을 출력한다. 함수를 사용하기 위해서는 함수의 문자를 정의한 이후에 함수식을 쓴다. 함수에 사용한 기호에 숫자를 대입한 후 함숫값을 프린트하면 함수식에 숫자를 대입하여 계산한 값이 나온다.

<table>
<tr><th>주석으로 설명한 소스 코드</th><th>출력 결과</th></tr>
<tr><td><pre>
def f(x):
  return 9-x*(x-10)
</pre></td><td>-9182</td></tr>
</table>

```
x = 101
print(f(x))
```

④ 함수 예제: 사용자 정의 함수와 조건문 결합

even_or_odd() 함수는 조건문을 사용하여 입력된 숫자가 짝수인지 홀수인지 판별한다.

주석으로 설명한 소스 코드	출력 결과

# 숫자가 짝수인지 홀수인지 판별하는 함수 	
def even_or_odd(number):
    if number % 2 == 0:
        return f"{number}는 짝수입니다."
    else:
        return f"{number}는 홀수입니다."
 	
# 함수 호출 	
print(even_or_odd(10))
print(even_or_odd(7))
	10는 짝수입니다.
	7는 홀수입니다.

(1.11) Numpy를 이용한 벡터, 행렬

이 절에서는 파이썬의 고성능 수치 계산 라이브러리인 NumPy를 사용하여 벡터와 행렬 연산을 처리하는 방법을 설명한다. NumPy는 대규모 데이터 연산에 최적화된 배열(Array) 구조를 제공하며, 벡터와 행렬 연산을 효율적으로 수행할 수 있다. 벡터화 연산을 통해 반복문 없이 데이터를 처리하고, 고차원 배열을 활용하여 복잡한 선형대수 연산을 간단히 구현할 수 있다. NumPy는 배열 생성, 인덱싱, 슬라이싱, 브로드캐스팅과 같은 다양한 기능을 제공하며, 행렬 곱셈, 전치, 역행렬 등의 수학적 연산도 지원한다. 이 절에서는 벡터와 행렬의 기본 사용법부터 고급 연산까지 다루며, 특히 두 벡터의 연산, 예로 내적, 외적, 두 행렬의 곱에 대해 다룬다.

(1.11.1) 내적 (Dot Product)과 외적 (Cross Product)

① 벡터의 내적

두 벡터의 대응 요소를 곱하고 그 합을 구하는 연산이다. 내적은 기하학적으로 두 벡터 간의 각도 계산이나 프로젝션에 사용된다. 두 벡터 간의 유클리드 거리는 두 벡터의 차이 벡터의 크기(norm)로 계산된다. n차원 벡터 경우 두벡터의 내적, $\vec{a} \cdot \vec{b}$의 공식은 다음과 같다.

$$\vec{a} \cdot \vec{b} = (a_1 b_1) + (a_2 b_2) + \cdots + (a_n - b_n) = \sum_{i=1}^{n} (a_i b_i) \tag{1.11.1-1}$$

주석으로 설명한 소스 코드	출력 결과

import numpy as np
 	
# 두 벡터 정의 	
a = np.array([1, 2, 3])
b = np.array([4, 5, 6])
 	
# 내적 계산 	
dot_product = np.dot(a, b)
print("벡터 a와 b의 내적:", dot_product)
	벡터 a와 b의 내적: 32

② 벡터의 외적

3차원 벡터에서 정의되며, 두 벡터에 수직인 벡터를 반환한다. np.cross() 함수는 두 3차원 벡터의 외적을 계산하며, 결과 벡터는 입력 벡터에 수직이다.

주석으로 설명한 소스 코드	출력 결과

# 두 벡터 정의 	
a = np.array([1, 2, 3])
b = np.array([4, 5, 6])
 	
# 외적 계산 	
cross_product = np.cross(a, b)
print("벡터 a와 b의 외적:", cross_product)
	벡터 a와 b의 외적: [-3 6 -3]

(1.11.2) 두 벡터간의 거리 구하기

두 벡터 간의 거리는 일반적으로 유클리드 거리(Euclidean distance)를 사용하여 계산한다. 이는 두 벡터의 차이를 벡터로 나타낸 후, 해당 벡터의 크기(norm)를 구하는 방식이다. Python의 NumPy 라이브러리를 사용하면 유클리드 거리를 간단하게 계산할 수 있다. n차원 벡터 경우 두벡터의 거리, $|\vec{a} - \vec{b}|$의 공식은 다음과 같다.

$$|\vec{a} - \vec{b}| = \sqrt{(a_1 - b_1)^2 + (a_2 - b_2)^2 + \cdots + (a_n - b_n)^2} = \sqrt{\sum_{i=1}^{n} (a_i - b_i)^2} \tag{1.11.2-1}$$

주석으로 설명한 소스 코드	출력 결과

import numpy as np
 	
# 두 벡터 정의 	
a = np.array([1, 2, 3])
b = np.array([4, 5, 6])
 	
# 유클리드 거리 계산 	
distance = np.linalg.norm(a - b)
 	
print("벡터 a:", a)
print("벡터 b:", b)
print("두 벡터 간의 거리:", distance)
	벡터 a: [1 2 3]
	벡터 b: [4 5 6]
	두 벡터 간의 거리: 5.196152422706632

(1.11.3) 두 행렬의 곱(matrix multiplication)

두 행렬의 곱은 선형대수에서 중요한 연산으로, NumPy에서는 @ 연산자 또는 np.dot()를 사용하여 계산할 수 있다. @ 연산자는 Python 3.5 이상에서 도입된 행렬 곱(matrix multiplication) 연산자이며 2차원 배열(행렬)에만 적용된다. np.dot()은 NumPy에서 제공하는 함수로, 다목적 내적 연산을 수행한다. 즉, 벡터와 행렬 모두 지원하며, 다차원 배열의 내적 연산도 수행할 수 있다.

연산자 / 함수	기능	적용 범위	예시
@	행렬 곱 전용	2차원 배열(행렬)	C = A @ B
np.dot()	다목적 내적 연산	1차원(벡터), 2차원(행렬), 다차원 배열	C = np.dot(A, B) 또는 np.dot(u, v)

행렬 연산은 반복 계산의 대표적인 예이다. Python에서는 NumPy 라이브러리를 활용하여 효율적으로 행렬과 관련된 반복 계산을 수행할 수 있다.

① NumPy를 이용한 행렬 곱

일반적인 $N \times N$ 행렬 A, B 대해서 행렬의 곱은 행렬 C라 하면,

$$C_{ij} = \sum_{k=1}^{N} A_{ik} B_{kj}, \quad (i, j = 1, \cdots, N) \tag{1.11.3-1}$$

과 같이 나타낼 수 있다. 두 행렬 A와 B의 행렬 곱을 계산할 때, NumPy는 벡터화 연산을 지원하므로 반복문 없이 간단히 행렬 곱을 수행할 수 있다. @ 연산자나 np.dot() 함수는 동일한 결과를 반환한다.

㉠ **'*' 연산자로 행렬 곱** (AB)

<table>
<tr><th>주석으로 설명한 소스 코드</th><th>출력 결과</th></tr>
<tr><td>

```
# numpy 라이브러리 임포트
import numpy as np

# 행렬 선언
A = np.array([[1, 2], [3, 4]])
B = np.array([[5, 6], [7, 8]])

# 행렬 곱 수행 (np.matmul 사용)
C = np.matmul(A, B)  # NumPy의 행렬 곱 함수
print('C =', C)

# 행렬을 NumPy의 matrix 객체로 변환
A1 = np.asmatrix(A)  # A를 matrix 형식으로 변환
print('A1 =', A1)

B1 = np.asmatrix(B)  # B를 matrix 형식으로 변환
print('B1 =', B1)

# matrix 객체에서 '*' 연산자로 행렬 곱 수행

# matrix 객체에서는 '*' 연산자가 행렬 곱으로 동작
C1 = A1 * B1
print('C1 =', C1)
```

</td><td>

```
C = [[19 22]
 [43 50]]
A1 = [[1 2]
 [3 4]]
B1 = [[5 6]
 [7 8]]
C1 = [[19 22]
 [43 50]]
```

</td></tr>
</table>

㉡ np.dot(A, B) 또는 @ **연산자로 행렬 곱** (AB)

<table>
<tr><th>주석으로 설명한 소스 코드</th><th>출력 결과</th></tr>
<tr><td>

```
import numpy as np

# 행렬 선언
A = np.array([[1, 2], [3, 4]])
B = np.array([[5, 6], [7, 8]])

# 행렬 곱 계산
C = A @ B  # 또는 np.dot(A, B)
print("행렬 곱 결과:\n", C)
```

</td><td>

```
행렬 곱 결과:
 [[19 22]
  [43 50]]
```

</td></tr>
</table>

② numpy 를 사용하지 않은 행렬 곱 (AB)

주석으로 설명한 소스 코드	출력 결과

<pre># 2차원 배열을 생성하는 함수 정의 	
def A_0(rows, cols):
    A = [] # 빈 리스트 초기화
    while len(A) < rows: # 행 개수가 rows보다 작으면 반복
        A.append([]) # 새로운 행 추가
 	
        # 열 개수가 cols보다 작으면 반복
        while len(A[-1]) < cols:
            A[-1].append(0.0) # 행에 0.0 추가
    return A # 생성된 2차원 배열 반환
 	
# 두 행렬의 곱을 계산하는 함수 정의 	
def AmultiB(A, B):
    rowsA = len(A) # A 행렬의 행 개수
    colsA = len(A[0]) # A 행렬의 열 개수
    rowsB = len(B) # B 행렬의 행 개수
    colsB = len(B[0]) # B 행렬의 열 개수
 	
    # 행렬 곱이 가능한지 확인 (A의 열 개수 == B의 행 개수)
    if colsA != rowsB:
        # 조건이 맞지 않으면 예외 발생
        raise ArithmeticError('colsA != rowsB')
 	
    # 결과 행렬 초기화
 	
    # 결과 행렬의 크기는 rowsA x colsB
    AmultiB = A_0(rowsA, colsB)
 	
    # 행렬 곱 계산
    for i in range(rowsA): # A의 행 반복
        for j in range(colsB): # B의 열 반복
            sum = 0 # 곱셈과 덧셈의 결과를 저장할 변수
 	
            # A의 열과 B의 행 반복
            for ii in range(colsA):
                # A의 i행과 B의 j열의 곱을 누적</pre>
	C = [[19, 22],
	     [43, 50]]

```
            sum = sum + A[i][ii] * B[ii][j]

        # 결과 행렬의 (i, j) 위치에 저장
        AmultiB[i][j] = sum
    return AmultiB  # 결과 행렬 반환

# 행렬 선언
A = np.array([[1, 2], [3, 4]])
B = np.array([[5, 6], [7, 8]])

# A와 B의 곱 계산
C = AmultiB(A, B)  # 사용자 정의 함수 AmultiB 사용
print('C =', C)
```

(1.12) 객체지향 프로그래밍(OOP)

이 절에서는 파이썬의 객체지향 프로그래밍(Object-Oriented Programming, OOP) 개념과 활용 방법을 설명한다. OOP는 데이터를 객체로 모델링하고, 객체 간 상호작용을 통해 프로그램을 설계하는 방식이다. 파이썬에서 클래스(Class)를 정의하여 객체를 생성할 수 있으며, 클래스는 속성(변수)과 메서드(함수)로 구성된다. 상속(Inheritance), 다형성(Polymorphism), 캡슐화(Encapsulation)와 같은 객체지향 프로그래밍의 주요 특징을 통해 코드 재사용성과 유지보수성을 높일 수 있다. 이 절에서는 클래스 정의, 객체 생성, 메서드 호출, 생성자 함수(__init__) 사용, 그리고 상속과 다형성을 활용한 프로그램 설계 방법을 다룬다. 객체지향 프로그래밍의 기본 원리를 학습함으로써 복잡한 문제를 체계적이고 효율적으로 해결하는 방법을 익힐 수 있다.

(1.12.1) 클래스 개요

OOP는 객체 지향 프로그래밍으로 프로그램을 구성하는 데이터와 기능을 논리적으로 묶어 하나의 객체(Object)로 표현한다. 객체는 데이터와 기능을 모두 포함하는데, 데이터는 속성이라고 하며, 기능은 메소드라고 합니다. 객체는 클래스라는 템플릿을 이용해 생성되며, 같은 클래스에서 생성된 객체들은 동일한 속성과 기능을 가지게 된다. 파이썬은 객체 지향 프로그래밍을 지원하는 언어로, 모든 것이 객체이다. 따라서 파이썬에서는 클래스를 정의하여 객체를 생성하고, 객체의 속성과 메소드를 사용할 수 있다.

객체 지향 프로그래밍은 다음과 같은 특징을 가진다.

① **캡슐화(Encapsulation):**

객체의 속성과 메소드를 하나로 묶어 정보 은닉을 구현한다. 객체 외부에서는 객체 내부의 데이터를 직접적으로 접근할 수 없으며, 메소드를 통해 간접적으로 접근하게 된다.

② **상속(Inheritance):**

부모 클래스의 특징을 자식 클래스가 물려받는 것으로, 코드의 재사용성을 높인다.

③ 다형성(Polymorphism):

같은 이름의 메소드를 사용하여 객체마다 다른 동작을 할 수 있도록 한다.

(1.12.2) 클래스 선언

파이썬에서 클래스는 class 키워드를 사용하여 선언한다. 클래스는 속성과 메서드를 포함하며, 객체지향 프로그래밍의 핵심 요소로 데이터와 동작을 하나의 단위로 묶어 관리할 수 있다

(1.12.3) 속성(변수)

① 인스턴스 변수 :

인스턴스 변수란 각각의 인스턴스마다 독립한 변수이다. 예를 들어, 클래스는 몇 개의 인스턴스를 생성하는 것이 가능하지만, 각각의 인스턴스 변수는 다른 것으로 취급하는 변수에 값을 대입해도, 인스턴스마다 각각의 값을 보존되어 있다.

② 클래스 변수:

인스턴스 변수와 달리 모든 인스턴스 사이에 공유된 값을 가진 변수이다. 클래스 변수는 인스턴스를 생성하는 것이 아닌 참고하는 것이 가능하다.

(1.12.4) 클래스 메서드(함수)

클래스 메서드는 클래스 자체를 대상으로 동작하며, 클래스 레벨에서 데이터를 다루는 메서드다. 일반 메서드가 특정 객체를 대상으로 동작하는 것과 달리, 클래스 메서드는 클래스 자체를 첫 번째 인자로 받아 클래스 변수나 클래스 속성을 조작하거나 액세스할 수 있다. 파이썬에서 클래스 메서드는 @classmethod 데코레이터를 사용하여 정의하며, 첫 번째 매개변수로 cls를 사용한다. cls는 클래스 자체를 참조하며, 이를 통해 클래스 속성에 접근하거나 새로운 객체를 생성할 수 있다. 클래스 메서드는 객체와 클래스 레벨 간의 상호작용을 효율적으로 관리하기 위한 강력한 도구다.

① 클래스 메서드의 주요 특징

㉠ **클래스 레벨에서 동작:** 클래스 변수를 수정하거나 클래스 자체의 동작을 정의하는 데 사용한다

㉡ **클래스와 인스턴스에서 호출 가능:** 클래스 이름을 통해 직접 호출하거나, 인스턴스를 통해 호출할 수 있다.

㉢ **데이터 조작:** 클래스와 관련된 데이터를 관리하거나, 객체를 생성하는 팩토리 메서드로 활용된다.

② 예제 코드

```
class Example:
    class_variable = 0  # 클래스 변수

    def __init__(self, value):
```

```
        self.instance_variable = value  # 인스턴스 변수

    @classmethod
    def increment_class_variable(cls, amount):
        cls.class_variable += amount
        print(f"Class variable updated to {cls.class_variable}")

    @classmethod
    def create_instance(cls, value):
        return cls(value)

# 클래스 메서드 호출
Example.increment_class_variable(10)  # Class variable updated to 10

# 새로운 객체 생성
instance = Example.create_instance(20)
print(instance.instance_variable)  # 20
```

③ 예제 코드 실행

```
Class variable updated to 10
20
```

(1.12.5) 객체지향 프로그래밍(OOP) 예제 1

이 코드는 객체지향 프로그래밍(OOP)의 주요 개념을 보여주는 예제다. 먼저 Animal이라는 클래스를 정의하고, 생성자 메서드 __init__을 통해 객체가 생성될 때 이름(name)을 초기화하도록 한다. Animal 클래스에는 speak라는 메서드가 포함되어 있으며, 호출 시 객체의 이름과 함께 기본적인 소리를 출력한다. Dog 클래스는 Animal 클래스를 상속받아 만들어졌으며, speak 메서드를 오버라이딩하여 강아지가 "Woof!"라는 소리를 낼 수 있도록 다형성을 구현했다. 마지막으로, Dog 클래스의 객체인 dog를 생성하면서 이름을 "Buddy"로 지정하고, speak 메서드를 호출하여 "Buddy says Woof!"라는 결과를 출력한다. 이 코드는 상속과 메서드 오버라이딩을 통해 코드 재사용성과 유연성을 강조한다.

<table>
<tr><th>주석으로 설명한 소스 코드</th><th>출력 결과</th></tr>
<tr><td><pre>
# 클래스 정의
class Animal:
    def __init__(self, name): # 생성자
        self.name = name
</pre></td><td>Buddy says Woof!</td></tr>
</table>

```
    def speak(self):  # 메서드
        print(f"{self.name} is making a sound.")

# 클래스 상속
class Dog(Animal):
    def speak(self):  # 메서드 오버라이딩 (다형성)
        print(f"{self.name} says Woof!")

# 객체 생성 및 사용
dog = Dog("Buddy")
dog.speak()  # 출력: Buddy says Woof!
```

(1.12.6) 객체지향 프로그래밍(OOP) 예제 2

이 코드는 객체지향 프로그래밍(OOP)을 활용하여 함수와 미분을 관리하고 시각화하는 예제이다. 이 코드는 객체지향 프로그래밍(OOP)을 사용하여 함수와 그 미분을 정의하고 가시화하는 프로그램이다. Function 클래스는 함수와 그 미분을 저장하며, 주어진 입력값에서 함수 값을 계산하는 evaluate 메서드와 미분 값을 계산하는 derivative 메서드를 포함한다. visualize 메서드는 지정된 범위에서 함수와 미분의 그래프를 그리는 기능을 제공한다. 이 코드에서는 함수 $f(x) = x^2$와 그 미분 $f'(x) = 2x$를 정의하고, 이를 Function 객체로 생성한 후 시각화한다. 그래프는 x의 범위를 -10에서 10까지 설정하며, 파란색 선으로 함수 $f(x) = x^2$를, 주황색 점선으로 미분 $f'(x) = 2x$나타낸다. 결과적으로 함수와 미분의 관계를 시각적으로 확인할 수 있는 도구를 제공한다.

```
# 재설정된 환경에서 코드를 다시 작성 및 실행
import numpy as np
import matplotlib.pyplot as plt

# 함수와 미분을 OOP로 구현
class Function:
    def __init__(self, func, d_func):
        self.func = func          # 함수
        self.d_func = d_func      # 함수의 미분

    def evaluate(self, x):
        """함수 값을 계산"""
        return self.func(x)
```

```
    def derivative(self, x):
        """미분 값을 계산"""
        return self.d_func(x)

    def visualize(self, x_range):
        """함수와 미분의 그래프를 가시화"""
        x = np.linspace(x_range[0], x_range[1], 500)
        y = self.evaluate(x)
        y_prime = self.derivative(x)

        plt.figure(figsize=(10, 6))
        plt.plot(x, y, label='f(x)', linewidth=2)
        plt.plot(x, y_prime, label="f'(x)", linestyle='--', linewidth=2)
        plt.axhline(0, color='black', linestyle='-', linewidth=0.8)
        plt.title('Function and its Derivative')
        plt.xlabel('x')
        plt.ylabel('y')
        plt.legend()
        plt.grid(True)
        plt.show()

# 함수와 미분 정의
f = lambda x: x**2  # 함수 f(x) = x^2
df = lambda x: 2*x  # 미분 f'(x) = 2x

# 객체 생성
quadratic_function = Function(f, df)

# 그래프 가시화
quadratic_function.visualize((-10, 10))
```

실행경과는 아래와 같다.

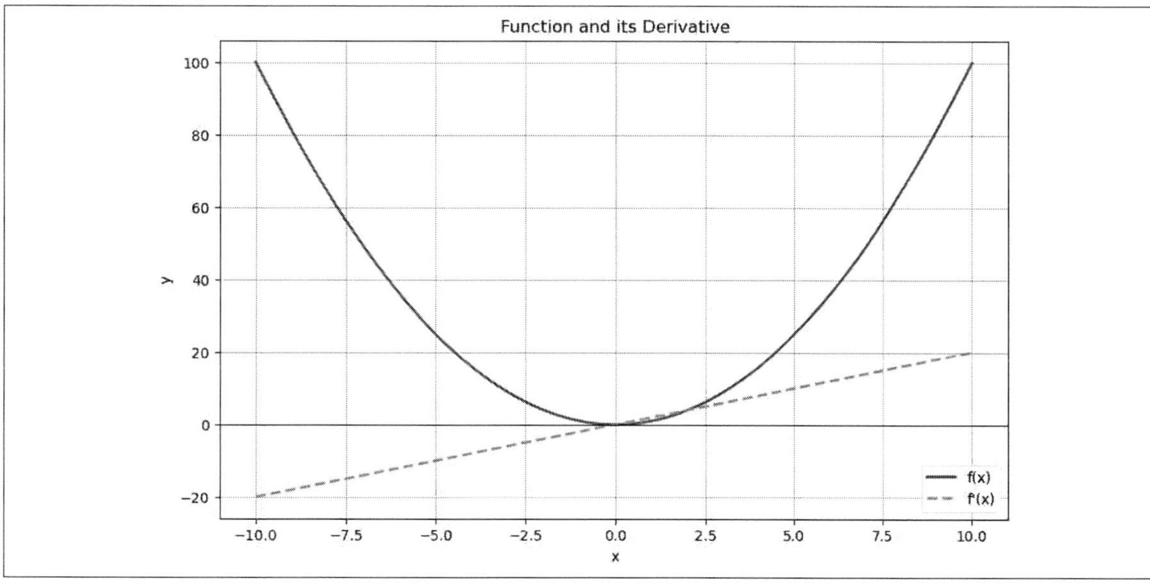

(1.13) matplotlib를 이용한 그래프 시각화

이 절에서는 파이썬의 데이터 시각화 라이브러리인 Matplotlib를 사용하여 데이터를 그래프로 표현하는 방법을 설명한다. Matplotlib는 선 그래프, 막대 그래프, 히스토그램, 산점도 등 다양한 그래프 유형을 지원하며, 데이터를 시각적으로 분석하는 데 유용하다. 그래프의 기본 구성 요소인 제목, 축 레이블, 범례 등을 설정하여 그래프를 사용자 정의할 수 있다. 또한, 플롯 스타일을 조정하거나, 서브플롯을 생성해 여러 데이터를 동시에 시각화하는 방법도 다룬다. 이 절에서는 Matplotlib의 기본 사용법부터 고급 그래프 작성 방법까지 실습과 함께 다루며, 데이터를 효과적으로 표현하고 분석할 수 있는 방법을 학습한다.

(1.13.1) 그래프 그리기 위한 주요 내장 함수

Matplotlib에서 자주 사용하는 주요 함수들은 다음과 같다:

- plot(): 선 그래프를 그리는 함수.
- scatter(): 산점도를 그리는 함수.
- bar(): 막대 그래프를 그리는 함수.
- hist(): 히스토그램을 그리는 함수.
- imshow(): 행렬 데이터를 시각화하는 함수.
- show(): 그래프를 화면에 출력.

(1.13.2) 2차원 그래프

① 곡선 그래프 그리는 코드

이 코드는 $f(x) -= x^2$를 선형 그래프로 시각화하며, -10에서 10까지 균등 분할된 x 값에 대해

$f(x) -= x^2$를 계산하고, 파란 실선으로 함수 그래프를 그리며 제목, 축 레이블, 격자, 범례를 추가해 가독성을 높인 포물선 그래프를 생성한다.

```
import numpy as np
import matplotlib.pyplot as plt

# 데이터 생성
x = np.linspace(-10, 10, 500)  # x 범위를 -10에서 10까지 500개의 점 생성
y = x**2  # y 값은 f(x) = x^2로 계산

# 그래프 그리기
plt.figure(figsize=(10, 6))  # 그래프 크기 설정
plt.plot(x, y, label='f(x) = x^2', color='blue', linewidth=2)  # 함수 그래프

# 주석 추가
plt.title('Line Graph of f(x) = x^2', fontsize=14)  # 그래프 제목
plt.xlabel('x', fontsize=12)  # x축 라벨
plt.ylabel('f(x)', fontsize=12)  # y축 라벨
plt.axhline(0, color='black', linestyle='-', linewidth=0.8)  # x축 표시
plt.axvline(0, color='black', linestyle='-', linewidth=0.8)  # y축 표시
plt.grid(True, linestyle='--', alpha=0.7)  # 격자선 추가
plt.legend(fontsize=12)  # 범례 추가

# 그래프 표시
plt.show()
```

② 곡선 그래프 그리는 코드 실행

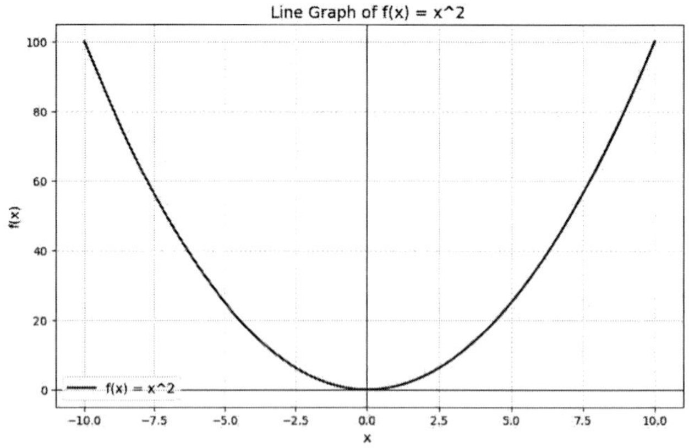

(1.13.3) 2차원: 산점도

이 코드는 x, y의 관계를 시각화한 2차원 산점도 그래프를 생성하며, x는 0에서 10 사이의 100개의 난수로 $y = 2x + noise$로 계산된 값으로 각 점을 파란색으로 표시하고, 제목, 축 레이블, 격자선, 범례를 추가하여 데이터 분포를 직관적으로 표현한다.

① 2차원: 산점도 그리는 코드

```
import numpy as np
import matplotlib.pyplot as plt

# 데이터 생성
np.random.seed(42)  # 랜덤 시드 고정
x = np.random.rand(100) * 10  # 0~10 사이의 100개의 난수 생성
y = 2 * x + np.random.normal(0, 3, 100)  # y = 2x + 랜덤 노이즈 추가

# 산점도 그래프 그리기
plt.figure(figsize=(10, 6))  # 그래프 크기 설정
plt.scatter(x, y, color='blue', alpha=0.7, label='Data points')  # 산점도 그리기

# 주석 추가
plt.title('2D Scatter Plot', fontsize=14)  # 그래프 제목
plt.xlabel('x', fontsize=12)  # x축 라벨
plt.ylabel('y', fontsize=12)  # y축 라벨
plt.grid(True, linestyle='--', alpha=0.7)  # 격자선 추가
plt.legend(fontsize=12)  # 범례 추가

# 그래프 표시
plt.show()
```

② 2차원: 산점도 그리는 코드 실행

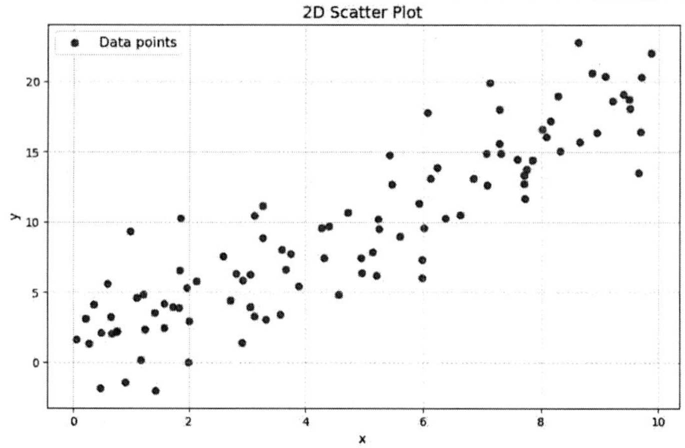

(1.13.4) 3차원 그래프

이 코드는 $z = \sin(\sqrt{x^2 + y^2})$를 3D 표면 그래프로 시각화하며, x와 y는 -5에서 5까지의 값을 균등 분할하여 생성하고, X,Y는 np.meshgrid를 사용해 그리드 형태로 확장된 값을 제공하며, z값은 함수 z를 통해 계산된다. 3D 그래프는 plot_surface로 생성되며, 색상은 viridis 컬러 맵으로 설정되고, 제목과 축 레이블을 추가해 그래프의 가독성을 높인다.

① 3차원 곡면 그래프 코드

```
from mpl_toolkits.mplot3d import Axes3D
import numpy as np

# 데이터 준비
x = np.linspace(-5, 5, 50)
y = np.linspace(-5, 5, 50)
X, Y = np.meshgrid(x, y)
Z = np.sin(np.sqrt(X**2 + Y**2))

# 3D 그래프 그리기
fig = plt.figure()
ax = fig.add_subplot(111, projection="3d")
ax.plot_surface(X, Y, Z, cmap="viridis")

ax.set_title("3D surface")
ax.set_xlabel("X 축")
ax.set_ylabel("Y 축")
ax.set_zlabel("Z 축")
```

```
plt.show()
```

② 3차원 곡면 그래프 코드 실행

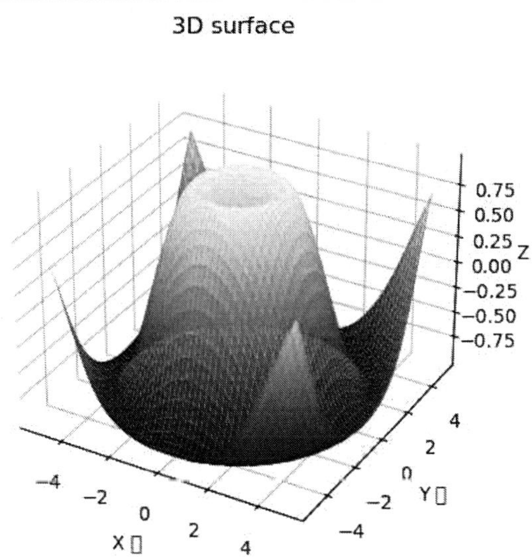

(1.14) 연습문제

① 문제 1:

리스트 내포(List Comprehension)를 사용하여 1부터 10까지의 제곱을 계산하는 코드를 작성하고 설명하시오.

풀이:

② 문제 2:

파이썬 변수는 데이터 타입을 명시하지 않아도 되지만, type() 함수를 사용하여 변수의 데이터 타입을 확인하는 프로그램을 작성하고 설명하시오.

풀이:

③ 문제 3:

두 개의 3x3 행렬을 생성하여, 행렬의 합과 곱을 계산하는 프로그램을 작성하고 설명하시오.

풀이:

④ 문제 4:

NumPy의 내장 함수를 사용하여 $\sqrt{x^2+y^2}$ 값을 계산하는 프로그램을 작성하고 설명하시오.

풀이:

⑤ 문제 5:

1부터 100까지의 정수의 합을 계산하는 프로그램을 작성하고 설명하시오.

풀이:

⑥ 문제 6:

두 숫자를 입력받아 더 큰 값을 출력하는 프로그램을 작성하고 설명하시오.

풀이:

⑦ 문제 7:

사용자로부터 이름과 나이를 입력받아, 화면에 "안녕하세요, [이름]님! 당신은 [나이]살 입니다."라고 출력하는 프로그램을 작성하고 설명하시오.

풀이:

⑧ 문제 8:

사용자 정의 함수와 파이썬 내장 함수(len, sum, max)를 사용하여 리스트의 길이, 합계, 최대값을 계산하는 프로그램을 작성하시오.

풀이:

⑨ 문제 9:

두 개의 3차원 벡터를 생성하고, 벡터의 내적(dot product)을 계산하는 프로그램을 작성하시오.

풀이:

⑩ 문제 10:

$y = x^2$ 의 그래프를 0에서 10까지 플롯(plot)하는 프로그램을 작성하시오.

풀이:

2 장 비선형 방정식 근 구하기

비선형 방정식은 공학 및 과학 문제에서 자주 등장하는 문제로, 이를 해결하기 위한 수치적 방법은 필수적인 기술로 여겨진다. 이 장에서는 비선형 방정식의 개념과 주요 해법들을 다루며, 점진탐색법, 이분법, 뉴톤-랩슨법과 같은 알고리즘을 중심으로 구성되어 있다. 이 장은 비선형 방정식 문제를 해결하기 위한 필수적인 기법을 체계적으로 다루며, 이를 실제 문제에 적용하는 과정을 학습할 수 있는 기반을 제공한다.

(2.1) 비선형 방정식 근 구하기 개요

비선형 방정식은 함수의 해를 명확히 구하기 어려운 경우가 많으며, 수치적으로 근을 구하는 방법들이 필요하다. 이 절에서는 근 구하기의 기본 개념과 수치적 접근법의 개요를 소개한다.

(2.2) 점진탐색법 (Incremental Search Method)

이 절에서는 비선형 방정식의 근을 찾기 위한 기초적인 방법인 점진탐색법에 대해 설명한다. 점진탐색법은 함수의 연속성을 이용하여 주어진 구간 내에서 함수값의 부호가 변하는 지점을 찾아 근을 근사적으로 구하는 방법이다. 이 절에서는 점진탐색법의 기본 원리와 알고리즘을 다루며, 초기 구간 설정, 간격 크기, 수렴 조건 등이 결과의 정확성과 효율성에 미치는 영향을 설명한다. Python을 사용하여 점진탐색법을 구현하는 방법과 함께, 간단한 예제를 통해 실습할 수 있는 기회를 제공한다. 이 절은 비선형 방정식 해결의 기초가 되는 방법론을 이해하는 데 중점을 둔다.

(2.3) 이분법 (Bisection Method)

이 절에서는 비선형 방정식의 근을 찾기 위한 수치적 방법 중 하나인 이분법(Bisection Method)에 대해 설명한다. 이분법은 연속 함수의 특정 구간에서 부호가 바뀌는 점을 근으로 간주하며, 해당 구간을 점진적으로 절반씩 줄여가면서 근을 근사적으로 계산하는 방법이다. 이 절에서는 이분법의 기본 원리와 알고리즘을 다루며, 초기 구간 설정, 반복 조건, 수렴 속도와 같은 핵심 요소를 설명한다. 또한, Python을 사용해 이분법을 구현하고, 다양한 함수에 적용하여 실습할 수 있는 예제를 제공한다. 이 절은 이분법의 간단함과 안정성을 기반으로 비선형 방정식 해결의 중요한 기초를 제공한다.

(2.4) 뉴톤-랩슨법 (Newton-Raphson Method)

이 절에서는 비선형 방정식의 근을 찾기 위한 효율적인 수치적 방법인 뉴턴-랩슨법(Newton-Raphson Method)에 대해 설명한다. 뉴턴-랩슨법은 테일러 급수를 기반으로 하며, 초기 추정값에서 시작해 함수의 도함수를 이용하여 근사값을 반복적으로 계산하여 수렴하는 알고리즘이다. 뉴턴-랩슨법은 미분값을 사용하여 함수의 근을 빠르게 찾는 수치적 방법 중 하나로, 함수의 선형 근사(접선)를 반복적으로 적용하여 근에 점점 더 가까워지는 방식이다. 이 방법은 빠른 수렴 속도를 가지고 있으며, 특히 근의 초기 추정치가 정확에 가깝다면 매우 효율적이다. 이분법을 함수를 구하기 위해서는 대략적인 함수의 값을 알고 있어야 하며 뉴턴법으로 함수를 구하기 위해서는 함수의 미분값과 시작 지점을 지정하면 된다. 뉴턴-랩슨법은 수렴 속도가 빠르고 정확도가 높아, 고차원 문제나 복잡한 비선형 방정식에서 자주 사용된다. 이 절에서는 뉴턴-

랩슨법의 기본 원리와 알고리즘, 초기값 선택이 수렴성과 정확성에 미치는 영향을 다룬다. 또한, Python을 사용하여 뉴턴-랩슨법을 구현하는 방법과 다양한 함수에 적용하는 예제를 제공한다. 뉴턴-랩슨법은 수렴 속도가 빠르고 효율적이지만, 초기값 선택과 도함수 계산의 중요성이 크다는 점을 강조하며, 이를 해결하기 위한 실질적인 팁과 응용 사례를 제시한다. 그러나 초기값 의존성과 미분값 필요 조건 때문에 적용이 제한될 수 있다. 할선법은 미분값 계산 없이 두 점의 기울기를 사용하는 방법으로, 뉴턴-랩슨법의 대안으로 활용된다.

(2.5) 연습문제

연습문제는 각 방법을 Python으로 구현하며 실습할 수 있도록 구성되었다. 이를 통해 독자는 수치해석 알고리즘의 동작 원리를 체득하고, 다양한 문제 해결에 응용할 수 있는 능력을 배양할 수 있다.

(2.1) 비선형 방정식 근 구하기 개요

비선형 방정식의 근을 구하는 문제는 비선형 방정식 $f(x)$의 해 x를 찾는 것을 의미한다. 비선형 방정식은 선형 방정식과 달리 미지수에 대해 비선형적인 관계를 가지며, 일반적으로 해를 명시적으로 구하기 어렵기 때문에 수치해석적 방법이 주로 사용된다. 비선형 방정식의 비선형 방정식은 다항식, 삼각 함수, 지수 함수, 로그 함수 등 다양한 형태로 나타날 수 있다. 방정식의 해는 하나 또는 여러 개일 수 있으며, 복소수 해를 포함할 수도 있다.

대부분의 비선형 방정식은 해석적으로 해를 구할 수 없으므로 근사적인 수치해를 구한다. 초기값과 근의 존재 여부에 따라 알고리즘의 수렴 성능이 달라질 수 있다.

$$f(x)=0, \quad \vec{f}(\vec{x})=\vec{0} \tag{2.1-1}$$

여기서$f(x)$, $\vec{f}(\vec{x})$ 는 비선형 스칼라 함수와 벡터 함수이며, 근(root)은 $f(x)=0$, $\vec{f}(\vec{x})=\vec{0}$을 만족하는 비선형 방정식의 근, x 또는 $\vec{x}$ 를 찾는 문제이다. 아래는 대표적인 스칼라 비선형 함수, $f(\theta)=0$, 의 예이다.

$$f(\theta)=\theta^3+\cos(\theta) \tag{2.1-2}$$

비선형 방정식 근사 해법으로는 그래프적 방법과 수치적 방법이 있다. 그래프적 방법은 $f(x)$를 그래프로 표현하여 $x-$축과 교차하는 지점을 근으로 추정하며, 단순하지만 정확한 해를 얻기 어렵고, 초기 값 설정에 유용하다.

수치방법으로는 점진적으로 함수값이 부호가 바뀌는 구간을 탐색하여 근의 위치를 대략적으로 추정하는 점진탐색법(Incremental Search Method)과 점진탐색법으로 찾은 구간을 기반으로 근의 구간을 2로 나누어 탐색하는 이분법(Bisection Method)이 있다. 초기 추정값 x_0에서 함수의 기울기(미분값)를 이용해 직선의 접선을 그리고, 접선이 x축과 나는 점을 새로운 추정값으로 설정한다. 이를 반복해 근을 점진적으로 구하는 뉴턴-랩슨법(Newton-Raphson Method)등의 대표적인 방법이 있다.

뉴턴-랩슨 방법 (Newton-Raphson Method)은 반복적으로 $x_{n+1} = x_n - f(x_n)/f'(x_n)$ 기울기을 명시적으로 알 수 없을 때 를 사용해 근을 추정하며, 장점으로 근처에서 매우 빠르게 수렴하지만 단점으로 초기값에 민감하며, 도함수를 알고 있어야 한다. 뉴턴-랩슨 방법의 변형으로 할선법 (Secant Method)이 있다. 이 방법은 도함수 대신 두 점을 이용하여 근사, 즉 $x_{n+1} = x_n - f(x_n)/(f(x_n) - f(x_{n-1}))$을 사용할수 있다. 본 장에서는 할선법에 대해서는 생략하기로 한다. 반복 계산 방법으로 고정점 반복법 (Fixed-Point Iteration)이 있다. $f(x) = 0$를 변형하여 $x = g(x)$형태로 변환 후, $x_{n+1} = g(x_n)$을 반복하는 방법으로 수렴 조건은 $|g'(x)| < 1$의 절댓값이 1보다 작아야 한다. 본 장에서는 고정점 반복법 대해서도 생략하기로 한다.

다음은 비선형 벡터 함수, $\vec{f}(\vec{x}) = \vec{0}$의 의 해를 구하는 경우를 생각해보자. 예를들어 아래 식에서 첫 번째 함수는x_1, x_2에 대해 비선형 관계를 나타내며, 삼각 함수와 이차 함수가 결합된 형태이다. 두 번째 함수는x_1, x_2에 대해 비선형 관계를 나타내며, 제곱 함수와 삼각 함수의 결합을 포함한다. 이 시스템을 수치적으로 해결하기 위해 Newton-Raphson Method와 같은 알고리즘을 사용할 수 있다.

$$\begin{aligned} f_1(x_1, x_2) &= \sin(x_1) + x_2^2 - 1 = 0 \\ f_2(x_1, x_2) &= x_1^2 + \cos(x_2) - 2 = 0 \end{aligned} \tag{2.1-3}$$

이와 같은 다차원 문제에서의 Newton-Raphson 확장(Newton-Raphson Extension)은 선형 연립방정식과 비선형 연립방정식을 연결해 주는 중요한 방법이다. 이 방법은 비선형 연립방정식을 근사적으로 풀기 위해 해당 문제를 선형화하여 접근하는 과정에서 핵심적인 역할을 한다. Newton-Raphson 확장은 다차원 비선형 문제를 반복적으로 선형화하여 근을 구하는 과정에서 선형 연립방정식을 비선형 연립방정식의 해법으로 연결하는 핵심적인 다리 역할을 한다. Newton-Raphson 확장은 비선형 함수 $\vec{f}(\vec{x}) =$를 다변수 Taylor 전개를 통해 선형 근사로 변환하면 함수 $\vec{f}(\vec{x})$를 Taylor 전개를 이용하여 나타내면, $\vec{f}(\vec{x} + \delta\vec{x}) \approx \vec{f}(\vec{x}) + J \cdot \delta\vec{x}$ 이 된다. 여기서 J는 자코비안(Jacobian) 행렬로써 $n \times n$ 행렬로, $J = J_{ij} = \dfrac{\partial f_i}{\partial x_j}$이다. 증분벡터 $\delta\vec{x}$를 구하기 위해서는 $n \times n$ 행렬을 포함하는 행렬방정식, $(\delta\vec{x} = -J^{-1} \cdot \vec{f}(\vec{x}))$을 풀어야 한다. 증분벡터 $\delta\vec{x}$를 구하고 나면 다음과 같이, $\overrightarrow{x_{i+1}} = \vec{x_i} + \delta\vec{x}$ 다음의 근사해를 구할 수 있다.

이 방법은 공학, 물리학, 최적화 등 다양한 분야에서 널리 사용되며, 야코비 행렬 계산과 초기값 선택이 성공적인 해법의 관건이다. 이문제에 대해서는 8장 비선형 연립방정식 수치해석에 다루고자 한다.

(2.2) 점진탐색법(Incremental Search Method)

이 절에서는 비선형 방정식의 근을 찾기 위한 기초적인 방법인 점진탐색법에 대해 설명한다. 점진탐색법은 함수의 연속성을 이용하여 주어진 구간 내에서 함수값의 부호가 변하는 지점을 찾아 근을 근사적으로 구하는 방법이다. 이 절에서는 점진탐색법의 기본 원리와 알고리즘을 다루며, 초기 구간 설정, 간격 크기, 수렴 조건 등이 결과의 정확성과 효율성에 미치는 영향을 설명한다. 특히 초기값 설정이 어렵거나 함수의 복잡성이 낮은 문제에서 유용하게 사용될 수 있다. 다만, 복잡한 방정식에서는 정확성과 효율성을 높이기 위해 이분법이나 뉴턴-랩슨법과 같은 다른 방법을 병행하는 것이 적합하다. 또한, Python을 사용하여 점진탐색법을 구현하는 방법과 함께, 간단한 예제를 통해 실습할 수 있는 기회를 제공한다. 이 절은 비선형 방정식 해결의 기초가 되는 방법론을 이해하는 데 중점을 둔다.

(2.2.1) 알고리즘의 원리

그래프는 점진탐색법(Incremental Search Method)을 시각화한 것으로, 함수 $f(x) = \sin(x)$의 곡선을 보여준다. 빨간색 선은 함수 $f(x) = \sin(x)$를 나타내며, 주어진 구간 $[a,b] = [2,8]$에서의 값을 보여준다. 녹색 점선은 탐색 구간을 나눠 함수 값이 변하는 각 지점을 강조한 것으로, 이 지점들을 통해 함수의 부호가 바뀌는 구간을 찾는다. 이 방법은 루트(근)를 찾는 데 유용하며, 부호가 변하는 구간을 식별하여 해당 구간에 근이 있음을 나타낸다.

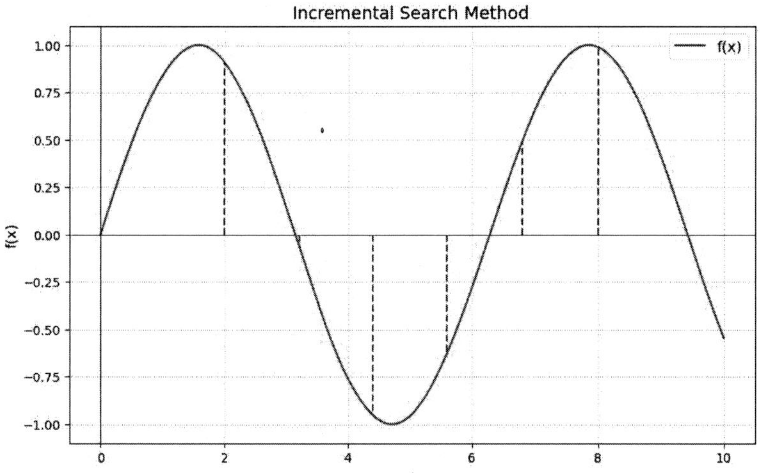

함수 $f(x)$가 [a,b] 구간에서 연속적일 때, f(a)f(b)<0를 만족하면 [a,b] 구간에서 하나의 근이 존재한다. (중간값 정리) [a,b] 구간을 작게 나누어 각 하위 구간에서 부호 변화가 있는지 점검한다. 부호 변화가 발견된 하위 구간이 근을 포함하는 구간으로 좁혀진다.

(2.2.2) 알고리즘

① Step 1: 초기 조건 설정

㉠ 연속함수 f(x)의 구간[a,b]에서 f(a)f(b)<0를 만족하면, 연속함수 f(x)의 구간 [a,b]에서

분할 간격 n등분으로 $\Delta x = \frac{b-a}{n}$ 를 설정한다.

② **Step 2: 초기 값 초기화**

㉠ 초기값 $x_0 = a$ 로 설정한다

③ **Step 3: 탐색 과정**

㉠ 새로운 값 $x_{i+1} = x_i + \Delta x$ 를 계산한다.

㉡ $[x_i, x_{i+1}]$에서 $f(x_{i+1})f(x_i) < 0$ 를 만족하는지 검사한다.

④ **Step 4: 근의 구간 확인 및 갱신**

㉠ 새로운 $f(x_{i+1})f(x_i) < 0$ 를 만족하면 해당 구간 $[x_i, x_{i+1}]$에 근이 존재한다.

㉡ 새로운 구간 [a,b]=$[x_i, x_{i+1}]$로 설정한다.

⑤ **Step 5: 구간 세분화**

㉠ 새로운 구간 [a,b]를 다시 n등분하여 새로운 분할 간격 $\Delta x = \frac{b-a}{n}$ 를 설정한다.

⑥ **Step6: 종료 조건 검사**

㉠ 분할 간격 Δx를 줄여가며 허용오차 ε내에 해가 존재하도록 반복 계산한다.

㉡ $(\Delta x < \varepsilon)$ 이면 계산을 종료한다.

⑦ **Step 7: 예외 처리**

㉠ $x_{i+1} > b$ 인 경우, 근이 존재하지 않음을 반환한다.

㉡ f(x)가 f(a)f(b)<0인 경우 근 탐색 실패를 알린다.

(2.2.3) 파이썬 소스 코드 함수 구현

```
def Incremental_search(f, x_start, x_end, step_size):
    """
    점진탐색법 구현 함수

    Parameters:
        f: 탐색할 함수
        x_start: 탐색 시작점
        x_end: 탐색 끝점
        step_size: 구간 분할 간격

    Returns:
        근이 포함된 구간 또는 None
```

```
    """
    x = x_start
    while x < x_end:
        if f(x) * f(x + step_size) < 0:  # 부호 변화 점검
            return (x, x + step_size)
        x += step_size
    return None  # 근이 발견되지 않음
```

(2.2.4) 예제

주어진 함수의 해 $f(x) = x^3 - 6x^2 + 11x - 6 = 0$ 의 해를 [0,4][0,4] 구간에서 찾는다.

주석으로 설명한 소스 코드	출력 결과

# 함수 정의 	
f = lambda x: x**3 - 6*x**2 + 11*x - 6 # f(x) = (x-1)(x-2)(x-3)
 	
# 점진탐색법 실행 	
x_range = incremental_search(f, 0, 4, 0.1)
 	
# 결과 출력 	
if x_range:
    print("근이 포함된 구간:", x_range)
else:
    print("근이 존재하지 않습니다.")
	근이 포함된 구간: (2.9, 3.0)

(2.2.5) 중근을 갖는 경우

점진탐색법에서 중근을 가지는 경우, 즉 함수 f(x)가 특정 구간에서 0으로 변하지 않고 동일한 부호를 가지는 상황에서 근을 찾기 위해 다음과 같은 방법을 활용할 수 있다. 중근은 함수 f(x)가 가 특정 점에서 $f(x_i) = 0$ 이고, 해당 구간에서 f(a)f(b)>0 인 경우를 말한다. 이는 함수가 x-축을 한 번만 스치고 다시 위나 아래로 돌아가는 경우 발생한다. 이 때문에 점진탐색법의 기본 원리(부호 변화 탐색)를 사용할 수 없게 된다.

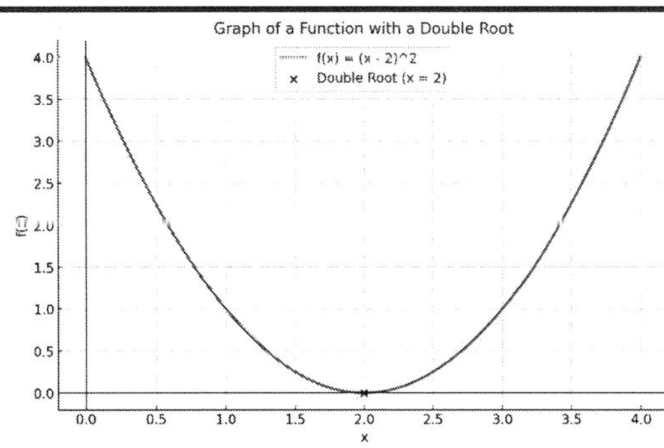

① 해결 방법

㉠ 함수의 기울기 조건 추가: 함수의 미분 값(기울기)을 분석하여 중근 여부를 판단한다. 구간 내에서 함수의 값이 0에 근접하고, 동시에 $f'(x_i)=0$ 인 경우 근이 존재한다고 간주할 수 있다.

㉡ 점진탐색법 이후, 이분법이나 뉴턴-랩슨법과 같은 고정밀도 해법을 병행하여 중근을 찾아내는 데 활용할 수 있다.

② Python 코드 구현 (기울기 조건 추가):

다음 코드는 함수 값과 미분 값(기울기)을 기반으로 중근을 탐지하는 방법을 보여준다.

주석으로 설명한 소스 코드	출력 결과

import numpy as np
 	
def incremental_search_with_derivative(f, df, x_start, x_end, step_size, tol=1e-6):
    """
    점진탐색법에 기울기 조건 추가
 	
    Parameters:
        f: 함수
        df: 함수의 도함수
        x_start: 시작점
        x_end: 끝점
        step_size: 탐색 간격
        tol: 기울기 허용 오차
 	
    Returns:
        중근이 존재할 수 있는 구간 또는 None
    """
    x = x_start
	중근에 근접한 점: 1.0

```
    while x < x_end:
        if abs(f(x)) < tol or abs(df(x)) < tol:  # 함수 값 또는
기울기가 0에 가까움
            return x
        x += step_size
    return None

# 함수와 도함수 정의
f = lambda x: (x - 1)**2  # 중근을 가지는 함수
df = lambda x: 2 * (x - 1)  # 도함수

# 탐색 실행
root = incremental_search_with_derivative(f, df, 0, 2, 0.1)
print("중근에 근접한 점:", root)
```

(2.3) 이분법(Bisection Method)

이 절에서는 비선형 방정식의 근을 찾기 위한 수치적 방법 중 하나인 이분법(Bisection Method)에 대해 설명한다. 이분법은 연속 함수의 특정 구간에서 부호가 바뀌는 점을 근으로 간주하며, 해당 구간을 점진적으로 절반씩 줄여가면서 근을 근사적으로 계산하는 방법이다. 이분법(Bisection Method)은 비선형 방정식의 근을 구하는 가장 기본적이고 안정적인 수치적 방법 중 하나로, 함수의 부호가 바뀌는 구간을 점진적으로 반으로 나누며 근을 찾는다. 이 방법은 함수가 연속적이고, 근이 포함된 구간에서 부호가 바뀌는 상황에 적합하다. 이분법은 간단하고 안정적이다. 즉 수렴이 보장되며, 잘못된 초기값으로 인해 발산하지 않는다. 함수가 연속적이고 부호 변화가 있는 구간을 포함하면 항상 작동한다. 그러나 근이 하나만 포함된 구간을 미리 알아야 하고, 수렴 속도가 느리다는 단점이 있다. 즉 구간 [a,b]에 반드시 근이 포함되어야 하며, 부호 변화가 없으면 사용할 수 없다. 또한 하나의 구간에 다중근이 포함된 경우 정확한 해를 찾기 어렵다. 이분법은 점진탐색법과 뉴턴-랩슨법 사이에 위치하는 안정적인 수치적 방법이다. 점진탐색법보다 구간을 빠르게 좁히며, 뉴턴-랩슨법보다 안정적이지만 느린 수렴 속도를 가진다. 초기값 설정이 명확한 경우에 적합하며, 함수의 부호 변화가 없는 구간에서는 다른 수치적 해법과 병행하여 사용된다. 이를 통해 안정성과 정확성을 모두 확보할 수 있다. 이 절에서는 이분법의 기본 원리와 알고리즘을 다루며, 초기 구간 설정, 반복 조건, 수렴 속도와 같은 핵심 요소를 설명한다. 또한, Python을 사용해 이분법을 구현하고, 다양한 함수에 적용하여 실습할 수 있는 예제를 제공한다. 이 절은 이분법의 간단함과 안정성을 기반으로 비선형 방정식 해결의 중요한 기초를 제공한다.

(2.3.1) 알고리즘의 원리

① 중간값 정리 (Intermediate Value Theorem)

㉠ 함수 $f(x)$가 $[a,b]$에서 연속이고, $f(a)f(b) < 0$이면,

$f(a) \leq y \leq f(b)$ or $f(b) \leq y \leq f(a)$ 인 임의의 값 y에 대해, $c \in [a,b]$가 존재하여 $f(c) = y$가 성립한다.

② **범위 [a,b]내에 근이 있다면**

㉠ 이분법은 함수 $f(x)$가 연속적이고, 주어진 구간 $[a,b]$에서 $f(a)f(b) < 0$을 만족하는 경우 사용한다. 이분법은 f(a) 와 f(b) 가 다른 부호를 갖는 2개의 초기값 a 와 b를 필요로 한다.

㉡ 중간값 정리에 의하여 연속함수 f 는 폐구간 [a, b]에 대해서 최소한 한 개의 해를 가지게 되며, 이를 해 구간이라고 한다. 그러면 중심점 $c = \frac{(a+b)}{2}$, 즉, $f(c)$를 계산한후, $f(c)f(b) < 0$이면 구간 [c,b]에 근이 존재한다. 따라서 구간 [a,b]에서 중심점 c를 a로 치환하여 새로운 구간 [a,b] 안에서 위 과정을 되풀이 한다. 이러면 새로운 영역 [a, b]가 기존의 영역의 반으로 줄어든다. 그러면서 구간의 간격이 원하는 정확도 이내가 줄어들 때까지 되풀이 해서 원하는 근을 구한다. 각 반복시마다 해 구간 f(x) 가 0값을 가지는 값을 가지고 있는 구간의 범위가 50%로 줄어든다. 목표로 하는 오차값 이하로 폐구간이 줄어들 때까지 이 과정을 반복한다. f(a) f(c) < 0 이면 c를 b의 새 값으로, f(b) f(c) < 0 이면 c를 b의 새 값으로 치환한다. 두 경우 다 새로운 f(a) 값과 f(b) 값은 서로 다른 부호를 가지게 되며, 그래서 이 새로운 작은 구간에서 다시 이분법을 적용할 수 있다. 중간 값인 c 가 실제로 해인 경우는 f(a) f(c) = 0인 경우로, 우연이 $f(c) = 0$라면 해는 c이다.

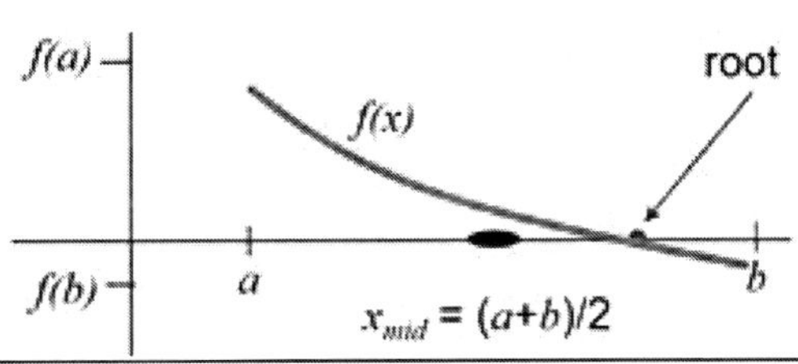

(2.3.2) 이분법 알고리즘

① **Step 1: 초기 조건 설정**

㉠ 범위 [a, b] 에서 $f(a)f(b) < 0$를 만족하는지 확인한다.

㉡ 만족하지 않으면 종료한다.

② **Step 2: 중간점 계산**

㉠ 중간점 c를 계산한다:$c = (a+b)/2$

③ **Step 3: 근의 위치 판별**

㉠ $f(c)$를 계산 후 $f(a)f(c) < 0$이면, 구간 [a,c] 에 근이 존재한다. 이경우 b=c로 설정한다.

㉡ $f(c)$를 계산 후 $f(c)f(b) < 0$이면, 구간 [c,b] 에 근이 존재한다. 이경우 a=c로 설정한다.

④ **Step 4: 종료 조건 검사**

㉠ 구간 길이 $|b-a|$ 가 허용 오차 ϵ 보다 작아지면 알고리즘을 종료한다.

㉡ 이때 c가 근의 근사값으로 간주된다.

⑤ **Step 5: 반복**

㉠ Step 2부터 Step 4까지 과정을 반복한다.

㉡ 원하는 정확도 내에서 근을 계산한다.

⑥ **파이썬 소스 코드 함수 구현**

```
def bisection(f, a, b, tol=1e-6, max_iter=100):
    """
    이분법(Bisection Method) 구현 함수 (반복 과정 출력 포함)

    Parameters:
        f: 근을 구할 함수
        a: 구간의 시작점
        b: 구간의 끝점
        tol: 허용 오차
        max_iter: 최대 반복 횟수

    Returns:
        근의 근사값
    """
    if f(a) * f(b) >= 0:
        raise ValueError("구간 [a, b]에 근이 포함되지 않았습니다.")

    print(f"초기 구간: [a, b] = [{a}, {b}]")
    iter_count = 0
    while abs(b - a) > tol and iter_count < max_iter:
        c = (a + b) / 2  # 중간값 계산
        print(f"반복 {iter_count + 1}: [a, b] = [{a:.6f}, {b:.6f}], c = {c:.6f}, f(c) = 
{f(c):.6e}")

        # 근을 찾은 경우 또는 허용 오차 내 도달
        if f(c) == 0 or abs(b - a) < tol:
            print(f"최종 구간: [a, b] = [{a:.6f}, {b:.6f}]")
            return c
```

```
        # 구간 축소
        if f(a) * f(c) < 0:
            b = c
        else:
            a = c

        iter_count += 1

    print(f"최종 구간: [a, b] = [{a:.6f}, {b:.6f}]")
    return (a + b) / 2

# 2차 다항식 예제: f(x) = x^2 - 4
def quadratic_function(x):
    return x**2 - 4

# 초기 구간 설정
a = 1  # 구간 시작점
b = 5  # 구간 끝점
tol = 1e-6  # 허용 오차

# 이분법 실행
root = bisection(quadratic_function, a, b, tol)

# 결과 출력
print(f"f(x) = x^2 - 4의 근: x = {root:.6f}")
print(f"f({root:.6f}) = {quadratic_function(root):.6e}")  # 함수값 확인
```

⑦ 출력

주어진 함수의 해 $f(x) = x^2 - 4 = 0$ 의 해를 [1,5] 구간에서 찾는다.

```
초기 구간: [a, b] = [1, 5]
반복 1: [a, b] = [1.000000, 5.000000], c = 3.000000, f(c) = 5.000000e+00
반복 2: [a, b] = [1.000000, 3.000000], c = 2.000000, f(c) = 0.000000e+00
최종 구간: [a, b] = [1.000000, 3.000000]
f(x) = x^2 - 4의 근: x = 2.000000
f(2.000000) = 0.000000e+00
```

(2.3.3) Python SciPy 라이브러리를 활용한 이분법

Python의 SciPy 라이브러리를 사용하면 optimize.bisect() 함수를 통해 이분법을 쉽게 구현할 수 있다.

주석으로 설명한 소스 코드	출력 결과

from scipy.optimize import bisect
 	
# 함수 정의 	
f = lambda x: x**2 - 4
 	
# SciPy 이분법 	
root = bisect(f, 1, 3)
print("SciPy 이분법으로 구한 근:", root)
	SciPy 이분법으로 구한 근: 2.0

(2.4) 뉴톤-랩슨법(Newton-Raphson Method)

이 절에서는 비선형 방정식의 근을 찾기 위한 효율적인 수치적 방법인 뉴턴-랩슨법(Newton-Raphson Method)에 대해 설명한다. 뉴턴-랩슨법은 테일러 급수를 기반으로 하며, 초기 추정값에서 시작해 함수의 도함수를 이용하여 근사값을 반복적으로 계산하여 수렴하는 알고리즘이다. 뉴턴-랩슨법은 미분값을 사용하여 함수의 근을 빠르게 찾는 수치적 방법 중 하나로, 함수의 선형 근사(접선)를 반복적으로 적용하여 근에 점점 더 가까워지는 방식이다. 이 방법은 빠른 수렴 속도를 가지고 있으며, 특히 근의 초기 추정치가 정확에 가깝다면 매우 효율적이다. 이분법을 함수를 구하기 위해서는 대략적인 함수의 값을 알고 있어야 하며 뉴턴법으로 함수를 구하기 위해서는 함수의 미분값과 시작 지점을 지정하면 된다. 뉴턴-랩슨법은 수렴 속도가 빠르고 정확도가 높아, 고차원 문제나 복잡한 비선형 방정식에서 자주 사용된다. 이 절에서는 뉴턴-랩슨법의 기본 원리와 알고리즘, 초기값 선택이 수렴성과 정확성에 미치는 영향을 다룬다. 또한, Python을 사용하여 뉴턴-랩슨법을 구현하는 방법과 다양한 함수에 적용하는 예제를 제공한다. 뉴턴-랩슨법은 수렴 속도가 빠르고 효율적이지만, 초기값 선택과 도함수 계산의 중요성이 크다는 점을 강조하며, 이를 해결하기 위한 실질적인 팁과 응용 사례를 제시한다. 그러나 초기값 의존성과 미분값 필요 조건 때문에 적용이 제한될 수 있다. 할선법은 미분값 계산 없이 두 점의 기울기를 사용하는 방법으로, 뉴턴-랩슨법의 대안으로 활용된다.

(2.4.1) 뉴턴-랩슨법의 설명 (테일러 급수 기반)

비선형 방정식 $f(x)=0$의 해를 구하기 위해 뉴턴-랩슨(Newton-Raphson) 방법을 이용하면, 함수 $f(x)$의 테일러 급수를 활용하여 근사값을 계산할 수 있다. Taylor 전개식은 함수 $f(x)$를 기준점 x_0에서 다음과 같이 표현한다:

$$\begin{aligned} f(x) &\approx f(x_0)+f'(x_0)(x-x_0) \\ &+\frac{f''(x_0)}{2!}(x-x_0)^2+\cdots \end{aligned} \tag{2.4.1-1}$$

뉴턴-랩슨법은 테일러 급수를 기반으로 하여 다음과 같은 점근적 근사법을 사용한다.일반적인 함수 f(x)의 $x+\Delta x$부근에서는 다음과 같이 표현된다:

$$f(x+\Delta x)=f(x)+f'(x)\Delta x + \frac{f''(x)}{2!}\Delta x^2+\cdots \quad (2.4.1\text{-}2)$$

만약 Δx가 매우 작다고 가정하면 윗식의 2차항 이상은 사라지므로 아래와 같이 Taylor 전개식을 1차 항까지만 사용하여 근사하면:

$$f(x+\Delta x)\approx f(x)+f'(x)\Delta x \quad (2.4.1\text{-}3)$$

위 식에서 $(x+\Delta x)$가 해가 되기 위해선 $f(x+\Delta x)=0$ 을 만족해야 한다. 뉴턴-랩슨법의 수학적 원리로 Taylor 전개에서의 1차 근사하면:

$$f(x)\approx f(x_n)+f'(x_n)(x-x_n) \quad (2.4.1\text{-}4)$$

따라서 $f(x)=0$을 만족한다고 가정하면:

$$0\approx f(x_n)+f'(x_n)(x_{n+1}-x_n \quad (2.4.1\text{-}5)$$

위 식을 x_{n+1}에 대해 정리하면:

$$x_{n+1}=x_n-\frac{f(x_n)}{f'(x_n)} \quad (2.4.1\text{-}6)$$

위 식에서 $(x+\Delta x)$가 해가 되기 위한 Δx를 구하기 위해 x의 증분 Δx는 $\Delta x=-\frac{f(x)}{f'(x)}$ 같이 결정할 수 있다. 따라서 $x_{n+1}=x_n+\Delta x$ 이므로 최종 식은 위 식과 같이 정리된다.

이를 $\Delta x<\varepsilon$ 일때 까지 반복하면 해를 구할 수 있다.

① 수렴 조건

㉠ 초기 추정치 x_0가 근에 충분히 가까워야 한다.

㉡ 함수 $f(x)$가 해당 구간에서 연속적이며 미분 가능해야 한다.

㉢ 미분값 $f'(x)$가 0이 아니어야 한다. 뉴튼-랩슨법이 일반적인 초기값을 정할 수 있고, 빠르게 해를 찾을 수 있지만 초기치가 근에 멀리 있거나 근처에서 함수의 도함수 값이 영에 가까워지면 분모가 0, 즉 무한대로 발산하려는 경향이 있으므로 원함수를 미분한 이론적인 함수를 사용하는 것에 근본적인 문제가 있을 수 있다.

(2.4.2) 뉴턴-랩슨법의 설명 (그래프 기반)

뉴턴-랩슨법은 비선형 방정식의 근을 반복적으로 찾아가는 수치적 방법이다. 이 식은 함수

f(x)의 현재 추정치 x_n 에서의 접선을 사용하여 $f(x)=0$ 인 점을 구하고, 이 점을 새로운 추정치 x_{n+1}로 설정하는 방식이다. 뉴턴-랩슨법을 확장하면 연립방정식의 해를 구하는 문제까지 확장될 수 있다. 이 방법은 초기 추정값 x_0에서 시작하여 함수의 접선을 이용해 근에 점점 더 가까운 값을 추정한다. 기하학적인 그래프로 설명해 보자. x의 증분 Δx는 $\Delta x=-\dfrac{f(x)}{f'(x)}$ 같이 결정된다. 뉴튼-랩슨 방법은 미분 가능한 함수 $f(x)$의 구간 [a, b]에서 $f(x)=0$을 만족하는 근을 유도하는 방법으로서, 임의의 점 x_0를 정하고 그 점에서의 함수 값 $f(x_0)$에 기울기 $f'(x_0)$를 갖는 접선을 만들고, 이후 해당 접선의 함수 값이 0이 되는 점 x_1을 찾고 다시 $f(x_1)$에 기울기 $f'(x_1)$를 갖는 접선을 만든다. 이러한 방식을 반복하다 보면 어느 순간 $f(x_n)$이 0에 가까워지는데 이때의 x_n이 해당 함수의 근의 근사 값이다. 이를 $\Delta x<\varepsilon$ 일때 까지 반복하면 해를 구할 수 있다.

Newton-Raphson : Open Method

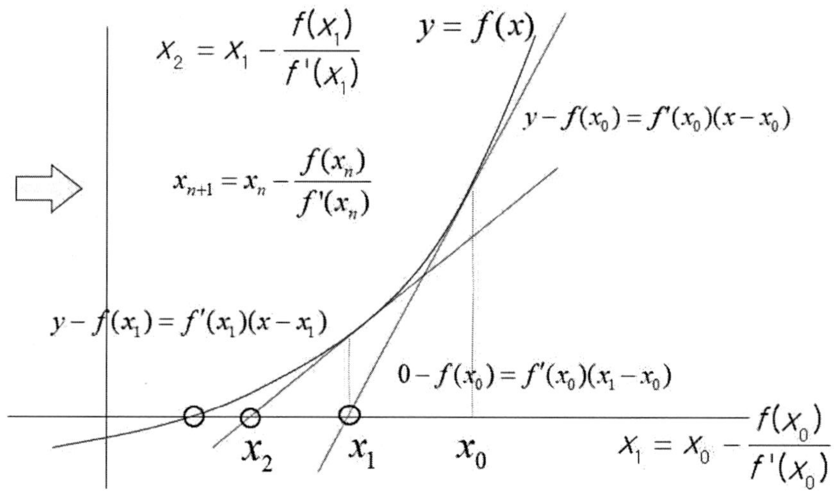

(2.4.3) 알고리즘

① Step 1: 초기 추정값 설정

㉠ 함수 $f(x)$와 그 도함수 $f'(x)$를 정의한다.

㉡ 초기 추정값 x_0 을 설정한다. 초기값은 함수 $f(x)$의 해에 근접한 값으로 설정하는 것이 중요하다.

㉢ 초기 추정값에서 미분값 $f'(x_0)$ 가 0이 되지 말아야 한다.

② Step 2: 반복 계산

㉠ 현재 추정값 x_n에서 함수$f(x_n)$와 그 도함수 $f'(x_n)$을 계산한다.

㉡ 다음 추정값 x_{n+1}을 계산한다:

$$x_{n+1} = x_n - \frac{f(x_n)}{f'(x_n)} \tag{2.4.3-1}$$

③ **Step 2: 수렴 여부 확인**

㉠ 함수 값이 허용 오차 범위($|f(x_{n+1})| < \mathbf{tolerance}$) 내에 들어왔는지 확인한다.

㉡ 새로운 추정값과 이전 추정값의 차이가 허용 오차 이내($|x_{n+1} - x_n| < \mathbf{tolerance}$)인지 확인한다.

㉢ 조건을 만족하면 x_{n+1}을 근사 근으로 반환하고 알고리즘을 종료한다.

㉣ 조건을 만족하지 않으면 $x_n = x_{n+1}$로 설정하고 Step 2로 돌아간다.

(2.4.4) 파이썬 소스 코드 함수 구현

```
def newton_raphson(f, df, x0, tol=1e-6, max_iter=100):
    """
    뉴턴-랩슨법 구현 함수 (반복 과정 상세 출력)

    Parameters:
        f: 근을 구할 함수
        df: 함수의 도함수
        x0: 초기 추정치
        tol: 허용 오차
        max_iter: 최대 반복 횟수

    Returns:
        근의 근사값
    """
    x = x0
    print(f"초기 추정값: x0 = {x0}")
    for i in range(max_iter):
        fx = f(x)
        dfx = df(x)
        if abs(fx) < tol:
            print(f"반복 {i + 1}: x = {x:.6f}, f(x) = {fx:.6e}, 수렴")
            return x
        if dfx == 0:
            raise ValueError("미분값이 0이 되어 수렴하지 않습니다.")
        print(f"반복 {i + 1}: x = {x:.6f}, f(x) = {fx:.6e}, f'(x) = {dfx:.6e}")
        x -= fx / dfx
```

```
    raise ValueError("최대 반복 횟수를 초과하여 수렴하지 않았습니다.")


# 함수와 도함수 정의
f = lambda x: x**3 - 6*x**2 + 11*x - 6
df = lambda x: 3*x**2 - 12*x + 11

# 뉴턴-랩슨법 실행 (다른 초기값으로 실행)
x0 = 2.1  # 초기 추정값
root = newton_raphson(f, df, x0)
print("뉴턴-랩슨법으로 구한 근:", root)
```

(2.4.5) 실습 예제

주어진 함수의 해 $f(x) = x^3 - 6x^2 + 11x - 6 = 0$ 의 해를

초기값 x_n=2.1로 설정하여 뉴턴-랩슨법을 사용해 구한다.

```
초기 추정값: x0 = 2.1
반복 1: x = 2.100000, f(x) = -9.900000e-02, f'(x) = -9.700000e-01
반복 2: x = 1.997938, f(x) = 2.061847e-03, f'(x) = -9.999872e-01
반복 3: x = 2.000000, f(x) = -1.753115e-08, 수렴
뉴턴-랩슨법으로 구한 근: 2.0000000175311468
```

(2.4.6) Python SciPy 이용한 뉴턴-랩슨법

SciPy의 optimize.newton 함수를 사용하면 뉴턴-랩슨법을 간단히 구현할 수 있다.

주석으로 설명한 소스 코드	출력 결과

from scipy.optimize import newton
 	
# SciPy 뉴턴-랩슨법 실행 	
root = newton(f, x0=2.5, fprime=df)
print("SciPy 뉴턴-랩슨법으로 구한 근:", root)
	SciPy 뉴턴-랩슨법으로 구한 근: 2.0

(2.5) 연습문제

① 문제 1:

뉴톤-랩슨법을 사용하여 근을 구할깨 함수의 도함수의 이론해가 없을 경우 어떻게 비선형 방정식의 근을 구할수 있으는지 조사해 보시오.

풀이:

② 문제 2:

다음 방정식 $f(x)=x^2-4$,에 대해 간격 $\Delta x=0.1$을 사용하여 근을 탐색하라.

풀이:

③ 문제 3:

다음 방정식 $f(x)=\cos(\mathrm{x})$를 이분법을 사용하여 근을 구하시오. 초기 구간은 [0,1], 허용 오차는 $\epsilon=0.0001$.

풀이:

④ 문제 4:

다음 방정식 $f(x)=e^x-3x^2$,에 대해 뉴톤-랩슨법을 사용하여 근을 찾으시오. 초기값은 $x_0=0.5$, 허용 오차는 $\epsilon=0.0001$.

풀이:

3 장 선형연립방정식 수치해법

선형연립방정식은 공학, 물리학, 경제학, 그리고 데이터 분석 등의 다양한 분야에서 중요한 역할을 한다. 일반적으로 $[A]\vec{x}=\vec{b}$의 형태로 표현되는 선형연립방정식은 계수 행렬 [A], 변수 벡터 $\vec{x}$, 그리고 외력 벡터 $\vec{b}$로 구성된다. 이 장에서는 선형연립방정식의 정의와 이를 해결하기 위한 다양한 수치적 방법을 다루며, 각 기법의 이론적 배경과 알고리즘을 상세히 설명한다. 선형연립방정식은 다양한 공학 및 과학 문제에서 핵심적인 역할을 하며, 이를 해결하기 위한 수치적 방법은 필수적이다. 이 장에서는 선형연립방정식을 푸는 다양한 수치적 해법을 다루며, 이론적 배경과 Python 구현 예제를 통해 실습할 수 있도록 구성하였다.

(3.1) 선형연립방정식 수치해법 개요

이 절에서는 선형 연립방정식의 정의와 수학적 중요성, 그리고 이를 해결하기 위한 수치적 접근법에 대해 설명한다. 선형 연립방정식은 다양한 공학적 문제와 데이터 분석에서 필수적으로 사용되며, 해를 구하기 위해 다양한 방법이 활용된다. 이 절에서는 선형 연립방정식의 기본 구조를 이해하기 위하여 스칼라(Scalar), 벡터(Vector), 행렬(Matrix) 의 관련성 및 중요성을 설명하고, 선형연립방정식들의 해 존재, 해 존재를 위한 행렬의 행공간(row space)과 영공간(null space) 등을 다룬다. 이 절에서는 선형 연립방정식의 기본 구조를 이해하고, 이를 수치적으로 해결하기 위한 가우스 소거법, LU 분해, 반복법 등의 기초적인 접근법을 소개한다. 또한, 문제의 특성과 조건(예: 행렬의 크기와 희소성)에 따라 적합한 해법을 선택하는 방법을 설명한다. 이를 통해 선형 연립방정식 해결의 중요성과 실질적인 활용 방식을 학습할 수 있다.

(3.2) 가우스 소거법

이 절에서는 선형 연립방정식을 해결하기 위한 가장 기본적인 방법 중 하나인 가우스 소거법(Gaussian Elimination)에 대해 설명한다. 가우스 소거법은 전진소거법으로, 행렬의 연립방정식을 단계적으로 정리하여 상삼각 형태로 변환한 뒤, 후방 대입(Back Substitution)을 통해 해를 구하는 방법이다. 이 절에서는 가우스 소거법의 단계적 알고리즘, 피벗팅(Pivoting)을 통한 수치적 안정성 향상 방법, 그리고 계산 효율성에 대해 다룬다. 또한, Python을 활용하여 가우스 소거법을 구현하고, 다양한 예제를 통해 이 방법의 실질적인 적용과 한계를 분석할 수 있는 기회를 제공한다. 가우스 소거법은 선형 연립방정식 해결의 기본이 되는 핵심적인 기법으로, 수치 해석에서 중요한 기초를 제공한다.

(3.3) LU Decomposition Method

이 절에서는 선형 연립방정식을 해결하기 위한 효율적인 방법 중 하나인 LU 분해(LU Decomposition)에 대해 설명한다. LU 분해법 개요(일반적으로 Doolittle LU 분해법), Crout LU 분해법, Cholesky LU 분해법 등을 다룬다. Python과 NumPy를 사용하여 LU 분해를 구현하고, 다양한 행렬에 대해 실습할 수 있는 예제를 제공한다. 이 방법은 여러 번의 연립 방정식 풀이에서 동일한 계수 행렬 A를 재사용할 수 있어 효율적이다. SciPy와 NumPy에서 내장된 기능을 활용하면 직접 구현

없이 빠르고 안정적으로 사용할 수 있다.

(3.4) Jacobi, Gauss-Seidel, SOR 반복법

이 절에서는 선형 연립방정식을 해결하기 위한 반복적 접근법인 Jacobi 방법, Gauss-Seidel 방법, 그리고 SOR(Successive Over-Relaxation) 방법에 대해 설명한다. 이러한 반복법은 대규모 연립방정식이나 희소 행렬을 효율적으로 해결하는 데 적합하다. Jacobi 방법은 각 방정식을 독립적으로 계산하며, Gauss-Seidel 방법은 이전에 계산된 값을 즉시 활용하여 수렴 속도를 높인다. SOR 방법은 Gauss-Seidel 방법에 가중치를 추가하여 더욱 빠르게 수렴하도록 개선된 기법이다. 이 절에서는 각 방법의 기본 알고리즘, 수렴 조건, 그리고 수렴 속도 비교를 다루며, Python을 사용하여 반복법을 구현하고 다양한 예제를 실습할 수 있는 기회를 제공한다. 반복법은 계산 효율성과 메모리 사용량을 최적화하는 데 유용하며, 대규모 시스템의 수치 해석에서 필수적인 기법으로 활용된다.

(3.5) 연습문제

가우스 소거법, LU 분해법, Jacobi 및 Gauss-Seidel, SOR 방법을 적용한 연습문제를 통해 이론과 실습을 병행할 수 있다.

(3.1) 선형연립방정식 수치해법 개요

이 절에서는 선형 연립방정식의 정의와 수학적 중요성, 그리고 이를 해결하기 위한 수치적 접근법에 대해 설명한다. 선형 연립방정식은 다양한 공학적 문제와 데이터 분석에서 필수적으로 사용되며, 해를 구하기 위해 다양한 방법이 활용된다. 이 절에서는 선형 연립방정식의 기본 구조를 이해하기 위하여 스칼라(Scalar), 벡터(Vector), 행렬(Matrix) 의 관련성 및 중요성을 설명하고, 선형연립방정식들의 해 존재, 해 존재를 위한 행렬의 행공간(row space)과 영공간(null space) 등을 다룬다. 이 절에서는 선형 연립방정식의 기본 구조를 이해하고, 이를 수치적으로 해결하기 위한 가우스 소거법, LU 분해, 반복법 등의 기초적인 접근법을 소개한다. 또한, 문제의 특성과 조건(예: 행렬의 크기와 희소성)에 따라 적합한 해법을 선택하는 방법을 설명한다. 이를 통해 선형 연립방정식 해결의 중요성과 실질적인 활용 방식을 학습할 수 있다.

(3.1.1) 스칼라(Scalar), 벡터(Vector), 행렬(Matrix) 의 관련성 및 중요성

스칼라(Scalar), 벡너(Vector), 행렬(Matrix)은 공학과 수학에서 중요한 네이버 표현 방식이나. 이 세 가지는 서로 포함 관계를 가지며, 각각의 역할과 특징이 다르다. 공학에서는 스칼라(Scalar), 벡터(Vector), 행렬(Matrix)의 이해와 연산이 중요하다. 스칼라는 단일 숫자로 이루어진 데이터 형태로, 크기만을 가지는 값이다. 이는 가장 기본적인 데이터 형태로, 행렬의 경우에는 행과 열이 각각 하나로 이루어진 1×1 행렬로 간주할 수 있다. 예를 들어, 55나 −3과 같은 단일 숫자가 스칼라에 해당한다. 벡터는 여러 개의 숫자를 포함하는 데이터 구조로, 크기와 방향을 모두 표현할 수 있다. 벡터는 스칼라의 확장된 형태로 볼 수 있으며, 행(row) 벡터와 열(column) 벡터로 구분된다. 벡터는 1차원 데이터로 간주되며, 열 벡터의 경우 하나의 열로 구성된 데이터이다. 예를 들어, 행 벡터 [123]는 1차원 데이터로, 세 개의 스칼라 값이 모여 만들어진 형태이다. 행렬은 벡터를 포함하는 2차원 데이터 구조로, 다수의 벡터로 구성된 데이터 집합이라고 할 수 있다. 행렬은 행(row)과 열(column)로 구성되어 있으며, 데이터를 체계적으로 배열하고 다루는 데 사용된다. 예를 들어, 행렬 $A=\begin{pmatrix}1\,2\,3\\4\,6\,7\\2\,4\,8\end{pmatrix}$ 는 3×3 크기의 데이터 집합으로, 각 열은 열 벡터로 간주될 수 있다. 세 가지는 서로 포함 관계를 가지며, 각각의 역할과 특징이 다르다. 이러한 데이터 구조는 공학 및 수치 해석에서 매우 중요한 역할을 한다. 스칼라는 벡터와 행렬의 기본 구성 요소로 작용하며, 벡터는 데이터를 1차원으로 표현하는 데 유용하다. 행렬은 2차원 데이터를 표현하고, 데이터 연산을 체계적으로 수행할 수 있는 도구로 활용된다. 스칼라, 벡터, 행렬의 관계는 스칼라가 벡터의 부분집합이고, 벡터는 행렬의 부분집합이라는 점에서 상호 연결되어 있다. 이 개념을 이해하면 데이터 분석, 시뮬레이션, 공학적 문제 해결 등 다양한 응용 분야에서 효과적으로 활용할 수 있다. 아래 그림에서는 스칼라(Scalar), 벡터(Vector), 그리고 행렬(Matrix)의 포함 관계를 시각적으로 표현한 다이어그램이 그려져 있다. 가장 안쪽에는 스칼라가 위치하며, 이는 행렬의 가장 기본적인 형태로 열의 원소가 단 하나인 경우를 나타낸다. 스칼라는 단일 값으로 크기만을 가진 데이터 형태다. 스칼라를 둘러싼 영역은 벡터로, 이는 여러 개의 값을 포함한 1차원 데이터이다. 벡터는 열이 하나인 행렬로 볼 수 있으며, 스칼라의 확장된 형태다. 가장 바깥쪽에는 행렬이 위치하며, 이는 다수의 벡터로 구성된 2차원 데이터 구조를 의미한다. 행렬은 여러 개의 열 벡터 또는 행 벡터로 이루어져 있으며, 데이터를 체계적으로 배열하는 데 사용된다. 따라서 아래 그림은 이러한 포함 관계를 원형 구조로 표현하여, 스칼라가 벡터의 부분집합이고, 벡터가 행렬의 부분집합이라는 점을 강조하고 있다.

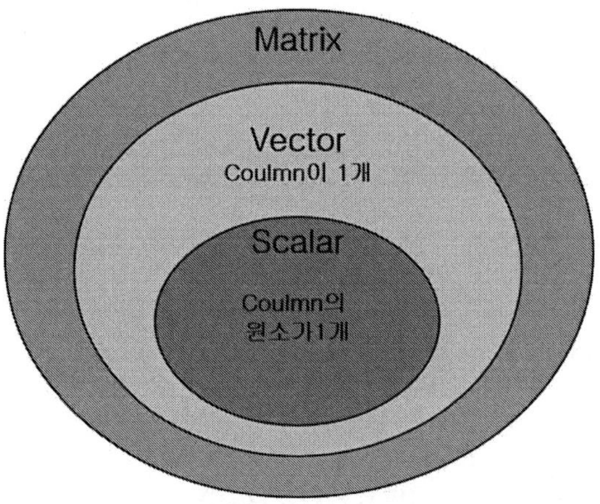

이처럼 선형대수학에서 행렬, 행(row), 열(column) 갯수에 따라 행렬 형태가 결정되는데 행과 열로 이루어진 숫자, 문자 등, 즉 예를 들어 $A=\begin{pmatrix}1\,2\,3\\4\,6\,7\\2\,4\,8\end{pmatrix}$와 $B=\begin{pmatrix}1\,0\,3\\4\,6\,4\\1\,4\,2\end{pmatrix}$ 같은 행렬의 요소들을 각각의 변수로 저장하기 위해 변수 A, B를 정의 할 수 있는데 행렬과 같은 형식의 구조를 가지는 것을 배열(array)라고 한다. 행렬 A의 크기가 $N\times M$인 원소에서 행과 열 $N\times M$이 가변적이거나 매우 클 때 배열(array)를 이용하여 모든 원소를 A와 B에 저장 한다면, 배열로 이루어진 두 변수 A, B는 수학적 연산이 가능해지고 이를 이용하여 컴퓨터 프로그래밍 할 수 있다.

(3.1.2) 선형연립방정식들의 해 존재

이 그림은 선형방정식의 해의 존재성과 유일성을 판단하기 위한 흐름도를 간략하게 표현한 것이다. 첫 번째 단계에서 방정식의 해가 존재(Exist?) 하는지 확인하며, 만약 해가 존재하지 않으면 NO로 종료된다. 해가 존재하면, 다음 단계에서는 해가 유일한지(Unique?) 확인하며, 유일하면 YES로 종료된다. 만약 유일하지 않다면 해가 2개이상$(Sol(\geq 2))$ 존재함을 의미하며, 이는 무한개의 해를 가질 가능성을 포함한다. 대부분의 수치해법(예: 가우스 소거법, LU 분해, 역행렬 계산)은 해의 존재를 전제로 한다. 만약 해가 존재하지 않으면 이러한 알고리즘은 무의미하거나, 계산이 실패한다. 해의 존재 여부를 사전에 확인하지 않고 계산을 진행하면 시간과 자원을 낭비할 수 있다. 이는 대규모 행렬 계산에서 특히 중요하다.

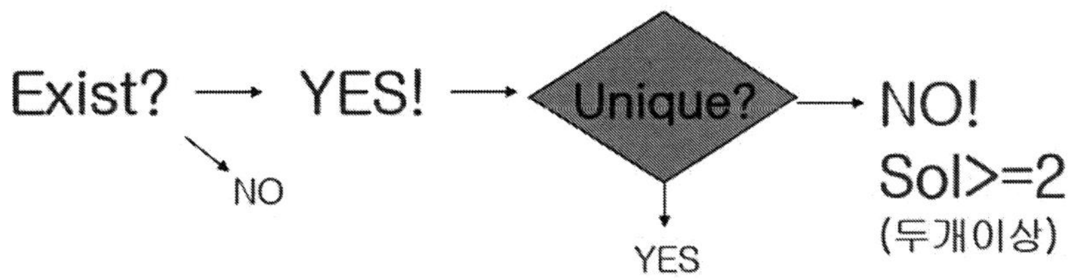

(3.1.3) 행렬의 선형변환

① 행렬의 선형변환은?

벡터 공간에서 축의 스케일링, 회전, 반사, 전단 등을 포함한 변환을 수학적으로 설명하며, 이는 다양한 물리적, 공학적 시스템을 모델링하는 데 필수적이다.

② 선형변환을 이해하면?

복잡한 시스템의 구조를 단순화하거나 최적화할 수 있으며, 특히 고유값과 고유벡터는 변환의 주축을 파악하는 데 중요한 도구다.

③ 예제:

빨간색 벡터와 녹색 벡터는 행렬 [A]에 의해 변환된 기본 벡터를 나타낸다: 왼쪽 그래프는 원래의 기준 좌표계를 나타낸다. 이 벡터들은 변환 전에 단위 벡터로 시작하며, 원점에서 시작해 각 방향을 나타낸다. 오른쪽 그래프는 행렬 A에 의해 변환된 후의 좌표계를 나타낸다. 변환 후 좌표계는 기울어진 형태로 나타나며, 원래의 직교 좌표계를 변경한다. 이러한 변환은 선형변환의 주요 특징인 방향 및 크기 변화를 시각적으로 보여준다.

```
import numpy as np
A = [[-2,1], [1,-3]]
A = np.array(A)
print(A)
```

```
[[-2  1]
 [ 1 -3]]
```

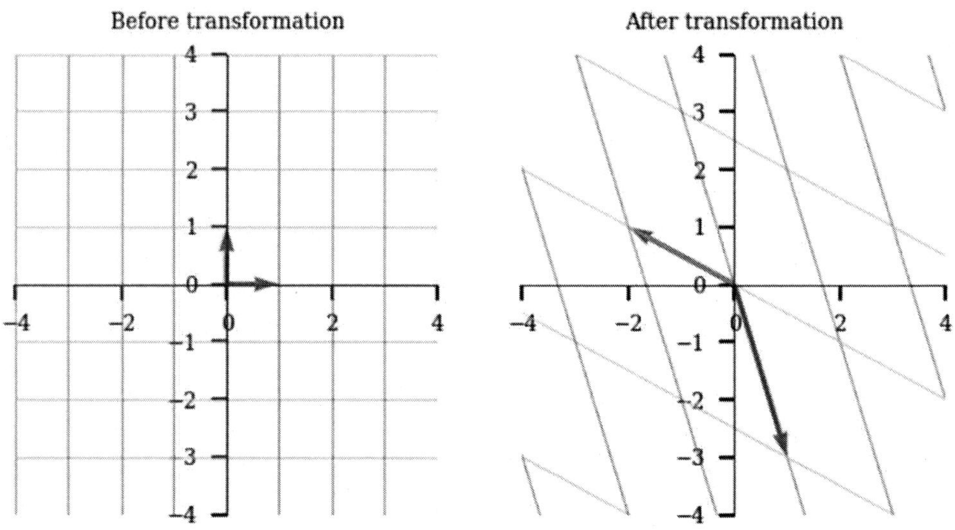

- $\begin{bmatrix}0\\1\end{bmatrix} \rightarrow A\begin{bmatrix}0\\1\end{bmatrix} = \begin{bmatrix}1\\-3\end{bmatrix}$ (빨간색)
- $\begin{bmatrix}1\\0\end{bmatrix} \rightarrow A\begin{bmatrix}-2\\1\end{bmatrix}$ (녹색)

㉠ 파이썬 코드로 계산:

코드	출력 결과

import numpy as np
 	
# 행렬 A 정의 	
A = np.array([[-2, 1],
[1, -3]])
 	
# 기본 벡터 	
e1 = np.array([1, 0]) # x축 단위 벡터
e2 = np.array([0, 1]) # y축 단위 벡터
 	
# 변환 결과 계산 	
transformed_e1 = A @ e1
transformed_e2 = A @ e2
 	
print("A:\n", A)
print("Transformed e1 (green vector):", transformed_e1)
	A:
	[[-2 1]
	[1 -3]]
	Transformed e1 (green vector): [-2 1]
	Transformed e2 (red vector): [1 -3]

print("Transformed e2 (red vector):", transformed_e2)	

(3.1.4) 해 존재를 위한 행렬의 행공간(row space)과 영공간(null space)

아래와 같은 선형연립방정식의 해 공간을 구해보자. 해집합을 서로 수직인 열벡터와 영공간 벡터로 해집합을 표현해 보자.

$$\begin{bmatrix} 1 & 2 \\ 2 & 4 \end{bmatrix} \begin{Bmatrix} x_1 \\ x_2 \end{Bmatrix} = \begin{Bmatrix} 8 \\ 4 \end{Bmatrix} \tag{3.1.4-1}$$

여기서, $[A]\{x\} = \{b\}$에서 행렬 $[A]$에 식 우측 벡터 $\{b\}$를 붙여서 만든 행렬을 첨가행렬이라 한다. 위의 식을 가우스 소거 과정을 거치면서 첨가행렬을 만들어 가우스 소거법을 진행하는, rref(Reduced Row Echelon Form, 기약행 사다리꼴 형태)로 나타내면 다음과 같다.

$$\left[\begin{array}{cc|c} 1 & 2 & 8 \\ 2 & 4 & 4 \end{array}\right] \Rightarrow 2\text{행} - 2*1\text{행} \Rightarrow \left.\left[\begin{array}{cc|c} 1 & 2 & 4 \\ 0 & 0 & 0 \end{array}\right]\right\} \tag{3.1.4-2}$$

위의 식을 정리하면 다음과 같다.

$$\begin{bmatrix} 1 & 2 \\ 0 & 0 \end{bmatrix} \begin{Bmatrix} x_1 \\ x_2 \end{Bmatrix} = \begin{Bmatrix} 4 \\ 0 \end{Bmatrix} \tag{3.1.4-3}$$

위식은 $x_1 + 2x_2 = 4$ 이므로 이식을 $x_2 = t$로 가정하면 $x_1 = 4 - 2t$가 된다. 따라서 아래와 같이 해벡터로 나타내면

$$\begin{Bmatrix} x_1 \\ x_2 \end{Bmatrix} = \begin{Bmatrix} 4 \\ 0 \end{Bmatrix} + t \begin{Bmatrix} -2 \\ 1 \end{Bmatrix} = \begin{Bmatrix} 4 \\ 0 \end{Bmatrix} + c \begin{Bmatrix} -2 \\ 1 \end{Bmatrix} \tag{3.1.4-4}$$

그러나 위의 두벡터는 수직이 아니다. 해집합에서 $c\begin{Bmatrix} -2 \\ 1 \end{Bmatrix}$는 Null Space (영공간). 즉, 정의에 의해 $[A]x = 0$를 만족해야 하므로 영공간은 $c\begin{Bmatrix} -2 \\ 1 \end{Bmatrix}$이 된다. 열벡터를 나타내기 위해서는 아래와 같이 그래프로 표현하면 영공간 벡터와 수직인 $\vec{r}$로 나타낼 수 있다.

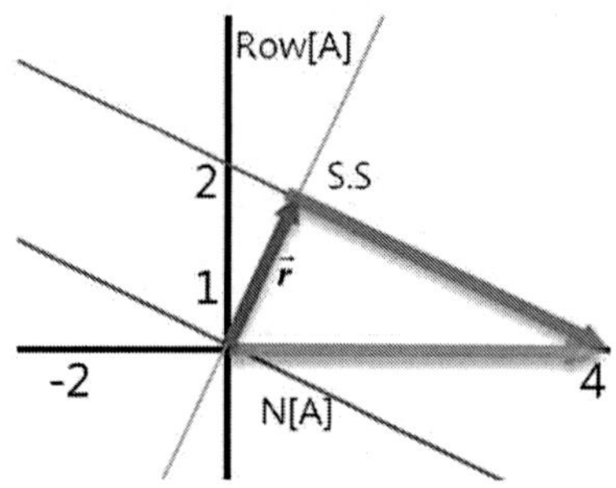

위에서 열공간를 구해서 나타내면 아래와 같이 나타난다.

$$Row[A] = c\begin{Bmatrix} 1 \\ 2 \end{Bmatrix} \tag{3.1.4-5}$$

여기서 임의의 열공간 벡터에서 영공간 벡터와 최단거리인 벡터로 나타내면 유일한 해가 존재한다. 그리고 최단거리 벡터 $\vec{r}$(빨간색 굵은선) 을 구하기 위해서는 먼저 분홍색 벡터, 임의의 영벡터를 먼저 구해야 된다. 그림에서 직각삼각형으로부터 임의의 영벡터는 아래와 같다.

$$\left\{\begin{Bmatrix} 4 \\ 0 \end{Bmatrix} - c\begin{Bmatrix} 1 \\ 2 \end{Bmatrix}\right\} = \begin{Bmatrix} 4-c \\ -2c \end{Bmatrix} \tag{3.1.4-6}$$

여기서 임의의 c 값은 영벡터와 열벡터 $\vec{r}$과 수직을 이루므로, 서로 내적을 하면,

$\begin{Bmatrix} 4-c \\ -2c \end{Bmatrix} \cdot \begin{Bmatrix} 1 \\ 2 \end{Bmatrix} = 4 - c - 4c = 0$, 즉 영이 된다. $\Rightarrow -5c = -4$ 이므로, $c = \frac{4}{5}$이다.

최종적으로 영공간에 수직인 열벡터 $\vec{r}$ 은 c값으로부터:

$$\vec{r} = \begin{Bmatrix} \frac{4}{5} \\ \frac{8}{5} \end{Bmatrix} \tag{3.1.4-7}$$

따라서 서로 수직인 열벡터와 영공간 벡터로 해집합을 표현하며:

$$\begin{Bmatrix} x_1 \\ x_2 \end{Bmatrix} = \begin{Bmatrix} \frac{4}{5} \\ \frac{8}{5} \end{Bmatrix} + c\begin{Bmatrix} -2 \\ 1 \end{Bmatrix} \tag{3.1.4-8}$$

① 특이행렬 예제 코드

np.linalg.solve를 사용하여 $[A]x = b$ 의 특정 해를 계산하려 하지만, $[A]$ 특이행렬(역행렬이 없음)로, 특정 해를 구할 수 없다는 결과가 출력된다. 영공간 벡터는 $[A]x = 0$을 만족하는 벡터로, 전체 해집합은 특정 해 + 영공간 벡터의 조합으로 표현될 수 있다.

```
import numpy as np
from scipy.linalg import null_space

# 행렬과 벡터 정의
A = np.array([[1, 2], [2, 4]])  # 계수 행렬
b = np.array([8, 4])  # 상수 벡터

# 선형 연립방정식의 해 찾기
try:
    x_particular = np.linalg.solve(A, b)  # 특정 해 계산
except np.linalg.LinAlgError:
    x_particular = "해를 구할 수 없음 (행렬이 특이행렬)"

# 영공간(null space) 계산
null_space_vector = null_space(A)

# 결과 출력
print("계수 행렬 A:")
print(A)
print("\n상수 벡터 b:")
print(b)
print("\n특정 해 (x_particular):")
print(x_particular)
print("\n영공간 벡터 (null_space):")
print(null_space_vector)
```

② 특이행렬 예제 코드 실행

```
계수 행렬 A:
[[1 2]
 [2 4]]

상수 벡터 b:
[8 4]

특정 해 (x_particular):
해를 구할 수 없음 (행렬이 특이행렬)
```

```
영공간 벡터 (null_space):
[[-0.89442719]
 [ 0.4472136 ]]
```

(3.1.5) 선형연립방정식의 수치해법 개요

n 개의 미지수를 갖는 n개의 선형연립방정식, $[A]\vec{x}=\vec{b}$ 의 해는 역행렬, $[A]^{-1}$을 이용해 다음과 같이 간단하게 구할 수 있다:

$$\vec{x}=[A]^{-1}\vec{b} \tag{3.1.5-1}$$

수백만 개 이상의 미지수가 포함된 대규모 선형 시스템을 다뤄야 하는 경우, $[A]^{-1}$를 계산하기에는 시간과 메모리 측면에서 비효율적일 뿐만 아니라 정확성을 유지하는 것도 어려워진다. 따라서, 가우스 소거법(Gaussian Elimination)과 같은 직접적인 방법이 널리 사용된다. 이 방법은 행렬의 구조를 단순화(상삼각 행렬로 변환)하여 해를 효율적으로 계산한다. 특히 대규모 시스템에서도 이 접근 방식은 현실적인 해를 빠르게 제공할 수 있다.

가우스 소거법은 가장 기본적인 직접법으로, 연립방정식을 계단형 행렬로 변환하여 풀이한다. 이 방법은 $n\times n$계수 행렬의 연립방정식을 $O(n^3)$의 계산 복잡도를 가지고 해결할 수 있다. 가우스 소거법은 안정성과 효율성이 장점이지만, 피봇팅(pivoting)이 하지 않은 경우 수치적 오차가 커질 수 있다.

LU 분해(LU Decomposition)는 계수 행렬 [A]를 하삼각행렬 [L]과 상삼각행렬 [U]로 분해하는 기법이다. 이 방법은 여러 벡터 $\vec{b}$에 대해 동일한 [A]를 를 사용하는 시스템에서 매우 유용하다. 먼저 [A]를 $[A]=[L][U]$로 분해한 후, $Ly=b$를 풀이하여 y를 계산하고, $Lx=y$ 를 풀이하여 x를 계산하는 과정으로 해 x를 구한다.

Jacobi Method, Gauss-Seidel Method, 그리고 SOR(Successive Over-Relaxation) Method는 선형 연립방정식을 해결하기 위한 반복법으로, 각각의 방식은 수렴 속도와 계산 방식에서 차이가 있다. Jacobi Method는 모든 변수의 새로운 값을 이전 단계의 값만을 사용하여 독립적으로 계산하며, 구현이 간단하지만 수렴 속도가 느리다는 단점이 있다. 이에 비해 Gauss-Seidel Method는 계산된 값을 즉시 업데이트하여 이후 계산에 반영하므로 Jacobi Method보다 빠르게 수렴한다. SOR Method는 Gauss-Seidel Method의 확장으로, 과도완화 계수(ω)를 도입하여 수렴 속도를 더욱 개선하며, 일반적으로 $1<\omega<2$ 범위에서 가장 효과적이다. $\omega=1$일 경우 Gauss-Seidel Method와 동일하며, $\omega>1$은 수렴 속도를 가속화하는 과도완화를 의미한다. SOR은 적절한 ω값을 설정하면 대규모 선형 시스템에서 효율적이고 빠르게 수렴할 수 있으나, ω값이 부적절할 경우 수렴이 보장되지 않을 수 있다. 따라서 문제의 특성에 따라 Jacobi, Gauss-Seidel, 또는 SOR Method를 선택하고, SOR의 경우 ω값을 조정해 최적의 성능을 도출하는 것이 중요하다.

(3.2) 가우스 소거법

이 절에서는 선형 연립방정식을 해결하기 위한 가장 기본적인 방법 중 하나인 가우스 소거법(Gaussian Elimination)에 대해 설명한다. 가우스 소거법은 전진소거법으로, 행렬의 연립방정식을 단계적으로 정리하여 상삼각 형태로 변환한 뒤, 후방 대입(Back Substitution)을 통해 해를 구하는 방법이다. 이 절에서는 가우스 소거법의 단계적 알고리즘, 피벗팅(Pivoting)을 통한 수치적 안정성 향상 방법, 그리고 계산 효율성에 대해 다룬다. 또한, Python을 활용하여 가우스 소거법을 구현하고, 다양한 예제를 통해 이 방법의 실질적인 적용과 한계를 분석할 수 있는 기회를 제공한다. 가우스 소거법은 선형 연립방정식 해결의 기본이 되는 핵심적인 기법으로, 수치 해석에서 중요한 기초를 제공한다.

(3.2.1) 가우스 소거법 개요

① 소거법의 풀이는?

크게 두 단계로 나눌 수 있다. 첫 번째는 소거 단계로, 방정식의 미지수를 소거하여 하나의 미지수에 대한 방정식으로 만드는 단계이다 (전진 소거(Forward Elimination)). 두 번째 단계는 대입 단계로, 알고 있는 해를 방정식에 대입해 모르는 해를 구하는 단계이다 (후진 대입(Back Substitution)).

n 개의 미지수를 갖는 n개의 선형연립방정식 은 행렬과 벡터를 이용해 $[A]\vec{x}=\vec{b}$ 같이 표현할 수 있고 이를 풀어쓰면 다음과 같다.

$$
\begin{aligned}
a_{11}x_1 + a_{12}x_2 + a_{13}x_3 + \cdots\cdots + a_{1n}x_n &= b_1 \\
a_{21}x_1 + a_{22}x_2 + a_{23}x_3 + \cdots\cdots + a_{2n}x_n &= b_2 \\
&\vdots \\
a_{n1}x_1 + a_{n2}x_2 + a_{n3}x_3 + \cdots\cdots + a_{nn}x_n &= b_n
\end{aligned}
\tag{3.2.1-1}
$$

n개의 위식을 1개의 식으로 나타내 보자. 인덱스 표기법(Index Notation)은 수학적으로 명확하게 합산 범위를 나타내는 데 적합하다. 아인슈타인 표기법(Einstein Notation)은 반복 지표의 합산을 암묵적으로 처리하여 합기호를 생략한다. 이는 물리학 및 텐서 해석에서 간결하고 효율적인 표기를 제공한다. 지표 표기법(Index Notation)으로 표시하면 아래와 같다. i-번째 방정식에서, 모든 미지수x_j에 대해 계수 a_{ij}를 곱한 값의 합이 b_i와 같다는 의미이다.

$$\sum_{j=1}^{n} a_{ij}x_j = b_i \quad (1 \le i \le n) \tag{3.2.1-2}$$

이때 가우스 소거법은 $[A]$를 상삼각 행렬로 변환하여 연립방정식을 간단한 형태로 만든다. 전진 소거 과정에서는 i-번째 행의 피벗(pivot)을 기준으로, 해당 행 아래에 있는 모든 값을 0으로 만든다. 이를 통해 $[A]\vec{x}=\vec{b}$를 $[U]\vec{x'}=\vec{b'}$으로 변환한다. 여기서 $[U]$는 4행 4열 경우, 다음과 같은 상삼각 행렬이다.

$$\begin{pmatrix} u_{11} & u_{12} & u_{13} & u_{14} \\ 0 & u_{22} & u_{23} & u_{24} \\ 0 & 0 & u_{33} & u_{34} \\ 0 & 0 & 0 & u_{44} \end{pmatrix} \tag{3.2.1-3}$$

이를 전진 소거(Forward Elimination)라 한다. 두 번째 단계에서는 후진 대입(Back Substitution)을 통해 상삼각 형태에서 해를 순차적으로 구한다. 이 과정은 x_n부터 시작하여 x_{n-1}, x_{n-2}, … x_1순으로 값을 계산한다. 이를 후진 대입(Back Substitution) 이라 한다. 가우스 소거법의 핵심은 상삼각 행렬과 벡터를 통해 연립방정식 해를 구하는 효율적인 과정이다.

② **전진 소거:**

㉠ 연립 방정식을 계단형으로 변환하기 위해 행렬의 각 행에 대해 소거 작업을 수행한다.

㉡ 피봇(pivot) 요소를 기준으로 다른 행의 계수를 조정하여 아래쪽 행의 해당 열을 0으로 만든다.

③ **후진 대입:**

㉠ 계단형 행렬에서 맨 아래 행부터 시작하여 해를 차례로 계산한다.

㉡ 상삼각형 형태의 행렬을 기반으로 각 변수 값을 구한다.

(3.2.2) 전진 소거(Forward Elimination)

아래는 선형 연립방정식을 n개의 미지수와 n식으로 표현한 것이다.

$$\begin{aligned} a_{11}x_1 + a_{12}x_2 + a_{13}x_3 + \cdots\cdots + a_{1n}x_n &= b_1 \\ a_{21}x_1 + a_{22}x_2 + a_{23}x_3 + \cdots\cdots + a_{2n}x_n &= b_2 \\ &\vdots \\ a_{n1}x_1 + a_{n2}x_2 + a_{n3}x_3 + \cdots\cdots + a_{nn}x_n &= b_n \end{aligned} \tag{3.2.2-1}$$

① **피봇 방정식은:**

선형 방정식 시스템에서 가우스 소거법(Gaussian Elimination)이나 LU 분해와 같은 방법을 사용할 때, 특정 방정식의 "기준" 역할을 하는 방정식을 의미한다. 이 방정식은 다른 방정식에서 특정 미지수를 제거(소거)하기 위한 기준 방정식으로 사용된다.

② 첫 번째 피봇 방정식을 이용하여 x_1 소거

첫 번째 방정식의 피벗 활용: 첫 번째 방정식에서 x_1의 계수 a_{11}를 피벗(pivot)으로 사용하여 두 번째 이후 방정식의 x_1계수를 소거한다. 두 번째 방정식에서는 첫번째 방정식에 $\frac{a_{21}}{a_{11}}$를 곱한 두번째 방정식을 빼는 방식으로 x_1의 계수를 제거한다. $\frac{a_{21}}{a_{11}}$를 피벗(pivot)을 기준으로 소거 계수(factor) 라 하고 이는 프로그램과 추후 $[L][U]$분해법에서도 사용할 중요한 계수이다.

$$\begin{aligned}\left(a_{21}-\frac{a_{21}}{a_{11}}a_{11}\right)x_1+\left(a_{22}-\frac{a_{21}}{a_{11}}a_{12}\right)x_2 \\ +\cdots\cdots+\left(a_{2n}-\frac{a_{21}}{a_{11}}a_{1n}\right)x_n=b_2-\frac{a_{21}}{a_{11}}\end{aligned} \tag{3.2.2-2}$$

여기서 x_1의 계수, $\left(a_{21}-\frac{a_{21}}{a_{11}}a_{11}\right)x_1=0$이므로 아래와 같다.

$$\begin{aligned}(0)x_1+\left(a_{22}-\frac{a_{21}}{a_{11}}a_{12}\right)x_2 \\ +\cdots\cdots+\left(a_{2n}-\frac{a_{21}}{a_{11}}a_{1n}\right)x_n=b_2-\frac{a_{21}}{a_{11}}b_1\end{aligned} \tag{3.2.2-3}$$

x_1이 소거된 새로운 방정식은 다음과 같이 표현된다: 소거 후 방정식: x_1이 소거된 새로운 방정식은 다음과 같이 표현된다: 여기서 i 번째 방정식의 x_1의 계수, $\left(a_{i1}-\frac{a_{i1}}{a_{11}}a_{11}\right)x_1=0$임을 주목한다.

$$\left(a_{22}-\frac{a_{21}}{a_{11}}a_{12}\right)x_2$$
$$+\cdots\cdots+\left(a_{2n}-\frac{a_{21}}{a_{11}}a_{1n}\right)x_n=b_2-\frac{a_{21}}{a_{11}}$$
$$(a_{32}-\frac{a_{31}a_{12}}{a_{11}})x_2$$
$$+\cdots+(a_{3n}-\frac{a_{31}a_{1n}}{a_{11}})x_n=b_3-\frac{a_{31}b_1}{a_{11}} \qquad (3.2.2\text{-}4)$$
$$\vdots$$
$$(a_{n2}-\frac{a_{n1}a_{12}}{a_{11}})x_2$$
$$+\cdots+(a_{nn}-\frac{a_{n1}a_{1n}}{a_{11}})x_n=b_n-\frac{a_{n1}b_1}{a_{11}}$$

1-번째 열의 피봇 $A[1][1]$를 기준으로 1번째 이후 남은 방정식으로부터, 즉 각 행부터 각 행의 계수를 조정하여 해당 열의 값을 0으로 만든다. 이 과정을 i-번째 방정식에 대해 일반화하면 다음과 같다. 여기서 $i=2,3,...,n$이고, $j=2,3,...,n$이다. x_1이 소거된 두 번째 방정식의 각 계수들을 프라임으로 표현할 수 있다. 여기서 프라임은 값이 변했다는 것을 의미한다. 식을 다시 표현하면, x_1이 소거된 두 번째 방정식의 각 계수들을 프라임으로 표현할 수 있다. 여기서 프라임은 값이 변했다는 것을 의미한다.

치환 공식:

$$a'_{ij}\Leftarrow a_{ij}-\frac{a_{i1}}{a_{11}}a_{1j},\ b'_i\Leftarrow b_i-\frac{a_{i1}}{a_{11}}b_1,\quad (2\le i\le n),\ (2\le j\le n) \qquad (3.2.2\text{-}5)$$

상징적 표현 수식:

$$a'_{ij}\Leftarrow a_{ij}-\frac{a_{i1}}{a_{11}}a_{1j},\ b'_i\Leftarrow b_i-\frac{a_{i1}}{a_{11}}b_1,$$
$$(2\le i\le n),\ (2\le j\le n) \qquad (3.2.2\text{-}6)$$

③ 두 번째 피봇 방정식을 이용하여 x_2 소거

이제 x_2를 소거하기 위해 두 번째 방정식을 피봇 방정식으로 잡고 계산한다. ''은 계수가 두 번 바뀌었다는 것을 의미한다. 두 번째 방정식은 다음과 같이 갱신된 계수로 표현된다. 두 번째 방정식에서 x_2의 계수 a_{22}를 피벗(pivot)으로 사용하여 3 번째 이후 방정식의 x_2계수를 소거한다. 3 번째 방정식에서는 2번째 피봇 방정식에 $\frac{a_{32}}{a_{22}}$를 곱한 3번째 방정식을 빼는 방식으로 x_2의 계수를 제거한다.

$$\begin{aligned} & a''_{33}x_3 + \cdots + a''_{3n}x_n = b_3 \\ & \vdots \\ & a''_{n3}x_3 + \cdots + a''_{nn}x_n = b_n \end{aligned} \tag{3.2.2-7}$$

치환 공식:

$$\begin{aligned} & a''_{ij} \Leftarrow a_{ij}' - \frac{a_{i2}'}{a_{22}'} a_{2j}', \\ & b''_{i} \Leftarrow b_i'' - \frac{a_{i2}''}{a_{22}''} b_2'', \\ & (3 \le i \le n), (3 \le j \le n) \end{aligned} \tag{3.2.2-8}$$

상징적 표혀 수식:

$$\begin{aligned} & a''_{ij}x_j + a''_{i(j+1)}x_{j+1} \\ & \ + \cdots + a''_{i(n)}x_n = b''_{i,} \\ & (3 \le i \le n), (3 \le j \le n) \end{aligned} \tag{3.2.2-9}$$

④ $(n-1)$ 번째 피봇 방정식을 이용하여 $x_{(n-1)}$ 소거

이 같은 방법으로 $x_{(n-1)}$의 계수까지 소거하면 상 삼각 방정식의 형태가 된다.

$$\begin{aligned} & a_{11}x_1 + a_{12}x_2 + a_{13}x_3 + \cdots\cdots + a_{1n}x_n = b_1 \\ & a'_{22}x_2 + a'_{23}x_3 + \cdots + a'_{2n}x_n = b_2 \\ & a''_{33}x_3 + \cdots + a''_{3n}x_n = b_3 \\ & \qquad \vdots \\ & a_{nn}^{(n-1)}x_n = b^{(n-1)} \end{aligned} \tag{3.2.2-10}$$

이를 통해 $[A]\vec{x} = \vec{b}$가 $[U]\overrightarrow{x'} = \overrightarrow{b'}$으로 변환한다.

$$U = \begin{pmatrix} a_{11} & a_{12} & a_{13} & \cdots & a_{1n} \\ 0 & a'_{22} & a'_{23} & \cdots & a'_{2n} \\ 0 & 0 & a''_{33} & \cdots & a''_{3n} \\ \vdots & \vdots & \vdots & \ddots & a_{nn}^{(n-1)} \end{pmatrix} \tag{3.2.2-11}$$

이러한 방식으로 $x_2, x_3, \cdots, x_{n-1}$까지 소거하고 나면 마지막 남은 x_n의 값을 알 수 있다. 그후 그리고 x_n의 값을 $n-1$ 식에 대입해서 x_{n-1}의 값도 구할 수 있다. 따라서 모든 변수에서의 해를 후진대입법으로 구할 수 있다.

(3.2.3) 전진소거 알고리즘

여기서 $\frac{a_{ik}}{a_{kk}}$를 피벗(pivot)을 기준으로 소거계수(factor) 라 하고 이는 프로그램과 추후 $[L][U]$분해법에서도 사용할 중요한 계수이다. 전진소거 알고리즘은 아래와 같다. 실제 프로그램에서는 $\frac{a_{ik}}{a_{kk}}$을 소거계수(factor)로 치환하여 작성한다.

$$\begin{aligned} & \text{for}(2 \le k \le n-1), \\ & \quad \text{for}(k+1 \le i \le n), \\ & \qquad b'_i \Leftarrow b_i - \frac{a_{ik}}{a_{kk}} b_k, \\ & \qquad \text{for}(k \le j \le n) \\ & \qquad\quad a_{ij}' \Leftarrow a_{ij} - \frac{a_{ik}}{a_{kk}} a_{kj}, \end{aligned} \tag{3.2.3-1}$$

① 전진소거 코드:

```
for row in range(0, n-1):  # 첫 번째 행부터 마지막 전 행까지 반복
        for i in range(row+1, n):  # 현재 행(row) 아래의 모든 행에 대해 반복
            # 피벗(pivot)을 기준으로 소거 계수(factor) 계산
            factor = A[i, row] / A[row, row]

            # 행렬 A의 해당 행 업데이트 (열 방향 반복)
            for j in range(row, n):
                A[i, j] = A[i, j] - factor * A[row, j]

            # 벡터 b 업데이트
            b[i] = b[i] - factor * b[row]
```

② 소스코드에서의 구현

```
import numpy as np

# 전진 소거를 수행하는 함수
def forward_elimination(A, b, n):
    """
    가우스 소거법의 전진 소거 단계:
    주어진 행렬 A와 벡터 b에 대해, A를 상삼각 행렬로 변환하고
    b를 변환된 A에 맞게 조정한다.

    Args:
        A: (numpy.ndarray) 계수 행렬 (n x n 크기)
        b: (numpy.ndarray) 상수 벡터
        n: (int) 행렬의 크기 (A는 n x n 행렬)

    Returns:
        A: (numpy.ndarray) 상삼각 형태로 변환된 행렬
        b: (numpy.ndarray) 변환된 벡터
    """
    for row in range(0, n-1):  # 첫 번째 행부터 마지막 전 행까지 반복
        for i in range(row+1, n):  # 현재 행(row) 아래의 모든 행에 대해 반복
            # 피벗(pivot)을 기준으로 소거 계수(factor) 계산
            factor = A[i, row] / A[row, row]

            # 행렬 A의 해당 행 업데이트 (열 방향 반복)
            for j in range(row, n):
                A[i, j] = A[i, j] - factor * A[row, j]

            # 벡터 b 업데이트
            b[i] = b[i] - factor * b[row]

    # 결과 출력
    print('A = \n%s and b = %s' % (A, b))
    return A, b

# 초기 행렬 A와 벡터 b 정의
A = np.array([[-1, 1, 2],  # A는 3x3 크기의 행렬
              [3, -2, 1],
              [2, -1, 2]])

print("Original A:\n", A)
```

```
b = np.array([2, 6, 4])  # b는 3x1 크기의 벡터

# 전진 소거 수행
A, b = forward_elimination(A, b, 3)

# 결과 출력
print("Upper Triangular Matrix A:\n", A)
print("Modified Vector b:\n", b)
```

③ 결과 출력

```
Original A:
 [[-1  1  2]
 [ 3 -2  1]
 [ 2 -1  2]]
A =
[[-1  1  2]
 [ 0  1  7]
 [ 0  0 -1]] and b = [ 2 12 -4]
Upper Triangular Matrix A:
 [[-1  1  2]
 [ 0  1  7]
 [ 0  0 -1]]
Modified Vector b:
 [ 2 12 -4]
```

④ 소스코드 설명

㉠ 변수 A, b, n을 받는 forward_elimination 함수를 정의.

㉡ for 문을 통해 0부터 n-1까지의 row 변수를 정의.

㉢ for 문을 통해 변수 row+1 부터 n까지의 i 변수를 정의.

㉣ factor는 각 행의 원소를 피봇값으로 나눈 $\frac{A_{i,row}}{A_{row,row}}$ 로 정의.

㉤ for 문을 통해 변수 row부터 n까지 j 변수를 정의 .

$$\begin{bmatrix} a_{11} & a_{12} & a_{13} \\ a_{21} & a_{22} & a_{23} \\ a_{31} & a_{32} & a_{33} \end{bmatrix} \begin{bmatrix} x_1 \\ x_2 \\ x_3 \end{bmatrix} = \begin{bmatrix} b_1 \\ b_2 \\ b_3 \end{bmatrix} \tag{3.2.3-2}$$

ⓑ 위에서 나온 변수 I, j, factor로부터 $a_{i,j} = a_{i,j} - factor \times a_{row,j}$로 $a_{i,j}$값을 초기화한다.

ⓢ 주 대각행렬 아래의 값을 0으로 만든다. (전진소거 과정)

ⓞ 위의 과정을 통해 새로 초기화된 원소값을 A로 반환한다.

ⓙ $b_i = b_i - factor * b_{row}$ 를 수행하여 b 값을 반환한다.

(3.2.4) 후진 대입(Backward Substitution)

Back Substitution은 행사다리꼴 형태의 행렬로 만든 위의 방정식의 해를 구하는 단계이다. 가장 아래 행의 방정식의 해를 구하고 이를 뒤에서부터 대입해가며 모든 미지수에 대한 해를 도출한다.

수식 정리는 이러한 형태로 일반화 할 수 있다. 이를 수식으로 정리하면 아래와 같다.

$$a_{11}x_1 + a_{12}x_2 + a_{13}x_3 + \cdots + a_{1n}x_n = b_1$$

$$0x_1 + a_{22}x_2 + a_{23}x_3 + \cdots + a_{2n}x_n = b_2$$

$$\vdots$$

$$0x_1 + 0x_2 + \cdots + a_{n-1,n-1}x_{n-1} + a_{n-1,n}x_n = b_{n-1} \tag{3.2.4-1}$$

$$0x_1 + 0x_2 + 0x_3 + \cdots + a_{nn}x_n = b_n$$

$$x_n = \frac{b_n}{a_{nn}}$$

$$\therefore x_{n-1} = \frac{1}{a_{n-1,n-1}}(b_{n-1} - a_{n-1,n}x_n)$$

① 후진 대입 최종 공식

㉠ 계단형 행렬에서 맨 아래 행부터 해를 계산한다.

㉡ 계산식: 우선 x_n을 먼저 풀고 x_i 풀어간다.

$$x_n = \frac{b_n}{A[n][n]}$$

$$x_i = \frac{b_i - \sum_{j=i+1}^{n} A[i][j]x_j}{A[i][i]}(i = n-1, n-2, \cdots, 1) \tag{3.2.4-2}$$

② 후진 대입 코드:

```
for row in range(0, n-1):  # 첫 번째 행부터 마지막 전 행까지 반복
        for i in range(row+1, n):  # 현재 행(row) 아래의 모든 행에 대해 반복
            # 피벗(pivot)을 기준으로 소거 계수(factor) 계산
            factor = A[i, row] / A[row, row]

            # 행렬 A의 해당 행 업데이트 (열 방향 반복)
            for j in range(row, n):
                A[i, j] = A[i, j] - factor * A[row, j]

            # 벡터 b 업데이트
            b[i] = b[i] - factor * b[row]
```

③ 소스코드에서의 구현

```
import numpy as np

# 후진 대입(Back Substitution)을 수행하는 함수
def back_substitution(a, b, n):
    """
    후진 대입(Back Substitution) 과정:
    상삼각 행렬 형태의 계수 행렬 A와 벡터 b를 사용해 미지수 x를 계산.
```

```
    Args:
        a: (numpy.ndarray) 상삼각 행렬 형태의 계수 행렬 (n x n 크기)
        b: (numpy.ndarray) 상수 벡터
        n: (int) 행렬의 크기 (a는 n x n 행렬)

    Returns:
        x: (numpy.ndarray) 계산된 미지수 벡터
    """
    # 미지수 x를 저장할 벡터 (초기값: 모두 0)
    x = np.zeros((n, 1))

    # 첫 번째로 마지막 행(맨 아래)의 값을 계산
    x[n-1] = b[n-1] / a[n-1, n-1]  # x_n = b_n / a_nn

    # n-2번째 행부터 첫 번째 행까지 반복
    for row in range(n-2, -1, -1):  # row는 n-2, n-3, ..., 0 순으로 감소
        sums = b[row]  # 현재 행의 상수항 b[row]

        # 현재 행에서 이미 계산된 x[j] 값을 사용해 합을 계산
        for j in range(row+1, n):  # j는 row+1부터 n-1까지
            sums = sums - a[row, j] * x[j]  # b[row]에서 a[row, j] * x[j]를 차감

        # 현재 미지수 x[row] 계산
        x[row] = sums / a[row, row]  # x[row] = (b[row] - 나머지 합) / 피벗 값

    # 결과 출력
    print('A = \n%s and b = %s' % (a, b))
    return x

# 상삼각 행렬 A와 상수 벡터 b 정의
A = np.array([[1, 1, 2],  # A는 3x3 상삼각 행렬
              [0, -2, 1],
              [0, 0, 2]])

b = np.array([2, 6, 4])  # b는 3x1 상수 벡터

# 후진 대입 수행
x = back_substitution(A, b, 3)

# 결과 출력
```

```
print('x = %s' % (x)) # 계산된 x 출력
```

④ 결과 출력

```
A =
[[ 1  1  2]
 [ 0 -2  1]
 [ 0  0  2]] and b = [2 6 4]
x = [[ 0.]
 [-2.]
 [ 2.]]
```

(3.2.5) 가우스 소거법 전체 코드 함수 구현

① 소스코드

```
import numpy as np

# 전진 소거 함수
def forward_elimination(A, b, n):
    """
    전진 소거(Forward Elimination) 과정:
    주어진 행렬 A와 벡터 b를 상삼각 형태로 변환.
    """
    for row in range(0, n-1): # 첫 번째 행부터 마지막 전 행까지 반복
        for i in range(row+1, n): # 현재 행(row) 아래의 모든 행에 대해 반복
            factor = A[i, row] / A[row, row] # 피봇(row, row) 기준 소거 계수 계
산
            for j in range(row, n): # 현재 행의 계수 갱신
                A[i, j] = A[i, j] - factor * A[row, j]
            b[i] = b[i] - factor * b[row] # 상수 벡터 b 갱신
    return A, b

# 후진 대입 함수
def back_substitution(a, b, n):
    """
    후진 대입(Back Substitution) 과정:
```

```
    상삼각 행렬 형태의 계수 행렬 A와 벡터 b를 사용해 미지수 x를 계산.
    """
    x = np.zeros((n, 1))  # 해를 저장할 벡터 x (초기값: 0)
    x[n-1] = b[n-1] / a[n-1, n-1]  # 마지막 변수부터 계산 (x_n)
    for row in range(n-2, -1, -1):  # n-2번째 행부터 첫 번째 행까지 반복
        sums = b[row]  # 현재 행의 상수항 b[row]
        for j in range(row+1, n):  # 이미 계산된 x[j]를 사용
            sums = sums - a[row, j] * x[j]
        x[row] = sums / a[row, row]  # x[row] 계산
    return x

# 문제 정의 (첨부된 행렬과 상수 벡터)
A = np.array([[2, 1, -1], [-3, -1, 2], [-2, 1, 2]], dtype=float)  # 계수 행렬
b = np.array([8, -11, -3], dtype=float)  # 상수 벡터
n = 3  # 행렬의 크기

# 주어진 문제 출력
print("주어진 연립 방정식:")
for i in range(n):
    equation = " + ".join([f"{A[i, j]}*x{j+1}" for j in range(n)]) + f" = {b[i]}"
    print(equation)
print()

# 1. 전진 소거 수행
A, b = forward_elimination(A, b, n)

# 2. 후진 대입 수행
x = back_substitution(A, b, n)

# 결과 출력
print("\n계수 행렬 (상삼각 형태):")
print(A)
print("\n변환된 상수 벡터:")
print(b)
print("\n미지수 벡터 (해):")
print(x)
```

② 결과 출력

$$\begin{aligned} 2x + y - z &= 8 \\ -3x - y + 2z &= -11 \\ -2x + y + 2z &= -3 \end{aligned}$$

```
주어진 연립 방정식:
2.0*x1 + 1.0*x2 + -1.0*x3 = 8.0
-3.0*x1 + -1.0*x2 + 2.0*x3 = -11.0
-2.0*x1 + 1.0*x2 + 2.0*x3 = -3.0

계수 행렬 (상삼각 형태):
[[ 2.   1.  -1. ]
 [ 0.   0.5  0.5]
 [ 0.   0.  -1. ]]

변환된 상수 벡터:
[8. 1. 1.]

미지수 벡터 (해):
[[ 2.]
 [ 3.]
 [-1.]]
```

(3.2.6) 수치적 안정성을 위한 부분 피봇팅

가우스 소거법의 계산 정확도를 높이기 위해, 현재 열에서 가장 큰 피봇 요소를 선택하여 행을 교환하는 부분 피봇팅을 사용할 수 있다. 부분 피봇팅은 가우스 소거법에서 발생할 수 있는 수치적 불안정을 완화하기 위한 중요한 기법이다. 가우스 소거법은 계수 행렬 A를 상삼각형 형태로 변환하며, 이 과정에서 피봇(주 대각선의 요소)이 0에 가까워지거나 매우 작은 값을 가지면 계산 과정에서 오차가 크게 증폭될 가능성이 있다.

부분 피봇팅은 현재 열에서 가장 큰 절댓값을 가진 피봇 요소를 선택하여 해당 행과 현재 행을 교환하는 방법으로, 피봇 요소가 수치적으로 안정된 값을 가지도록 보장한다. 이는 수학적으로 선형 변환의 스케일링을 조정하여 행렬의 조건수를 낮추고, 계산 정확도를 향상시킨다. 선형대수학에서 행 교환은 행렬의 행렬식을 유지하면서 계산 과정의 안정성을 높이는 유용한 도구로 사용된다. 부분 피봇팅은 계산 과정에서 피봇 요소의 크기를 제어하여 수치적 안정성을 보장하는 핵심 기법이다. 이 코드는 피봇팅을 사용하지 않는 경우와 비교하여 매우 작은 피봇 요소로 인해 발생할 수 있는 수치적 오차를 방지한다. 결과적으로 안정적이고 정확한 해를 얻을 수 있다. 따라서, 부분 피봇팅은 고차원 문제나 조건수가 큰 행렬에서 가우스 소거법의 수치적 신뢰성을 확보하는 핵심 기법이다.

완전 피봇팅은 부분 피봇팅을 확장한 방법으로, 기준 행렬의 현재 남아 있는 모든 성분 중 절댓값이 가장 큰 성분을 피봇 요소로 선택한다. 행과 열 모두를 고려해 가장 큰 성분을 포함하는 행과 열을 피봇 위치로 이동하고, 행뿐만 아니라 열 순서도 바꾸어야 하므로, 소거 과정에서 미지수의 순서를 재배열해야 한다. 실제로 완전 피봇팅은 대부분의 응용에서 효율적이지 않아 잘 사용되지 않는다.

① 가우스 소거중 피봇 검사

만약 주 대각 행렬에 0이 들어간 경우 '==0'을 통해 참, 거짓을 판별하고 피봇팅이 불가능하다는 함수를 출력한다. 여기서 $\frac{a_{ik}}{a_{kk}}$를 피벗(pivot)을 기준으로 소거 계수(factor) 항에서 a_{kk}가 0에 가까워 지면 큰수가 되에 반올림 오차로 커지게 된다.

② 부분 피봇팅:

각 열에서 절댓값이 가장 큰 행을 피봇으로 선택하여 행 교환을 수행한다.
np.argmax(abs(A[i:, i]))는 현재 열에서 가장 큰 절댓값을 가진 행의 인덱스를 반환한다.

③ 가우스 소거:

피봇 행을 기준으로 아래 행들을 소거하여 계단형 행렬로 변환한다.

④ 후진 대입:

상삼각형 행렬에서 해를 차례로 계산한다.

⑤ 실행 예제:

주어진 행렬 *A*는 첫 번째 피봇이 매우 작은 값 1×10^{-20}을 가지며, 이로 인해 수치적 불안정성이 발생할 수 있다.

$$\begin{aligned} 1.0^{-20}x + y &= 1 \\ x + y &= 2 \end{aligned}$$

아래 문제는 피봇이 0이므로 여러번의 열교환이 이루어져야 한다.

$$\begin{aligned} 0x + 10y + 10z &= 20 \\ 0x + 0y + 5z &= 5 \\ x + y + z &= 3 \end{aligned}$$

부분 피봇팅을 사용하면 첫 번째 피봇을 절댓값이 큰 값으로 변경하여 안정성을 확보한다.

⑥ 소스코드

```
import numpy as np

def gauss_elimination_with_pivoting(A, b):
    """
    가우스 소거법 (부분 피봇팅 포함, 과정 출력)
```

```
    Parameters:
        A: 계수 행렬 (numpy array)
        b: 상수 벡터 (numpy array)

    Returns:
        x: 해 벡터
    """
    n = len(b)  # 행렬 크기

    print("초기 상태:")
    print("A =\n", A)
    print("b =", b)
    print()

    # 전진 소거 (가우스 소거)
    for i in range(n):
        # 부분 피봇팅: 현재 열에서 절댓값이 가장 큰 요소를 피봇으로 설정
        max_row = np.argmax(abs(A[i:, i])) + i
        if max_row != i:  # 행 교환이 필요한 경우
            print(f"부분 피봇팅: 행 {i}와 행 {max_row} 교환")
            A[[i, max_row]] = A[[max_row, i]]  # 행 교환
            b[[i, max_row]] = b[[max_row, i]]  # 상수 벡터도 동일하게 교환
            print("A =\n", A)
            print("b =", b)
            print()

        # 가우스 소거
        for j in range(i + 1, n):
            factor = A[j, i] / A[i, i]
            A[j, i:] -= factor * A[i, i:]
            b[j] -= factor * b[i]

        # 현재 상태 출력
        print(f"가우스 소거 후 (단계 {i + 1}):")
        print("A =\n", A)
        print("b =", b)
        print()

    # 후진 대입
    x = np.zeros(n)
```

```
    for i in range(n - 1, -1, -1):
        x[i] = (b[i] - np.dot(A[i, i + 1:], x[i + 1:])) / A[i, i]

    return x

# 문제 정의
A = np.array([[0, 10, 10],    # 계수 행렬
              [0, 0, 5],
              [1, 1, 1]], dtype=float)

b = np.array([20, 5, 3], dtype=float)  # 상수 벡터

# 가우스 소거법 수행
x = gauss_elimination_with_pivoting(A, b)

# 결과 출력
print("최종 해 벡터 x:")
for i, val in enumerate(x):
    print(f"x{i+1} = {val}")
```

⑦ 결과 출력

$$\begin{aligned} 0x + 10y + 10z &= 20 \\ 0x + 0y + 5z &= 5 \\ x + y + z &= 3 \end{aligned}$$

```
초기 상태:
A =
 [[ 0. 10. 10.]
 [ 0.  0.  5.]
 [ 1.  1.  1.]]
b = [20.  5.  3.]

부분 피벗팅: 행 0와 행 2 교환
A =
 [[ 1.  1.  1.]
 [ 0.  0.  5.]
 [ 0. 10. 10.]]
b = [ 3.  5. 20.]
```

```
가우스 소거 후 (단계 1):
A =
 [[ 1.  1.  1.]
 [ 0.  0.  5.]
 [ 0. 10. 10.]]
b = [ 3.  5. 20.]

부분 피봇팅: 행 1와 행 2 교환
A =
 [[ 1.  1.  1.]
 [ 0. 10. 10.]
 [ 0.  0.  5.]]
b = [ 3. 20.  5.]

가우스 소거 후 (단계 2):
A =
 [[ 1.  1.  1.]
 [ 0. 10. 10.]
 [ 0.  0.  5.]]
b = [ 3. 20.  5.]

가우스 소거 후 (단계 3):
A =
 [[ 1.  1.  1.]
 [ 0. 10. 10.]
 [ 0.  0.  5.]]
b = [ 3. 20.  5.]

최종 해 벡터 x:
x1 = 1.0
x2 = 1.0
x3 = 1.0
```

(3.3) LU Decomposition Method

이 절에서는 선형 연립방정식을 해결하기 위한 효율적인 방법 중 하나인 LU 분해(LU Decomposition)에 대해 설명한다. LU 분해법 개요(일반적으로 Doolittle LU 분해법), Crout LU 분해법, Cholesky LU 분해법 등을 다룬다. LU 분해법은 주어진 계수 행렬 A를 하삼각행렬 L과 상삼각행렬 U의 곱으로 분해하여 선형 방정식를 해결하는 효율적인 방법이다. 가우스 소거법에서 행렬을 상삼각형으로 변환하는 과정을 U 행렬 생성 과정으로 볼 수 있다. 이를 하삼각 행렬 L과 함께 나타낸 것이 LU 분해이다. Python과 NumPy를 사용하여 LU 분해를 구현하고, 다양한 행렬에 대해 실습할 수 있는 예제를 제공한다. 이 방법은 여러 번의 연립 방정식 풀이에서 동일한 계수 행렬 A를 재사용할 수 있어 효율적이다. SciPy와 NumPy에서 내장된 기능을 활용하면 직접 구현 없이 빠르고 안정적으로 사용할 수 있다.

(3.3.1) LU 분해법 개요(일반적으로 Doolittle LU 분해법)

① LU 분해법:

선형연립방정식은 가우스소거법 말고도 LU decomposition으로도 풀 수 있었으며 LU decomposition을 여러가지를 방법을 이용해 풀 수 있다. 가우스 소거법으로는 선형시스템을 간편하게 안정적으로 풀 수 있지만 행렬의 차수가 커지면 연산 수가 크게 증가하여 컴퓨터의 실행 속도가 감소한다. 이러한 가우스 소거법의 단점을 보완하기 위해서 실행 속도가 빠른 LU 분해법이 사용한다. 아래와 같이 $[A]=[L][U]$분해가 가능하고 $[L]$은 대각행렬 요소가 1로 이루어진 단위 하삼각행렬이고, $[U]$는 상삼각행렬이며 이렇게 분해하는 과정을 LU 분해라고 한다.

$$[A]=\begin{bmatrix} a_{11}\ a_{12}\ \cdots\ \cdots\ a_{1n} \\ a_{21}\ a_{22}\ \cdots\ \cdots\ a_{2n} \\ \cdot\ \ \cdot\ \ \cdot\ \ \cdot\ \ \cdot \\ \cdot\ \ \cdot\ \ \cdot\ \ \cdot\ \ \cdot \\ \cdot\ \ \cdot\ \ \cdot\ \ \cdot\ \ \cdot \\ a_{n1}\ a_{n2}\ \cdots\ \cdots\ a_{nn} \end{bmatrix} \tag{3.3.1-1}$$

$$[L]=\begin{bmatrix} 1 & 0 \cdots & & 0 & 0 \\ l_{21} & 1 & 0 & \cdots & 0 \\ l_{31} & l_{32} & \cdot & 0 & 0 \\ \cdot & \cdot & \cdot & \cdot & 0 \\ \cdot & \cdot & \cdot & \cdot & 0 \\ l_{n1} & l_{n2} & \cdots & l_{n,n-1} & 1 \end{bmatrix} \tag{3.3.1-2}$$

$$[U]=\begin{bmatrix} u_{11}\ u_{12}\ \cdots\ \cdots\ u_{1n} \\ 0\ \ u_{22}\ \cdots\ \cdots\ u_{2n} \\ 0\ \ 0\ \ \cdot\ \cdots\ \cdot \\ \cdot\ \ \cdot\ \ \cdot\ \ \cdot\ \ \cdot \\ \cdot\ \ \cdot\ \ \cdot\ \ \cdot\ \ \cdot \\ 0\ \ \cdots\ \ 0\ \ 0\ \ u_{nn} \end{bmatrix} \tag{3.3.1-3}$$

(3.3.2) 알고리즘의 원리

LU 분해의 핵심은 행렬 A를 다음과 같이 분해하는 것이다:

$$A = LU \tag{3.3.2-1}$$

여기서 L은 대각선이 1이고 하삼각 요소를 가지는 행렬 U는 상삼각 행렬이다.이후, 다음 과정을 통해 연립 방정식을 해결한다. LU 분해는 가우스 소거법의 행 연산과 유사하며, 부분 피봇팅을 통해 수치적 안정성을 보장할 수 있다. $Ax = b$를 $LUx = b$로 나타낸다. 먼저 $Ly = b$를 풀어 중간 벡터 y를 구한다. (전진 대입) 이후 $Ux = y$를 풀어 최종 해 x를 구한다. (후진 대입)

① $n \times n$ 행렬 [A] Doolittle LU 분해법

㉠ 3×3 행렬의 $A = LU$ 분해과정을 생각해 보자.

$$A = \begin{bmatrix} a_{11} & a_{12} & a_{13} \\ a_{21} & a_{22} & a_{23} \\ a_{31} & a_{32} & a_{33} \end{bmatrix} \tag{3.3.2-2}$$

㉡ 행렬 L과 행렬 U에 대한 행렬 곱셈 연산을 실행한 뒤에 행렬 A의 원소와 비례관계를 이용하는 방법이다. 3×3 상하행렬의 곱셈 연산은 다음과 같이 나타낼 수 있다.

$$\begin{bmatrix} a_{11} & a_{12} & a_{13} \\ a_{21} & a_{22} & a_{23} \\ a_{31} & a_{32} & a_{33} \end{bmatrix} = \begin{bmatrix} u_{11} & u_{12} & u_{13} \\ l_{21} & l_{21}u_{12} + u_{22} & l_{21}u_{13} + u_{23} \\ l_{31}u_{11} & l_{31}u_{12} + l_{32}u_{22} & l_{31}u_{13} + l_{32}u_{23} + u_{33} \end{bmatrix} \tag{3.3.2-3}$$

㉢ $n \times n$ 행렬 [A] Doolittle LU 분해법은 위의 식의 왼쪽 행렬과 오른쪽 행렬의 원소를 각각 비교하여 하삼각행렬 L과 상삼각행렬 U의 공식을 유도 할수 있다.

$$l_{i,j-1} = \frac{a_{i,j-1}}{u_{i-1,j-1}} \qquad u_{ij} = a_{ij} - l_{i,j-1}u_{i-1,j} \tag{3.3.2-4}$$

㉣ 상삼각 행렬 U의 원소 계산:

$$U_{i,j} = A_{i,j} - \sum_{k=0}^{i-1} L_{i,k} U_{k,j},\ i \leq j \tag{3.3.2-5}$$

ⓜ 하삼각 행렬 L의 원소 계산:

$$L_{j,i} = \frac{A_{j,i} - \sum_{k=0}^{i-1} L_{j,k} U_{k,i}}{U_{i,i}}\ i > j \tag{3.3.2-6}$$

② Doolittle LU 분해법 알고리즘

ⓖ Step 1: 초기화

ⓝ A 행렬의 크기를 확인 $(n \times n)$

ⓓ 아래 삼각 행렬 U과 상삼각 행렬 L의 대각 원소를 1, 나머지는 0으로 초기화.

ⓡ Step 2: U의 첫 번째 행 계산($U_{[1,j]}$)

$$U_{[1,j]} = A_{[1,j]}\ j = 1,2,\ldots,n \tag{3.3.2-7}$$

ⓜ Step 3: L의 첫 번째 열 계산

$$L_{[i,1]} = \frac{A[i,1]}{U[1,1]} A_{[1,j]},\ i = 2,3,\ldots,n \tag{3.3.2-8}$$

ⓑ Step 4: U의 나머지 행 원소 계산

$$U_{i,j} = A_{i,j} - \sum_{k=0}^{j-1} L_{i,k} U_{k,j},\ i \leq j \tag{3.3.2-9}$$

ⓢ Step 4: L의 나머지 열 원소 계산

$$L_{i,j} = \frac{A_{i,j} - \sum_{k=1}^{j-1} L_{i,k} U_{k,j}}{L_{j,j}},\ i > j, \tag{3.3.2-10}$$

③ Doolittle LU 분해법은 특징은?

L은 대각 원소가 모두 1로 설정된 하삼각 행렬이고, U는 상삼각 행렬이다. Doolittle 방법은 대각 원소를 단순화하여 계산을 안정적으로 수행한다. 이 방식의 주요 이점은 계산 중 행렬의 분해 과정을 표준화해 계산량을 줄이는 것이다.

④ 선형시스템 $Ax = b$?

선형시스템 $Ax = b$는 $A = LU$ 를 이용하여 $LUx = b$ 같이 다시 쓸 수 있고 이로부터 선형 시스템을 비교적 간단하게 풀 수 있다. $LUx = b$ 는 다음과 같이 두 단계로 나누어서 쓸 수 있다. 전진 대입법(forward substitution)으로 풀어서 변수 벡터 y를 먼저 구하고 시스템 Ux=y에 후진 대입법을 이용하여 최종적으로 변수 벡터 x를 구한다.

⑤ A를 LU 분해하면,

$$LUx = b$$

$$\begin{aligned} & y_1 = b_1 \\ & l_{21}y_1 + y_2 = b_2 \\ & l_{31}y_1 + l_{32}y_2 + y_3 = b_3 \\ & \qquad \vdots \\ & l_{n1}y_1 + \cdots + l_{n,n-1}y_{n-1} = b_n \end{aligned} \tag{3.3.2-11}$$

⑥ 두 단계를 통해 해 풀기

$$\begin{aligned} & Ly = b \\ & Ux = y \end{aligned} \tag{3.3.2-12}$$

⑦ $Ly = b$의 풀이를 전진대입(forward substitution)

$$\begin{aligned} & y_1 = \frac{b_1}{l_{11}}, \\ & y_i = \frac{b_i}{l_{ii}}\left(b_i - \sum_{j=1}^{i-1} l_{ij}y_j\right), \quad i = 2, \ldots, n \end{aligned} \tag{3.3.2-13}$$

⑧ $Ux = y$의 풀이를 후진대입(Back substitution)

주어진 행렬에 대해 한번만 LU 분해를 구하면, 전진대입하고 난후 후퇴대입 과정을 통해 행렬의 우변 $\vec{b}$가 바뀌더라도 해를 구할 수 있다. 보통 강성 행렬 [A]는 상수인 경우가 많고 외력에 해단하는 우변 $\vec{b}$가 변화하는 경우 해를 구하고자 할 때 매번 가우스 소거법을 수행할 필요가 없이 한번 구해진 [L], [U] 행렬을 사용하여 가우스 소거법보다 매우 적은 연산으로 해를 구하는 장점이 있다.

$$\begin{aligned} & x_n = \frac{y_n}{u_{nn}}, \\ & x_i = \frac{1}{u_{ii}}\left(y_i - \sum_{j=i+1}^{n} u_{ij}x_j\right), \quad i = (n-1), \ldots, 1 \end{aligned} \tag{3.3.2-14}$$

(3.3.3) $A = LU$ 증명

$[A]x = b$ 를 가우스 소거법을 이용하여 풀고자 할 때, 행렬 A를 행렬 L과 행렬 U로 나누어준다. 3 × 3 행렬에 대한 Doolittle LU 분해법 손으로 풀어가면서 증명을 해보자.

$$A = \begin{bmatrix} a_{11}\, a_{12}\, a_{13} \\ a_{21}\, a_{22}\, a_{23} \\ a_{31}\, a_{32}\, a_{33} \end{bmatrix} \qquad (3.3.3\text{-}1)$$

임의의 3행 3열 행렬과 임의의 벡터 x와 임의의 벡터 b가 있고 다음과 같은 식을 있다고 하자.

$$\begin{bmatrix} 2 & 4 & 2 \\ 4 & 12 & 8 \\ 2 & 6 & 3 \end{bmatrix} \begin{pmatrix} x_1 \\ x_2 \\ x_3 \end{pmatrix} = \begin{pmatrix} 2 \\ 16 \\ 4 \end{pmatrix} \qquad (3.3.3\text{-}2)$$

가우스 소거법과 거의 같은 과정으로 푼다. 1행 1열의 요소를 피봇 원소로 이용하여 2행과 3행의 소거계수(factor), 또는 승수를 구한다. 여기서 $f_{ik} = \dfrac{a_{ik}}{a_{kk}}$를 피벗(pivot)을 기준으로 소거계수(factor) 라 하고 이는 이번 학습, 즉 $[L][U]$분해법에서 사용할 중요한 계수이다.

$$f_{21} = \frac{a_{21}^{(1)}}{a_{11}^{(1)}}$$

$$f_{31} = \frac{a_{31}^{(1)}}{a_{11}^{(1)}} \qquad (3.3.3\text{-}3)$$

1행에 $-\dfrac{a_{21}^{(1)}}{a_{11}^{(1)}}$를 곱하고 그 결과를 2행에서 뺀 뒤에 2행에 놓고 3행에서 뺀 뒤에 3행에 놓는다.

$$\begin{bmatrix} a_{11} & a_{12} & a_{13} \\ 0 & a_{23} - f_{21} \times a_{12} & a_{23} - f_{21} \times a_{13} \\ 0 & a_{32} - f_{31} \times a_{12} & a_{33} - f_{31} \times a_{13} \end{bmatrix} \qquad (3.3.3\text{-}4)$$

첫 번째 줄 피봇 원소, $f_{ik} = \dfrac{a_{ik}}{a_{kk}}$가 들어간 임의의 행렬 $[E_1]$을다음과 같다.

$$[E_1] = \begin{bmatrix} 1 & 0\, 0 \\ f_{21} & 1\, 0 \\ f_{31} & 0\, 1 \end{bmatrix} = \begin{bmatrix} 1\,0\,0 \\ 2\,1\,0 \\ 1\,0\,1 \end{bmatrix} \qquad (3.3.3\text{-}5)$$

임의의 행렬 $[E_1]$을 좌변에 곱하고 똑같이 우변에 곱하면 다음과 같다.

$$[E_1][A]x = [E_1]b \qquad (3.3.3\text{-}6)$$

2행의 $a_{23} - \dfrac{a_{21}^{(1)}}{a_{11}^{(1)}} \times a_{12}$를 피봇 원소로 이용하여 3행의 승수를 구하면 다음과 같다.

$$f_{32}=\frac{a_{32}^{(2)}}{a_{22}^{(2)}}=\frac{a_{32}-\frac{a_{31}^{(1)}}{a_{11}^{(1)}}\times a_{12}}{a_{23}-\frac{a_{21}^{(1)}}{a_{11}^{(1)}}\times a_{12}} \tag{3.3.3-7}$$

2행에 f_{32}를 곱하고 그 결과를 3행에서 뺀 뒤에 3행에 놓는다.

$$\begin{bmatrix} a_{11} & a_{12} & a_{13} \\ 0 & a_{23}-\frac{a_{21}^{(1)}}{a_{11}^{(1)}}\times a_{12} & a_{23}-\frac{a_{21}^{(1)}}{a_{11}^{(1)}}\times a_{13} \\ 0 & 0 & (a_{33}-\frac{a_{31}^{(1)}}{a_{11}^{(1)}}\times a_{13})-f_{32}\times a_{23}-\frac{a_{21}^{(1)}}{a_{11}^{(1)}}\times a_{13} \end{bmatrix} \tag{3.3.3-8}$$

위식은 상삼각행렬로 변화되어 있음을 주목하자. 이 과정을 이해하기 위해 이것을 실제 예제에 대입해 보자. 두 번째 줄 피봇 원소가 들어간 임의의 행렬 $[E_2]$는 다음과 같다.

$$[E_2]=\begin{bmatrix} 1 & 0 & 0 \\ 0 & 1 & 0 \\ 0 & f_{32} & 1 \end{bmatrix}=\begin{bmatrix} 1 & 0 & 0 \\ 0 & 1 & 0 \\ 0 & 1 & 1 \end{bmatrix} \tag{3.3.3-9}$$

두 번째 줄 피봇 원소가 들어간 임의의 행렬 $[E_2]$를 좌변에 곱하고 똑같이 우변에 곱하면 다음과 같다.

$$[E_2][E_1][A]x=[E_2][E_1]b \tag{3.3.3-10}$$

따라서 $[E_2][E_1][A]=[U]$가 됨을 알수 있다. 위 식은 상삼각행렬 $[U]$가 된다. 3행 3열 행렬에 대한 하삼각행렬 $[L]$과 상감각행렬 $[U]$는 다음과 같다.

$$L=\begin{bmatrix} 1 & 0 & 0 \\ f_{21} & 1 & 0 \\ f_{31} & f_{32} & 1 \end{bmatrix} \quad U=\begin{bmatrix} u_{11} & u_{12} & u_{13} \\ 0 & u_{22} & u_{23} \\ 0 & 0 & u_{33} \end{bmatrix} \tag{3.3.3-11}$$

따라서 $[A]$를 구하면,

$$[A]=[E_2]^{-1}[E_1]^{-1}[U] \tag{3.3.3-12}$$

행렬 $[L]$은 $[A]=[L][U]$가 되기위해 $[L]=[E2]^{-1}[E1]^{-1}$을 만족하므로 다음과 같다.

실제 예제에 대입하면 다음과 같다.

$$\begin{bmatrix} 2 & 4 & 2 \\ 4 & 12 & 8 \\ 2 & 6 & 3 \end{bmatrix} = \begin{bmatrix} 1 & 0 & 0 \\ l_{21} & 1 & 0 \\ l_{31} & l_{32} & 1 \end{bmatrix} \begin{bmatrix} u_{11} & u_{12} & u_{13} \\ 0 & u_{22} & u_{23} \\ 0 & 0 & u_{33} \end{bmatrix}$$
$$= \begin{bmatrix} 1 & 0 & 0 \\ 2 & 1 & 0 \\ 1 & \frac{1}{2} & 1 \end{bmatrix} \begin{bmatrix} 2 & 4 & 2 \\ 0 & 4 & 4 \\ 0 & 0 & -1 \end{bmatrix} \tag{3.3.3-13}$$

실제 해를 구하기위해, Ax=b에서 LUx=b로 볼수 있고, y=Ux로 치환하면 Ly=b가 된다. 우선 y를 구하고 y=Ux에서 최종해 x를 구하면 된다. 즉 변수 벡터 y를 전진 대입법을 이용하여 값을 구한다. 변수 벡터 y를 구하면 Ux=y의 변수 벡터 x를 후진 대입법을 이용하여 구한다.

① 위 실제 예제에 대한 해를 구하는 과정

㉠ U 행렬과 변수 벡터 x를 곱해 새로운 벡터 y를 만든다.

$$\begin{bmatrix} 1 & 0 & 0 \\ 2 & 1 & 0 \\ 1 & \frac{1}{2} & 1 \end{bmatrix} \begin{bmatrix} 2 & 4 & 2 \\ 0 & 4 & 4 \\ 0 & 0 & -1 \end{bmatrix} \begin{pmatrix} x_1 \\ x_2 \\ x_3 \end{pmatrix} = \begin{bmatrix} 1 & 0 & 0 \\ 2 & 1 & 0 \\ 1 & \frac{1}{2} & 1 \end{bmatrix} \begin{pmatrix} y_1 \\ y_2 \\ y_3 \end{pmatrix} = \begin{pmatrix} 2 \\ 16 \\ 4 \end{pmatrix} \tag{3.3.3-14}$$

㉡ 윗식을 다시 풀어쓰면,

$$\begin{aligned} & y_1 = 2 \\ & 2y_1 + y_2 = 16 \\ & y_1 + \frac{1}{2} y_2 + y_3 = 4 \end{aligned} \tag{3.3.3-15}$$

㉢ 전진 대입법을 이용해 벡터 y의 변수를 구한다.

$$y_1 = 2 \quad y_2 = 12 \quad y_3 = -4 \tag{3.3.3-16}$$

㉣ Ux=y이므로 행렬식은:

$$\begin{bmatrix} 2 & 4 & 2 \\ 0 & 4 & 4 \\ 0 & 0 & -1 \end{bmatrix} \begin{pmatrix} x_1 \\ x_2 \\ x_3 \end{pmatrix} = \begin{pmatrix} 2 \\ 12 \\ -4 \end{pmatrix} \tag{3.3.3-17}$$

㉤ Ux=y이므로 후진소거법을 이용해 변수 벡터 x값을 구한다.

$$\begin{aligned}
&\rightarrow x_3 = 4 \\
&4x_2 + 4 \times 4 = 12 \\
&\rightarrow x_2 = \frac{12-16}{4} = -1 \\
&2x_1 + 4 \times (-1) + 2 \times 4 = 2 \\
&\rightarrow x_1 = \frac{2-8+4}{2} = -1 \\
&\therefore x_1 = -1,\ x_2 = -1,\ x_3 = 4
\end{aligned} \tag{3.3.3-18}$$

(3.3.4) Doolittle LU 분해법 공식 유도 과정 이용해서 손으로 풀기

① 3×3 행렬 예제

㉠ 풀이:

$$\begin{bmatrix} 2 & 4 & 2 \\ 4 & 12 & 8 \\ 2 & 6 & 3 \end{bmatrix} = \begin{bmatrix} u_{11} & u_{12} & u_{13} \\ l_{21}u_{11} & l_{21}u_{12} + u_{22} & l_{21}u_{13} + u_{23} \\ l_{31}u_{11} & l_{31}u_{12} + l_{32}u_{22} & l_{31}u_{13} + l_{32}u_{23} + u_{33} \end{bmatrix} \tag{3.3.4-1}$$

$$u_{11} = 2,\ u_{12} = 4,\ u_{13} = 2$$

㉡ 해당값들을 대입해 2행의 미지수 값을 구한다.

$$\begin{aligned}
&l_{21}u_{11} = 4 \\
&\rightarrow l_{21} = \frac{4}{u_{11}} = \frac{4}{2} = 2 \\
&l_{21}u_{12} + u_{22} = 12 \\
&\rightarrow u_{22} = 12 - 2 \times 4 = 4 \\
&l_{21}u_{13} + u_{23} = 8 \\
&\rightarrow u_{23} = 8 - 2 \times 2 = 4
\end{aligned} \tag{3.3.4-2}$$

$$\therefore l_{21} = 2,\ u_{22} = 4,\ u_{23} = 4$$

㉢ 마찬가지로 3행의 미지수 값을 구한다.

$$\begin{aligned}
&l_{31}u_{11} = 2 \\
&\rightarrow l_{31} = \frac{2}{u_{11}} = \frac{2}{2} = 1 \\
&l_{31}u_{12} + l_{32}u_{22} = 6 \\
&\rightarrow l_{32} = \frac{6 - l_{31}u_{12}}{u_{22}} = \frac{6 - 1 \times 4}{4} = \frac{2}{4} = \frac{1}{2} \\
&l_{31}u_{13} + l_{32}u_{23} + u_{33} = 3 \\
&\rightarrow u_{33} = 3 - 2 - (\frac{1}{2} \times 4) = -1
\end{aligned} \tag{3.3.4-3}$$

$$\therefore\ l_{31} = 1,\ l_{32} = \frac{1}{2},\ u_{33} = -1$$

㉣ 구한 값을 행렬L과 행렬 U의 값으로 넣으면 다음과 같게 된다.

$$[L] = \begin{bmatrix} 1 & 0 & 0 \\ 2 & 1 & 0 \\ 1 & \frac{1}{2} & 1 \end{bmatrix},\ [U] = \begin{bmatrix} 2 & 4 & 2 \\ 0 & 4 & 4 \\ 0 & 0 & -1 \end{bmatrix}$$

(3.3.4-4)

$$\begin{bmatrix} 1 & 0 & 0 \\ 2 & 1 & 0 \\ 1 & \frac{1}{2} & 1 \end{bmatrix} \begin{pmatrix} y_1 \\ y_2 \\ y_3 \end{pmatrix} = \begin{pmatrix} 2 \\ 16 \\ 4 \end{pmatrix}$$

㉤ 전진 대입법으로 벡터 y의 값을 구하면 다음과 같다.

$$y_1 = 2 \quad y_2 = 12 \quad y_3 = -4 \tag{3.3.4-5}$$

㉥ 마찬가지로 Ux=y를 풀어준다.

$$\begin{bmatrix} 2 & 4 & 2 \\ 0 & 4 & 4 \\ 0 & 0 & -1 \end{bmatrix} \begin{pmatrix} x_1 \\ x_2 \\ x_3 \end{pmatrix} = \begin{pmatrix} 2 \\ 12 \\ -4 \end{pmatrix} \tag{3.3.4-6}$$

$$\therefore x_1 = -1,\ x_2 = -1,\ x_3 = 4$$

(3.3.5) Doolittle LU Python 코드 예제

① 문제 1

$$A = \begin{bmatrix} 2 & 1 & -1 \\ -3 & -1 & 2 \\ -2 & 1 & 2 \end{bmatrix}$$

```
import numpy as np

def doolittle_lu_decomposition(A):
    n = len(A)
    L = np.zeros_like(A, dtype=float)
    U = np.zeros_like(A, dtype=float)

    for i in range(n):
        L[i][i] = 1  # L의 대각선은 1로 고정
        for j in range(i, n):
            U[i][j] = A[i][j] - sum(L[i][k] * U[k][j] for k in range(i))
        for j in range(i+1, n):
            L[j][i] = (A[j][i] - sum(L[j][k] * U[k][i] for k in range(i))) / U[i][i]
    return L, U

A = np.array([[2, 1, -1], [-3, -1, 2], [-2, 1, 2]], dtype=float)
L, U = doolittle_lu_decomposition(A)

print("L:")
print(L)
print("U:")
print(U)
```

㉠ 실행 결과

```
L:
[[ 1.   0.   0. ]
 [-1.5  1.   0. ]
 [-1.   4.   1. ]]
U:
[[ 2.   1.  -1. ]
 [ 0.   0.5  0.5]
 [ 0.   0.  -1. ]]
```

② 코드

```
import numpy as np

def lu_decomposition(A):
    """
    LU 분해 함수

    Parameters:
        A: 계수 행렬 (numpy array)

    Returns:
        L: 하심각 헹렬
        U: 상삼각 행렬
    """
    n = len(A)
    L = np.eye(n)  # L을 단위 행렬로 초기화
    U = np.zeros_like(A, dtype=float)

    for i in range(n):
        # U 계산
        for j in range(i, n):
            U[i, j] = A[i, j] - np.dot(L[i, :i], U[:i, j])

        # L 계산
        for j in range(i+1, n):
            L[j, i] = (A[j, i] - np.dot(L[j, :i], U[:i, i])) / U[i, i]

    return L, U

def solve_lu(L, U, b):
    """
    LU 분해를 이용한 선형 방정식 풀이

    Parameters:
        L: 하삼각 행렬
        U: 상삼각 행렬
        b: 상수 벡터
```

```
    Returns:
        x: 해 벡터
    """
    # 전진 대입: L * y = b
    n = len(b)
    y = np.zeros_like(b, dtype=float)
    for i in range(n):
        y[i] = b[i] - np.dot(L[i, :i], y[:i])

    # 후진 대입: U * x = y
    x = np.zeros_like(b, dtype=float)
    for i in range(n-1, -1, -1):
        x[i] = (y[i] - np.dot(U[i, i+1:], x[i+1:])) / U[i, i]

    return x

# 계수 행렬과 상수 벡터 정의
A = np.array([[2, 1, -1], [-3, -1, 2], [-2, 1, 2]], dtype=float)
b = np.array([8, -11, -3], dtype=float)

# LU 분해 및 해 풀이
L, U = lu_decomposition(A)
solution = solve_lu(L, U, b)

print("하삼각 행렬 L:\n", L)
print("상삼각 행렬 U:\n", U)
print("해:", solution)
```

③ 예제: Doolittle LU 분해법 실습

$$\begin{aligned} 2x+y-z &= 8 \\ -3x-y+2z &= -11 \\ -2x+y+2z &= -3 \end{aligned}$$

주석으로 설명한 소스 코드	출력 결과

# 계수 행렬과 상수 벡터 정의 	
A = np.array([[2, 1, -1], [-3, -1, 2], [-2, 1, 2]], dtype=float)
b = np.array([8, -11, -3], dtype=float)
	하삼각 행렬 L:
	[[1. 0. 0.]
	[-1.5 1. 0.]
	[-1. 0.5 1.]]

# LU 분해 및 해 풀이 L, U = lu_decomposition(A) solution = solve_lu(L, U, b) print("하삼각 행렬 L:\n", L) print("상삼각 행렬 U:\n", U) print("해:", solution)	상삼각 행렬 U: [[2. 1. -1.] [0. -0.5 0.5] [0. 0. 3.]] 해: [2. 3. -1.]

(3.3.6) Crout LU 분해법

Crout LU 분해법은 L은 대각 원소가 U대신 계산되며, U의 대각 원소는 1로 설정된다. Doolittle LU 분해법은 *L*의 대각 원소를 1로 고정하고 *U*의 대각 원소를 계산하는 방식으로, 상삼각 행렬 계산이 직관적이며 널리 사용된다. Crout LU 분해법은 이와 반대로 *U*의 대각 원소를 1로 고정하고 *L*의 대각 원소를 계산하며, 하삼각 행렬 계산이 필요한 문제에서 유리하다. 두 방법은 계산 과정이 다를 뿐 결과적으로 동일한 LU 분해를 제공한다. Doolittle은 상삼각 구조 계산이 중요할 때, Crout은 하삼각 구조 계산이 중심이 되는 문제에서 적합하다. 따라서 문제의 특성과 구현 환경에 따라 두 방법 중 하나를 선택해 사용한다.

① 하삼각 행렬 L의 원소 계산:

$$L_{i,j} = A_{i,j} - \sum_{k=0}^{j-1} L_{i,k} U_{k,j},\ i \geq j \tag{3.3.6-1}$$

② 상삼각 행렬 U의 원소 계산:

$$U_{j,i} = \frac{A_{j,i} - \sum_{k=0}^{j-1} L_{j,k} U_{k,i}}{L_{j,j}},\ i \leq j,\ u_{ii} = 1 \tag{3.3.6-2}$$

③ Crout LU 분해법 알고리즘

㉠ Step 1: 초기화

㉡ A 행렬의 크기를 확인 $(n \times n)$

㉢ 아래 삼각 행렬 L과 상삼각 행렬 U의 대각 원소를 1, 나머지는 0으로 초기화.

㉣ Step 2: L의 첫 번째 열 계산(l_{i1})

$$l_{i1} = (a_{i1}),\ i = 1, 2, \ldots, n \tag{3.3.6-3}$$

㉤ Step 3: U의 첫 번째 행 계산

$$u_{ij} = \frac{a_{1j}}{l_{11}},\ j = 2,3,...,n \tag{3.3.6-4}$$

ⓑ Step 4: L의 나머지 원소 계산

$$L_{i,j} = A_{i,j} - \sum_{k=0}^{j-1} L_{i,k} U_{k,j},\ i \geq jj \tag{3.3.6-5}$$

ⓢ Step 4: U의 나머지 원소 계산

$$U_{j,i} = \frac{A_{j,i} - \sum_{k=0}^{j-1} L_{j,k} U_{k,i}}{L_{j,j}},\ i \leq j,\ u_{ii} = 1$$

$$l_{jj} = \sqrt{(a_{jj} - \sum_{k=1}^{j-1} l_{jk}^2)j} \tag{3.3.6-6}$$

④ Crout LU 분해법 손으로 풀기

ⓐ 행렬 A는 아래와 같다.

$$[A] = \begin{bmatrix} -2 & 1 & 0 \\ 1 & 0 & 1 \\ 0 & -1 & 2 \end{bmatrix}$$

$$[L] = \begin{bmatrix} l_{11} & 0 & 0 \\ l_{21} & l_{22} & 0 \\ 0 & l_{32} & l_{33} \end{bmatrix},\ [U] = \begin{bmatrix} 1 & u_{12} & 0 \\ 0 & 1 & u_{23} \\ 0 & 0 & 1 \end{bmatrix} \tag{3.3.6-7}$$

ⓑ 행렬 L과 U를 이용하여 A=LU형태의 연산으로 쓰면 다음과 같다.

$$\begin{bmatrix} -2 & 1 & 0 \\ 1 & 0 & 1 \\ 0 & -1 & 2 \end{bmatrix} = \begin{bmatrix} l_{11} & l_{11}u_{12} & 0 \\ l_{21} & l_{21}u_{12}+l_{22} & l_{22}u_{23} \\ 0 & l_{32} & l_{32}u_{23}+l_{33} \end{bmatrix}$$

$$\begin{aligned} & l_{11} = -2 \\ & l_{11}u_{12} = 1 \\ & \rightarrow u_{12} = \frac{1}{l_{11}} = -\frac{1}{2} \\ & l_{21} = 1 \\ & l_{21}u_{12} + l_{22} = 0 \\ & \rightarrow l_{22} = 0 - l_{21}u_{12} = 0 - 1 \times (-\frac{1}{2}) = \frac{1}{2} \\ & l_{22}u_{23} = 1 \\ & \rightarrow u_{23} = \frac{1}{l_{22}} = 2 \\ & l_{32} = -1 \\ & l_{32}u_{23} + l_{33} = 2 \\ & \rightarrow l_{33} = 2 - l_{32}u_{23} = 2 + 1 \times 2 = 4 \end{aligned} \tag{3.3.6-8}$$

ⓒ 해당 값을 행렬 L과 U에 대입을 하면 다음과 같다.

$$[L] = \begin{bmatrix} -2 & 0 & 0 \\ 1 & \frac{1}{2} & 0 \\ 0 & -1 & 4 \end{bmatrix} \quad [U] = \begin{bmatrix} 1 & -\frac{1}{2} & 0 \\ 0 & 1 & 2 \\ 0 & 0 & 1 \end{bmatrix} \tag{3.3.6-9}$$

ⓓ Ly=b이므로

$$\begin{bmatrix} -2 & 0 & 0 \\ 1 & \frac{1}{2} & 0 \\ 0 & -1 & 4 \end{bmatrix} \begin{pmatrix} y_1 \\ y_2 \\ y_3 \end{pmatrix} = \begin{pmatrix} 2 \\ 16 \\ 4 \end{pmatrix}$$

$$\begin{aligned} & \rightarrow y_1 = -1 \\ & y_1 + \frac{1}{2}y_2 = 16 \\ & \rightarrow y_2 = 2(16+1) = 34 \\ & -y_2 + 4y_3 = 4 \\ & \rightarrow y_3 = \frac{4+34}{4} = \frac{38}{4} = \frac{19}{2} \end{aligned} \tag{3.3.6-10}$$

㉤ Ux=y이므로

$$\begin{bmatrix} 1 & -\frac{1}{2} & 0 \\ 0 & 1 & 2 \\ 0 & 0 & 1 \end{bmatrix}\begin{pmatrix} x_1 \\ x_2 \\ x_3 \end{pmatrix} = \begin{pmatrix} -1 \\ 34 \\ \frac{19}{2} \end{pmatrix}$$

$$\begin{aligned} &\rightarrow x_3 = \frac{19}{2} \\ &x_2 + 2x_3 = 34 \\ &\rightarrow x_2 = 34 - 2 \times \frac{19}{2} = 34 - 19 = 15 \\ &x_1 - \frac{1}{2}x_2 = -1 \\ &\rightarrow x_1 = -1 + \frac{1}{2} \times 15 = \frac{13}{2} \\ &\therefore x_1 = \frac{13}{2},\ x_2 = 15,\ x_3 = \frac{19}{2} \end{aligned} \tag{3.3.6-11}$$

⑤ Crout LU 분해법 Python 코드 예제

㉠ 코드

```
def crout_lu_decomposition(A):
    n = len(A)
    L = np.zeros_like(A, dtype=float)
    U = np.eye(n, dtype=float)  # U는 대각선이 1인 행렬

    for j in range(n):
        for i in range(j, n):
            L[i][j] = A[i][j] - sum(L[i][k] * U[k][j] for k in range(j))
        for i in range(j+1, n):
            U[j][i] = (A[j][i] - sum(L[j][k] * U[k][i] for k in range(j))) / L[j][j]
    return L, U

A = np.array([[4, 12, -16], [12, 37, -43], [-16, -43, 98]], dtype=float)
L, U = crout_lu_decomposition(A)
print("L:")
print(L)
print("U:")
```

```
print(U)
```

ⓛ 실행결과

$$A = \begin{bmatrix} 2 & 1 & -1 \\ -3 & -1 & 2 \\ -2 & 1 & 2 \end{bmatrix}$$

```
L:
[[  4.   0.   0.]
 [ 12.   1.   0.]
 [-16.   5.   9.]]
U:
[[ 1.  3. -4.]
 [ 0.  1.  5.]
 [ 0.  0.  1.]]
```

(3.3.7) $[A]=[L][D][L^T]$ 분해 및 Cholesky LU 분해법

① $[A]=[L][D][L^T]$ 분해

$[A]=[L][D][L^T]$ 분해는 대칭 행렬 $[A]$를 하삼각 행렬 $[L]$, 대각행렬 $[D]$, 그리고 $[L]^T$로 분해하는 방법이다. 이 방법은 $[A]$가 대칭이고, 양의 정부호 행렬일 때 적용 가능하다. $[L]$은 대각 원소가 1인 하삼각 행렬이고, $[D]$는 대각 원소로 구성된 대각 행렬이다. $[A]=[L][D][L^T]$ 분해는 수치적으로 안정적이며, 특히 대칭 행렬의 구조를 유지하면서 계산을 줄이는 데 유리하다. 이 방법은 Cholesky 분해와 유사하나, $[D]$행렬이 분리되어 있다는 점에서 차이가 있다.

② $[A]=[L][L^T]$ Cholesky LU 분해

Cholesky 분해는 대칭 양의 정부호 행렬에만 적용 가능한 특별한 LU 분해법이다. 이 방법은 계산량을 줄이고 수치적 안정성을 제공한다. 행렬 A는 LL^T로 분해된다. 이 방법은 LU 분해에서 대칭성과 양의 정부호 성질을 활용하여 계산량을 줄인 특화된 방법이다.

Cholesky 분해는 $[A]=[L][D][L^T]$분해와 달리 대각 행렬 $[D]$가 포함되지 않고, 단일 하삼각 행렬 또는 상삼각 행렬로 분해된다. 계산 효율성과 메모리 절약 측면에서 선형대수 문제, 특히 대형 시스템에서 자주 사용된다. 이 방법은 일반 LU 분해보다 계산량이 절반으로 줄어들며, 수치적으로 더 안정적이다. 대칭성과 양의 정부호 조건이 없는 경우에는 적용할 수 없다. 효율적인 수치해석에서 유용하게 사용되며 대부분 공학 문제에서 대칭행렬이 많으므로 수치 계산의 효율성 면에서 매우 유리하다. 만일 행렬 A가 $A=A^T$일 경우에 쓰이는

$A = A^T$이므로 행렬 A는 다음과 같이 나타낼 수 있다.

$$A = A^T = L L^T \tag{3.3.7-1}$$

③ 임의의 행렬 A(3X3) 분해의 방법.

행렬 L의 주대각선과 주대각선 아래쪽의 모든 원소는 행렬 L의 원소를 놓고, 주대각선 위쪽의 원소는 전부 0으로 놓는다. 행렬 U의 주대각선 원소는 전부 1, 주대각선 위쪽의 모든 원소는 행렬 U의 원소, 주대각선 아래쪽의 원소는 전부 0으로 놓는다.

$$\begin{bmatrix} a_{11} & a_{12} & a_{13} \\ a_{21} & a_{22} & a_{23} \\ a_{31} & a_{32} & a_{33} \end{bmatrix} = [A] = [L][L]^T \tag{3.3.7-2}$$

$$\begin{bmatrix} l_{11} & 0 & 0 \\ l_{21} & l_{22} & 0 \\ l_{31} & l_{32} & l_{33} \end{bmatrix} \begin{bmatrix} l_{11} & l_{12} & l_{13} \\ 0 & l_{22} & l_{23} \\ 0 & 0 & l_{33} \end{bmatrix}$$

$$= \begin{bmatrix} (l_{11})^2 & l_{11}l_{12} & l_{11}l_{13} \\ l_{21}l_{11} & (l_{21})^2 + (l_{22})^2 & l_{21}l_{13} + l_{22}l_{23} \\ l_{31}l_{11} & l_{31}l_{12} + l_{32}l_{22} & (l_{31})^2 + (l_{32})^2 + (l_{33})^2 \end{bmatrix} \tag{3.3.7-3}$$

④ Cholesky LU 분해법 알고리즘

㉠ Step 1: 초기화

㉡ A 행렬의 크기를 확인 $(n \times n)$

㉢ 아래 삼각 행렬 L을 0으로 초기화.

㉣ Step 2: 첫 번째 대각 원소 계산(l_{11})

$$l_{11} = \sqrt{(a_{11}} \tag{3.3.7-4}$$

㉤ Step 3: 첫 번째 열의 나머지 원소 계산

$$l_{i1} = \frac{a_{i1}}{l_{11}} \quad (i = 2, 3, ..., n) \tag{3.3.7-5}$$

첫 번째 열의 값들을 계산하여 L행렬을 업데이트.

㉥ Step 4: 두 번째 대각 원소 계산

$$l_{22} = \sqrt{(a_{22} - l_{21}^2)} \tag{3.3.7-6}$$

ⓢ Step 5: 두 번째 열의 나머지 원소 계산

$$l_{i2} = \frac{a_{i2} - l_{i1}l_{21}}{l_{22}} \quad (i = 3,4...,n) \tag{3.3.7-7}$$

ⓞ Step 6: 나머지 대각 원소 및 비대각 원소 계산

대각 원소:

$$l_{jj} = \sqrt{(a_{jj} - \sum_{k=1}^{j-1} l_{jk}^2)} \tag{3.3.7-8}$$

비대각 원소:

$$l_{ij} = \frac{1}{l_{jj}}\sqrt{(a_{ij} - \sum_{k=1}^{j-1} l_{ik}l_{jk})},\ i > j \tag{3.3.7-9}$$

⑤ Cholesky LU 분해법 예제

㉠ Cholesky LU 분해법을 이용해 대칭 행렬을 분해하고 연립방정식을 해결하는 과정을 보여준다. 이를 단계별로 자세히 설명한다.

$$[A] = \begin{bmatrix} 4 & 8 & 16 \\ 8 & 25 & 2 \\ 16 & 2 & 389 \end{bmatrix}$$

$$\begin{bmatrix} 4 & 8 & 16 \\ 8 & 25 & 2 \\ 16 & 2 & 389 \end{bmatrix} \begin{pmatrix} x_1 \\ x_2 \\ x_3 \end{pmatrix} = \begin{pmatrix} 2 \\ 1 \\ 3 \end{pmatrix} \tag{3.3.7-10}$$

㉡ Cholesky 분해에서는 $[A]$를 다음과 같이 분해한다:

$$[L][L]^T = \begin{bmatrix} l_{11} & 0 & 0 \\ l_{21} & l_{22} & 0 \\ l_{31} & l_{32} & l_{33} \end{bmatrix} \begin{bmatrix} l_{11} & l_{12} & l_{13} \\ 0 & l_{22} & l_{23} \\ 0 & 0 & l_{33} \end{bmatrix}$$

$$= \begin{bmatrix} (l_{11})^2 & l_{11}l_{12} & l_{11}l_{13} \\ l_{21}l_{11} & (l_{21})^2 + (l_{22})^2 & l_{21}l_{13} + l_{22}l_{23} \\ l_{31}l_{11} & l_{31}l_{12} + l_{32}l_{22} & (l_{31})^2 + (l_{32})^2 + (l_{33})^2 \end{bmatrix} \tag{3.3.7-11}$$

㉢ l_{11} 계산:

위의 행렬은 A의 전치행렬과 같으므로 다음과 같은 방법을 이용한다.

$$(l_{11})^2 = 4 \rightarrow l_{11} = 2 \tag{3.3.7-12}$$

ⓡ l_{12}와 l_{13}계산:

$$\begin{aligned} l_{11}l_{12} &= 8 \rightarrow l_{12} = \frac{8}{l_{11}} = \frac{8}{2} = 4 \\ l_{11}l_{13} &= 16 \rightarrow l_{13} = \frac{16}{l_{11}} = \frac{16}{2} = 8 \end{aligned} \tag{3.3.7-13}$$

ⓜ l_{22}계산:

$$\begin{aligned} &(l_{21})^2 + (l_{22})^2 = 25 \\ &\rightarrow l_{22} = \sqrt{25 - (l_{21})^2} = \sqrt{25 - 16} = 3 \end{aligned} \tag{3.3.7-14}$$

ⓑ l_{23}와 l_{33}계산:

$$\begin{aligned} &l_{21}l_{13} + l_{22}l_{23} = 2 \\ &\quad \rightarrow l_{23} = \frac{2 - l_{21}l_{13}}{l_{22}} = \frac{2 - 4 \times 8}{3} = -10 \\ &(l_{31})^2 + (l_{32})^2 + (l_{33})^2 = 389 \\ &\quad \rightarrow l_{33} = \sqrt{389 - (l_{31})^2 - (l_{32})^2} \\ &\qquad = \sqrt{389 - 64 - 100} = 15 \\ &(l_{21})^2 + (l_{22})^2 = 25 \\ &\rightarrow l_{22} = \sqrt{25 - (l_{21})^2} = \sqrt{25 - 16} = 3 \end{aligned} \tag{3.3.7-15}$$

ⓢ 따라서 Ly=b이므로 전진 대입법으로 벡터 y의 값을 구한다.

$$\begin{aligned} &\begin{bmatrix} 2 & 0 & 0 \\ 4 & 3 & 0 \\ 8 & -10 & 15 \end{bmatrix} \begin{pmatrix} y_1 \\ y_2 \\ y_3 \end{pmatrix} = \begin{pmatrix} 2 \\ 1 \\ 3 \end{pmatrix} \\ &2y_1 = 2 \rightarrow y_1 = 1 \\ &4y_1 + 3y_2 = 1 \rightarrow y_2 = -1 \\ &8y_1 - 10y_2 + 15y_3 = 3 \rightarrow y_3 = -1 \end{aligned} \tag{3.3.7-16}$$

ⓞ Ux=y이므로 후진 대입법으로 벡터 x의값을 구한다.

$$\begin{bmatrix} 2 & 4 & 8 \\ 0 & 3 & -10 \\ 0 & 0 & 15 \end{bmatrix}\begin{pmatrix} x_1 \\ x_2 \\ x_3 \end{pmatrix} = \begin{pmatrix} 1 \\ -1 \\ -1 \end{pmatrix}$$

$$\rightarrow x_3 = -\frac{1}{15}$$

$$3x_2 - 10x_3 = -1$$

$$\rightarrow 3x_2 + \frac{2}{3} = -1 \rightarrow x_2 = -\frac{5}{9} \tag{3.3.7-17}$$

$$2x_1 + 4x_2 + 8x_3 = 1$$

$$\rightarrow 2x_1 - \frac{20}{9} - \frac{8}{15} = 1 \rightarrow x_1 = \frac{169}{90}$$

$$\therefore x_1 = \frac{169}{90},\ x_2 = -\frac{5}{9},\ x_3 = -\frac{1}{15}$$

⑥ Cholesky LU 분해법 Python 코드 예제

㉠ 코드

```
def cholesky_decomposition(A):
    n = len(A)
    L = np.zeros_like(A, dtype=float)

    for i in range(n):
        for j in range(i+1):
            if i == j:  # 대각 원소 계산
                L[i][j] = np.sqrt(A[i][i] - sum(L[i][k] ** 2 for k in range(j)))
            else:
                L[i][j] = (A[i][j] - sum(L[i][k] * L[j][k] for k in range(j))) / L[j][j]
    return L

A = np.array([[4, 12, -16], [12, 37, -43], [-16, -43, 98]], dtype=float)
L = cholesky_decomposition(A)

print("L:")
print(L)
print("L^T:")
print(L.T)
```

㉡ 실행 결과

$$A = \begin{bmatrix} 4 & 12 & -16 \\ 12 & 37 & -43 \\ -16 & -43 & 98 \end{bmatrix}$$

```
L:
[[ 2.  0.  0.]
 [ 6.  1.  0.]
 [-8.  5.  3.]]
L^T:
[[ 2.  6. -8.]
 [ 0.  1.  5.]
 [ 0.  0.  3.]]
```

(3.3.8) SciPy에서의 LU 분해

SciPy는 scipy.linalg.lu 함수를 사용하여 LU 분해를 직접 수행할 수 있다. 이 함수는 행 교환 행렬 (피봇팅을 위한 행렬) P, 하삼각 행렬 (대각선 값은 1) L, 상삼각 행렬, U를 반환한다.

SciPy는 scipy.linalg.lu 함수를 사용하여 LU 분해를 직접 수행할 수 있다. 이 함수는 행 교환 행렬 (피봇팅을 위한 행렬) P, 하삼각 행렬 (대각선 값은 1) L, 상삼각 행렬, U를 반환한다.

<table>
<tr><th>주석으로 설명한 소스 코드</th><th>출력 결과</th></tr>
<tr><td>from scipy.linalg import lu

# 계수 행렬 정의
A = np.array([[2, 1, -1],
              [-3, -1, 2],
              [-2, 1, 2]], dtype=float)

LU 분해 수행
P, L, U = lu(A)

# 결과 출력
print("행 교환 행렬 P:\n", P)
print("하삼각 행렬 L:\n", L)
print("상삼각 행렬 U:\n", U)</td><td>행 교환 행렬 P:
[[0. 1. 0.]
 [1. 0. 0.]
 [0. 0. 1.]]
하삼각 행렬 L:
[[1. 0. 0.]
[-0.66666667 1. 0.]
[-0.66666667 0.5 1.]]
상삼각 행렬 U:
[[-3. -1. 2.]
[0. 0.33333333 0.66666667]
[0. 0. 3.]]</td></tr>
</table>

(3.3.9) SciPy에서 LU 분해를 활용한 선형 방정식 풀이

SciPy의 lu_solve와 lu_factor 함수를 사용하면 LU 분해를 활용하여 선형 방정식을 효율적으로 해결할 수 있다.

주석으로 설명한 소스 코드	출력 결과

from scipy.linalg import lu_factor, lu_solve
 	
# 계수 행렬과 상수 벡터 정의 	
A = np.array([[2, 1, -1],
              [-3, -1, 2],
              [-2, 1, 2]], dtype=float)
b = np.array([8, -11, -3], dtype=float)
 	
# LU 분해 수행 	
lu_piv = lu_factor(A)
 	
# LU 분해를 이용한 선형 방정식 풀이 	
x = lu_solve(lu_piv, b)
 	
# 결과 출력 	
print("해 x:\n", x)
	해 x:
	 [2. 3. -1.]

(3.3.10) LU 분해법과 NumPy의 numpy.linalg.solve 비교

numpy.linalg.solve는 내부적으로 LU 분해를 사용하여 선형 방정식을 풀이한다. 별도의 L과 U 행렬을 반환하지 않고, 해 x를 바로 계산하는 데 중점을 둔다.

주석으로 설명한 소스 코드	출력 결과

# 계수 행렬과 상수 벡터 정의 	
A = np.array([[2, 1, -1],
              [-3, -1, 2],
              [-2, 1, 2]], dtype=float)
b = np.array([8, -11, -3], dtype=float)
 	
# 선형 방정식 풀이 	
x = np.linalg.solve(A, b)
 	
print("해 x:\n", x)
	해 x:
	 [2. 3. -1.]

(3.4) Jacobi, Gauss-Seidal, SOR 반복법

이 절에서는 선형 연립방정식을 해결하기 위한 반복적 접근법인 Jacobi 방법, Gauss-Seidel 방법, 그리고 SOR(Successive Over-Relaxation) 방법에 대해 설명한다. 이러한 반복법은 대규모 연립방정식이나 희소 행렬을 효율적으로 해결하는 데 적합하다. Jacobi 방법은 각 방정식을 독립적으로 계산하며, Gauss-Seidel 방법은 이전에 계산된 값을 즉시 활용하여 수렴 속도를 높인다. SOR 방법은 Gauss-Seidel 방법에 가중치를 추가하여 더욱 빠르게 수렴하도록 개선된 기법이다. 이 절에서는 각 방법의 기본 알고리즘, 수렴 조건, 그리고 수렴 속도 비교를 다루며, Python을 사용하여 반복법을 구현하고 다양한 예제를 실습할 수 있는 기회를 제공한다. 반복법은 계산 효율성과 메모리 사용량을 최적화하는 데 유용하며, 대규모 시스템의 수치 해석에서 필수적인 기법으로 활용된다.

(3.4.1) Jacobi, Gauss-Seidal, SOR 반복법 개요

연립방정식의 해를 구하는 방법은 직접법과 반복법으로 나뉜다. Jacobi 반복법은 선형연립방정식 $Ax = b$ 를 풀기 위해 사용하는 고전적인 반복적 방법이다. 직접법은 가우스 소거법, LU 분해법 등으로 정확한 해를 계산한다. 반복법은 초기값에서 시작하여 반복 계산을 통해 근사 해를 구하는 방법이다.

선형연립 $A\vec{x} = \vec{b}$에 대해, 식은 $Ax = b$ 또는 $\sum_{j=1}^{n} a_{ij}x_j = b_i$과 같이 쓸 수 있다. n개의 변수와 n개의 식을 포함한 행렬방정식에서 $n = \infty$인 경우 매우 큰 크기의 시스템을 다룬다. 특히 Large Sparse(희소) 행렬에서 많은 요소가 0으로 채워지며, 계산 효율성이 중요하다. 반복법은 이런 시스템에서 초기값을 기반으로 해를 점진적으로 개선하는 방법으로, 가우스 소거법과 비교하여 계산량이 훨씬 적고 효율적이다. 반복법의 수렴 조건은 대각우세나 행렬의 스펙트럴 반경 등에 의존하며, 조건이 적절히 만족되면 빠르게 수렴할 수 있다. 따라서 반복법은 대규모 희소 행렬 문제에서 적합한 방법으로 평가된다. 초기 조건에 따라 계산 시간의 성능 차이가 클 수 있으므로 적절한 초기값 설정이 중요하다.

자코비(Jacobi) 방법은 다음과 같이 연립방정식을 분해하여 해를 계산한다. 각 반복 단계에서 이전 반복에서 계산된 값을 활용, 병렬 처리에 적합하나 수렴 조건을 만족하지 못하면 발산 가능한 특징이 있다.

$$x_i^{(k+1)} = 1/a_{ii}[b_i - \sum_{j=1, j \neq i}^{j=n} a_{ij}x_j^{(k)}] \quad (3.4\text{-}1)$$

가우스-자이델 방법은 자코비 방법을 개선한 방식으로, 이미 계산된 x_i 값을 다음 계산에 즉시 사용한다.

$$x_i^{(k+1)} = 1/a_{ii}[b_i - \Sigma_{(j=1)}^{(i-1)} a_{ij}x_j^{(k)} - \Sigma_{(j=i+1)}^{n} a_{ij}x_j^{(k)}] \quad (3.4\text{-}2)$$

Gauss-Seidal 반복법은 Jacobi Method의 확장형으로, 반복 계산 과정에서 이미 계산된 최신 값을 바로 반영하여 수렴 속도를 높인다. Sparse Matrix와 같이 많은 원소가 0인 대규모 행렬 계산에 적합하며, 계산 효율성이 높으나 병렬 처리가 어려울 수 있다.

Jacobi Method는 병렬 계산이 쉬우나 수렴 속도가 느릴 수 있고, Gauss-Seidal Method는 최신 값을 사용하여 더 빠르게 수렴하나, 병렬화가 어려움이 있다.

SOR(Successive Over-Relaxation) 방법은 가우스-자이델 방법에 가중치 ω를 추가한 방식이다:

$$x_i^{(k+1)} = (1-\omega)x_i^{(k)} + \frac{\omega}{a_{ii}}[b_i - \Sigma_{(j=1)}^{(i-1)} a_{ij}x_j^{(k)} - \Sigma_{(j=i+1)}^{n} a_{ij}x_j^{(k)}] \quad (3.4\text{-}3)$$

$\omega > 1$이면 가속, $\omega > 1$이면 감속 효과, 최적의 ω값을 선택하면 수렴 속도를 크게 향상시킬 수 있다.

반복법의 수렴 여부는 다음 조건에 따라 결정된다. 행렬 $[A]$가 내삭우세(diagonally dominant)라면, 즉 $|a_{ii}| > \sum_{j \neq i} |a_{ij}|$을 만족하면 가우스-자이델 방법은 항상 수렴한다.

반복법의 응용으로 대형 선형 시스템에서 희소 행렬의 특성을 활용해 메모리 사용량을 줄이고 계산 효율성을 높이고, 경사하강법과 같은 알고리즘에 영감을 주어 최적화 문제에서 활용되고, 유한요소법, 전산유체역학(CFD) 등에서 자주 사용된다.

반복법은 대형 선형 시스템에서 효율적으로 근사 해를 구할 수 있는 강력한 도구다. 자코비, 가우스-자이델, SOR 방법은 다양한 응용 문제에서 선택적으로 사용되며, 수렴 조건과 계산 효율성을 고려해 적합한 방법을 선택해야 한다.

(3.4.2) Jacobi 반복법

선형연립 $\vec{A}\vec{x} = \vec{b}$에 대해, 식은 $Ax = b$ 또는 $\sum_{j=1}^{n} a_{ij}x_j - b_i$과 같이 쓸 수 있는데 모든 식에서 구하고자 하는 변수만 남겨놓고 모두 오른쪽으로 넘긴다. 즉, 변수별로 독립적으로 반복 계산을 수행하는 방법이다. 예로 다음과 같은 연립 방정식이 있다고 하자.

$$\begin{aligned} 4x_1 + 8x_2 - 4x_3 &= 48 \\ x_1 + 18x_2 - 6x_3 &= 16 \\ -2x_1 - 3x_2 + 7x_3 &= 10 \end{aligned} \quad (3.4.1\text{-}1)$$

$$A=\begin{bmatrix} 4 & 8 & -4 \\ 1 & 18 & -6 \\ -2 & -3 & 7 \end{bmatrix},\ b=\begin{pmatrix} 48 \\ 16 \\ 10 \end{pmatrix} \quad (3.4.1\text{-}2)$$

모든 식에서 구하고자 하는 변수 항만 남겨놓고 모두 오른쪽으로 넘긴다. 여기서 $\overrightarrow{x^{(k+1)}}$는 k+1 번째 반복에서의 해이고, $\overrightarrow{x^{(k)}}$는 k번째 해이다.

$$\begin{aligned} 4x_1 &= 48-(+8x_2-4x_3) \\ 18x_2 &= 16-(x_1-6x_3) \\ 7x_3 &= 10-(-2x_1-3x_2) \end{aligned} \quad (3.4.1\text{-}3)$$

모든 식에서 구하고자 하는 변수만 남겨놓고 모두 오른쪽으로 넘긴다.

$$x_i^{(k+1)} = 1/a_{ii}[b_i - \sum_{j=1, j\neq i}^{j=n} a_{ij}x_j^{(k)}] \quad (3.4.1\text{-}4)$$

$$\begin{aligned} x_1^{(k+1)} &= \frac{-8x_2^{(k)}+4x_3^{(k)}+4}{4} \\ x_2^{(k+1)} &= \frac{-8x_1^{(k)}+6x_3^{(k)}+16}{18} \\ x_3^{(k+1)} &= \frac{2x_1^{(k)}+3x_2^{(k)}+10}{7} \end{aligned} \quad (3.4.1\text{-}5)$$

그러면 Jacobi 방법에서 유도된 식은 $[D]x^{(k+1)} = b+[M]x^{(k)}$에서 $x^{(k+1)} = D^{-1}(b-Mx^{(k)})$ 이 된다. 즉, $M=A-D$ 는 비대각 성분으로 구성된 행렬이다. D는 A의 대각 행렬이다.

$$D=\begin{bmatrix} 4 & 0 & 0 \\ 0 & 18 & 0 \\ 0 & 0 & 7 \end{bmatrix},\quad M=\begin{bmatrix} 0 & -8 & 4 \\ 1 & 0 & 6 \\ 2 & 3 & 0 \end{bmatrix} \quad (3.4.1\text{-}6)$$

윗식을 초기치 x를 임의로 가정하여 새로운 x를 구할 수 있는데 이를 반복법이라 한다. 윗식의 일반항을 다음과 같이 쓸수 있다.

$$x_i^{(k+1)} = 1/a_{ii}[b_i - \sum_{j=1, j\neq i}^{j=n} a_{ij}x_j^{(k)}] \quad (3.4.1\text{-}7)$$

매 반복에서 k번째 해 $\overrightarrow{x^{(k)}}$를 알고 있고 (k+1)번재 해$\overrightarrow{x^{(k+1)}}$를 구하고자 할 때, $\overrightarrow{x^{(k+1)}}$를 구하기 위해서는 $\overrightarrow{x^{(k)}}$로부터 구할 수 있다. 따라서 식에 의해 반복 계산이 가능해 진다. 수렴 조건: 행렬 A가 대각우세(diagonally dominant)하거나 대칭 양의 정부호일 경우 Jacobi 반복법은 수렴한다.

① 최종식:

이 식을 통해 다음과 i번째 식을 x_i에 대해 풀어보면, 다음과 같은 첫번째 식으로 표현할 수 있고 이를 더 간소화 하면 두 번째 식으로 표현되며, 이를 Jacobi method라고 부른다.

$$x_i^{(k+1)} = 1/a_{ii}[b_i - \sum_{j=1, j \neq i}^{j=n} a_{ij}x_j^{(k)}] \tag{3.4.1-8}$$

② 수렴 조건은 무엇인가?

반복법의 수렴 여부는 다음 조건에 따라 결정된다. 행렬 $[A]$가 대각우세(diagonally dominant)라면, 즉 $|a_{ii}| > \sum_{j \neq i} |a_{ij}|$을 만족하면 수렴한다. 즉, 각 행의 대각 원소의 절댓값이 그 행의 다른 모든 원소 절댓값의 합보다 커야 한다. 이 조건은 행렬 A가 희소한 구조를 가지거나, 대각 원소의 크기가 커서 다른 요소의 영향을 충분히 상쇄할 수 있는 경우에 자연스럽게 만족된다. 이는 수렴 과정에서 이전 단계의 결과가 새로운 단계의 계산에 미치는 영향을 점차 줄여주기 때문에 Jacobi 방법이 수렴할 수 있게 만든다.

③ Condition Number $K(A)$

Condition Number (조건수)는 선형 시스템의 민감도를 나타내는 척도로, 주로 선형 방정식 Ax=b의 해가 입력값이나 행렬 *A*의 작은 변화에 얼마나 민감한지를 나타낸다. Condition Number는 행렬 *A*의 잘못된 조건성(ill-conditioning)을 평가하는 데 사용된다. Condition Number $K(A)$는 나음과 같이 정의된나. 여기서 $\|A\|$는 행렬 A의 특정 노름(norm) (보통 2-노름을 사용)이다.

$$K = cond(A) = \|A\|\|A^{-1}\| \tag{3.4.1-9}$$

2-노름(유클리드 노름)은 다음과 같이 계산한다. 여기서 σ는 행렬 A의 특이값(Singular Values)이다.

$$K = cond(A) = \|A\|\|A^{-1}\| = \frac{\sigma_{\max}}{\sigma_{\min}} \tag{3.4.1-10}$$

④ 코드

$$4x_1 + x_2 - x_3 = 3$$
$$2x_1 + 7x_2 + x_3 = 19$$
$$x_1 - 3x_2 + 12x_3 = 31$$

초기값 $x_0 = [0,0,0]$로 시작하여 Jacobi 반복법을 적용한다.

```
import numpy as np

def jacobi(A, b, x0, tol=1e-10, max_iterations=100):
    """
    Jacobi 반복법으로 Ax = b를 풀이
    Args:
        A: 계수 행렬
        b: 상수 벡터
        x0: 초기 추정 값
        tol: 수렴 허용 오차
        max_iterations: 최대 반복 횟수
    Returns:
        x: 해 벡터
        iterations: 반복 횟수
    """
    n = len(A)
    x = x0.copy()
    x_new = np.zeros_like(x)

    for iteration in range(max_iterations):
        for i in range(n):
            sigma = sum(A[i][j] * x[j] for j in range(n) if j != i)
            x_new[i] = (b[i] - sigma) / A[i][i]

        # 수렴 확인
        if np.linalg.norm(x_new - x, ord=np.inf) < tol:
            return x_new, iteration + 1

        x = x_new.copy()

    raise ValueError("Jacobi method did not converge")

# 예제 문제
```

```
A = np.array([[4, 1, -1],
              [2, 7, 1],
              [1, -3, 12]], dtype=float)

b = np.array([3, 19, 31], dtype=float)
x0 = np.zeros_like(b)

# Jacobi method 실행
solution, iterations = jacobi(A, b, x0)

# 결과 출력
print(f"해: {solution}")
print(f"반복 횟수: {iterations}")
```

⑤ **코드 실행 결과:**

```
해: [1. 2. 3.]
반복 횟수: 9
```

(3.4.3) Gauss-Seidal 반복법

앞서 Jacobi 법에서는 $\overrightarrow{x^{(k)}}$를 계산하는데, 이전 값 $\overrightarrow{x^{(k-1)}}$ 만을 사용하였다. 그러나 좀 더 효율적인 방법은 $\overrightarrow{x^{(k)}}$를 계산하는데 있어, 이미 계산된 $\overrightarrow{x^{(k)}}$의 요소(entry)를 사용하는 것이다. 가장 최근의 값들만을 가지고 $\overrightarrow{x^{(k)}}$를 계산하는 방법을 Gauss-Seidal 법이라고 한다. 이 방법은 가장 최근의 해만을 사용하기 때문에 임시벡터(temporary vector)가 필요 없다. 해는 식의 순서에 영향을 많이 받는다. 수서가 좋지 못하면, 수렴성이 떨어지고, 순서가 좋으면 수렴성이 좋아진다. 방정식의 순서가 계산 결과에 영향을 미칠 수 있으므로 적절한 행렬 전처리(피벗팅)가 필요하다.

$$x_i = b_i - (a_{i1}x_1 + \cdots + a_{i(i-1)}x_{i-1} + a_{i(i+1)}x_{i+1} + \cdots + a_{in}x_n)/a_{ii} \tag{3.4.2-1}$$

$$x_i^{(k+1)} = 1/a_{ii}[b_i - \Sigma_{(j=1)}^{(i-1)} a_{ij}x_j^{(k)} - \Sigma_{(j=i+1)}^{n} a_{ij}x_j^{(k)}]$$

① **Python 코드**

$$4x_1 + x_2 - x_3 = 3$$
$$2x_1 + 7x_2 + x_3 = 19$$
$$x_1 - 3x_2 + 12x_3 = 31$$

초기값 $x_0 = [0,0,0]$로 시작하여 Jacobi 반복법을 적용한다. 두 연속 반복의 값이 무한 노름 기준 10^{-6}이하의 차이를 보이면 수렴한 것으로 간주.

```
import numpy as np

# 계수 행렬 A와 상수 벡터 b
A = np.array([[4, 1, -1],
              [2, 7, 1],
              [1, -3, 12]], dtype=float)
b = np.array([3, 19, 31], dtype=float)

# 초기값 설정
x = np.zeros_like(b)
tolerance = 1e-6  # 수렴 기준
max_iterations = 100

# Gauss-Seidel 반복법
def gauss_seidel(A, b, x, max_iterations, tolerance):
    n = len(b)
    for iteration in range(max_iterations):
        x_old = x.copy()

        for i in range(n):
            sum1 = sum(A[i, j] * x[j] for j in range(i))          # j < i의 항 계산
            sum2 = sum(A[i, j] * x_old[j] for j in range(i + 1, n))  # j > i의 항 
계산
            x[i] = (b[i] - sum1 - sum2) / A[i, i]

        # 수렴 조건 확인
        if np.linalg.norm(x - x_old, ord=np.inf) < tolerance:
            print(f"Converged after {iteration + 1} iterations")
            return x
    print("Did not converge")
    return x
```

```
# 실행
solution = gauss_seidel(A, b, x, max_iterations, tolerance)
print("Solution:", solution)
```

② 코드 실행 결과:

```
Converged after 12 iterations
Solution: [ 1.  2.  3.]
```

(3.4.4) SOR(Successive Over-Relaxation) 반복법

SOR(Successive Over-Relaxation) 방법은 가우스-자이델 방법에 가중치 ω를 추가한 방식이다. 여기서 ω=1 이면 Gauss-Seidel 방법과 동일하다.

$$x_i^{(k+1)} = (1-\omega)x_i^{(k)} + \frac{\omega}{a_{ii}}[b_i - \Sigma_{(j=1)}^{(i-1)} a_{ij}x_j^{(k)} - \Sigma_{(j=i+1)}^{n} a_{ij}x_j^{(k)}] \qquad (3.4.3\text{-}1)$$

$\omega > 1$이면 가속, $\omega > 1$이면 감속 효과, 최적의 ω값을 선택하면 수렴 속도를 크게 향상시킬 수 있다.

반복법의 수렴 여부는 다음 조건에 따라 결정된다. 행렬 $[A]$가 대각우세(diagonally dominant)라면, 즉 $|a_{ii}| > \sum_{j \neq i} |a_{ij}|$을 만족하면 가우스-자이델 방법은 항상 수렴한다. 또는 행렬 $[A]$가 대칭 양의 정부호(Symmetric Positive-Definite) 행렬이어야 한다.

① Python 코드

다음은 SOR 방법을 Python으로 구현한 코드이다:

```
import numpy as np

def sor_method(A, b, omega, tol=1e-10, max_iter=1000):
    """
    SOR(Successive Over-Relaxation) Method to solve Ax = b.
```

```
    Parameters:
    - A: Coefficient matrix
    - b: Constant vector
    - omega: Relaxation factor (ω)
    - tol: Tolerance for convergence
    - max_iter: Maximum number of iterations

    Returns:
    - x: Solution vector
    - iter_count: Number of iterations
    """
    n = len(b)
    x = np.zeros(n)  # Initial guess
    for iter_count in range(max_iter):
        x_old = x.copy()
        for i in range(n):
            sigma = sum(A[i][j] * x[j] for j in range(n) if j != i)
            x[i] = (1 - omega) * x_old[i] + omega * (b[i] - sigma) / A[i][i]

        # Convergence check
        if np.linalg.norm(x - x_old, ord=np.inf) < tol:
            return x, iter_count + 1
    raise ValueError("SOR method did not converge")

# Example comparison
A = np.array([[4, 1, 2], [1, 3, -1], [2, -1, 3]])
b = np.array([7, 4, 5])

# Parameters for comparison
omega_gs = 1.0  # Gauss-Seidel (ω = 1)
omega_sor = 1.25  # SOR (ω = 1.25)

# Gauss-Seidel
solution_gs, iterations_gs = sor_method(A, b, omega_gs)
# SOR
solution_sor, iterations_sor = sor_method(A, b, omega_sor)

# Result comparison
{
    "Gauss-Seidel": {"Solution": solution_gs, "Iterations": iterations_gs},
```

```
    "SOR (ω=1.25)": {"Solution": solution_sor, "Iterations": iterations_sor}
}
```

② 코드 실행 및 결과 분석

위 코드를 사용해 Gauss-Seidel(ω=1)과 SOR(ω=1.25)을 비교하면, ω=1.25일 때 더 적은 반복 횟수로 수렴함을 확인할 수 있다. 이는 SOR 방법이 수렴 속도를 효과적으로 향상시킨다는 것을 보여준다.

```
{'Gauss-Seidel': {'Solution': array([0.07692308, 2.07692308, 2.30769231]),
  'Iterations': 58},
 'SOR (ω=1.25)': {'Solution': array([0.07692308, 2.07692308, 2.30769231]),
  'Iterations': 28}}
```

(3.5) 연습문제

① 문제 1:

다음 선형 연립방정식을 NumPy를 이용하여 풀어라.

$$
\begin{aligned}
2x + y - z &= 8 \\
-3x - y + 2z &= -11 \\
-2x + y + 2z &= -3
\end{aligned}
$$

풀이:

② 문제 2:

가우스 소거법을 구현하여 다음 선형 연립방정식을 풀어라.

$$
\begin{aligned}
x + y + z &= 6 \\
2x + 3y + z &= 14 \\
y + 2z &= 8
\end{aligned}
$$

풀이:

③ 문제 3:

LU 분해를 사용하여 다음 선형 연립방정식을 풀어라.

$$
\begin{aligned}
2x + 3y + z &= 8 \\
5x + 4y + 2z &= 13 \\
2x + 3y + 3z &= 8
\end{aligned}
$$

풀이:

④ 문제 4:

Jacobi, Gauss-Seidel, SOR 반복법을 사용하여 다음 연립방정식의 해를 구하rh 서로 비교 분석하시오.

$$\begin{aligned} 4x + y - z &= 7 \\ x + 3y + z &= 4 \\ -2x + y + 5z &= 1 \end{aligned}$$

풀이:

⑤ 문제 5:

아래 선형 연립 방정식을 교재에 있는 다양한 방법으로 풀고 계수를 파일로 입력 받고(A.txt, b.txt) 해를 출력 파일(Solution.txt)로 출력이 되도록 프로그램하시오.

$$\begin{aligned}
x_{10}+x_9+x_8+x_7+x_6+x_5+x_4+x_3+x_2+x_1 &= 1 \\
x_{10}+x_9+x_8+x_7+x_6+x_5+x_4+x_3+2x_2+x_1 &= 2 \\
x_{10}+x_9+x_8+x_7+x_6+x_5+x_4+3x_3+x_2+x_1 &= 3 \\
x_{10}+x_9+x_8+x_7+x_6+x_5+4x_4+x_3+x_2+x_1 &= 4 \\
x_{10}+x_9+x_8+x_7+x_6+5x_5+x_4+x_3+x_2+x_1 &= 5 \\
x_{10}+x_9+x_8+x_7+6x_6+x_5+x_4+x_3+x_2+x_1 &= 6 \\
x_{10}+x_9+x_8+7x_7+x_6+x_5+x_4+x_3+x_2+x_1 &= 7 \\
x_{10}+x_9+8x_8+x_7+x_6+x_5+x_4+x_3+x_2+x_1 &= 8 \\
x_{10}+9x_9+x_8+x_7+x_6+x_5+x_4+x_3+x_2+x_1 &= 9 \\
10x_{10}+x_9+x_8+x_7+x_6+x_5+x_4+x_3+x_2+x_1 &= 10
\end{aligned}$$

풀이:

4 장 수치미분(Numerical Differentiation)

수치미분은 함수의 해석적 미분이 어려운 상황에서 함수 값을 사용하여 도함수를 근사적으로 계산하는 기법이다. 이 기법은 공학, 물리학, 데이터 과학, 머신러닝 등 다양한 분야에서 널리 사용되며, 특히 고차원 데이터에서의 편미분 계산이나 머신러닝 모델 학습 시 손실 함수의 그레디언트 계산에 필수적이다. 전진 차분, 후진 차분, 중심 차분이 있다. 전진 차분은 특정 점에서 다음 점으로의 기울기를 계산하며, 후진 차분은 특정 점에서 이전 점으로의 기울기를 계산한다. 반면, 중심 차분은 전진 차분과 후진 차분의 평균을 이용해 계산되며, 정확도가 상대적으로 높아 일반적으로 선호된다. 중심 차분은 $O(h^2)$의 정확도를 가지며, 이는 전진 및 후진 차분의 $O(h)$정확도보다 우수하다. 이러한 방법들은 모두 테일러 급수를 기반으로 하며, 수치미분 계산의 이론적 기반을 제공한다 .

파이썬을 활용한 수치미분은 처리할 수 있어 특히 유용하다. NumPy와 같은 라이브러리를 통해 전진, 후진, 중심 차분을 손쉽게 구현할 수 있다. 이러한 코드 구현을 통해 수치미분 결과를 해석적 미분 결과와 비교할 수 있다. 또한, 그래프를 통해 각 방법의 정확도를 시각적으로 분석함으로써 결과 해석이 용이해 진다. 결론적으로, 수치미분은 다양한 학문적 및 실용적 문제에서 중요한 주제이다.

(4.1) 수치미분 개요

이 절에는 테일러 급수는 수치미분의 이론적 기초를 제공한다. 수치미분의 다양한 기법(전진, 후진, 중심 차분법)은 테일러 급수의 고차항을 무시하거나 근사하여 도출된다. 테일러 급수를 통해 계산된 미분값은 고차항의 영향을 받으며, 간격 h를 줄이면 정확도가 향상된다. 테일러 급수와 수치미분의 관계를 이해함으로써, 수치미분의 정확도를 높이는 방법과 오차를 줄이는 기법을 효과적으로 적용할 수 있다. 이 절에서는 이러한 이론적 관계와 실질적인 활용을 연결하여 설명한다.

(4.2) 전진, 후진, 중심차분, Richardson 외삽법

이 절에서는 수치미분의 기본 원리를 다루며, 수치미분 계산 과정에서 발생할 수 있는 오차와 이를 줄이는 방법에 대해 설명한다. 수치미분은 함수 $f(x)$의 도함수를 다음과 같은 근사식을 통해 계산한다. 이는 $f'(x)$를 특정 구간에서 함수 값의 차이를 테일러 급수로부터 직접적으로 유도되고 전개하여 근삿값을 구하는 방법으로, 전진 차분법, 후진 차분법, 중심 차분법, Richardson 외삽법 등 다양한 접근 방식을 통해 미분값을 계산한다. 이 절에서는 수치미분 계산 과정에서 발생할 수 있는 오차와 이를 줄이는 방법에 대해 설명한다. Python을 사용하여 수치미분을 구현하고, 다양한 함수에 적용하여 미분값을 계산하는 실습 예제를 제공한다.

(4.3) 연습문제

전진차분(forward difference), 후진차분(backward difference), 중심차분(central difference) 방법, Richardson 외삽법(Richardson extrapolation)의 수치계산, 오차분석 등의 가시화를 이해한다.

(4.1) 수치미분의 개요

이 절에는 테일러 급수는 수치미분의 이론적 기초를 제공한다. 수치미분의 다양한 기법(전진, 후진, 중심 차분법)은 테일러 급수의 고차항을 무시하거나 근사하여 도출된다. 테일러 급수를 통해 계산된 미분값은 고차항의 영향을 받으며, 간격 h를 줄이면 정확도가 향상된다. 테일러 급수와 수치미분의 관계를 이해함으로써, 수치미분의 정확도를 높이는 방법과 오차를 줄이는 기법을 효과적으로 적용할 수 있다. 이 절에서는 이러한 이론적 관계와 실질적인 활용을 연결하여 설명한다.

(4.1.1) 테일러 급수(Taylor Series)

테일러 급수는 미분 가능한 함수 $f(t)$를 다항식 형태로 근사하여 복잡한 함수를 단순화하거나, 특정 점 근처에서의 함수 값을 계산하는 데 사용된다.

① 중심점 a에서의 테일러 급수:

$$\begin{aligned} f(t) &= f(a) + f'(a)(t-a) + f''(a)(t-a)^2/2! \\ &\quad + f'''(a)(t-a)^3/3! + \cdots + h.o.t \end{aligned} \tag{4.1.2-2}$$

② 중심점 0에서의 테일러 급수(Maclaurin Series)

$$\begin{aligned} f(t) &= f(0) + f'(0)t + f''(0)t^2/2! \\ &\quad + f'''(0)t^3/3! + h.o.t \end{aligned} \tag{4.1.2-3}$$

㉠ 함수 $f(t) = e^t$를 중심점 0에서 확장한 결과를 보여준다:

$$f(t) = e^t = 1 + t + t^2/2! + t^3/3! + h.o. \tag{4.1.2-4}$$

③ 소스 코드

```
import numpy as np
import matplotlib.pyplot as plt

# x 값 정의 및 원래 함수 y = exp(x) 계산
x = np.arange(0, 3.01, 0.01)  # MATLAB의 -0:0.01:3과 동일
y = np.exp(x)

# 원래 함수 플롯
plt.plot(x, y, 'k', linewidth=3, label='y = exp(x)')

# 축 설정
plt.axis([0, 3, 0, 10])
plt.grid(True)
```

```
plt.title("Taylor Series Approximation of exp(x)")
plt.xlabel("x")
plt.ylabel("y")

# 첫 번째 다항식 (0차항)
Pol = [1]
y1 = np.polyval(Pol, x)
plt.plot(x, y1, 'b--', linewidth=2.2, label='y1 (0th order)')

# 두 번째 다항식 (1차항 추가)
Pol = [1, 0]
y2 = np.polyval(Pol, x)
plt.plot(x, y1 + y2, 'r--', linewidth=2.2, label='y1 + y2 (1st
order)')

# 세 번째 다항식 (2차, 3차항 추가)
Pol = [1/6, 1/2, 0, 0]
y3 = np.polyval(Pol, x)
plt.plot(x, y1 + y2 + y3, 'g--', linewidth=2.2, label='y1 + y2 +
y3 (3rd order)')

# 범례 추가
plt.legend()
plt.show()
```

④ 실행 결과

주어진 파이썬 코드는 테일러 급수를 이용하여 함수 $y=e^x$를 다항식으로 근사한 후, 근사 결과를 그래프로 비교하는 프로그램이다. MATLAB의 polyval() 함수는 NumPy의 numpy.polyval() 함수로 대체 가능하다. 이를 사용하여 다항식 계수를 기반으로 y값을 계산하고, 이를 원래 함수 $y=e^x$ 와 비교하며 플롯을 생성한다. 파이썬 실행하여 그림으로 확인해 보면 항의 수가 많아지면 원식에 가까워 지는 것을 알수 있다.

아래 그림은 테일러 급수의 이론적 정의와 실제 전개 과정, 그리고 특정 함수에 적용한 예제를 통해 수학적 원리를 명확히 보여준다. 이를 통해 수치 계산 및 함수 근사에서 테일러 급수가 얼마나 중요한 도구인지 확인할 수 있다.

함수 $f(t)=e^t$ 1번째 항까지, 2번째 항까지, 3번쨰 항까지 근사화시킨 그림을 나타낸다.

$$f(t)=e^t=1+t+t^2/2!+t^3/3!+h.o. \tag{4.1.2-5}$$

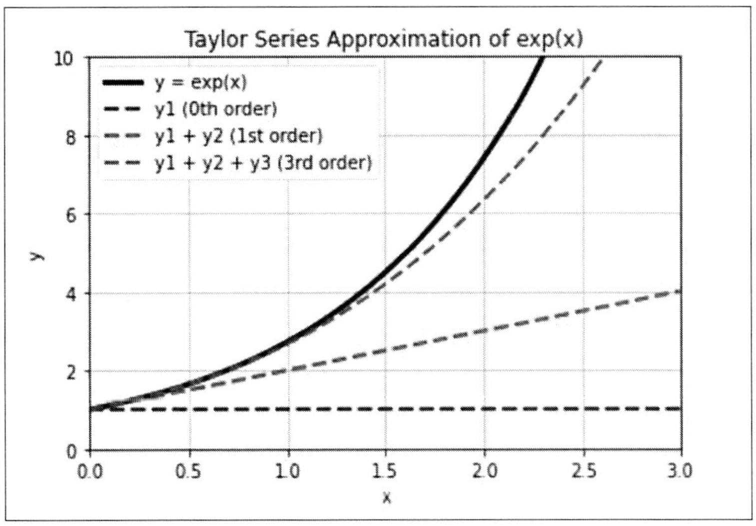

(4.1.2) 수치미분의 개요

수치미분(Numerical Differentiation)이란 함수를 수학적으로 미분하는 대신, 함숫값을 이용해 미분의 근사값을 계산하는 방법이다. 이는 함수의 미분값을 구하기 어려운 경우, 함수의 분석적 표현식이 주어지지 않은 경우, 또는 실제 데이터로부터 미분값을 추정할 때 사용된다.
수치미분의 기본 개념은 함수의 변화율을 근사적으로 계산하는 것이다. 수학적으로, 미분의 정의는 다음과 같다:

$$f'(x)=\lim_{h\to 0}\frac{f(x+h)-f(h)}{h} \tag{4.1.1-1}$$

하지만 수치미분에서는 h를 매우 작은 값으로 설정해 이 식을 근사적으로 계산한다. $f'(t)$의 정의는 테일러 급수에 기초하여 도출되며, $\Delta t\to 0$일 때 $f'(t)$의 실제 값에 수렴한다. 고차항이 포함될수록 오차가 감소하며, 중심 차분 방식은 테일러 급수에서 고차항 오차를 최소화해 정확도를 높인다. 이는 수치미분이 테일러 급수로부터 직접적으로 유도되고, 고차항을 분석하여 수치 방법의 정확성과 효율성을 평가한다는 점에서 중요하다. 수치미분은 현재 전 근처에서 공간이나 시간에 대한 기울기를 나타낸다. 시간이나 공간에 대한 1차 미분에 대한 차분은 크게 다음과 같이 3가지, 전진차분(forward difference), 후진차분(forward difference), 중심차분(forward difference)으로 계산된다. 공간에 대한 1차 미분은 '특별한 경우가 아닌 한' 중심차분을 쓰는 것이 일반적이다. 왜냐하면, 전진차분과 후진차분의 정확도는 $O(h)$이지만, 중심차분은 정확도가 $O(h^2)$이기 때문이다.

테일러 급수(Taylor Series)와의 관계는 다음과 같다. "테일러 급수(Taylor Series)"는 함수 값을 근사하는 데 사용되며, 차분 방법(전진, 후진, 중심 차분)의 이론적 기초를 제공한다. 테일러 급수를 통해 차분 공식이 미분의 근사치임을 알 수 있으며, 차분 방법의 정확도는 테일러 급수에서 고차항을 포함하느냐에 따라 달라진다. 중심 차분은 고차항(오차 항)이 더 작아 대칭적이고 높은 정확도를 제공한다. 따라서, 테일러 급수는 차분 방법의 정확성과 오차를 분석하는 데 필수적이다.

(4.2) 전진, 후진, 중심차분, Richardson 외삽법

이 절에서는 수치미분의 기본 원리를 다루며, 수치미분 계산 과정에서 발생할 수 있는 오차와 이를 줄이는 방법에 대해 설명한다. 수치미분은 함수 $f(x)$의 도함수를 다음과 같은 근사식을 통해 계산한다. 이는 $f'(x)$를 특정 구간에서 함수 값의 차이를 테일러 급수로부터 직접적으로 유도되고 전개하여 근삿값을 구하는 방법으로, 전진 차분법, 후진 차분법, 중심 차분법, Richardson 외삽법 등 다양한 접근 방식을 통해 미분값을 계산한다. 이 절에서는 수치미분 계산 과정에서 발생할 수 있는 오차와 이를 줄이는 방법에 대해 설명한다. Python을 사용하여 수치미분을 구현하고, 다양한 함수에 적용하여 미분값을 계산하는 실습 예제를 제공한다.

(4.2.1) 전진차분(forward difference):

테일러 급수를 이용한 Forward Difference는 함수 $f(t)$를 특정 점 a에서 전개하여 근삿값을 구하는 방법이다. $f(t)$는 $f(a)$, $f'(a)(t-a)$, 그리고 고차항을 포함한 항으로 표현된다. 이를 시간 간격 Δt를 기준으로 전개하면, 고차항의 영향으로 일부 오차가 포함된다.

① 전진차분 정확도는 $O(h)$

$$\left.\frac{\partial f}{\partial t}\right|_t \approx \frac{f_{n+1}-f_n}{\Delta t} \tag{4.2.1-1}$$

Taylor Series: Forward Difference (일반 형태)

$$\begin{aligned} f(t) = f(a) + f'(a)(t-a) + \frac{f''(a)(t-a)^2}{2!} \\ + \frac{f'''(a)(t-a)^3}{3!} + h.o.t \end{aligned} \tag{4.2.1-2}$$

Taylor Series: Forward Difference (단축 표현)

$$\begin{aligned} f(t) &= f(a) + f'(a)(t-a) \\ &+ \frac{f''(a)(t-a)^2}{2!} + \frac{f'''(\xi)(t-a)^3}{3!} \end{aligned} \tag{4.2.1-3}$$

Forward Difference (Δt 사용)

$$\begin{aligned} f(t+\Delta t) &= f(t) + f'(t)\Delta t \\ &+ \frac{f''(t)\Delta t^2}{2!} + \frac{f'''(\xi)\Delta t^3}{3!} \end{aligned} \tag{4.2.1-4}$$

Forward Difference (차이식)

$$f(t+\Delta t) = f(t) + f'(t)\Delta t + \frac{f''(t)\Delta t^2}{2!} + \frac{f'''(\xi)\Delta t^3}{3!} \tag{4.2.1-5}$$

Forward Difference Approximation

$$f'(t) \approx \frac{f(t+\Delta t) - f(t)}{\Delta t} \tag{4.2.1-6}$$

(4.2.2) 후진차분(backward difference):

① 후진차분의 정확도는 $O(h)$

$$\left.\frac{\partial f}{\partial t}\right|_t \approx \frac{f_n - f_{n-1}}{\Delta t} \tag{4.2.2-1}$$

Taylor Series: Backward Difference (일반 형태)

$$f(t) = f(a) + f'(a)(t-a) + \frac{f''(a)(t-a)^2}{2!} + \frac{f'''(a)(t-a)^3}{3!} + h.o.t \tag{4.2.2-2}$$

Taylor Series: Backward Difference (단축 표현)

$$f(t) = f(a) + f'(a)(t-a) + \frac{f''(a)(t-a)^2}{2!} + \frac{f'''(\xi)(t-a)^3}{3!} \tag{4.2.2-3}$$

Backward Difference (Δt 사용)

$$f(t-\Delta t) = f(t) - f'(t)\Delta t + \frac{f''(t)\Delta t^2}{2!} - \frac{f'''(\xi)\Delta t^3}{3!} \tag{4.2.2-4}$$

Backward Difference (차이식)

$$f(t-\Delta t) - f(t) = -f'(t)\Delta t + \frac{f''(t)\Delta t^2}{2!} - \frac{f'''(\xi)\Delta t^3}{3!} \tag{4.2.2-5}$$

Backward Difference Approximation

$$f'(t) \approx \frac{f(t) - f(t - \Delta t)}{\Delta t} \tag{4.2.2-6}$$

(4.2.3) 중심차분(Central difference):

테일러 급수를 이용한 Central Difference는 $f(t+\Delta t)$와 $f(t+\Delta t)$의 차이를 이용해 $f(t)$를 근사적으로 계산한다. 중심차분은 정확도가 $O(h^2)$의 크기를 가지며, Forward 또는 Backward Difference보다 높은 정확도를 제공한다.

① 중심차분은 정확도가 $O(h^2)$

공간에 대한 1차 미분은 '특별한 경우가 아닌 한' 중심차분을 쓰는 것이 일반적이다. 왜냐하면, 전진차분과 후진차분의 정확도는 $O(h)$이지만, 중심차분은 정확도가 $O(h^2)$이기 때문이다.

$$\left.\frac{\partial f}{\partial t}\right|_t \approx \frac{f_{n+1} - f_{n-1}}{2\Delta t} \tag{4.2.3-1}$$

Taylor Series로 유도된 Central Difference는 Taylor Series 전개 (앞쪽, 뒤쪽 합산):

$$\begin{aligned} f(t+\Delta t) &= f(t) + f'(t)\Delta t + \frac{f''(t)\Delta t^2}{2!} + \frac{f'''(\xi_{1})\Delta t^3}{3!} \\ f(t-\Delta t) &= f(t) - f'(t)\Delta t + \frac{f''(t)\Delta t^2}{2!} - \frac{f'''(\xi_{2})\Delta t^3}{3!} \end{aligned} \tag{4.2.3-2}$$

차이 계산으로 근사값 도출:

$$f'(t) \approx \frac{f(t+\Delta t) - f(t-\Delta t)}{2\Delta t} + O(\Delta t^2) \tag{4.2.3-3}$$

오류 포함 공식

$$\begin{aligned} f'(t) = &\frac{f(t+\Delta t) - f(t-\Delta t)}{2\Delta t} \\ &- \frac{1}{6} f'''(\xi)\Delta t^2; \xi \in [t-\Delta t, t+\Delta t] \end{aligned} \tag{4.2.3-4}$$

(4.2.4) Richardson 외삽법(Richardson extrapolation):

Richardson 외삽법은 여러 근삿값을 결합하여 더 높은 정확도의 근삿값을 계산하는 방법이다. h와 $h/2$를 기반으로 테일러 급수를 사용해 오차를 제거한다. 계산 결과는 고차항 오차를 제거하며,

정확도가 향상된 근삿값을 제공한다.

Richardson 외삽법은 h를 조정하여 더 정확한 근삿값을 계산하는 방법이다.

$$R(h) = \frac{4R(h/2) - R(h)}{3} \tag{4.2.4-1}$$

테일러 급수 기반 Richardson 외삽법

오차 포함 근사값: 테일러 급수를 사용해 $R(h)$를 다음과 같이 표현한다.

$$\begin{aligned} R(h) &= f + c_1 h^2 + c_2 h^4 + O(h^6) \\ R(h/2) &= f + c_1 (h/2)^2 + c_2 (h/2)^4 + O(h^6) \end{aligned} \tag{4.2.4-2}$$

오차 제거 계산:

$$R_{extrapolated} = \frac{4R(h/2) - R(h)}{3} \tag{4.2.4-3}$$

Richardson 외삽법 시용 예

예제 계신:

$$f'(t) \approx \frac{4f'(h/2) - f'(h)}{3} \tag{4.2.4-4}$$

오차 제거 결과:

$$f'(t) = 정확한값 + O(h^4) \tag{4.2.4-5}$$

(4.2.5) 오차 해석

① 전진, 후진차분 오차 해석

전진 차분과 후진차분에서 테일러 급수를 사용하여 오차의 크기를 추정하는 과정이다. 테일러 급수를 통해 $f(t+\Delta t)$를 전개하면, 1차 미분값 외에 고차항이 포함된다 전진, 후진 차분 근사는 1차 항까지만 고려하므로, 오차는 $O(\Delta t)$이다.

$$\begin{aligned} f'(t) &= \frac{f(t+\Delta t) - f(t)}{\Delta t} - f''(t)\frac{\Delta t}{2!} + f'''(\xi)(t - \frac{a)^3}{3!} \\ f'(t) &= \frac{f(t) - f(t-\Delta t)}{\Delta t} + f''(t)\frac{\Delta t}{2!} - f'''(\xi)(t - \frac{a)^3}{3!} \end{aligned} \tag{4.2.5-1}$$

② 중심차분 오차 해석

중심 차분(Central Difference)은 전진 차분과 후진 차분을 결합하여 고차항을 상쇄함으로써 정확도를 높이는 방법이다. 테일러 급수로 $f(t+\Delta t)$와 $f(t-\Delta t)$를 전개하고, 이를 빼면 $f'(t)$의 근사값에서 고차항의 일부가 상쇄된다. 오차는 $O(\Delta t^2)$로, 중심 차분이 전진

차분 $O(\Delta t)$보다 정확도가 높다. 최종 오차는 2차 미분항과 연관되며, 이는 테일러 급수에서 남아 있는 고차항의 기여로 나타난다. 중심 차분은 일반적으로 더 높은 정확성을 요구하는 계산에 적합하다.

$$f(t+\Delta t)-f(t)=f'(t)\Delta t+f''(t)\frac{\Delta t^2}{2!}+f'''(\xi)\frac{\Delta t^3}{3!}$$
$$f(t-\Delta t)-f(t)=-f'(t)\Delta t+f''(t)\frac{\Delta t^2}{2!}-f'''(\xi)\frac{\Delta t^3}{3!} \tag{4.2.5-2}$$

위 두식을 빼면:

$$\begin{aligned} &f(t+\Delta t)-f(t-\Delta t) \\ &=2f'(t)\Delta t+(f''(\xi)\frac{\Delta t^3}{3!}-f''(\xi)\frac{\Delta t^3}{3!}) \\ &\qquad O(\Delta t^2) \\ f'(t)&=\frac{f(t+\Delta t)-f(t-\Delta t)}{2}\Delta t \\ &\quad -\frac{1}{6}f'''(\xi)\Delta t^2,\quad \xi\in[t-\Delta t,t+\Delta t] \end{aligned} \tag{4.2.5-3}$$

③ 중심차분에서 오차의 수렴성

중심 차분법의 오차 분석과, 시간 간격 Δt가 줄어들 때 오차가 어떻게 변하는지를 설명한다. 중심 차분의 오차는

$$O(\Delta t^2) \tag{4.2.5-4}$$

오류 포함된 기본 수식에서 고차항은 테일러 급수의 3차 미분 항에 비례한다.

$$f'(t)=f(t+\Delta t)-\frac{f(t-\Delta t)}{2}\Delta t-\frac{1}{6}f'''(\xi)\Delta t^2,\quad \xi\in[t-\Delta t,t+\Delta t] \tag{4.2.5-5}$$

중심차분에서 Δt가 0으로 갈 때의 오류가 0으로 수렴하는가?

$$f'(t)=f(t+\Delta t)-f(t-\Delta t)+\frac{2e_r}{2}\Delta t-\frac{1}{6}f'''(\xi)\Delta t^2,\quad \xi\in[t-\Delta t,t+\Delta t] \tag{4.2.5-6}$$

Δt가 0으로 갈 때 반올림 오차 (라운드 오프 오류: e_r)가 무시할 수 없게 된다.

$$e_r\approx 10^{-10}: roundof\ errors \tag{4.2.5-7}$$

총 오차는 Δt를 줄이면 $\frac{1}{6}\Delta t^2 f'''(\xi)$는 감소하지만, $\frac{e_r}{\Delta t}$는 증가하여 오차가 커질 수

있다.

$$TotalError = \frac{e_r}{\Delta t} + \frac{1}{6}\Delta t^2 f'''(\xi) \tag{4.2.5-8}$$

결론은 “아니다” 이다.

④ 결론

Forward Difference (Time Domain)

$$f'(t) \approx \frac{f(t+\Delta t) - f(t)}{\Delta t}, \ O(\Delta t) \tag{4.2.5-9}$$

Backward Difference (Time Domain)

$$f'(t) \approx \frac{f(t) - f(t-\Delta t)}{\Delta t}, \ O(\Delta t) \tag{4.2.5-10}$$

Central Difference (Time Domain)

$$f'(t) \approx \frac{f(t+\Delta t) - f(t-\Delta t)}{2\Delta t}, \ O(\Delta t^2) \tag{4.2.5-11}$$

Forward Difference (Space Domain)

$$f'(x) \approx \frac{f(x+\Delta x) - f(x)}{\Delta x}, \ O(\Delta x) \tag{4.2.5-12}$$

Backward Difference (Space Domain)

$$f'(x) \approx \frac{f(x) - f(x-\Delta x)}{\Delta x}, \ O(\Delta x) \tag{4.2.5-13}$$

Central Difference (Space Domain)

$$f'(x) \approx \frac{f(x+\Delta x) - f(x-\Delta x)}{2\Delta x}, \ O(\Delta x^2) \tag{4.2.5-14}$$

중앙 차분은 가능하다면 일반적으로 좋은 방법이다. 실시간에서 $f(t+\Delta t)$ 값을 얻는 것은 중앙 차분에서 불가능하다. 경계 조건에서는 $f(x+\Delta x)$ 값을 얻는 것이 전방, 후방, 중앙 차분에서 불가능하다.

(4.2.6) 수치미분 코드 구현

① 예제

3차 함수 및 도함수 정의하고 여러방법과 정확도를 비교한다.

f = lambda x: x**3 - 6*x**2 + 11*x - 6 # 3차 함수

f_prime = lambda x: 3*x**2 - 12*x + 11 # 실제 도함수

```
import numpy as np
import matplotlib.pyplot as plt

# 수치미분 함수
def numerical_derivative(f, x, h=1e-5, method='central'):
    if method == 'forward':
        return (f(x + h) - f(x)) / h
    elif method == 'backward':
        return (f(x) - f(x - h)) / h
    elif method == 'central':
        return (f(x + h) - f(x - h)) / (2 * h)
    elif method == 'richardson':
        # Richardson 외삽법
        central_h = (f(x + h) - f(x - h)) / (2 * h)
        central_h2 = (f(x + h / 2) - f(x - h / 2)) / h
        return (4 * central_h2 - central_h) / 3
    else:
        raise ValueError("Invalid method. Choose 'forward', 'backward', 'central', or
'richardson'.")

h=0.1

# 3차 함수 및 도함수 정의
f = lambda x: x**3 - 6*x**2 + 11*x - 6  # 3차 함수
f_prime = lambda x: 3*x**2 - 12*x + 11  # 실제 도함수

# 계산 지점
x_vals = np.linspace(0, 4, 20)  # Discrete points in [0, 4]

# 수치 미분 값 계산
forward_values = np.array([numerical_derivative(f, x, h, 'forward') for x in x_vals])
backward_values = np.array([numerical_derivative(f, x, h, 'backward') for x in x_vals])
central_values = np.array([numerical_derivative(f, x, h, 'central') for x in x_vals])
richardson_values = np.array([numerical_derivative(f, x, h, 'richardson') for x in
x_vals])
exact_values = np.array([f_prime(x) for x in x_vals])
```

```
# 에러 계산
forward_errors = np.abs(forward_values - exact_values)
backward_errors = np.abs(backward_values - exact_values)
central_errors = np.abs(central_values - exact_values)
richardson_errors = np.abs(richardson_values - exact_values)

# 그래프 시각화
plt.figure(figsize=(10, 6))
plt.scatter(x_vals, exact_values, label='Exact Derivative', color='black', marker='o', s=50, zorder=5)
plt.step(x_vals, forward_values, label='Forward Difference', where='mid', linestyle='-', alpha=0.7)
plt.step(x_vals, backward_values, label='Backward Difference', where='mid', linestyle='-', alpha=0.7)
plt.step(x_vals, central_values, label='Central Difference', where='mid', linestyle='-', alpha=0.7)
plt.step(x_vals, richardson_values, label='Richardson Extrapolation', where='mid', linestyle='-', alpha=0.7)

# 그래프 설정
plt.title('Discrete Derivative Approximations for a Cubic Function', fontsize=14)
plt.xlabel('x', fontsize=12)
plt.ylabel('Derivative Value', fontsize=12)
plt.legend()
plt.grid(True)
plt.show()

# 에러 시각화
plt.figure(figsize=(10, 6))
plt.plot(x_vals, forward_errors, label='Forward Difference Error', linestyle='--', marker='o')
plt.plot(x_vals, backward_errors, label='Backward Difference Error', linestyle='--', marker='o')
plt.plot(x_vals, central_errors, label='Central Difference Error', linestyle='--', marker='o')
plt.plot(x_vals, richardson_errors, label='Richardson Extrapolation Error', linestyle='--', marker='o')

# 그래프 설정
```

```
plt.title('Errors of Numerical Derivative Methods', fontsize=14)
plt.xlabel('x', fontsize=12)
plt.ylabel('Error', fontsize=12)
plt.legend()
plt.grid(True)
plt.show()
```

② 코드 실행 시 화면에 출력될 결과

Enter the value of h (e.g., 1e-5): 0.1

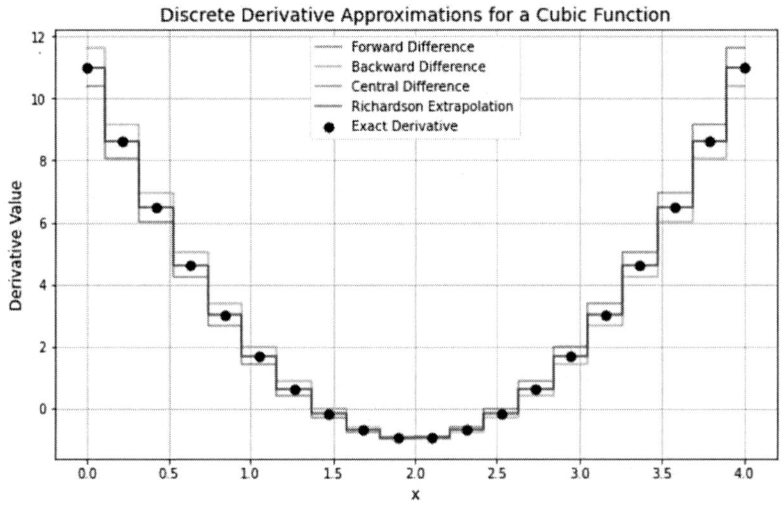

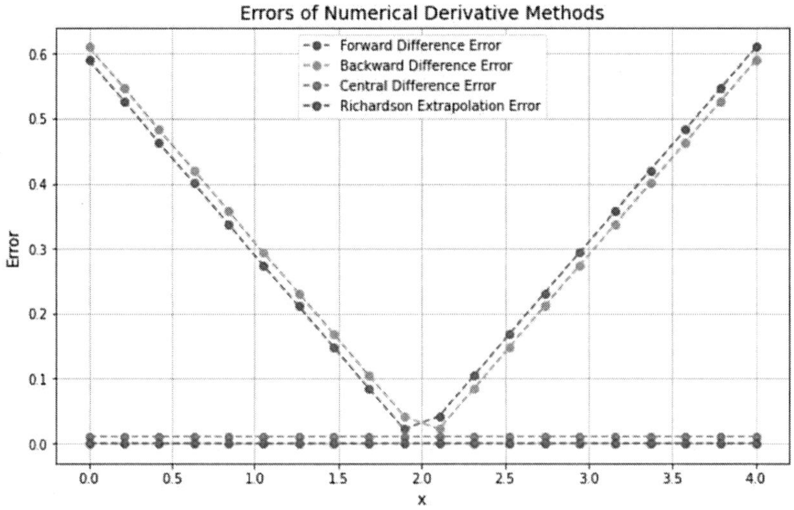

(4.3) 연습문제

① 문제 1:

전진차분(forward difference), 후진차분(backward difference), 중심차분(central difference) 방법, Richardson 외삽법(Richardson extrapolation)의 오차분석 방법을 설명하시오.

풀이:

② 문제 2:

함수 $f(x) = x^3 - 4x^2 + 6x - 2$이 수치미분을 전진차분(forward difference), 후진차분(backward difference), 중심차분(central difference) 방법, Richardson 외삽법(Richardson extrapolation) 등으로 계산하시오. Richardson 외삽법(Richardson extrapolation)의 오차가 다른 방법에 비해 어떻게 되는지 프로그램으로 보이시오.

풀이:

③ 문제 3:

이론적으로 미분 불가능 함수의 예를 들고 이 함수 $f(x)$의 도함수를 전진차분, 후진차분, 중심차분,Richardson 외삽법으로 수치 계산하고, 그값들을 그래프에 비교하여 시각화하시오.

풀이:

5 장 수치적분(Numerical Integration)

많은 실제 문제에서 방정식이나 함수는 해석적으로 적분이 불가능하다. 아래 적분식은 복잡한 형태의 함수로, 해석적으로 적분이 어려운 문제를 나타낸다. 분모와 분자 모두 삼각함수와 로그함수, 그리고 제곱근이 혼합되어 있어, 일반적인 적분 공식을 적용하기 어렵다. 이러한 경우 수치적분을 활용하여 근사적인 적분값을 계산하거나, 함수의 특성을 분석해 적분값을 추정하는 방법이 유용하다. 이는 공학적 문제에서 매우 자주 발생하는 사례로, 실제 계산에서는 사다리꼴 법칙이나 심프슨 법칙 등의 수치적분 기법이 사용될 수 있다.

$$\int_a^b f(x)dx = \int_a^b (\cos(x) + \ln(1+\sqrt{x}))/(\sqrt{(1+\sin(x)})dx = ?$$

이와 같이 함수의 형태가 조금만 복잡해져도 적분식을 정확히 구할 수 없기 때문에, 공학 및 과학 분야에서는 이러한 경우를 해결하기 위해 수치적분(Numerical Integration)을 널리 사용한다. 수치적분은 연속적인 함수 값을 기초로 면적을 근사적으로 계산하는 기법으로, 해석적 해법의 부재를 보완하는 강력한 도구이다. 주요한 수치적분 방법으로는 사다리꼴 법칙(Trapezoidal Rule), 심프슨의 법칙(Simpson's Rule), 롬버그 적분(Romberg Integration), 가우스 구적분(Gaussian Quadrature) 등이 있으며, 각 방법은 정확도와 효율성에서 차이를 보인다.

머신러닝 관점에서도 수치적분은 매우 중요한 역할을 한다. 머신러닝의 기본 알고리즘 중 일부는 함수 근사와 최적화 문제를 다루며, 이 과정에서 수치적분이 자주 활용된다. 예를 들어, 베이지안 학습에서는 확률 밀도 함수(PDF)의 적분을 통해 주변 확률(probability)을 계산해야 하며, 이는 해석적으로 구하기 어려운 경우가 많다. 또한, 신경망에서 손실 함수의 계산 및 최적화를 위해서도 수치적분 방법이 사용될 수 있다. 나아가, 연속적 데이터의 학습과 예측 과정에서 모델 성능을 평가하거나, 불확실성을 정량화하기 위한 기법으로 수치적분이 활용된다.

따라서, 수치적분은 공학적 문제뿐만 아니라 데이터 과학과 머신러닝에서 핵심적인 도구로 자리 잡고 있다. 본 장에서는 수치적분의 이론적 배경과 함께 다양한 알고리즘을 소개하며, 이를 Python을 통해 구현하여 실질적인 활용법을 살펴볼 것이다.

(5.1) 리만 적분 (Riemann Integration)

이 절에서는 수치적분의 기본 개념 중 하나인 리만 적분(Riemann Integration)에 대해 설명한다. 리만 적분은 연속 함수의 적분값을 구하기 위해 구간을 작은 직사각형으로 나누고, 각 직사각형의 면적을 합산하여 근사값을 계산하는 방법이다. 이 절에서는 리만 적분의 기본 원리와 알고리즘을 설명하며, 구간 분할 수와 오차의 관계를 분석한다. 또한, Python을 사용하여 리만 적분을 구현하는 방법과 다양한 함수에 적용하는 실습 예제를 제공한다. 이를 통해 리만 적분의 활용성과 한계를 이해하고, 수치적분의 기초를 다질 수 있다.

(5.2) **사다리꼴 적분** (Trapezoidal Rule)

이 절에서는 수치적분의 대표적인 방법 중 하나인 사다리꼴 적분(Trapezoidal Rule)에 대해 설명한다. 사다리꼴 적분은 함수의 구간을 나누어 각 구간을 사다리꼴 형태로 근사하여 면적을 계산하는 방식으로, 리만 적분보다 더 정확한 결과를 제공한다. 사다리꼴 적분은 연속 함수의 두 점을 직선으로 연결해 면적을 계산하며, 구간 분할 수를 증가시킴으로써 적분값의 정확도를 향상시킬 수 있다. 이 절에서는 사다리꼴 적분의 수학적 유도와 계산 알고리즘, 그리고 정확도를 높이기 위한 분할 전략에 대해 설명한다. Python을 사용해 사다리꼴 적분을 구현하고, 다양한 함수와 구간에서 적용하는 실습 예제를 통해 계산 결과를 분석한다. 이 절은 수치적분의 기본 기법 중 하나를 이해하고, 실제 문제에 적용하는 능력을 키우는 데 중점을 둔다.

(5.3) Richardson **외삽법** (Extrapolation)

이 절에서는 수치적분의 정확도를 개선하기 위한 Richardson 외삽법에 대해 설명한다. Richardson 외삽법은 동일한 계산 방법을 서로 다른 구간 크기에서 적용한 결과를 결합하여, 고차항 오차를 보정함으로써 더 정밀한 적분값을 도출하는 기법이다. 이 방법은 주로 사다리꼴 적분과 같은 수치적분 기법의 결과를 향상시키는 데 사용되며, 구간 크기의 감소에 따라 계산 결과가 수렴하는 과정을 분석한다. 외삽법의 이론적 배경과 알고리즘, 그리고 적용 시 고려해야 할 조건에 대해 다룬다. Python을 활용하여 Richardson 외삽법을 구현하고, 사다리꼴 적분과의 조합을 통해 결과의 정밀도를 향상시키는 예제를 제공한다. 이 절은 외삽법의 원리를 이해하고, 이를 통해 수치적분 계산의 정확성을 높이는 방법을 학습할 수 있도록 한다.

(5.4) Romberg Integration

이 절에서는 수치적분의 고급 기법 중 하나인 Romberg 적분에 대해 설명한다. Romberg 적분은 사다리꼴 적분과 Richardson 외삽법을 결합하여 적분값의 정확도를 극대화하는 방법으로, 구간을 점차 세분화하면서 반복적으로 계산한다. 이 방법은 사다리꼴 적분의 결과를 기반으로 외삽법을 단계적으로 적용해 고차항 오차를 제거하며, 계산의 정밀도를 높인다. Romberg 적분은 빠른 수렴 속도와 높은 정확성을 제공하므로, 다양한 함수에 적합하다. 이 절에서는 Romberg 적분의 수학적 원리와 알고리즘을 설명하고, 계산 과정의 표 형식(정렬된 결과 배열)을 통해 결과를 분석하는 방법을 다룬다. 또한, Python을 사용하여 Romberg 적분을 구현하고, 다양한 함수에 적용해 결과를 비교하는 실습 예제를 제공한다. 이를 통해 수치적분의 효율적인 계산 방법을 학습할 수 있다.

(5.5) Simpson's 1/3rd Rule

이 절에서는 수치적분의 중요한 기법 중 하나인 심프슨 법칙(Simpson's Rule)에 대해 설명한다. 심프슨 법칙은 구간 내 함수를 2차 다항식으로 근사하여 면적을 계산하는 방법으로, 사다리꼴 적분보다 높은 정확성을 제공한다. 이 절에서는 심프슨 법칙의 수학적 유도와 알고리즘을 다루며, 구간 분할 수와 오차의 관계를 분석한다. Python을 사용해 심프슨 법칙을 구현하고, 다양한 함수와 구간에서 적용하는 실습 예제를 제공한다. 이를 통해 심프슨 법칙의 정확성과 효율성을 이해하고, 적분 계산에서의 활용 방법을 학습할 수 있다.

(5.6) Newton-Cotes Quadrature

이 절에서는 수치적분 기법의 이론적 기반이 되는 뉴턴-코츠 공식(Newton-Cotes Quadrature)에 대해 설명한다. 뉴턴-코츠 공식은 구간을 등간격으로 나누고, 각 구간에서 다항식을 사용하여 함수값을 근사적으로 계산하는 방법이다. 이 절에서는 뉴턴-코츠 공식의 수학적 유도와 알고리즘, 다양한 차수의 규칙을 설명하고, 각 방법의 특징과 응용 가능성을 다룬다. Python을 활용하여 뉴턴-코츠 공식을 구현하고, 다양한 함수에 적용하여 정확도를 비교 분석하는 실습 예제를 제공한다. 이를 통해 수치적분의 기본 원리와 다양한 응용 기법을 학습할 수 있다.

(5.7) Gauss Quadrature Rule (가우스 구적법)

이 절에서는 수치적분에서 고정된 구간에서의 정확한 적분값을 계산하기 위해 설계된 가우스 구적법(Gauss Quadrature Rule)에 대해 설명한다. 가우스 구적법은 함수값을 계산할 최적의 샘플링 점과 가중치를 사용하여, 고차 다항식의 적분을 최소한의 계산으로 정확히 수행할 수 있는 방법이다. 이 절에서는 가우스 구적법의 수학적 원리, 가우스-르장드르 다항식의 생성, 그리고 점과 가중치의 계산 방법을 설명한다. Python을 활용하여 가우스 구적법을 구현하고, 다양한 함수와 구간에 적용하여 결과를 비교 분석하는 실습 예제를 제공한다. 이를 통해 수치적분의 효율성과 정밀도를 극대화할 수 있는 기법을 학습할 수 있다.

(5.8) 연습문제

연습문제는 다양한 적분 방법의 구현과 비교를 통해 수치적분의 원리와 효율성을 익힐 수 있도록 한다.

(5.1) 리만 (Riemann) 적분

이 절에서는 수치적분의 기본 개념 중 하나인 리만 적분(Riemann Integration)에 대해 설명한다. 리만 적분은 연속 함수의 적분값을 구하기 위해 구간을 작은 직사각형으로 나누고, 각 직사각형의 면적을 합산하여 근사값을 계산하는 방법이다. 리만 적분은 구간을 나누는 방법에 따라 왼쪽 리만 합, 오른쪽 리만 합, 중간점 리만 합으로 나뉜다. 각 방법은 함수의 특성과 구간의 크기에 따라 계산 정확도가 달라진다. 이 절에서는 리만 적분의 기본 원리와 알고리즘을 설명하며, 구간 분할 수와 오차의 관계를 분석한다. 또한, Python을 사용하여 리만 적분을 구현하는 방법과 다양한 함수에 적용하는 실습 예제를 제공한다. 이를 통해 리만 적분의 활용성과 한계를 이해하고, 수치적분의 기초를 다질 수 있다.

(5.1.1) 리만 적분의 정의

리만 적분은 구간 [a,b]를 N개의 작은 구간으로 나누고, 각 구간에서 함수 값을 곱하여 전체 면적을 계산한다. 이는 다음과 같은 수식으로 정의된다:

$$\int_a^b f(x)dx = \lim_{(N\to\infty)} \Sigma_{(k=1)}^N f(x_k^*)\Delta x \tag{5.1.1-1}$$

- $\Delta x = (b-a)/N$: 각구간의너비.
- x_k^*: 각구간에서선택된평가점.
- N: 구간의개수.

(5.1.2) 리만 (Riemann) 적분 가능성

리만 적분은 주어진 구간에서 함수 아래의 면적을 합의 형태로 계산하는 방법이다. 이는 구간을 여러 개의 소구간으로 나누고, 각 소구간에서 대표점을 선택하여 함수 값을 계산한 후, 이를 합산하는 방식으로 이루어진다. 그러나 함수의 특성이나 소구간의 크기에 따라 계산의 정확도가 달라진다. 리만 적분은 해석적으로 계산이 어려운 경우 수치적분으로 변환하여 활용될 수 있다. 이를 수치적으로 구현하기 위해 적분 구간을 나누는 방식(좌측, 우측, 중앙), 구간의 개수, 그리고 함수의 연속성이 중요한 요소로 작용한다.

① 개요:

㉠ 사다리꼴 적분(Trapezoidal rule)을 설명하기 앞서 적분의 의미를 구간 [a,b] 에서 n 등분한 면적을 구하여 보자.

㉡ 이식에서 $\int_a^b f(x)dx = \int_a^b \frac{\cos(x)+\ln(1+\sqrt{x})}{\sqrt{1+\sin(x)}}dx = ?$ 이론적 적분이 가능한가? 이처럼 적분을 계산하기 어려운 식에서 수치적분을 사용한다. 그림은 주어진 복잡한 적분식을 수치적으로 계산하기 위한 접근법을 나타낸다. 적분 구간 [a,b]를 N개의 소구간으로 나누어 각 구간의 길이를 $\Delta x = (b-a)/N$ 로 설정하고, 각 구간의 값을 직사각형 면적으로 근사하여 계산한다. 직사각형의 높이는 함수

$f(x)$의 값으로 결정되며, 이는 리만 합(Riemann Sum) 또는 사다리꼴 법칙 등의 수치적분 기법의 기본 아이디어를 반영한다. 이 과정에서 N이 증가할수록 결과는 실제 적분 값에 가까워지며, 함수의 복잡성에도 불구하고 근사 계산이 가능해진다.

$$\int_a^b f(x)dx = \int_a^b \frac{\cos(x)+\ln(1+\sqrt{x})}{\sqrt{1+\sin(x)}}dx = ?$$

$$\Delta x = \frac{b-a}{N}$$

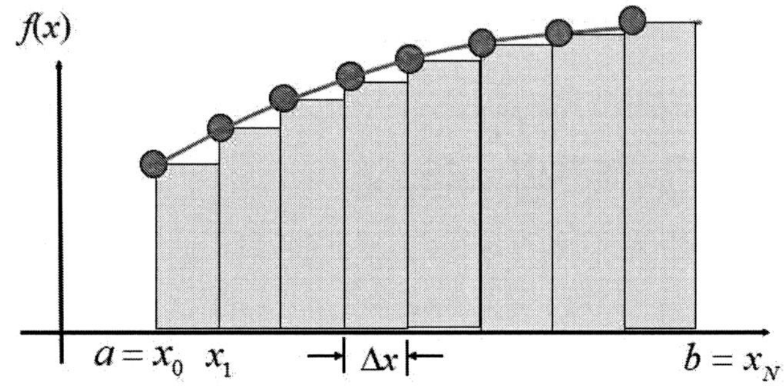

② 우측 리만 합의 설명

그림은 리만 적분의 개념과 이를 기반으로 하는 우측 리만 합(Right-sided Riemann Sum)의 계산 방법을 시각적으로 설명하고 있다. 리만 적분은 연속 함수 $f(x)$의 적분 값을 직사각형 면적의 합으로 근사하여 계산하는 방법이다. 그림에서는 적분 구간 [a,b]에서 우측 리만 합을 통해 면적을 계산하는 과정을 보여준다. 적분의 의미를 구간 [a,b] 에서 n등분한 면적을 구할 때 조각난 오른쪽 사각형의 모든 면적을 극한을 취해 구할 수 있다.(sum of right-sides rectangles) Δx를 무한히 영으로 보내면 적분의 기호를 사용할 수 있게 되며 곡선 둘러싸인 면적을 가시적으로 구할 수 있데 된다.

$$\int_a^b f(x)dx = \lim_{N\to\infty}\sum^{N} f(x_k)\Delta x = \lim_{N\to\infty}\sum_{k=1}^{N} f(a+k\Delta x)\Delta x \quad \Delta x = \frac{b-a}{N}$$

$$= \lim_{\Delta x\to 0}\sum_{k=1}^{N} f(a+k\Delta x)\Delta x \quad \text{=> sum of right-sided rectangles}$$

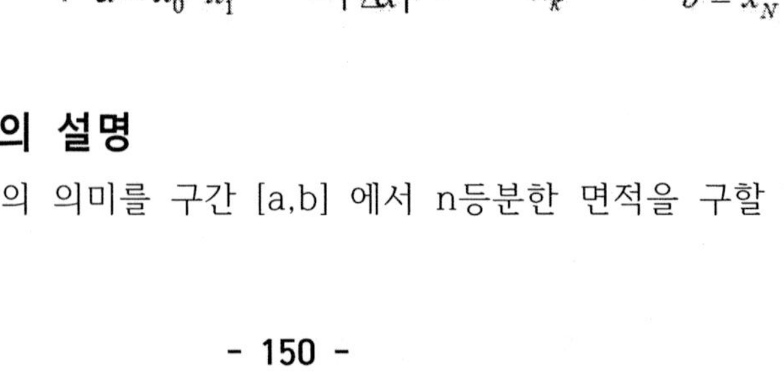

③ 좌측 리만 합의 설명

같은 방법으로 적분의 의미를 구간 [a,b] 에서 n등분한 면적을 구할 때 조각난 왼쪽 사각형의 모든 면적을 극한을 취해 구할 수 있다(sum of left-sides rectangles). Δx를 무한히 영으로 보내면 적분의 기호를 사용할 수 있게 되며 곡선 둘러싸인 면적을 가시적으로 구할 수 있게 된다.

$$\int_a^b f(x)dx = \lim_{N\to\infty}\sum^{N-1} f(x_k)\Delta x = \lim_{N\to\infty}\sum_{k=0}^{N-1} f(a+k\Delta x)\Delta x \qquad \Delta x = \frac{b-a}{N}$$

$$= \lim_{\Delta x\to 0}\sum_{k=0}^{N-1} f(a+k\Delta x)\Delta x \quad \Rightarrow \text{sum of left-sided rectangles}$$

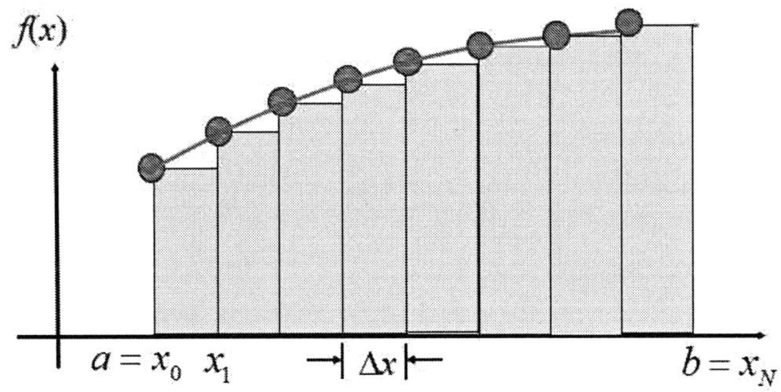

④ 좌측 리만 합(Left-sided Riemann Sum)의 오차 분석

좌측 리만 합(Left-sided Riemann Sum)의 오차 분석분석에 따르면, 수치적분에서 발생하는 총 오차(Total Error)는 Δx에 비례한다는 결론을 도출한다. 즉 전체 수치 오차는 Δx에 선형적이다. 상세 설명해 보자. 함수 $f(x)$를 고차항(higher-order terms, h.o.t)을 포함하며, 계산의 정확도를 분석하는 데 사용하기 위해, x_k에서 테일러 급수로 전개하면 $f(x) = f(x_{k)} + f'(x_{k)(x} - x_{k)} + f''(x_{k)}/2!(x - x^2_{k)} + \ldots$ 이다. 각 구간에서 좌측 점을 기준으로 함수 값을 계산하고, 직사각형의 면적을 이용하여 적분 값을 Δx를 사용하여 2차로 근사하면, $f(x_k)\Delta x + f'(x_k)\Delta x^2/2! + \ldots$이다. 주요 오차 항은 $f'(x_k)\Delta x^2/2$로 나타나며, 이는 구간 너비 Δx^2에 비례한다. 구간을 N개로 나눴을 때, 전체 오차는 $O(N\Delta x^2) = O(\Delta x)$이다. 전체 수치적분의 총 오차는 Δx에 비례하여 $O(\Delta x)$로 나타난다. 이는 구간의 크기를 줄여 Δx를 작게 할수록 수치적분의 정확도가 향상됨을 의미한다.

⑤ 극한:

같은 방법으로 적분의 의미를 구간 [a,b] 에서 n등분한 면적을 구할 때 조각난 왼쪽 또는 오른쪽 사각형의 모든 면적을 극한을 취해 구할 수 있을 때, 이를 각각 Upper sum과 Lower sum의 극한은 Infimum and supremum 이라 하며 아래와 같다.

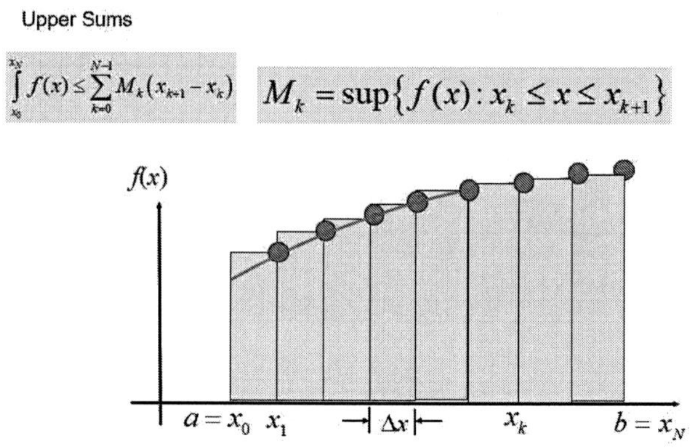

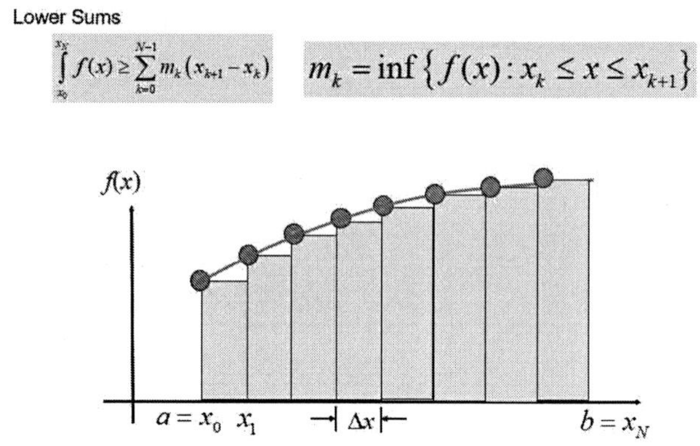

대략적으로 말하면, 리만 (Riemann) 적분은 파티션이 가늘어 짐에 따라 리만 (Riemann) 함수의 합의 한계이다. 한계가 존재하는 경우, 함수는 "적분 가능"(또는보다 구체적으로는 리만-적분 가능)이라고한다.

(5.1.3) 리만 합 구현 및 가시화

아래는 리만 적분을 구현하고 가시화하는 Python 코드이다. 좌측, 우측, 중앙 리만 합을 각각 계산하고 비교하는 방식으로 작성하였다.

① **구현 방식:**

㉠ 함수 $f(x) = x^2$를 정의하고, 구간 [0,2]에서 적분을 계산.

㉡ 리만 합의 세 가지 방법(좌측, 우측, 중앙)을 각각 구현.

② **결과:**

㉠ 좌측 리만 합과 우측 리만 합은 구간의 시작과 끝에 따라 오차가 존재.

㉡ 중앙 리만 합은 오차가 줄어들며 더 정확한 결과 제공.

③ **가시화:**

㉠ 리만 합 계산 과정에서 사용된 직사각형이 시각적으로 표현됨.

㉡ 좌측, 중앙, 우측 리만 합에 따라 직사각형 높이가 달라짐을 확인 가능.

④ **활용:**

㉠ 리만 적분은 수치적분의 기초로, 사다리꼴 법칙이나 심프슨 법칙과 같은 고급 적분법의 기초가 된다.

㉡ 머신러닝에서는 데이터 분포를 근사하거나 손실 함수의 값을 계산할 때 유용하게 사용된다.

⑤ **코드**

```
import numpy as np
import matplotlib.pyplot as plt
```

```
# 함수 정의
def f(x):
    return x**2  # 예제 함수: f(x) = x^2

# 리만 합 계산 함수
def riemann_sum(f, a, b, n, method="left"):
    dx = (b - a) / n
    x = np.linspace(a, b, n + 1)

    if method == "left":
        x_points = x[:-1]  # 좌측 리만 합
    elif method == "right":
        x_points = x[1:]  # 우측 리만 합
    elif method == "midpoint":
        x_points = (x[:-1] + x[1:]) / 2  # 중앙 리만 합
    else:
        raise ValueError("method must be 'left', 'right', or 'midpoint'")

    return np.sum(f(x_points) * dx)

# 적분 구간 및 함수 정의
a, b = 0, 2  # 적분 구간
n = 10  # 구간 개수

# 리만 합 계산
left_sum = riemann_sum(f, a, b, n, method="left")
right_sum = riemann_sum(f, a, b, n, method="right")
midpoint_sum = riemann_sum(f, a, b, n, method="midpoint")

# 결과 출력
print(f"Left Riemann Sum: {left_sum}")
print(f"Right Riemann Sum: {right_sum}")
print(f"Midpoint Riemann Sum: {midpoint_sum}")

# 가시화
x = np.linspace(a, b, 100)
y = f(x)

x_rect = np.linspace(a, b, n + 1)
```

```
dx = (b - a) / n

# 리만 합 그림 그리기
plt.figure(figsize=(8, 6))
plt.plot(x, y, 'b-', label='f(x) = x^2')

# 좌측 리만 합 시각화
for i in range(n):
    x_rect_left = [x_rect[i], x_rect[i], x_rect[i+1], x_rect[i+1]]
    y_rect_left = [0, f(x_rect[i]), f(x_rect[i]), 0]
    plt.fill(x_rect_left, y_rect_left, 'r', edgecolor='k', alpha=0.3, label='Left Riemann'
if i == 0 else "")

# 중앙 리만 합 시각화
for i in range(n):
    mid_x = (x_rect[i] + x_rect[i + 1]) / 2
    x_rect_mid = [x_rect[i], x_rect[i], x_rect[i+1], x_rect[i+1]]
    y_rect_mid = [0, f(mid_x), f(mid_x), 0]
    plt.fill(x_rect_mid, y_rect_mid, 'g', edgecolor='k', alpha=0.3, label='Midpoint
Riemann' if i == 0 else "")

# 우측 리만 합 시각화
for i in range(n):
    x_rect_right = [x_rect[i], x_rect[i], x_rect[i+1], x_rect[i+1]]
    y_rect_right = [0, f(x_rect[i+1]), f(x_rect[i+1]), 0]
    plt.fill(x_rect_right, y_rect_right, 'b', edgecolor='k', alpha=0.3, label='Right
Riemann' if i == 0 else "")

# 그래프 설정
plt.legend(loc='upper left', fontsize=10)
plt.title('Riemann Sums Visualization')
plt.xlabel('x')
plt.ylabel('f(x)')
plt.grid()
plt.show()
```

⑥ 코드 실행

```
Left Riemann Sum: 2.2800000000000007
```

```
Right Riemann Sum: 3.08
Midpoint Riemann Sum: 2.6600000000000006
```

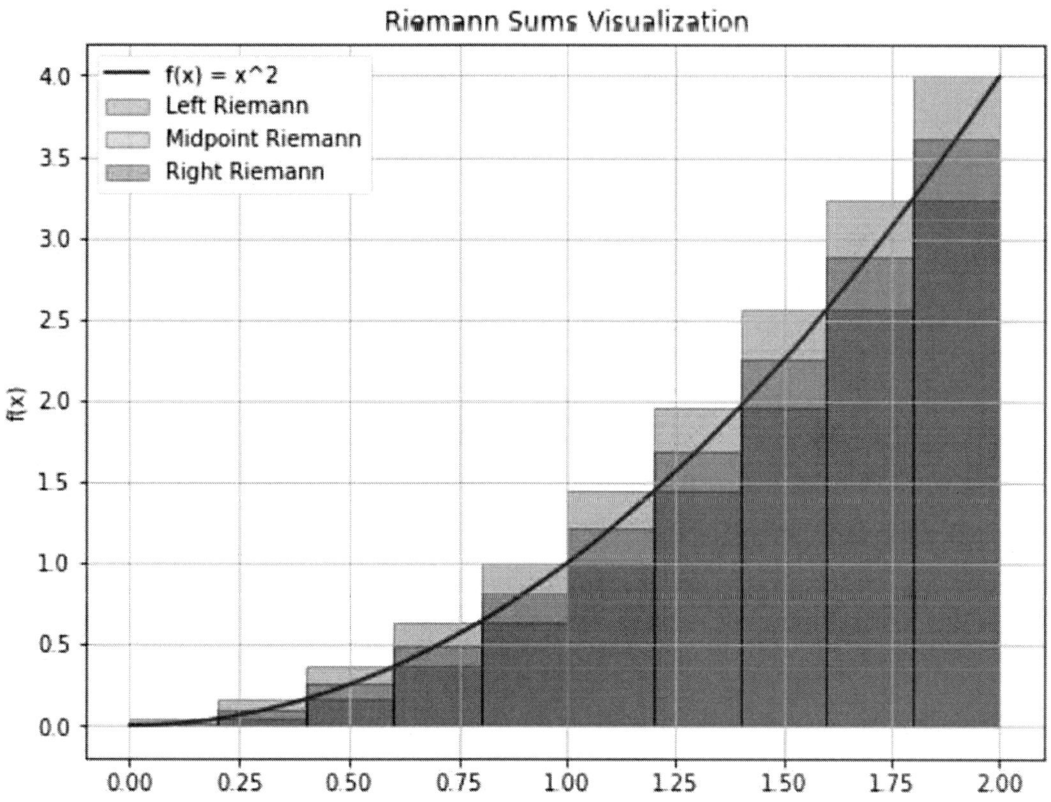

(5.2) 사다리꼴 적분(Trapezoidal rule)

이 절에서는 수치적분의 대표적인 방법 중 하나인 사다리꼴 적분(Trapezoidal Rule)에 대해 설명한다. 사다리꼴 적분은 함수의 구간을 나누어 각 구간을 사다리꼴 형태로 근사하여 면적을 계산하는 방식으로, 리만 적분보다 더 정확한 결과를 제공한다. 사다리꼴 적분은 연속 함수의 두 점을 직선으로 연결해 면적을 계산하며, 구간 분할 수를 증가시킴으로써 적분값의 정확도를 향상시킬 수 있다. 이 절에서는 사다리꼴 적분의 수학적 유도와 계산 알고리즘, 그리고 정확도를 높이기 위한 분할 전략에 대해 설명한다. Python을 사용해 사다리꼴 적분을 구현하고, 다양한 함수와 구간에서 적용하는 실습 예제를 통해 계산 결과를 분석한다. 이 절은 수치적분의 기본 기법 중 하나를 이해하고, 실제 문제에 적용하는 능력을 키우는 데 중점을 둔다.

사다리꼴 적분(Trapezoidal Rule)은 함수 f(x)를 직선으로 근사하여 적분 값을 계산하는 수치적분 방법이다. 주어진 적분 구간 [a,b]에서 f(x)를 두 점 f(a)와 f(b)를 잇는 직선으로 근사하고, 이 직선 아래의 면적을 계산하여 적분값을 근사한다. 적분값은 다음과 같이 계산된다:

$$I \approx (b-a)\frac{f(a)+f(b)}{2} \tag{5.2-1}$$

이는 함수의 구간별 평균값에 구간의 길이를 곱한 결과와 동일하다. 그림에서는 f(x)를 1차 다항식 $p_1(x)$로 근사하여 적분하는 과정을 보여주며, 구간이 더 작아질수록 실제 함수와의 오차가 줄어든다. 사다리꼴 법칙은 계산이 간단하고 비교적 정확도가 높은 방법으로 널리 사용된다.

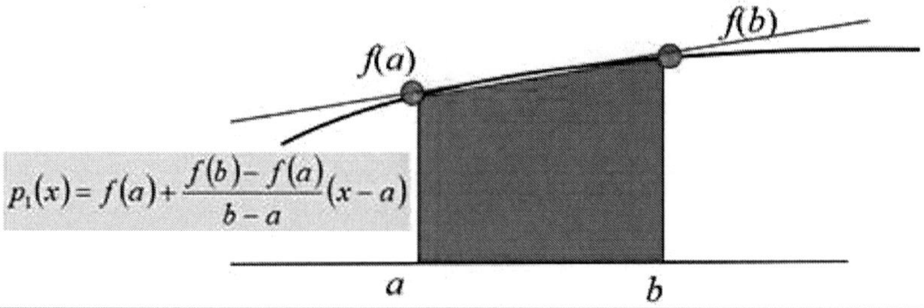

(5.2.1) 사다리꼴 적분(Trapezoidal rule)

적분 구간 [a,b]에서 함수 f(x)를 직선 p(x)로 근사하여 계산하면 아래와 같이 직선으로 근사한 적분값은 $I = (b-a)\frac{f(a)+f(b)}{2}$로 유도된다.

$$\begin{aligned}\int_a^b f(x)dx &\approx \int_a^b p(x)dx \\ &\approx \int_a^b \left[f(a) + \frac{f(b)-f(a)}{b-a}\right]dx \\ &\approx \frac{(b-a)}{2}[f(a)+f(b)]\end{aligned} \tag{5.2.1-1}$$

적분의 의미를 구간 [a,b] 에서 n등분한 면적을 구할 때 조각난 왼쪽 또는 오른쪽 사각형의 모든 면적을 극한을 취해 구하는 것보다 더 오차를 줄일 수 있는 방법은 두점을 직선으로 연결하여 사다리꼴로 이루어진 면적에 극한을 취해 구하는 것이며 이 방법을 사다리꼴 적분(Trapezoidal rule) 법이라 한다. 위 수식은 사다리꼴 적분법(Trapezoidal Rule)의 세분화된 형태를 나타낸다. 이는 적분 구간 [a,b]를 작은 부분 구간으로 나누어 각 구간에서 적분을 계산하고, 이를 모두 합산하는 방식이다. 전체 적분은 각 구간의 적분값의 합으로 표현된다.

사다리꼴 공식의 적용하여 각 구간에서 함수값의 평균에 구간 길이 Δx를 곱하여 구간별 적분값 $\int_{x_k}^{x_{(k+1)}} f(x)dx \approx 1/2[f(x_k)+f(x_{k+1})]\Delta x$을 계산한다. 이를 모든 구간에 대해 합산하면 $I \approx \sum_{(k=0)}^{(N-1)} 1/2[f(x_k)+f(x_{(k+1)})]\Delta x$이 된다.

5.2 사다리꼴 적분(Trapezoidal rule)

$$I = \int_a^b f(x)dx = \int_a^{a+\triangle x} f(x)dx + \int_{a+\triangle x}^{a+2\triangle x} f(x)dx + \cdots + \int_{b-\triangle x}^{b} f(x)dx = \sum_{k=0}^{N-1} \frac{1}{2}(f(x_k)+f(x_{k+1}))\triangle x \tag{5.2.1-2}$$

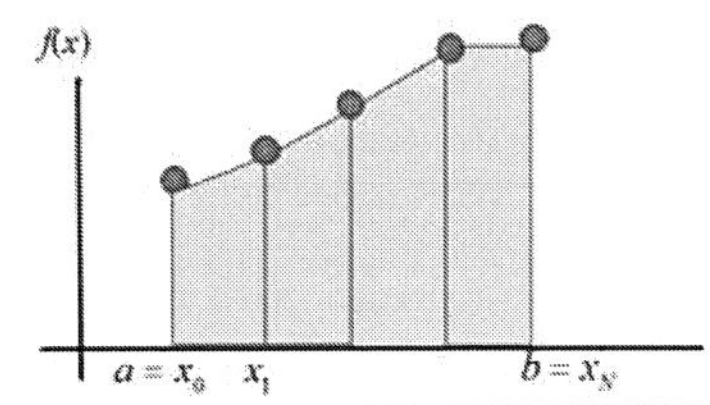

① 효율 높이기:

사다리꼴 적분법(Trapezoidal Rule)의 과정을 단계적으로 설명한 후, 최종적으로 계산 효율성을 높인 형태를 보여준다.

$$I = \int_a^b f(x)dx = \int_a^{a+\triangle x} f(x)dx + \int_{a+\triangle x}^{a+2\triangle x} f(x)dx + \cdots + \int_{b-\triangle x}^{b} f(x)dx \tag{5.2.1-3}$$

$$= \sum_{k=0}^{N-1} \frac{1}{2}(f(x_k)+f(x_{k+1}))\triangle x$$

를 사다리꼴 적분공식을 사용하여 살펴보자.

$$\int_a^{a+\triangle x} f(x)dx = \frac{(a+\triangle x - a)}{2}[f(a)+f(a+\triangle x)]$$

$$\int_{a+\triangle x}^{a+2\triangle x} f(x)dx = \frac{(a+2\triangle x - a - \triangle x)}{2}[f(a+\triangle x) + f(a+2\triangle x)] \tag{5.2.1-4}$$

$$\int_{b-\triangle x}^{b} f(x)dx = \frac{(b-b+\triangle x)}{2}[f(b-\triangle x)+f(b)]$$

따라서 $I=\frac{\triangle x}{2}\left[f(a)+2\sum_{k=1}^{N-1}f(a+k\triangle x)+f(b)\right]$이다. 이를 다시 정리하면:

$$I=(b-a)\frac{f(x_0)+2\sum_{i=1}^{n-1}f(x_i)+f(x_n)}{2n} \tag{5.2.1-5}$$

더 아래 두 식중 어느 것이 수치 계산를 줄일 수 있는지 생각해 보자. 아래의 초록색 박스에 있는 식이 수치 계산을 줄일 수 있는 방식이다. 이 식은 경계값 f(a)와 f(b)를 한 번씩만 계산하며, 중간점의 함수 값 $f(a+k\Delta x)$만 (N-1)번 계산한다. 파란색 식은 각 구간에 대해 매번 $f(x_k)$와 $f(x_{k+1})$를 계산하므로 계산량이 상대적으로 많다.

$$\int_a^b f(x)dx \approx \Sigma_{(k=0)}^{(N-1)}\frac{1}{2}(f(x_k)+f(x_{(k+1)}))\Delta x$$

(5.2.1-5)

$$\int_a^b f(x)dx \approx \frac{\Delta x}{2}[f(a)+2\Sigma_{(k=1)}^{(N-1)}f(a+k\Delta x)+f(b)$$

② 수렴성:

수렴성을 알아보기 위해 오차 해석을 수행하여 보자. 오차는 O(h^2) 임을 알 수 있다.

$$E_t=-\frac{1}{12}f''(\xi)(b-a)^3 \tag{5.2.1-6}$$

(5.2.2) 사다리꼴 적분(Trapezoidal rule) Python 프로그래밍 1

① 이론값과 사다리꼴 공식을 통한 값의 비교

이론적으로 풀이한 값

$$E_t=-\frac{1}{12}f''(\xi)(b-a)^3$$

$$\int_0^{10}(x+3)dx=\left[\frac{1}{2}x^2+3x\right]_0^{10}=80 \tag{5.2.2-1}$$

100번 나눈 사다리꼴 공식을 통한 풀이)

파이썬을 사용하여 $I=(10-0)\frac{f(x_0)+2\sum_{i=1}^{99}f(x_i)+f(x_n)}{2*100}$ 계산

② 코드

```
# 사다리꼴 공식 구현: 에러 출력 및 주석 추가

def f(x):
    # 정의된 함수: f(x) = x + 3
    return x + 3

# 적분 구간 [a, b]
a = 0  # 시작 값
b = 10  # 끝 값

# 구간 분할 수
n = 100  # 사다리꼴 구간 수
sum1 = 0  # 중간점 합 초기화

# 사다리꼴 공식의 중간점 계산
for i in range(1, n):  # 1부터 n-1까지 반복 (수정: 범위 오류)
    x = a + (b - a) / n * i  # 현재 x값 계산
    sum1 += f(x)  # 중간점 함수 값 누적

# 사다리꼴 적분 공식
trapezoid = (b - a) * (f(a) + 2 * sum1 + f(b)) / (2 * n)

# 출력
print("사다리꼴 공식의 적분값 =", trapezoid)

# 정확값 계산 (적분값 f(x) = x + 3의 해석적 적분 결과: F(x) = 0.5*x^2 + 3x)
exact_value = (0.5 * b**2 + 3 * b) - (0.5 * a**2 + 3 * a)

# 절대 오차 계산
error = abs(exact_value - trapezoid)
print("정확한 값 =", exact_value)
print("절대 오차 =", error)
```

③ 수치 결과

```
사다리꼴 공식의 적분값 = 79.99999999999999
```

```
정확한 값 = 80.0
절대 오차 = 1.4210854715202004e-14
```

(5.2.3) 사다리꼴 적분(Trapezoidal rule) Python 프로그래밍 2

① 함수를 정의.

```
def y( x ):
    return (1 / (1 + x * x))
```

② 사다리꼴 함수를 정의. (구간1, 구간2, 나누는 횟수)

```
def trapezoidal (a, b, n):
    h = (b - a) / n
    s = (y(a) + y(b))
    i = 1
    while i < n:
        s += 2 * y(a + i * h)
        i += 1
    return ((h / 2) * s)
```

③ 구간과 나누는 횟수를 입력한 뒤 출력.

```
x0 = 0
xn = 1
n = 6
print ("Value of integral is ",
    "%.4f"%trapezoidal(x0, xn, n))
```

④ OUTPUT

```
Value of integral is  0.7842
```

⑤ 프로그램 종합

<pre>def y(x):
    return (1 / (1 + x * x))
 	
def trapezoidal (a, b, n):
    h = (b - a) / n
    s = (y(a) + y(b))
    i = 1
    while i < n:
        s += 2 * y(a + i * h)
        i += 1
    return ((h / 2) * s)
 	
x0 = 0
xn = 1
n = 6
print ("Value of integral is ",
     "%.4f"%trapezoidal(x0, xn, n))</pre>
	Value of integral is 0.7842

(5.3) Richardson 외삽법(Extrapolation)

이 절에서는 수치적분의 정확도를 개선하기 위한 Richardson 외삽법에 대해 설명한다. Richardson 외삽법은 동일한 계산 방법을 서로 다른 구간 크기에서 적용한 결과를 결합하여, 고차항 오차를 보정함으로써 더 정밀한 적분값을 도출하는 기법이다. 이 방법은 주로 사다리꼴 적분과 같은 수치적분 기법의 결과를 향상시키는 데 사용되며, 구간 크기의 감소에 따라 계산 결과가 수렴하는 과정을 분석한다. 외삽법의 이론적 배경과 알고리즘, 그리고 적용 시 고려해야 할 조건에 대해 다룬다. Python을 활용하여 Richardson 외삽법을 구현하고, 사다리꼴 적분과의 조합을 통해 결과의 정밀도를 향상시키는 예제를 제공한다. 이 절은 외삽법의 원리를 이해하고, 이를 통해 수치적분 계산의 정확성을 높이는 방법을 학습할 수 있도록 한다.

(5.3.1) Richardson Extrapolation 개요

Richardson 외삽법(Richardson Extrapolation)은 수치적분에서 높은 정확도를 얻기 위해 활용되는 기법이다. 이는 구간 [a,b]를 N개의 등분으로 나누어 면적을 계산할 때와, 2N개의 등분으로 나누어 면적을 계산할 때의 결과를 비교하여, 정적분의 근사값을 더욱 정교하게 추정한다. 이 과정에서 사다리꼴 공식(Trapezoidal Rule)의 오차 관계가 중요한데, 오차는 다음과 같은 형태로 주어진다:

$$E_a = \alpha \frac{1}{N^2} \tag{5.3.1-1}$$

α가 임의 상수 C라고 가정하면 $E_a = \dfrac{C}{N^2}$ 이다. 이 오차식은 N의 값이 커질수록 오차가

$O(N^{-2})$로 빠르게 감소함을 보여준다. 이를 이용하면, N과 2N에서의 결과를 조합하여 더 높은 정확도의 값을 계산할 수 있다. Romberg Integration은 Richardson 외삽법을 수치적분에 체계적으로 확장한 방법이다. Romberg 적분은 사다리꼴 공식으로 계산된 값을 기반으로, 다양한 N값에 대해 Richardson 외삽법을 반복 적용하여 정확도를 점진적으로 개선한다.

① 오차의 정량화에서 참 오차

㉠ E_a= 참값 - 근사값(I)

㉡ 그럼 참값 = E_a + 근사값(I) 으로 표현할 수 있다.

㉢ 구하고자 하는 적분구간을 n개와 2n개로 나누면

$$\text{N등분 : } E_a = \frac{C}{N^2} = \int_a^b f(x)dx - I_N$$

$$\text{2N등분 : } E_a = \frac{C}{(2N)^2} = \int_a^b f(x)dx - I_{2N} \tag{5.3.1-2}$$

② 위 두식의 차이를 구해보면,

$$I_{2N} - I_N = \frac{C}{(N)^2} - \frac{C}{(2N)^2} = \frac{3}{4}\frac{C}{(N)^2}$$

$$\frac{C}{(2N)^2} = \frac{1}{4}\frac{C}{(N)^2} = \frac{I_{2N} - I_N}{3} \tag{5.3.1-3}$$

③ 리처드슨 보간법(richardson's extrapolation)

적분의 의미를 구간 [a,b] 에서 N등분한 면적을 구할 때와 2N등분한 면적을 구할 때와의 관계를 알아보자. 식 2로부터 다시 정리하고 오른쪽 2번재항에 윗식을 대입하면 적분의 값은 N등분한 면적을 구할 때와 2N등분한 면적과의 관계로 깔끔하게 정리 됨을 알 수 있다. 이 식이 사다리꼴 공식에 대한 리처드슨 보간법(richardson's extrapolation)이다.

$$\int_a^b f(x)dx = I_{2N} + \frac{C}{(2N)^2}$$

$$\rightarrow \int_a^b f(x)dx = I_{2N} + \frac{I_{2N} - I_N}{3} \tag{5.3.1-4}$$

(5.3.2) 파이썬 코드

① 코드

```
import numpy as np

def trapezcomp(f, a, b, n):
```

```
    """
    복합 사다리꼴 공식으로 적분값 계산
    Parameters:
    - f: 적분할 함수
    - a: 적분 구간 시작점
    - b: 적분 구간 끝점
    - n: 분할 구간 수
    Returns:
    - 적분값 In
    """
    h = (b - a) / n  # 구간 크기
    x = a
    In = f(a)
    for k in range(1, n):  # 중간 구간의 함수값 누적
        x = x + h
        In += 2 * f(x)
    return (In + f(b)) * h * 0.5

def richardson_extrapolation(f, a, b, n1, n2):
    """
    Richardson Extrapolation을 사용하여 적분값 계산
    Parameters:
    - f: 적분할 함수
    - a: 적분 구간 시작점
    - b: 적분 구간 끝점
    - n1: 첫 번째 구간 분할 수
    - n2: 두 번째 구간 분할 수 (n2 > n1)
    Returns:
      Richardson Extrapolation으로 계산된 적분값
    """
    # 두 개의 복합 사다리꼴 공식 값 계산
    I1 = trapezcomp(f, a, b, n1)  # 적분값 (n1 구간)
    I2 = trapezcomp(f, a, b, n2)  # 적분값 (n2 구간)

    # Richardson Extrapolation 공식
    I_richardson = (4 * I2 - I1) / (4 - 1)

    return I1, I2, I_richardson

if __name__ == '__main__':
```

```
def func(x):
    return np.sin(x)  # 적분할 함수 f(x) = sin(x)

# 적분 구간 및 분할 수
a = 0
b = np.pi / 2
n1 = 4  # 첫 번째 분할 수
n2 = 8  # 두 번째 분할 수 (n2 > n1)

# Richardson Extrapolation 수행
I1, I2, I_richardson = richardson_extrapolation(func, a, b, n1, n2)

# 출력
print("사다리꼴 적분값 (n1 구간) =", I1)
print("사다리꼴 적분값 (n2 구간) =", I2)
print("Richardson Extrapolation 적분값 =", I_richardson)

# 정확한 값 계산
exact_value = 1.0  # ∫[0, π/2] sin(x) dx = 1
error = abs(exact_value - I_richardson)
print("정확한 값 =", exact_value)
print("Richardson Extrapolation 오차 =", error)
```

② 실행 결과

```
사다리꼴 적분값 (n1 구간) = 0.9871158009727754
사다리꼴 적분값 (n2 구간) = 0.9967851718861696
Richardson Extrapolation 적분값 = 1.0000082955239675
정확한 값 = 1.0
Richardson Extrapolation 오차 = 8.29552396752753e-06
```

(5.4) Romberg Integration

이 절에서는 수치적분의 고급 기법 중 하나인 Romberg 적분에 대해 설명한다. Romberg 적분은 사다리꼴 적분과 Richardson 외삽법을 결합하여 적분값의 정확도를 극대화하는 방법으로, 구간을 점차 세분화하면서 반복적으로 계산한다. 이 방법은 사다리꼴 적분의 결과를 기반으로 외삽법을 단계적으로 적용해 고차항 오차를 제거하며, 계산의 정밀도를 높인다. Romberg 적분은 빠른 수렴 속도와 높은 정확성을 제공하므로, 다양한 함수에 적합하다. 이 절에서는 Romberg 적분의 수학적 원리와 알고리즘을 설명하고, 계산 과정의 표 형식(정렬된 결과 배열)을 통해 결과를 분석하는 방법을 다룬다. 또한, Python을 사용하여 Romberg 적분을 구현하고, 다양한 함수에 적용해 결과를 비교하는 실습 예제를 제공한다. 이를 통해 수치적분의 효율적인 계산 방법을 학습할 수 있다.

(5.4.1) Romberg Integration 원리

사다리꼴 적분식은 다음과 같다. 적분의 의미를 구간 [a,b] 에서 N등분한 면적을 구할 때와 2N등분한 면적을 구할 때와의 관계를 좀더 일반적인 관계식을 유도하여 보자. 아래 사다리꼴 적분식을 참조하자.

$$\int_a^b f(x)dx \approx \frac{\Delta x}{2}[f(a)+2\Sigma_{(k=1)}^{(N-1)}f(a+k\Delta x)+f(b) \qquad (5.4\text{-}1)$$

N --> 2N, Δx--> $\frac{\Delta x}{2}$ 으로 바꾸어 위식에 대입하면,

$$I_{\Delta x/2}=(\Delta x/4)[f(a)+2\Sigma_{k=1}^{2N-1}f(a+k(\Delta x/2))+f(b)]$$

$$=(\Delta x/4)[f(a)+2\Sigma_{k=1}^{N-1}f(a+k\Delta x)$$
$$+2\Sigma_{k=0}^{N-1}f(a+k\Delta x+(\Delta x/2))+f(b)] \qquad (5.4\text{-}2)$$

$$=I_{\Delta x/2}+(\Delta x/4)[2\Sigma_{k=0}^{N-1}f(a+k\Delta x+(\Delta x/2))]$$

N등분한 면적을 구할 때와 2N등분한 면적과의 관계로 깔끔하게 정리 됨을 알 수 있다.

$$\int_a^b f(x)dx \approx I_{2N}+(1/[(h_1/h_2)^2-1])[I_{2N}-I_N] \qquad (5.4\text{-}3)$$

h2 = h1 /2 라 하면

$$\int_a^b f(x)dx \approx I_{2N}+(1/(2^2-1))[I_{2N}-I_N] \qquad (5.4\ 4)$$

일반화된 공식이 유도된다. k = 1 이면, 즉 선형보간이면 trapezoid(O(h2)), k=2 이면, 즉 2차 곡신 보간이면 order(O(h4)), 이것을 Romberg Integration 법이라고 한다.

$$\int_a^b f(x)dx \approx I_{2N}+(1/(4^k-1))(I_{2N}-I_N) \qquad (5.4\text{-}5)$$

(5.4.2) Romberg integration Python 프로그래밍

① 예제 코드

```
import numpy as np

# 복합 사다리꼴 공식 함수 정의
def trapezcomp(f, a, b, n):
    """
    복합 사다리꼴 공식으로 적분값 계산

    Parameters:
    - f: 적분할 함수
    - a: 적분 구간 시작점
    - b: 적분 구간 끝점
    - n: 분할 구간 수

    Returns:
    - 적분값 In
    """
    h = (b - a) / n  # 구간 크기
    x = a

    In = f(a)
    for k in range(1, n):  # 중간 구간의 함수값 누적
        x = x + h
        In += 2 * f(x)

    return (In + f(b)) * h * 0.5

# Romberg 적분 함수 정의
def romberg(f, a, b, p):
    """
    Romberg 적분법으로 적분값 계산

    Parameters:
    - f: 적분할 함수
    - a: 적분 구간 시작점
    - b: 적분 구간 끝점
    - p: Romberg 행렬의 차원 (p x p)

    Returns:
    - Romberg 행렬 I
    """
```

```
    I = np.zeros((p, p))  # Romberg 행렬 초기화
    for k in range(0, p):
        # 복합 사다리꼴 공식으로 초기값 계산
        I[k, 0] = trapezcomp(f, a, b, 2**k)

        # Romberg 보간 공식 적용
        for j in range(0, k):
            I[k, j+1] = (4**(j+1) * I[k, j] - I[k-1, j]) / (4**(j+1) - 1)

        # 각 단계의 결과 출력
        print(f"Step {k + 1}: {I[k, 0:k+1]}")

    return I

if __name__ == '__main__':
    # 적분할 함수 정의
    def func(x):
        return np.sin(x)  # 함수 f(x) = sin(x)

    # Romberg 적분 설정
    a = 0  # 적분 구간 시작점
    b = np.pi / 2  # 적분 구간 끝점
    p_rows = 4  # Romberg 행렬 크기

    # Romberg 적분 수행
    print("Romberg 적분 결과:")
    I = romberg(func, a, b, p_rows)
    solution = I[p_rows-1, p_rows-1]  # 최종 적분값

    # 정확한 적분값 계산 (f(x) = sin(x)의 해석적 적분)
    exact_value = 1.0  # ∫[0, π/2] sin(x) dx = 1

    # 절대 오차 계산
    error = abs(exact_value - solution)

    # 결과 출력
    print("\n최종 Romberg 적분값 =", solution)
    print("정확한 적분값 =", exact_value)
    print("절대 오차 =", error)
```

② 예제 코드 실행 결과

```
Romberg 적분 결과:
Step 1: [0.78539816]
Step 2: [0.94805945 1.00227988]
Step 3: [0.9871158  1.00013458 0.99999157]
Step 4: [0.99678517 1.0000083  0.99999988 1.00000001]

최종 Romberg 적분값 = 1.0000000081440203
정확한 적분값 = 1.0
절대 오차 = 8.144020346989578e-09
```

(5.5) Simpson's 1/3rd Rule

이 절에서는 수치적분의 중요한 기법 중 하나인 심프슨 법칙(Simpson's Rule)에 대해 설명한다. 심프슨 법칙은 구간 내 함수를 2차 다항식으로 근사하여 면적을 계산하는 방법으로, 사다리꼴 적분보다 높은 정확성을 제공한다. 심프슨 법칙은 구간을 짝수 개수로 나누고, 구간마다 중간점의 함수값을 포함하여 적분값을 계산한다. 이는 곡선의 매끄러운 변화를 더 잘 반영하며, 구간을 세분화할수록 계산 결과의 정밀도가 향상된다. 이 절에서는 심프슨 법칙의 수학적 유도와 알고리즘을 다루며, 구간 분할 수와 오차의 관계를 분석한다. Python을 사용해 심프슨 법칙을 구현하고, 다양한 함수와 구간에서 적용하는 실습 예제를 제공한다. 이를 통해 심프슨 법칙의 정확성과 효율성을 이해하고, 적분 계산에서의 활용 방법을 학습할 수 있다.

(5.5.1) Simpson's Rule 개요

Simpson's Rule(심프슨 법칙)은 곡선 아래 면적을 더 정확히 근사하기 위해, 각 구간을 2차 다항식(포물선)으로 근사하는 수치적분 방법이다. 앞서의 Trapezoidal rule은 두 인접한 점을 직선으로 보간하여, 면적을 계산하였다. 이러한 계산의 정확도는 보간함수의 정확도를 향상시킴으로써 증진시킬 수 있다. 또한 Richardson Extrapolation, Romberg Integration 일반화된 공식이 유도시, k = 1 이면, 즉 선형보간이면 trapezoid($O(\Delta x^2)$), k=2 이면, 즉 2차 곡선 보간이면 order ($O(\Delta x^4)$), 이것을 Romberg Integration 법이라고 하였다. 2차 곡선 보간 예로 Simpson's rule을 들 수 있다. 이 방법은 3개의 인접한 점을 포물선으로 보간하여, 면적을 계산한다. xy 평면 상의 임의의 3점은 2차 곡선, $p_2(x) = a_0 + a_1 x + a_2 x^2$을 이용하여 보간할 수 있다. 즉, 연속하는 3점을 하나의 단위로 하여, 면적을 계산하면, 좀 더 정확한 결과를 얻을 수 있으리라 예상할 수 있고, 이것이 Simpson's rule이다. 이 장의 주요 목적은 적분을 근사하기 위한 적절한 공식을 개발하는 것이다.

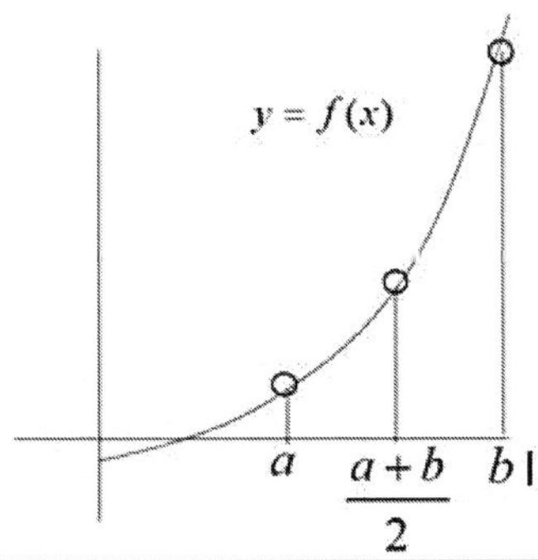

그림에서 면적 A는 $p_2(x) = a_0 + a_1 x + a_2 x^2$ 을 [a,b] 구간에서 적분하면 된다. 아래와 같이 이차 곡선의 계수를 구하는 과정을 보여 준다.

$$\begin{aligned} A &= \int_a^b (a_0 + a_1 x + a_2 x^2)dx \\ &= \left[a_0 x + a_1 \frac{x^2}{2} + a_2 \frac{x^3}{3} \right]_a^b \end{aligned} \tag{5.5.1-1}$$

여기서, 포물선식은 $(a, y_1 = p_2(a)), (\frac{(a+b)}{2}, y_2 = p_2(\frac{(a+b)}{2})), (b, y_3 = p_2(b))$를 지나므로, 세점을 지나는 독립적인 식 3개를 세울 수 있다.

$$\begin{aligned} y_1 &= p_2(a) = a_0 + a_1 a + a_2 a^2 \\ y_2 &= p_2(\frac{a+b}{2}) = a_0 + a_1(\frac{a+b}{2}) + a_2(\frac{a+b}{2})^2 \\ y_3 &= p_2(b) = a_0 + a_1 b + a_2 b^2 \end{aligned} \tag{5.5.1-2}$$

여기서, 식 3개 미지수 3개인 윗식을 풀기에 시간이 걸리므로 조금 더 간편한 방법을 사용하고자 한다. 즉, y축을 평행이동하여 가운데 점으로 이동하고 한칸의 간격을 $\Delta x = \frac{a+b}{2}$이라 하면, 포물선은 세 점$(-\Delta x, y_1), (0, y_2), (\Delta x, y_3)$를 지나므로 세점을 지나는 곡선의 면적을 아래 식으로 구할 수 있다. 그림에서 면적 A는 아래와 같이 이차 곡선의 계수로 다음과 같이 나타낼 수 있다.

$$A = \int_{-\Delta x}^{\Delta x} (a_0 + a_1 x + a_2 x^2) dx$$
$$= \left[a_0 x + a_1 \frac{x^2}{2} + a_2 \frac{x^3}{3} \right]_{-\Delta x}^{\Delta x} \quad (5.5.1\text{-}3)$$

$$A = \frac{2a_2 \Delta x^3}{3} + 2a_0 \Delta x = \frac{\Delta x}{3}(2a_2 \Delta x^2 + 6a_0)$$

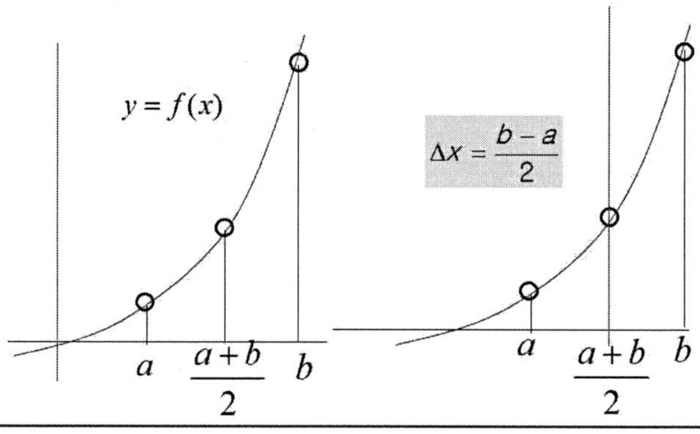

여기서, 포물선식은 $(-\Delta x, y_1), (0, y_2), (-\Delta, y_3)$를 지나므로, 세점을 지나는 독립적인 식 3개를 세울 수 있다.

$$y_1 = = a_0 - a_1 \Delta x + a_2 \Delta x^2$$
$$y_2 = = a_0 \quad (5.5.1\text{-}4)$$
$$y_3 = = a_0 + a_1 \Delta x + a_2 \Delta x^2$$

식 1과 식 3을 더하고 식 2에 4배를 하면 $A = \frac{\Delta x}{3}(2a_2 \Delta x^2 + 6a_0)$ 에 있는 $(2a_2 \Delta x^2 + 6a_0)$이 나오므로 최종적인 면적 A는 아래와 같이 유도할 수 있으며 [a,b] 구간의 3개의 점을 $x_{0,}$ $x_{1,}$ x_2라 하면 아래 그림과 같이 정리할 수 있다. 이식을 Simpson의 1/3 법칙이라 한다. 이 법칙은 구간을 두 개의 서브구간으로 나눠서 적용하는데, 세 점-두 끝점과 중간점-에서의 함수 값을 사용한다. 이 방법은 함수가 매끄럽고 급격히 변하지 않는 경우에 잘 적용되며, 비교적 정확한 근사를 제공한다.

$$A = \frac{\Delta x}{3}(y_0 + 4y_1 + y_2) \quad (5.5.1\text{-}5)$$

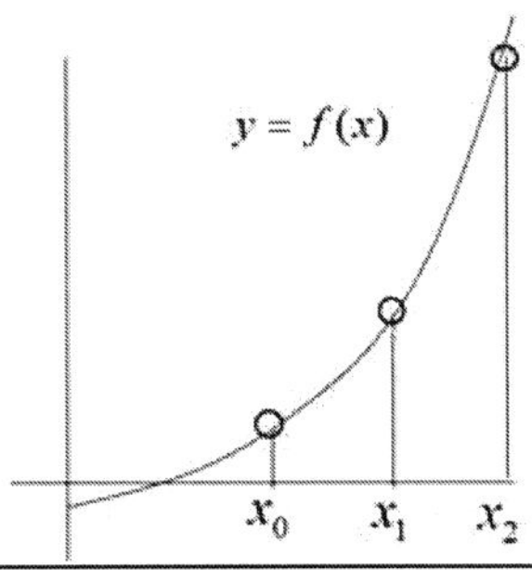

[a,b] 구간의 3개의 점 x_0, x_1, x_2을 확장하여 n등분하면 아래와 같고 여기서 등분의 개수는 양수이어야 3점씩 짝을 이루어 합할 수 있게 된다. Simpson's Rule(심프슨 법칙)의 수식적 유도를 보여준다.

적분 분할 표현:

$$\int_a^b f(x)dx \approx \int_{x_0}^{x_2} f(x)dx + \int_{x_2}^{x_4} f(x)dx + \ldots \quad (5.5.1\text{-}6)$$

각 구간에 Simpson's Rule 적용:

$$= (\Delta x/3)[f(x_0) + 4f(x_1) + f(x_2)] + (\Delta x/3)[f(x_2) + 4f(x_3) + f(x_4)] + \cdots \quad (5.5.1\text{-}7)$$

최종 결합된 Simpson's Rule 공식:

$$= (\Delta x/3)[f(x_0) + 4f(x_1) + f(x_3) + \cdots + f(x_{n-1}) + 2f(x_2) + f(x_4) + \cdots + f(x_{n-2}) + f(x_n)] \quad (5.5.1\text{-}8)$$

[a,b] 구간 n등분하면 아래와 같이 3점씩 짝을 이루어 합할 수 있게 된다. 결론적으로 Simpson의 1/3 법칙은 함수의 정적분을 근사하는 수치적 방법이다. 이는 Simpson의 법칙 중 하나로, 다항식을 이용하여 적분을 근사하는 기법이다. 1/3 법칙은 2차 다항식(이차식)을 사용하여 곡선 아래의 면적을 근사한다. Simpson의 1/3 법칙의 공식은 다음과 같다:

$$I = (b-a)\frac{f(x_0) + 4f(x_1) + f(x_2)}{3}$$

$$E_t = -\frac{(b-a)^5}{2880} f^{(4)}(\xi) \quad (5.5.1\text{-}9)$$

Simpson 공식을 이용하여 기존의 구간 a, b를 작은 구간 n개로 나누고 이에 심프슨 공식을 적용하여 일반화시킨 공식은 아래와 같다.

$$I = \frac{\Delta x}{3}\left(f(x_0) + 2\sum_{i=1}^{\frac{n}{2}-1} f(x_{2i}) + 4\sum_{i=1}^{\frac{n}{2}} f(x_{2i-1}) + f(x_n)\right)$$

$$= \frac{(b-a)}{3n}\left(f(x_0) + 4\sum_{i=1}^{\frac{n}{2}-1} f(x_{2i}) + 2\sum_{i=1}^{\frac{n}{2}} f(x_{2i-1}) + f(x_n)\right) \quad (5.5.1\text{-}10)$$

(5.5.2) Simpson's 1/3rd Rule 프로그래밍

$\int_0^{10}(x+3)dx$을 이론값, 사다리꼴 방법, 심슨법의 결과값 비교하고자 한다. 이론값은 $\int_0^{10}(x+3)dx = \left[\frac{1}{2}x^2 + 3x\right]_0^{10} = 80$ 으로 이론값은 80이다. 100회 나눈 사다리꼴 방식을 이용한 $I = (10-0)\frac{f(x_0) + 2\sum_{i=1}^{99} f(x_i) + f(x_n)}{2*100}$ 값과 100회 나눈 심슨법을 이용한 $\frac{(10-0)}{3*100}\left(f(x_0) + 4\sum_{i=1}^{49} f(x_{2i}) + 2\sum_{i=1}^{50} f(x_{2i-1}) + f(x_n)\right)$ 값을 파이썬으로 구현하고 출력한다.

① 코드

```
# 함수와 적분 범위 설정
def f(x):
    """
    함수 정의: f(x) = x + 3
    """
    return x + 3

# 적분 구간과 분할 수
a = 0  # 적분 구간 시작점
b = 10  # 적분 구간 끝점
n = 100  # 구간 분할 수 (짝수여야 Simpson's Rule에 적합)

# 합 초기화
sum1 = 0  # 사다리꼴 공식을 위한 중간 합
sumeven = 0  # Simpson's Rule의 짝수 합
```

```
sumodd = 0  # Simpson's Rule의 홀수 합

# 구간별 합 계산
for i in range(1, n):  # 범위 수정 (i=1부터 시작)
    x = a + (b - a) / n * i  # 현재 x값 계산

    if i % 2 == 0:  # 짝수 인덱스
        sumeven += f(x)
    else:  # 홀수 인덱스
        sumodd += f(x)

    # 모든 구간의 함수 값 합산 (사다리꼴 공식용)
    sum1 += f(x)

# 사다리꼴 공식으로 적분값 계산
trapezoid = (b - a) * (f(a) + 2 * sum1 + f(b)) / (2 * n)

# Simpson's Rule로 적분값 계산
simpson = (b - a) * (f(a) + 4 * sumodd + 2 * sumeven + f(b)) / (3 * n)

# 정확한 적분값 계산 (해석적 적분 결과)
exact_value = (0.5 * b**2 + 3 * b) - (0.5 * a**2 + 3 * a)

# 절대 오차 계산
trapezoid_error = abs(exact_value - trapezoid)
simpson_error = abs(exact_value - simpson)

# 결과 출력
print("사다리꼴 공식의 값 =", trapezoid)
print("심슨 공식의 값 =", simpson)
print("정확한 적분값 =", exact_value)
print("사다리꼴 공식의 오차 =", trapezoid_error)
print("심슨 공식의 오차 =", simpson_error)
```

② 코드 결과 출력

```
사다리꼴 공식의 값 = 79.99999999999999
심슨 공식의 값 = 80.0
```

```
정확한 적분값 = 80.0
사다리꼴 공식의 오차 = 1.4210854715202004e-14
심슨 공식의 오차 = 0.0
```

(5.6) Newton-Cotes Quadrature

이 절에서는 수치적분 기법의 이론적 기반이 되는 뉴턴-코츠 공식(Newton-Cotes Quadrature)에 대해 설명한다. 뉴턴-코츠 공식은 구간을 등간격으로 나누고, 각 구간에서 다항식을 사용하여 함수값을 근사적으로 계산하는 방법이다. 뉴턴-코츠 공식은 다항식의 차수에 따라 다양한 적분 규칙(예: 사다리꼴 법칙, 심프슨 법칙)을 포함하며, 차수가 높아질수록 적분값의 정확도가 향상된다. 그러나 차수가 지나치게 높아질 경우 런지(Lagrange) 현상으로 인해 오차가 커질 수 있는 단점도 있다. 이 절에서는 뉴턴-코츠 공식의 수학적 유도와 알고리즘, 다양한 차수의 규칙을 설명하고, 각 방법의 특징과 응용 가능성을 다룬다. Python을 활용하여 뉴턴-코츠 공식을 구현하고, 다양한 함수에 적용하여 정확도를 비교 분석하는 실습 예제를 제공한다. 이를 통해 수치적분의 기본 원리와 다양한 응용 기법을 학습할 수 있다.

(5.6.1) 설명

Newton-Cotes Quadrature는 수치적분을 위한 고전적인 방법으로, 주어진 구간에서 함수를 다항식으로 보간하여 적분값을 계산한다. 뉴턴-코츠 공식은 함수 $f(x)$를 다항식 $P_n(x)$로 근사하고, 이 다항식을 적분하여 근사값을 구하는 방식이다.

$$\int_a^b f(x)dx = \int_a^b P_n(x)dx \tag{5.6.1-1}$$

(5.6.2) 일반 표현

뉴턴-코츠 적분 공식은 다음과 같이 표현된다. x_i 적분 구간 $[a,b]$ 내의 $(n+1)$개의 점점, w_i는 뉴턴-코츠 공식에서 사용되는 가중치, n은 다항식의 차수이다.

$$\int_a^b f(x)dx \simeq \sum_{i=0}^{n} \omega_i f(x_i) \tag{5.6.2-1}$$

(5.6.3) 유형별 Newton-Cotes 공식

사다리꼴 법칙 (Trapezoidal Rule, n=1)은 함수를 1차 다항식으로 근사한다.

$$\int_a^b f(x)dx \simeq \sum_{i=0}^{1} \omega_i f(x_i) = \frac{b-a}{2}[f(a)+f(b)] \tag{5.6.3-1}$$

심프슨 법칙 (Simpson's Rule, n=2)은 함수를 2차 다항식으로 근사한다.

$$\int_a^b f(x)\,dx \simeq \sum_{i=0}^{2} \omega_i f(x_i) = \frac{b-a}{6}[f(a)+4(\frac{a+b}{2})] \quad (5.6.3\text{-}2)$$

심프슨 3/8 법칙 (Simpson's 3/8 Rule, n=3)은 함수를 3차 다항식으로 근사한다.

$$\int_a^b f(x)\,dx \simeq \sum_{i=0}^{3} \omega_i f(x_i) = \frac{3(b-a)}{8}[f(x_0)+3f(x_1)+3f(x_2)+f(x_3)] \quad (5.6.3\text{-}3)$$

4차 뉴턴-코츠 공식 (Boole's Rule, n=2)은 함수를 4차 다항식으로 근사한다.

$$\int_a^b f(x)\,dx \simeq \sum_{i=0}^{3} \omega_i f(x_i) = \frac{2(b-a)}{45}[7f(x_0)+32f(x_1) + 12f(x_2)+32f(x_3)+32f(x_4)] \quad (5.6.3\ 4)$$

(5.7) Gauss Quadrature Rule(가우스 구적법)

이 절에서는 수치적분에서 고정된 구간에서의 정확한 적분값을 계산하기 위해 설계된 가우스 구적법(Gauss Quadrature Rule)에 대해 설명한다. 가우스 구적법은 함수값을 계산할 최적의 샘플링 점과 가중치를 사용하여, 고차 다항식의 적분을 최소한의 계산으로 정확히 수행할 수 있는 방법이다.
가우스 구적법은 구간 내 함수의 적분값을 근사하는 데, 특히 구간의 점과 가중치를 가우스-르장드르 다항식을 기반으로 선택한다. 이는 다른 수치적분 기법에 비해 적은 점을 사용하면서도 높은 정확성을 제공한다. 이 절에서는 가우스 구적법의 수학적 원리, 가우스-르장드르 다항식의 생성, 그리고 점과 가중치의 계산 방법을 설명한다. Python을 활용하여 가우스 구적법을 구현하고, 다양한 함수와 구간에 적용하여 결과를 비교 분석하는 실습 예제를 제공한다. 이를 통해 수치적분의 효율성과 정밀도를 극대화할 수 있는 기법을 학습할 수 있다. 이 방법은 수치적분의 오차를 최소화하기 위해 다항식의 근을 선택하며, 물리학, 공학, 머신러닝 등에서 고차원 적분 문제를 해결하는 데 필수적인 도구이다. 1중 적분뿐만 아니라 2중 및 3중 적분으로 확장하여 다차원 함수의 적분에도 효율적으로 적용된다. 특히, 유한 요소 해석(FEA)와 같은 수치 해석에서 다각형 또는 복잡한 형상의 적분을 효율적으로 계산할 수 있게 한다. 결론적으로, 가우스 구적법은 자코비 행렬을 활용한 좌표 변환과 가중치 및 노드를 결합하여 2D 이중적분 문제를 효율적으로 해결하는 강력한 도구로, 수학적 및 공학적 문제 해결에서 필수적인 접근법이다.

(5.7.1) Gauss Quadrature Rule (가우스 구적법)

가우스 구적법(Gaussian Quadrature)은 적분값을 근사적으로 계산하기 위해 사용되는 고급 수치적분 기법이다. 이 방법은 주어진 적분 구간에서 함수 $f(x)$를 다항식으로 근사하는 대신, 특정한 가중치와 적분점(노드)을 선택하여 높은 정확도를 제공한다. 가우스 구적법은 일반적인 뉴턴-코츠 공식보다 적은 노드로 더 높은 정확도를 얻을 수 있으며, 특히 다항식의 차수가 높거나 함수가 매끄럽게 변화하는 경우에 유리하다.

적분 구간이 $[a,b]$일 경우, 변수 변환을 통해 $[-1,1]$로 변환한다:

$$\int_a^b f(x)dx = \frac{b-a}{2}\int_{-1}^{1} f(\frac{b-a}{2}\xi + \frac{a+b}{2})d\xi \tag{5.7.1-1}$$

적분 구간 $[-1,1]$에서의 정적분은 다음과 같이 근사한다. x_i는 가우스 적분점(노드), w_i는 가중치, n은 가우스 구적 적분점의 개수이다.

$$\int_{-1}^{1} f(\xi)d\xi \approx \sum_{i=1}^{n} w_i f(\xi_i) \tag{5.7.1-2}$$

가우스-르장드 구적법(Gauss-Legendre Quadrature)의 가중치와 적분점을 계산하는 과정을 알아보자. $n=2$인 경우 가우스 구적법에서 적분은 아래의 형태로 근사된다:

$$\int_{-1}^{1} f(\xi)d\xi = \omega_1 f(\xi_1) + \omega_2 f(\xi_2) \tag{5.7.1-3}$$

이 식에는 4개의 매개변수 $\omega_1,\omega_2,\xi_1,\xi_2$가 포함되므로, 이 식은 최대 3차 다항식에 대해 정확히 적분해야 한다. 따라서 $f(\xi)$를 다음과 같이 설정하고, 각 항목에 대해 조건을 부과한다. 구간 $[-1,1]$에서 주어진 다항식 $f(\xi)=\xi^3$의 정확한 적분값은 0, $f(\xi)=\xi^3$의 정확한 적분값은 0, $f(\xi)=\xi^2$의 정확한 적분값은 2/3, $f(\xi)=\xi$의 정확한 적분값은 0, $f(\xi)=1$의 정확한 적분값은 2 임므로 적법의 근사값도 위 조건을 만족하여야 한다. 이에 대한 식 4개로부터 4개의 매개변수 $\omega_1,\omega_2,\xi_1,\xi_2$를 아래 식으로로부터 구할 수 있다.

$$\begin{aligned}
f(\xi)=\xi^3 \ &; \int_{-1}^{1} \xi^3 d\xi = 0 = \omega_1\xi_1^3 + \omega_2\xi_2^3 \\
f(\xi)=\xi^2 \ &; \int_{-1}^{1} \xi^2 d\xi = \frac{2}{3} = \omega_1\xi_1^2 + \omega_2\xi_2^2 \\
f(\xi)=\xi \ &; \int_{-1}^{1} \xi d\xi = 0 = \omega_1\xi_1 + \omega_2\xi_2 \\
f(\xi)=1 \ &; \int_{-1}^{1} 1 d\xi = 2 = \omega_1 + \omega_2
\end{aligned} \tag{5.7.1-4}$$

표는 가우스-르장드 구적법(Gauss-Legendre Quadrature)에서 적분점을 계산한 결과를 보여준다. 이 표는 적분 구간 $[-1,1]$ n개의 적분점과 해당 가중치를 이용해 적분을 근사하는 데 사용된다.

점의 수 (n)	ξ_i	w_i
1	0.0000000000	2.0000000000
2	±0.57735022692	1.0000000000
3	0.0000000000	0.8888888889
	±0.7745966692	0.5555555555
4	±0.3399810435	0.6521451548
	±0.8611363116	0.3478548451
5	0.0000000000	0.5688888889
	±0.5384693101	0.4786286705
	±0.9061798459	0.2369268850
6	±0.2386191861	0.4679139346
	±0.6612093865	0.3607615730
	±0.9324695142	0.1713244924

(5.7.2) 가우스 구적법의 1중 적분

이 식은 Gauss Quadrature Rule의 1중 적분에 대한 일반적인 수식 표현을 나타낸다. 이를 설명하면 다음과 같다. 변환된 적분 구간을 이용한다. 즉, 좌변은 일반적인 적분 구간$[x_0, x_1]$에서의 적분을 나타낸다. 우변에서는 적분 구간을 [-1,1]변환하여 계산한다. 이 변환은 Gauss-Legendre Quadrature에서 사용되는 핵심적인 아이디어이다. $\phi(x(\xi)$는 변환된 함수로 ξ는 [-1,1] 구간에서 Gauss-Legendre 노드에 해당한다. J는 Jacobian, 즉 구간 변환 시의 스케일링 계수로, $(x_1 - x_0)/2$에 해당한다. $\sum_{i=1}^{n} w_i\,\phi(x(\xi_i))$는 가중치 w_i와 노드 ξ_i를 이용해 적분값을 근사한다. w_i는 각 노드에서의 함수 값에 가중치를 부여하여 더하는 방식이다.

$$\begin{aligned} \int_{x_0}^{x_1} \phi(x)dx &= \int_{-1}^{1} \phi(x(\xi))\,Jd\xi \\ &= J\sum_{i=1}^{n} w_i\,\phi(x(\xi_i)) \end{aligned} \tag{5.7.2-1}$$

① 예제 1:

f(x)=2+3x 를 x=1에서 2까지 적분할 때 -1에서 1까지 적분으로 바꾸어 그 값을 계산한 예제이다. 이를 단계별로 설명하면 다음과 같다. 적분 구간 [1,2]을 [-1,1]로 변환한다. 변환식은 $z=(2-1)/2*\xi+(2+1)/2$로 표현되며, 이를 통해 적분 범위를 표준화된 구간 [-1,1]로 옮길 수 있다. Jacobian $dx/dz = 1/2$을 곱하여 스케일을 조정한다. 구간[-1,1]에서의 적분식을 $\frac{1}{2}\int_{-1}^{1}[3(z+1.5)+2]dz = \frac{1}{2}\int_{-1}^{1}(3z+6.5)dz$로 변환한다. 적분하여 값을

구한다.

$$\int_{1}^{2}(3x+2)dx=\int_{-1}^{1}(3x+2)\frac{dx}{dz}dz=\frac{2-1}{2}\sum_{ic=1}^{n}w_if(x_i)$$
$$\frac{1}{2}\int_{-1}^{1}[3(z+1.5)+2]dz=\frac{1}{2}\int_{-1}^{1}(3z+6.5)dz \tag{5.7.2-2}$$
$$\frac{1}{2}[\frac{3}{2}x^2+6.5x]_{-1}^{1}=\frac{3}{2}*1+6.5*1-(\frac{3}{2}-6.5)=\frac{13}{2}$$

② 예제 2:

$\int_{x_0}^{x_1}\phi(x)dx=\int_{-1}^{1}\phi(x(\xi))\,Jd\xi=J\sum_{i=1}^{n}w_i\,\phi(x(\xi_i))$을 이용하여 n=2 일 때, 즉, $n=2,\ w_1=1,\ w_2=1,\ \xi_1=\frac{1}{\sqrt{3}},\ \xi_2=-\frac{1}{\sqrt{3}}$ 을 이용하여 $\int_{0}^{10}(x+3)dx$을 구하자.

$x(\xi)=\frac{x_1-x_0}{2}\xi+\frac{x_1+x_0}{2}$ 이며, $J=\frac{x_1-x_0}{2}$ 이고 n=2 이므로

$$\int_{0}^{10}f(x)dx=\int_{-1}^{1}f(x(\xi))\,Jd\xi=J\sum_{i=1}^{2}w_if(x(\xi_i))\ \text{에 적용하여} \tag{5.7.2-3}$$
$$\frac{x_1-x_0}{2}\times[w_1f(\frac{x_1-x_0}{2}\xi_1+\frac{x_1+x_0}{2})$$
$$+w_2f(x(\frac{x_1-x_0}{2}\xi_2+\frac{x_1+x_0}{2}))]$$

③ 코드:

$f(x)=e^{-x^2}$을 구간 [0,1]에서 적분한다. Gauss-Legendre 2점 법칙을 이용하여 구간 [-1,1]을 [0,1]로 변환하여 계산한다.

주석으로 설명한 소스 코드	출력 결과
import numpy as np # 1D 함수 정의 def f_1d(x): return np.exp(-x**2) # Gauss-Legendre 2점 법칙의 가중치와 노드	1중 적분 결과: 0.7465946882828598

```
weights = np.array([1, 1])
nodes = np.array([-1/np.sqrt(3), 1/np.sqrt(3)])

# 적분 구간
a, b = 0, 1

# 구간 변환: [-1, 1] -> [a, b]
transformed_nodes_1d = (b - a) / 2 * nodes + (b + a)
/ 2

# 적분 계산
integral_1d = (b - a) / 2 * np.sum(weights *
f_1d(transformed_nodes_1d))

# 출력
print(f"1중 적분 결과: {integral_1d}")
```

(5.7.3) 가우스 구적법의 2중 적분

가우스 구적법은 복잡한 다중 적분 문제를 효율적으로 계산하기 위해 사용되는 강력한 수치적분 기법이다. 특히 2중적분에서는 두 축 각각에 대해 독립적으로 1D 가우스 구적법을 적용하여 다중 적분을 수행한다. 이 방법은 적분 구간을 표준 구간 $[-1,1]$로 변환하고, 가중치와 노드를 사용해 높은 정확도를 제공한다. 2중적분은 공학 및 과학적 문제에서 다변량 함수를 계산할 때 필수적으로 활용되며, 계산 복잡도를 크게 줄여준다. 이 장에서는 가우스 구적법을 활용한 2중적분의 원리와 구현 방법을 자세히 다룬다.

① 2D 이중적분에서 가우스 구적법으로 적분:

이중적분은 2차원 영역에서 함수 $\phi(x,y)$ 를 적분하고자 한다. 일반적으로, 적분 구간 $[-1,1]\times[-1,1]$로 변환하여 계산한다. 일반적인 이중적분의 계산은 다음과 같은 식으로 구할 수 있다. 적분 영역을 표준 구간 [-1,1]로 변환하기 위해, 새로운 좌표 (ξ,η)를 도입한다. 변환 과정에서 요소 내 위치를 정의하기 위해 자코비 행렬 $|J|$이 사용되며, 이는 영역 변환에서 크기 조정을 담당한다. 1D 가우스 구적법에서 사용되는 노드와 가중치 (w_i, w_j) 확장하여 2D 적분으로 확장한다. 이를 통해 적분값은 가우스 구적법의 합산 형태로 근사될 수 있다.

$$\int\int \phi(x,y)\,dxdy$$

$$= \int_{-1}^{1}\int_{-1}^{1}\phi(\xi,\eta)\,|J|\,d\xi d\eta = \sum_{i=1}^{n}\sum_{j=1}^{n} w_i w_j\,\phi(\xi_i,\eta_j)\,|J|\,(\xi_i,\eta_j) \tag{5.7.3-1}$$

② 형상함수 N_i

아래 그림은 (r, z) 좌표계를 (s, t) 좌표계의 표준 구간 [−1,1]로 변환하는 과정을 보여준다. 이와 같은 매핑은 가우스 구적법에서 2D 또는 3D 적분을 수행할 때 중요한 역할을 한다. 이를 서술하면 다음과 같다: (r, z) 좌표계에서 주어진 사각형 또는 다각형 영역을 표준 구간 [−1,1]의 사각형으로 매핑하여 적분을 간소화한다. 일반적인 좌표계에서의 적분은 복잡하므로, 표준화된 구간으로 변환하여 적분식을 간단히 처리한다. 각 꼭짓점들은 (r, z) 좌표계에서 (s, t) 좌표계의 대응점으로 변환된다. 그림은 표준화된 구간으로 변환 점 (-1, -1)에서 시작해 반시계 방향으로 점 번호를 부여한 단위 길이 1인 정사각형으로 사상된다. 점 번호는 1 → 2 → 3 → 4 순서로 표시되었으며, 각 점의 위치에 빨간색으로 표시되었다. 단위 길이 1인 정사각형은 (-1, 1) × (1, 1) 영역 내에 위치한다.

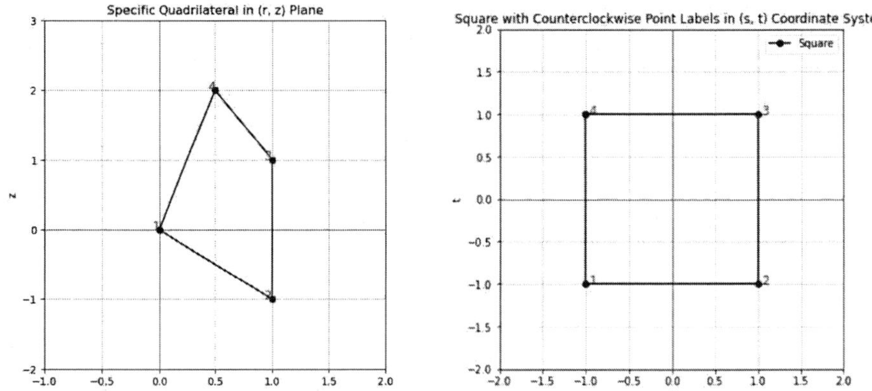

③ **형상 함수(Shape Function)**

우선 유한 요소 해석(Finite Element Analysis)에서 형상 함수(Shape Function)를 사용하여 2차원 요소에서 변위를 계산하는 방법을 설명해 보자. 이를 설명하면 다음과 같다. u와 v는 표준화된 위 길이 1인 정사각형은 (-1, 1) × (1, 1) 영역 요소 내부의 변위 필드를 나타내며, 형상 함수 N_i 와 각 요소의 절점에서의 변위 u_i, v_i 를 사용하여 계산된다. 즉, $u = N_i u_i$, $v = N_i v_i$을 형상함수 N_i을 사용하여 변위 계산한다.

$$\begin{Bmatrix} u \\ w \end{Bmatrix} = \begin{bmatrix} N_1 & 0 & N_2 & 0 & N_3 & 0 & N_4 & 0 \\ 0 & N_1 & 0 & N_2 & 0 & N_3 & 0 & N_4 \end{bmatrix} \begin{Bmatrix} u_1 \\ w_1 \\ u_2 \\ w_2 \\ \vdots \\ u_4 \\ w_4 \end{Bmatrix} \tag{5.7.3-2}$$

㉠ 여기서 형상함수(shape function)는,

$$N_1 = \frac{(1-s)(1-t)}{4},\ N_2 = \frac{(1+s)(1-t)}{4}$$
$$N_2 = \frac{(1+s)(1+t)}{4},\ N_4 = \frac{(1-s)(1+t)}{4} \quad (5.7.3\text{-}3)$$

㉡ 임의의 위치 점 r과 z도 형상함수 N_i을 사용하여 계산할 수 있다.

$$r = [N_1\ N_2\ N_3\ N_4]\begin{Bmatrix} r_1 \\ r_2 \\ r_3 \\ r_4 \end{Bmatrix}$$
$$z = [N_1\ N_2\ N_3\ N_4]\begin{Bmatrix} z_1 \\ z_2 \\ z_3 \\ z_4 \end{Bmatrix} \quad (5.7.3\text{-}4)$$

㉡ 이 두 가시 식은 사코비안과 자코비안 행렬식을 만드는데 필요하다.

④ 2중적분의 Jacobian과 행렬식(det J) 구하기

유한 요소 해석(Finite Element Analysis)에서 자코비 행렬(Jacobian matrix)과 형상 함수(Shape Function)를 이용해 좌표 변환과 관련된 계산 과정을 설명하고 있다. 이를 바탕으로 설명하면 다음과 같다: 자코비 행렬은 요소 내부의 기준 좌표계(s, t)와 실제 좌표계(r, z) 사이의 관계를 나타내는 행렬이다. 행렬 J는 다음과 같이 정의된다. 이를 통해 각 좌표의 변화율을 나타낼 수 있다.

$$J = \begin{bmatrix} \frac{\partial r}{\partial s} & \frac{\partial z}{\partial s} \\ \frac{\partial r}{\partial t} & \frac{\partial z}{\partial t} \end{bmatrix} \quad (5.7.3\text{-}5)$$

행렬식(det J)은 좌표 변환에서 면적 또는 부피의 크기 조정 요소를 제공한다.

$$\det J - \frac{\partial r}{\partial s} * \frac{\partial z}{\partial t} - \frac{\partial r}{\partial t} * \frac{\partial z}{\partial s} \quad (5.7.3\text{-}6)$$

$r = [N_1\ N_2\ N_3\ N_4]\begin{Bmatrix} r_1 \\ r_2 \\ r_3 \\ r_4 \end{Bmatrix}$ 에 편미분을 적용해보면,

$$\frac{\partial r}{\partial s} = \left[\frac{\partial N_1}{\partial s} \ \frac{\partial N_2}{\partial s} \ \frac{\partial N_3}{\partial s} \ \frac{\partial N_4}{\partial s} \right] \begin{Bmatrix} r_1 \\ r_2 \\ r_3 \\ r_4 \end{Bmatrix} ,$$

$$\frac{\partial r}{\partial t} = \left[\frac{\partial N_1}{\partial t} \ \frac{\partial N_2}{\partial t} \ \frac{\partial N_3}{\partial t} \ \frac{\partial N_4}{\partial t} \right] \begin{Bmatrix} r_1 \\ r_2 \\ r_3 \\ r_4 \end{Bmatrix} \tag{5.7.3-7}$$

$z = [N_1 \ N_2 \ N_3 \ N_4] \begin{Bmatrix} z_1 \\ z_2 \\ z_3 \\ z_4 \end{Bmatrix}$ 에 편미분을 적용해보면,

$$\frac{\partial z}{\partial s} = \left[\frac{\partial N_1}{\partial s} \ \frac{\partial N_2}{\partial s} \ \frac{\partial N_3}{\partial s} \ \frac{\partial N_4}{\partial s} \right] \begin{Bmatrix} z_1 \\ z_2 \\ z_3 \\ z_4 \end{Bmatrix} ,$$

$$\frac{\partial z}{\partial s} = \left[\frac{\partial N_1}{\partial t} \ \frac{\partial N_2}{\partial t} \ \frac{\partial N_3}{\partial t} \ \frac{\partial N_4}{\partial t} \right] \begin{Bmatrix} z_1 \\ z_2 \\ z_3 \\ z_4 \end{Bmatrix} \tag{5.7.3-8}$$

위 식을 $\det J = \frac{\partial r}{\partial s}\frac{\partial z}{\partial t} - \frac{\partial r}{\partial t}\frac{\partial z}{\partial s}$ 에 대입하면 det J 값을 구 할 수 있다. 이 식을 (x, y) 좌표축에 적용해보면,

$$\frac{\partial x}{\partial s} = \frac{1}{4}(-x_1 + x_2 + x_3 - x_4)$$
$$\frac{\partial y}{\partial s} = \frac{1}{4}(-y_1 + y_2 + y_3 - y_4)$$
$$\frac{\partial x}{\partial t} = \frac{1}{4}(-x_1 - x_2 + x_3 + x_4)$$
$$\frac{\partial y}{\partial t} = \frac{1}{4}(-y_1 - y_2 + y_3 + y_4) \tag{5.7.3-9}$$

$\det J = |J| = \frac{\partial x}{\partial s}\frac{\partial y}{\partial t} - \frac{\partial x}{\partial t}\frac{\partial y}{\partial s}$ 이므로, 위 식을 대입하여 정리하면

$$\det J = |J| = \frac{1}{8}\left[(x_1 - x_3)(y_2 - y_4) - (x_2 - x_4)(y_1 - y_3)\right] \tag{5.7.3-10}$$

(5.7.4) 가우스 구적법을 활용하여 사각형 면적 구하기

주어진 코드는 2차원 영역에서의 수치적분을 계산하기 위해 가우스 적분법(Gauss Quadrature)을 구현한 것이다. 이를 수식으로 설명하면 다음과 같다:

① 사각형 요소의 정의:

사각형 요소의 네 꼭지점 좌표를 입력받아 $(x_1,y_1),(x_2,y_2),(x_3,y_3),(x_4,y_4)$로 설정한다. 이는 사각형 요소의 기하학적 형태를 정의하기 위한 데이터다. 4개의 점으로 이루어진 사각형의 면적을 구하기 위해, 자코비안 행렬을 통해 매핑하고 이에 가우스 적분을 활용하여 임의의 네 꼭지 점을 가진 2D 도형의 면적을 구할 수 있다. 파이썬 자체가 값을 반올림하는 round of error 정확도를 확인하기 확인해 보는 것도 중요하다.

$$A - \iint dxdy - \iint_{-1}^{1} |J|\, dsdt - \sum_{i=1}^{n}\sum_{j=1}^{n} |J|\, w_i w_j \tag{5.7.4-1}$$

② 자코비안 J 계산:

자코비안 J 는 주어진 영역의 기하학적 변환을 고려하기 위해 계산된다. 자코비안은 다음 식으로 표현된다. 이 식은 사각형 요소의 면적과 관련된 변환 계수를 나타낸다.

$$\begin{aligned}\det J &= |J| \\ &= \frac{1}{8}\left[(x_1 - x_3)(y_2 - y_4) - (x_2 - x_4)(y_1 - y_3)\right]\end{aligned} \tag{5.7.4-2}$$

③ 가우스 수치 적분:

가우스 적분법은 정해진 가중치와 적분점을 사용하여 주어진 함수의 적분값을 근사한다. 이 코드에서는 1차 및 2차 가우스 적분이 각각 구현되어 있다. 1차 가우스 적분 (GP1)와 2차 가우스 적분 (GP2)로 이루어져 있다. 2차 가우스 적분은 네 개의 적분점을 사용하여 계산된다. 각 적분점에서 자코비안과 가중치를 곱한 값들의 합으로 표현된다. 수식으로는 다음과 같다:

㉠ $\int_{-1}^{1}\int_{-1}^{1} 1 \times |J|\, drdt \approx \sum_{i=1}^{1}\sum_{j=1}^{1} \omega_i \omega_j f(r_i, t_j)\, |J|$ 을 구하시오. 어기서 $w_1 - 2,\ r_1 - 0,\ t_1 = 0$ 을 사용한다.

㉡ $\int_{-1}^{1}\int_{-1}^{1} 1 \times |J|\, drdt \approx \sum_{i=1}^{2}\sum_{j=1}^{2} \omega_i \omega_j |J|$ 을 구할 때 $w_1 = w_2 = 1$, $r_1 = -0.5774, r_2 = +0.5774,\ t_1 = -0.5774,\ t_2 = +0.5774$ 을 사용한다.

(5.7.5) 사각형 면적 구하기 코드

① 코드

```
# 사용자로부터 네 개의 점 좌표를 입력받는다.
x1, y1 = input("첫번째 좌표를 입력해주세요 : ").split()  # 첫 번째 점의 좌표 입력
x1 = float(x1); y1 = float(y1)  # 입력받은 좌표를 실수(float)로 변환
x2, y2 = input("두번째 좌표를 입력해주세요 : ").split()  # 두 번째 점의 좌표 입력
x2 = float(x2); y2 = float(y2)
x3, y3 = input("세번째 좌표를 입력해주세요 : ").split()  # 세 번째 점의 좌표 입력
x3 = float(x3); y3 = float(y3)
x4, y4 = input("네번째 좌표를 입력해주세요 : ").split()  # 네 번째 점의 좌표 입력
x4 = float(x4); y4 = float(y4)

# 기본 자코비안(Jacobian) 계산
J1 = (1/8) * (((x1 - x3) * (y2 - y4)) - ((x2 - x4) * (y1 - y3)))
# 기본 자코비안은 네 점의 기하학적 위치를 기반으로 계산됨

# 2차 가우스 적분을 위한 자코비안 계산
# 적분점 1에서의 자코비안
J2_1 = (1/8) * (((x1 - x3) * (y2 - y4)) - ((x2 - x4) * (y1 - y3))) \
    - (1/8) * (0.5774) * (((x1 - x2) * (y3 - y4)) - ((y1 - y2) * (x3 - x4))) \
    - (1/8) * (0.5774) * (((x1 - x4) * (y2 - y3)) - ((y1 - y4) * (x2 - x3)))

# 적분점 2에서의 자코비안
J2_2 = (1/8) * (((x1 - x3) * (y2 - y4)) - ((x2 - x4) * (y1 - y3))) \
    - (1/8) * (0.5774) * (((x1 - x2) * (y3 - y4)) - ((y1 - y2) * (x3 - x4))) \
    - (1/8) * (-0.5774) * (((x1 - x4) * (y2 - y3)) - ((y1 - y4) * (x2 - x3)))

# 적분점 3에서의 자코비안
J2_3 = (1/8) * (((x1 - x3) * (y2 - y4)) - ((x2 - x4) * (y1 - y3))) \
    - (1/8) * (-0.5774) * (((x1 - x2) * (y3 - y4)) - ((y1 - y2) * (x3 - x4))) \
    - (1/8) * (0.5774) * (((x1 - x4) * (y2 - y3)) - ((y1 - y4) * (x2 - x3)))

# 적분점 4에서의 자코비안
J2_4 = (1/8) * (((x1 - x3) * (y2 - y4)) - ((x2 - x4) * (y1 - y3))) \
    - (1/8) * (-0.5774) * (((x1 - x2) * (y3 - y4)) - ((y1 - y2) * (x3 - x4))) \
    - (1/8) * (-0.5774) * (((x1 - x4) * (y2 - y3)) - ((y1 - y4) * (x2 - x3)))

# 가우스 적분 가중치 설정
```

```
g1w1 = 2  # 1차 가우스 적분의 가중치
g2w1 = 1  # 2차 가우스 적분의 첫 번째 가중치
g2w2 = 1  # 2차 가우스 적분의 두 번째 가중치

# 1차 가우스 적분 결과 출력
print('GP1_Gauss :', J1 * (g1w1 + g1w1))

# 2차 가우스 적분 결과 출력
print('GP2_Gauss :',
      J2_1 * (g2w1 * g2w1) + J2_2 * (g2w1 * g2w2) +
      J2_3 * (g2w2 * g2w1) + J2_4 * (g2w2 * g2w2))
```

② 코드 설명

㉠ n = 1 일 때

$$|J|\sum_{i=1}^{1}\sum_{j=1}^{1} w_i w_j = \frac{1}{8}\left[(x_1-x_3)(y_2-y_4)-(x_2-x_4)(y_1-y_3)\right](w_1 w_1) \quad (5.7.5\text{-}1)$$

㉡ n = 2 일 때

$w_1 = w_2 = 1,\quad r_1 = -0.5774, r_2 = +0.5774,\quad t_1 = -0.5774,$ $t_2 = +0.5774$ 을 사용하여 $\int_{-1}^{1}\int_{-1}^{1} 1\times |J| drdt \approx \sum_{i=1}^{2}\sum_{j=1}^{2}\omega_i\omega_j |J|$ 을 계산하고, 여기서 아래 J 는 r과 t의 함수이므로 두 번 summation 할 때 계산에 유의한다.

③ 결과비교

```
첫번째 좌표를 입력해주세요 : 0 5
두번째 좌표를 입력해주세요 : 1 1
세번째 좌표를 입력해주세요 : 4 1
네번째 좌표를 입력해주세요 : 8 5
GP1_Gauss : 22.0
GP2_Gauss : 22.0
```

(5.8) 연습문제

① 문제 1:

다음 함수 $f(x)=x^2$의 [0,1] 구간에서 리만 합을 사용하여 적분값을 구하시오.

풀이:

② 문제 2:

함수 $f(x)=x^2$의 [0,1] 구간에서 사다리꼴 공식을 사용하여 적분값을 구하시오.

$$Trapezoidal\,Rule: \int_a^b f(x)dx \approx \frac{\Delta x}{2}\left[f(a)+2\sum_{i=1}^{n-1} f(x_i)+f(b)\right]$$

풀이:

③ 문제 3:

함수 $f(x)=x^2$의 [0,1] 구간에서 사리처드슨 외삽법을 사용하여 적분값을 계산하시오.

$$R(h)=\frac{4I(h/2)-I(h)}{3}$$

풀이:

④ 문제 4:

함수 $f(x) = x^2$의 [0,1] 구간에서 Romberg Integration을 사용하여 적분값을 계산하시오.

$$R_{k,j} = \frac{4^j R_{k,j-1} - R_{k-1,j-1}}{4^j - 1}$$

풀이:

⑤ 문제 5:

함수 $f(x) = x^2$의 [0,1] 구간에서 심슨 공식을 사용하여 적분값을 구하시오.

$$\int_a^b f(x)dx \approx \Delta\frac{x}{3}\left[f(a) + 4\sum_{i=1}^{n/2} f(x_{2i-1}) + 2\sum_{i=1}^{n/2-1} f(x_{2i}) + f(b)\right]$$

풀이:

⑥ 문제 6:

함수 $f(x) = x^2$의 [0,1] 구간에서 가우스 구적법을 사용하여 적분값을 구하시오.

$$\int_a^b f(x)dx \approx \sum_{i-1}^{n} w_i f(x_i)$$

풀이:

6 장 수치 보간(interpolation)

수치 보간은 주어진 데이터 포인트들 사이의 값을 예측하는 중요한 수치 해석 기법이다. 이 기법은 공학, 과학, 경제학 등 다양한 분야에서 널리 활용되며, 주어진 데이터를 기반으로 새로운 데이터 포인트를 생성하거나, 연속적인 함수 형태를 구성하는 데 사용된다. 예를 들어, 데이터가 불연속적일 경우 보간을 통해 데이터 사이의 관계를 이해하고, 이를 연속적인 곡선으로 변환함으로써 분석과 예측을 용이하게 한다. 수치 보간은 다양한 방법으로 구현될 수 있다. 대표적인 방법으로는 뉴턴의 분할 차분법(Newton's Divided Difference Method)과 라그랑주 보간법(Lagrange Interpolation)이 있다. 뉴턴의 분할 차분법은 단계적으로 다항식을 생성하여 계산의 복잡도를 줄이는 데 유리하며, 데이터 포인트의 수가 증가할수록 효율적이다. 반면, 라그랑주 보간법은 단일 다항식으로 모든 데이터 포인트를 포함하며, 간단한 구현이 가능하다. 하지만 데이터 점이 많아질수록 계산이 복잡해지는 단점이 있다

(6.1) 수치 보간 개요

이 절에서는 수치 보간(Interpolation)의 기본 개념과 필요성에 대해 설명한다. 수치 보간은 주어진 데이터 포인트 사이의 값을 추정하거나 예측하는 방법으로, 연속적인 데이터의 매끄러운 연결과 함수의 근사적 표현을 가능하게 한다. 수치 보간은 공학적 문제, 데이터 분석, 과학적 계산 등에서 널리 활용되며, 특히 실험 데이터나 시뮬레이션 결과의 중간값 추정에 유용하다. 이 절에서는 수치 보간의 기본 원리와 응용 분야를 다루며, 다양한 보간 기법(예: 뉴턴 분할 차분법, 라그랑주 보간법, 스플라인 보간법)을 설명하기 이전의 개료를 다룬다.

(6.2) 뉴턴 분할 차분법

이 절에서는 수치 보간에서 사용되는 뉴턴 분할 차분법(Newton's Divided Difference Method)에 대해 설명한다. 뉴턴 분할 차분법은 주어진 데이터 포인트를 기반으로 분할 차분 테이블을 작성하고, 이를 이용해 보간 다항식을 점진적으로 생성한다. 이 절에서는 분할 차분 테이블의 구성 원리, 다항식의 단계적 계산 과정, 그리고 새로운 데이터 포인트 추가 시 계산 효율성을 높이는 방법을 다룬다. Python을 활용하여 뉴턴 분할 차분법을 구현하는 과정을 설명하고, 주어진 데이터에 대해 보간값을 계산하는 실습 예제를 제공한다. 이를 통해 뉴턴 분할 차분법의 수학적 원리와 실제 활용법을 학습할 수 있다.ㅍ

(6.3) Lagrange Interpolation 수치 보간

이 절에서는 수치 보간 기법 중 하나인 라그랑주 보간법(Lagrange Interpolation Method)에 대해 설명한다. 라그랑주 보간법은 주어진 데이터 포인트를 포함하는 하나의 다항식을 생성하여, 데이터 사이의 값을 근사적으로 계산하는 기법이다. 라그랑주 보간법은 보간 다항식을 구성하기 위해 각 데이터 포인트에 대해 라그랑주 다항식을 정의하고, 이를 합산하여 최종 보간 다항식을 도출한다. 이 절에서는 라그랑주 보간법의 수학적 유도, 보간 다항식의 구조, 그리고 계산 과정에서 발생하는 오차를 줄이는 방법에 대해 다룬다. Python을 사용하여 라그랑주 보간법을 구현하는 방법과 주어진 데

이터셋에 적용하는 실습 예제를 제공한다. 이를 통해 라그랑주 보간법의 계산 원리와 실제 데이터 처리에서의 응용 능력을 학습할 수 있다.

(6.4) 스플라인 보간

이 절에서는 데이터의 매끄러운 연결을 위해 사용되는 스플라인 보간(Spline Interpolation)에 대해 설명한다. 스플라인 보간은 데이터를 구간별 다항식으로 표현하여 각 구간에서 연속성과 매끄러움을 보장하는 방법으로, 특히 3차 스플라인은 2차 미분까지의 연속성을 제공하여 물리적 시스템 모델링에 자주 사용된다. 스플라인 보간은 전역적으로 하나의 고차 다항식을 사용하는 방법보다 계산 효율성이 높고, 오버피팅 문제를 줄이는 데 유리하다. 이 절에서는 스플라인 보간의 수학적 원리, 보간 다항식의 구성 과정, 그리고 자연경계조건과 같은 경계 조건의 설정 방법을 다룬다. Python과 SciPy를 활용하여 스플라인 보간을 구현하고, 주어진 데이터에 적용하여 결과를 시각화하는 실습 예제를 제공한다. 이를 통해 스플라인 보간의 강력한 특성과 응용 가능성을 이해하고, 실제 문제 해결에 활용하는 능력을 학습할 수 있다.

(6.5) 수치보간법들과의 차이점

이 절에서는 다양한 수치보간법(뉴턴 분할 차분법, 라그랑주 보간법, 스플라인 보간법)의 특징과 차이점을 비교한다. 각 보간법은 데이터의 구조, 계산 효율성, 오차 특성에 따라 적합한 용도가 다르며, 이 절에서는 각 기법의 장단점과 선택 기준을 설명한다. Python을 사용하여 각 보간법을 동일한 데이터셋에 적용한 결과를 비교하고, 정확도와 계산 효율성을 분석하는 실습 예제를 제공한다. 이를 통해 다양한 수치보간법의 특징과 활용 방식을 이해하고, 적합한 기법을 선택하는 능력을 배양할 수 있다.

(6.6) 연습문제

수치 보간의 개념과 구현을 복습하기 위해 연습문제가 제공된다. 연습문제는 Newton, Lagrange, 스플라인 보간법의 Python 구현과 결과 비교를 다루며, 이를 통해 사용자는 각 기법의 특성과 응용 방법을 명확히 이해할 수 있다.

(6.1) 수치 보간 개요

이 절에서는 수치 보간(Interpolation)의 기본 개념과 필요성에 대해 설명한다. 수치 보간은 주어진 데이터 포인트 사이의 값을 추정하거나 예측하는 방법으로, 연속적인 데이터의 매끄러운 연결과 함수의 근사적 표현을 가능하게 한다. 수치 보간은 공학적 문제, 데이터 분석, 과학적 계산 등에서 널리 활용되며, 특히 실험 데이터나 시뮬레이션 결과의 중간값 추정에 유용하다. 이 절에서는 수치 보간의 기본 원리와 응용 분야를 다루며, 다양한 보간 기법(예: 뉴턴 분할 차분법, 라그랑주 보간법, 스플라인 보간법)을 설명하기 이전의 개료를 다룬다.

수치 보간(interpolation)은 주어진 데이터 점들 사이의 값을 추정하기 위한 중요한 수치 해석 기법이다. 이는 공학, 과학 및 다양한 응용 분야에서 널리 사용되며, 주어진 데이터의 불연속적인 점들 사이에 연속적인 함수 형태를 생성하는 데 활용된다. 수치 보간의 핵심 아이디어는 이미 알려진 데이터 점들을 기반으로 새로운 데이터를 예측하거나, 알려지지 않은 함수 값을 추정하는 것이다.

수치 보간의 주요 중요성은 다음과 같다:

데이터의 연속성 확보

보간은 불연속적인 데이터 포인트를 연속적인 함수로 변환하여 데이터의 이해와 해석을 용이하게 한다. 이는 곡선 근사와 데이터 시각화에서도 매우 중요한 역할을 한다.

데이터 분석과 예측

수치 보간을 통해 누락된 데이터 포인트를 예측하거나, 데이터 패턴을 추정할 수 있다. 이는 머신러닝의 데이터 전처리 과정에서 결측치를 복원하거나, 예측 모델의 입력 데이터를 생성하는 데 필수적이다.

다양한 응용 가능성

수치 보간은 기계 공학에서의 유한요소법, 기상학에서의 데이터 추정, 영상 처리에서의 해상도 향상 등 다양한 분야에서 적용될 수 있다. 특히, 고차원 데이터 분석과 같은 복잡한 문제 해결에 적합하다.

파이썬과 같은 프로그래밍 언어는 수치 보간을 구현하는 데 있어 강력한 도구를 제공한다. NumPy와 SciPy 같은 라이브러리는 보간 다항식을 효율적으로 계산하고, 복잡한 데이터 구조를 처리할 수 있는 기능을 포함한다. 이를 통해 데이터 분석과 모델링의 신뢰성과 효율성을 높일 수 있다.

Python 같은 프로그래밍 언어는 보간 계산을 자동화하고, 복잡한 다항식 표현 및 수치를 효율적으로 처리할 수 있는 강력한 도구를 제공한다. Matlab은 편리한 내장 함수를 통해 다양한 보간 방법을 지원하며, Python은 numpy와 scipy 라이브러리를 활용하여 Newton 및 Lagrange 보간을 구현할 수 있다. Python을 이용한 보간은 특히 가시화와 데이터 분석 측면에서 유리하며, 복잡한 데이터 세트에도 손쉽게 적용 가능하다.

(6.1.1) 보간과 곡선 근사의 머신러닝 관점

보간의 기본 아이디어는 주어진 데이터 포인트들을 모두 포함하는 곡선을 찾는 것이다. 예를 들어, 데이터 포인트 x0부터 $x_1, x_2, \cdots x_n$까지의 (n+1)개개의 데이터가 주어졌을 때, 이 데이터들을 정확히 통과하는 커브를 찾아내는 것이 보간의 핵심이다. 이러한 보간은 곡선의 모든 데이터를 정확히 포함하므로, AI 모델에서 데이터 손실을 최소화하거나 정확한 패턴을 복원해야 할 때 중요하다. 그러나 머신러닝의 관점에서, 모든 점을 지나는 곡선을 찾는 것이 항상 최선은 아니다. 데이터의 노이즈나 과적합(overfitting)의 위험 때문에, 데이터의 일부를 기반으로 구간별(piecewise)로 만족하는 곡선을 찾는 방식이 더 효과적일 수 있다.

특히, AI와 머신러닝에서는 보간 기법이 복잡한 함수 근사를 단순화하거나, 모델의 학습 데이터를 보강하는 데 사용된다. 예를 들어, 주어진 데이터를 기반으로 컨투어(contour)를 그리거나, 유한요소법(Finite Element Method)에서 영역을 여러 구간으로 나누어 보간하는 경우와 같이, 이러한 방식은 데이터의 지역적 특성을 학습 모델에 반영하는 데 필수적이다. 또한, 보간은 이미지 처리와 같은 비정형 데이터를 다루는 머신러닝 응용에서도 활용되며, 데이터의 해상도를 높이거나 결측치를 복원하는 데 유용하다.

AI와 머신러닝은 보간과 곡선 근사를 효율적으로 구현할 수 있는 다양한 라이브러리와 알고리즘을 제공한다. Python의 numpy, scipy 또는 TensorFlow와 같은 도구들은 다항식 보간, 스플라인 보간, 심지어 고차원 데이터 보간까지 다양한 기법을 지원한다. 이를 통해 데이터의 정교한 처리가 가능하며, 보간 과정을 활용해 더 나은 모델의 학습 성능과 예측력을 확보할 수 있다.

보간은 그래프에 표시된 빨간 점들로 나타난 데이터 포인트를 연결하는 곡선을 찾는 것을 목표로 한다. 예를 들어, Spline 보간은 각 구간에서 부드러운 곡선을 만들어 데이터의 연속성과 매끄러움을 보장한다. 이 그림은 데이터 분석, 머신러닝, 수치해석 등 다양한 분야에서 보간과 외삽이 데이터를 이해하고 활용하는 데 필수적인 도구임을 시사한다. Newton과 Lagrange 다항식은 수치적 계산에서 정확성을 제공하며, Spline 보간은 부드러운 결과를 얻는 데 유리하다.

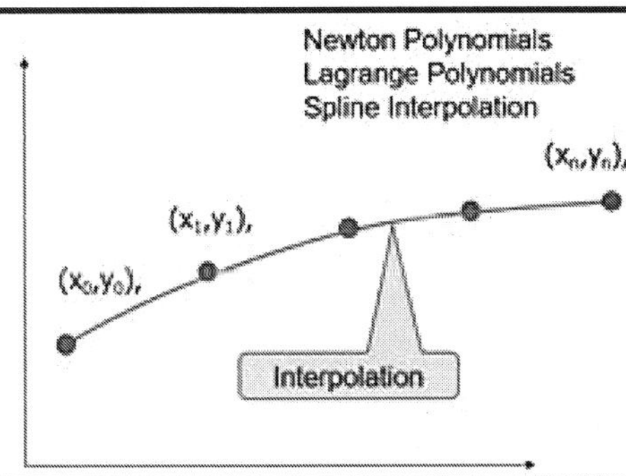

(6.2) 뉴턴 분할 차분법

이 절에서는 수치 보간에서 사용되는 뉴턴 분할 차분법(Newton's Divided Difference Method)에 대해 설명한다. 이 방법은 데이터를 다항식으로 근사하여 보간값을 계산하는 기법으로, 효율적이고 계산 과정이 단순한 것이 특징이다. 뉴턴 분할 차분법은 주어진 데이터 포인트를 기반으로 분할 차분 테이블을 작성하고, 이를 이용해 보간 다항식을 점진적으로 생성한다. 이 절에서는 분할 차분 테이블의 구성 원리, 다항식의 단계적 계산 과정, 그리고 새로운 데이터 포인트 추가 시 계산 효율성을 높이는 방법을 다룬다. Python을 활용하여 뉴턴 분할 차분법을 구현하는 과정을 설명하고, 주어진 데이터에 대해 보간값을 계산하는 실습 예제를 제공한다. 이를 통해 뉴턴 분할 차분법의 수학적 원리와 실제 활용법을 학습할 수 있다.

(6.2.1) Newton의 차분(divided-difference) 1차 선형 보간

뉴턴 다항식(Newton Polynomial)에 대해 논의하면서, 어떤 함수의 미분을 구하기 위해 사용하는 차분법의 개념을 소개한다. 차분법은 함수 값의 변화를 기반으로 미분 값을 근사적으로 구하는 방법이다.

Newton은 이러한 차분법을 이용해 어떤 함수가 두 점을 지나는 경우, 선형 보간법(Linear Interpolation)을 사용하여 중간의 값을 근사적으로 계산하는 방식을 제안했다. 이는 간단한 직선 방정식을 사용하여 두 점 사이의 값을 추정하는 방식이다. Newton의 아이디어는 이를 다항식으로 확장해 Linear(선형), Quadratic(이차식), General Form(일반적인 형태)으로 표현할 수 있는 유연성을 제공했다.

이를 통해 함수를 다항식으로 표현할 때, 필요에 따라 Newton의 Divided Difference를 사용하여 다항식 계수를 구할 수 있다. 이는 수학적 정밀도가 중요한 수치 해석 문제에서 매우 유용한 접근법으로 알려져 있다.

① 선형 보간(linear interpolation)의 정의:

선형 보간(linear interpolation)은 두 점 x_0, x_1을 지나는 (x_0, f_0), (x_1, f_1) 사이를 직선으로 연결하여 중간 값을 추정하는 방법이다. 이를 기반으로 데이터의 간단한 근사를 수행하며, 해당 선형 방정식은 아래와 같은 형태를 가진다. 여기서 b_0와 b_1은 보간 다항식의 계수이다. 일차식으로 표현해서 상수와 일차 함수의 계수, 뒤의 (x-x_0)라는 첫 번째를 넣으면, 만약에 x_0를 대입했을 때, 이 값이 0이 되니까 바로 $b_0 = f(x_0)$가 나온다.

$$
\begin{aligned}
p_1(x) &= b_0 + b_1(x - x_0) \\
b_0 &= f(x_0) \\
b_1 &= \frac{f(x_1) - f(x_0)}{x_1 - x_0}
\end{aligned}
\tag{6.2.1-1}
$$

$b_1 = \dfrac{f(x_1) - f(x_0)}{x_1 - x_0}$은 점 사이의 기울기, 즉 차분 계산이다. Newton의 차분 공식은 위의 계수를 일반화한 표현이다.

$$
f[x_0, x_1] = \frac{f(x_1) - f(x_0)}{x_1 - x_0} \tag{6.2.1-2}
$$

미분한 기울기, 이 기울기를 다음과 같은 기호로, 즉 [ ] 대괄호해서 에서 뒤로 빼고, 앞에 함수에서 뒤에 함수를 빼주는, 그 함수의 기울기를 의미하는 표현이 된다. 이 방식은 데이터 간 간단한 보간이 필요할 때 유용하지만, 데이터가 비선형적인 경우에는 오차가 발생할 수 있다. Newton의 차분 방식을 확장하면 고차 다항식을 통해 비선형 데이터에 대한 더 정밀한 보간을 수행할 수 있다.

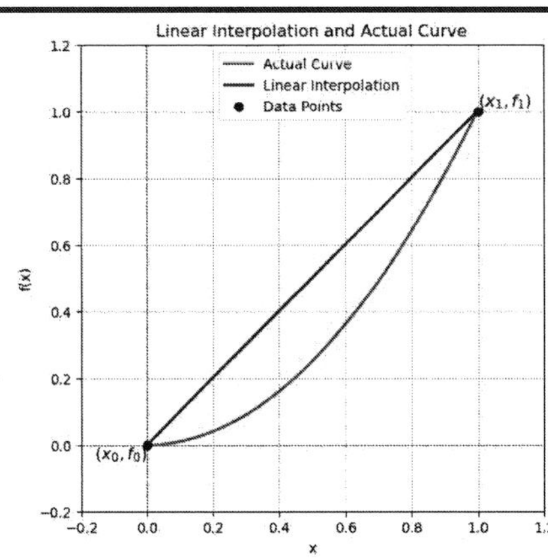

(6.2.2) Newton의 차분(divided-difference) 2차 보간

Newton의 차분(divided-difference) 2차 보간법은 주어진 세 개의 점 $(x_0,f_0),(x_1,f_1),(x_2,f_2)$을 통과하는 2차 다항식을 구하는 방법이다. 이 방법은 다음과 같은 과정으로 수행된다. 2차 다항식은 다음과 같이 표현된다

$$p_2(x) = b_0 + b_1(x - x_0) + b_2(x - x_0)(x - x_1) \quad (6.2.2\text{-}1)$$

우선 $b_0 = f(x_0)$, $b_1 = \dfrac{f(x_1) - f(x_0)}{x_1 - x_0}$은 1차 보간과 동일하고 2차 보간 계수,$b_2$, 계산은 다음과 같이 계산된다.

$$b_2 = \frac{\dfrac{f(x_2) - f(x_1)}{x_2 - x_1} - \dfrac{f(x_1) - f(x_0)}{x_1 - x_0}}{x_2 - x_0} \quad (6.2.2\text{-}2)$$

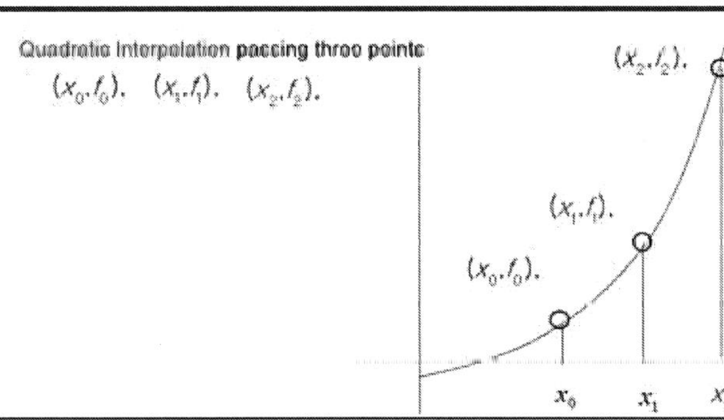

이 계수들은 다항식의 각 항을 구성하며, b_0,b_1,b_2는 각각 함수의 값, 기울기, 곡률을 나타낸다. 이를 통해 주어진 데이터 포인트를 정확히 통과하는 보간 다항식을 구성할 수 있다. 이를 확장하면 더 높은 차수의 보간 다항식으로 일반화할 수 있다.

$$b_0 = f(x_0) = f[x_0]$$
$$b_1 = f[x_0, x_1] = \frac{f_1 - f_0}{x_1 - x_0} \tag{6.2.2-3}$$
$$b_2 = f[x_0, x_1, x_2] = \frac{f[x_1, x_2] - f[x_0, x_1]}{x_2 - x_0})$$

분할 차분 계수를 활용하여 다항식을 일반화한 표현은 다음과 같다.

$$\begin{aligned} p_2(x) &= f[x_0] + f[x_1, x_0](x - x_0) \\ &+ f[x_2, x_1, x_0](x - x_0)(x - x_1)) \end{aligned} \tag{6.2.2-4}$$

이 방법은 주어진 점들을 정확히 통과하는 다항식을 구성하며, 점이 추가될수록 차수가 증가한다. 데이터의 특성을 기반으로 선형, 2차, 또는 고차 다항식을 생성할 수 있다.

(6.2.3) Newton의 차분(divided-difference) n차 보간

이런 식으로 일반화 시킬 수 있다. 일반화된 그런 식의 의미는 두 점 사이의 slope, 기울기를 의미하고, 세 점 사이의 기울기의 변화량을 의미한다. 모든 데이터가 n+1개로 이루어져 있다. 그 때, n's order interpolation 형식으로 표현을 하면, 고차 미분을 계속 하면서, 앞에 계수들이 1차,2차,3차, n차,, 좀 더 수학적인 기호로 표시를 하면 다음과 같은 뉴턴 divided difference form으로 표현이 된다.

$$f[x_n, \ldots, x_0] = \frac{f[x_n, \ldots, x_1] - f[x_{n-1}, \ldots, x_0]}{x_n - x_0}) \tag{6.2.3-1}$$

여기에 고차항으로 i는 0에서 n까지 모두 합할 수가 있다.

$$\begin{aligned} f(x) \equiv P_n(x) = f_0 &+ (x - x_0) f[x_1, x_0] \\ &+ (x - x_0)(x - x_1) f[x_2, x_1, x_0] \\ &\vdots \\ &+ (x - x_0) \ldots (x - x_{n-1}) f[x_n, \ldots, x_0] \end{aligned} \tag{6.2.3-2}$$

위식을 합과 곱으로 정리하면:

$$f(x) \equiv P_n(x) = \sum_{i=0}^{n} f[x_0, x_1, \ldots, x_i] \prod_{j=0}^{i-1} (x - x_j) \tag{6.2.3-3}$$

(6.2.4) Newton의 차분(divided-difference) 예제

이 코드는 뉴턴 나눗셈 차분법(Newton's Divided Difference Method)을 사용하여 주어진 데이터 포인트를 보간하는 과정과 그 결과를 시각화한다. 데이터 포인트 설정은 x-값: [0, 1, 2, 3] y-값: [1, 2, 0, 5] 으로 한다. 나눗셈 차분 계수 계산은 divided_diff를 호출하여 나눗셈 차분 계수 계산한다. 결과 계수는 [1,1,−1.5,1.1667]이다. 보간 다항식 계산은 새로운 x-값에 대해 newton_poly

를 호출하여 y-값 계산한다. 원래 데이터 포인트와 보간된 다항식을 플롯으로 비교한다.

① 소스코드

```
import numpy as np
import matplotlib.pyplot as plt
from scipy.interpolate import lagrange, CubicSpline

# 데이터 포인트 (점 4개)
x_points = np.array([0, 1, 2, 3])
y_points = np.array([1, 2, 0, 5])

# 1. Newton's Divided Difference Interpolation
def divided_diff(x, y):
    n = len(y)
    coef = np.zeros([n, n])
    coef[:, 0] = y
    for j in range(1, n):
        for i in range(n - j):
            coef[i, j] = (coef[i + 1, j - 1] - coef[i, j - 1]) / (x[i + j] - x[i])
    return coef[0, :]

def newton_poly(coef, x_data, x):
    n = len(coef) - 1
    p = coef[n]
    for k in range(1, n + 1):
        p = coef[n - k] + (x - x_data[n - k]) * p
    return p

# Newton Interpolation coefficients
newton_coef = divided_diff(x_points, y_points)
x_new = np.linspace(0, 3, 100)
y_newton = newton_poly(newton_coef, x_points, x_new)

# Plotting the results
plt.figure(figsize=(10, 6))
# Data points
plt.scatter(x_points, y_points, color='red', label='Data Points', zorder=5)
# Newton's method
plt.plot(x_new, y_newton, label="Newton Divided Difference", color='blue', linewidth=2)
```

```
# Configure plot
plt.title('Newton Divided Difference Interpolation')
plt.xlabel('x')
plt.ylabel('y')
plt.axhline(0, color='black', linewidth=0.5, linestyle='--')
plt.axvline(0, color='black', linewidth=0.5, linestyle='--')
plt.grid(color='gray', linestyle='--', linewidth=0.5)
plt.legend()
plt.show()
```

② 결과분석

보간된 다항식은 데이터 포인트를 정확히 통과하며, 다음과 같은 형태로 계산된다:

$$\begin{aligned} P_3(x) &= 1 + 1(x-0) - 1.5(x-0)(x-1) \\ &\quad + 1.1667(x-0)(x-1)(x-1) \end{aligned} \tag{6.2.4-1}$$

그래프에서 빨간 점은 원래 데이터 포인트, 파란 선은 Newton's Divided Difference로 계산된 보간 다항식이며, 그래프는 *x*축과 *y*축에서 보간 다항식이 데이터 점을 정확히 통과함을 보여준다.

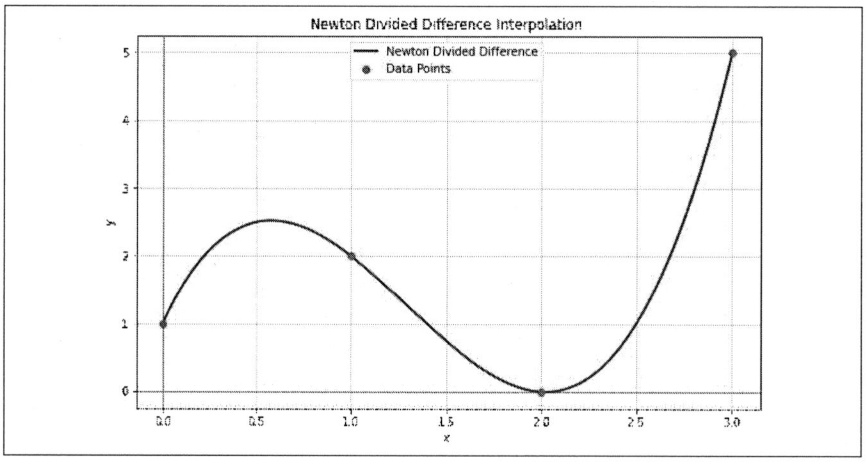

(6.3) Lagrange Interpolation 수치 보간

이 절에서는 수치 보간 기법 중 하나인 라그랑주 보간법(Lagrange Interpolation Method)에 대해 설명한다. 라그랑주 보간법은 주어진 데이터 포인트를 포함하는 하나의 다항식을 생성하여, 데이터 사이의 값을 근사적으로 계산하는 기법이다. 라그랑주 보간법은 보간 다항식을 구성하기 위해 각 데이터 포인트에 대해 라그랑주 다항식을 정의하고, 이를 합산하여 최종 보간 다항식을 도출한다. 이 절에서는 라그랑주 보간법의 수학적 유도, 보간 다항식의 구조, 그리고 계산 과정에서 발생하는 오차를 줄이는 방법에 대해 다룬다. Python을 사용하여 라그랑주 보간법을 구현하는 방법과 주어진 데이터셋에 적용하는 실습 예제를 제공한다. 이를 통해 라그랑주 보간법의 계산 원리와 실제 데이터 처리에서의 응용 능력을 학습할 수 있다.

라그랑주(Lagrange) 보간법은 주어진 데이터 포인트를 모두 정확히 지나는 다항식을 찾는 수치 보간 기법 중 하나이다. 이 방법은 다항식을 데이터 포인트의 위치와 값을 기반으로 계산하여 보간하는데, 보간 다항식은 특정 점을 제외한 나머지 점들에 대해 영향을 주지 않는 특성을 가진다. 이는 기저 함수의 합으로 구성된 형태로 표현되며, 각각의 기저 함수는 특정 데이터 점에서만 1의 값을 가지며 다른 점에서는 0이 되는 특성을 가진다.

라그랑주 보간법의 주요 이점은 모든 데이터 포인트를 정확히 지나는 다항식을 명시적으로 구할 수 있다는 것이다. 이는 데이터를 기반으로 특정 범위에서 연속적이고 매끄러운 곡선을 생성하는 데 유용하다. 그러나 데이터 포인트가 많아질수록 계산 복잡도가 급격히 증가하고, 다항식의 차수가 높아질수록 진동 현상(Runge 현상)이 발생할 수 있다는 단점이 있다.

특히, 라그랑주 보간법은 공학, 물리학, 컴퓨터 그래픽스 및 데이터 과학 등 다양한 분야에서 활용된다. 예를 들어, 실험 데이터의 보간, 물리적 모델의 근사, 그리고 컴퓨터 그래픽스에서의 이미지 보간 등에서 널리 사용된다. 이러한 특징은 주어진 데이터 세트에 대해 빠르고 간단한 보간식을 제공하여 다양한 응용 분야에서 유용하다.

라그랑주 보간은 일반적으로 Newton 보간과 비교되며, Newton 보간이 점진적으로 계산된 반면, 라그랑주 보간은 명시적으로 계산된다는 차이가 있다. 두 방법 모두 유한한 데이터 포인트를 보간하는데 적합하며, 데이터가 비선형적 특성을 가진 경우에도 적용 가능하다.

라그랑주 보간법은 유한요소법(Finite Element Method, FEM)에서도 형상함수 개념으로 널리 사용되고 있다. 경계값 문제와 초기값 문제의 해를 나타내는 함수에 대한 근사화 기법으로 볼 수 있다. 이 근사화는 주로 보간(interpolation) 기술을 사용하며 그 의미를 잘 이해하여야 한다.

s

(6.3.1) Lagrange Interpolation 정의

라그랑주 보간법에서 보간 다항식을 $P_n(x)$라고 정의하며, 함수의 n개의 알려진 값을 기반으로 라그랑주 보간 다항식을 사용하여 함수의 근사를 제안할 수 있다. 이는 각 데이터 점을 정확히 통과하도록 설계된 다항식이다.

이를 구성하는 기본적인 개념은 기저 다항식 $L_i(x)$를 정의하는 것이다. 각 기저 다항식은 특정 데이터 점에서만 값을 가지며, 나머지 점에서는 0이 된다.

$$\begin{cases} L_i(x_j) = 0, i \neq j \\ L_i(x_j) = 1, i = j \end{cases} \tag{6.3.1-1}$$

정의에 의해 $P_n(x_i) = y_i$을 만족하여야 하므로 P_n을 L_i, 함수로 다음과 같이 표현할 수 있다.

$$P_n(x) = y_0 L_0(x) + y_1 L_1(x) \\ + \cdots + y_n L_n(x) = \sum_{i=0}^{n} y_i L_i(x) \tag{6.3.1-2}$$

① 선형 보간

선형 보간은 두 점 사이를 직선으로 연결해 근사 값을 계산하는 간단한 방법이다. 그러나 빨간색 실제 곡선이 비선형적인 경우, 선형 보간은 실제 곡선과 차이를 보인다. 특히, 곡선의 기울기가 일정하지 않은 영역에서 이 차이가 더욱 두드러진다. 그래프는 실제 곡선(빨간 선)과 선형 보간(파란 선)을 비교한 것이다.

두점을 지나는 라그랑주 기저 함수 L_0, L_1는 주어진 두 점 (x_0, y_0)와 (x_1, y_1)를 선형적으로 보간하는 함수로, 각각 특정한 역할을 가진다. $L_0(x)$는 x_0에서 값이 1이 되고x_1에서 0이 되며, 반대로 $L_1(x)$는 x_0에서 값이 0이 되고x에서 1이 된다. 이 두 함수는 보간 다항식을 구성하는 기본 요소로, $L_0(x)$와 $L_1(x)$를 통해 선형 보간 다항식이 정의된다.

실제 곡선 (Actual Curve)은 빨간 선으로 표시되며, $y = x^2 + 1$의 형태를 가지는 비선형 곡선이다. 이는 실제 함수의 값을 나타낸다. 선형 보간 (Linear Interpolation): 파란 선으로 표시되며, 두 데이터 점을 직선으로 연결한 것이다. 이는 두 점 사이의 값을 선형적으로 근사한다.

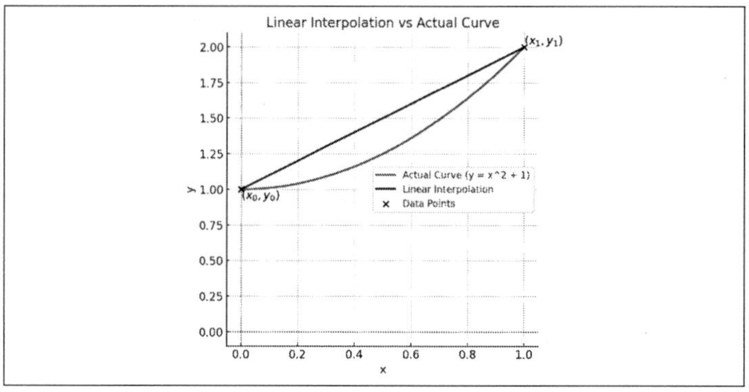

두 점을 지나는 경우는, L_0와 L_1을 표현 할 수 있다. 분자에 x_0 대신에 x가 들어가고, x_1 대신에 x가 들어간다.

$$L_0(x) = \frac{x - x_1}{x_0 - x_1}, \quad L_1(x) = \frac{x - x_0}{x_1 - x_0} \tag{6.3.1-3}$$

이를 사용해 선형 보간 다항식을 얻을 수 있다.

$$P_1(x) = y_0 L_0(x) + y_1 L_1(x) \quad (6.3.1\text{-}4)$$

② 2차 곡선 보간

만약에 $\{(x_0, y_0), (x_1, y_1), (x_2, y_2)\}$ 세 점으로 지남다고 하자. L_0의 경우에는 분모는 $(x_0 - x_1)(x_0 - x_2)$가 되고(이때 $x_0 - x_0$는 0이므로 생략하였다) 분자는 x_0 대신에 x로 표현하며, $L_1(x)$는 분모가 $(x_1 - x_2)(x_1 - x_0)$이고(마찬가지로 여기에서도 $x_1 - x_1$은 0이므로 생략하였다) 분자에는 분모의 x_1자리에 x를 집어넣은 $(x - x_0)(x - x_2)$를 넣어 표현할 수 있다. L_2도 같은 과정을 거쳐 표현할 수 있다. 따라서 세점을 지나는 경우는, L_0, L_1, L_3을 표현 할 수 있다.

$$\begin{aligned} P_2(x) &= y_0 L_0(x) + y_1 L_1(x) \ + y_2 L_2(x) \\ L_0(x) &= \frac{(x - x_1)(x - x_2)}{(x_0 - x_1)(x_0 - x_2)} \\ L_1(x) &= \frac{(x - x_0)(x - x_2)}{(x_1 - x_0)(x_1 - x_2)} \\ L_2(x) &= \frac{(x - x_0)(x - x_1)}{(x_2 - x_0)(x_2 - x_1)} \end{aligned} \quad (6.3.1\text{-}5)$$

③ n차 곡선 보간

이렇게 되면 정확히 자기 자신을 넣었을 때는 1이 되고, 그렇지 않은 경우에는 전부 0이 되는 Lagranginal polynomial function이 만들어진다.

따라서 그래서 Lagrangian interpolation function은 이렇게 i 는 0에서 n까지 $\sum_{i=0}^{n} y_i L_i$로

$$P_n(x) = \sum_{i=0}^{n} y_i L_i(x) = \sum_{i=0}^{n} \left(y_i \prod_{j=1, j \neq i}^{n} \frac{x - x_j}{x_{i - x_j}} \right) \quad (6.3.1\text{-}6)$$

L_i 는 최종적으로 계수 $\alpha_i = (x_{i-x_0})(x_{i-x_1}) \cdots (x_{i-x_{i-1}})(x_{i-x_{i+1}}) \cdots (x_{i-x_n})$.를 가지면서 $L_i(x) = \alpha_i (x - x_{0)} (x - x_1) \cdots (x - x_{i-1})(x - x_{i+1}) \cdots (x - x_n)$로 표현되면 최종적으로 L_i는 아래와 같이 정리된다.

$$P_n(x) = \sum_{i=0}^{n} y_i L_i(x) = \sum_{i=0}^{n} \left(y_i \prod_{j=1, j \neq i}^{n} \frac{x - x_j}{x_{i - x_j}} \right)$$
$$L_i(x) = \prod_{j=1, j \neq i}^{n} \left(\frac{x - x_j}{x_{i - x_j}} \right) \qquad (6.3.1\text{-}7)$$

(6.3.2) Lagrange Interpolation 예제

이 코드는 x_points = np.array([0, 1, 2, 3]) y_points = np.array([1, 2, 0, 5])로 데이터 포인트 정의한다.

① 코드

```
import numpy as np
import matplotlib.pyplot as plt
from scipy.interpolate import lagrange, CubicSpline

# 데이터 포인트 (점 4개)
x_points = np.array([0, 1, 2, 3])
y_points = np.array([1, 2, 0, 5])

#  Lagrange Interpolation
lagrange_poly = lagrange(x_points, y_points)
y_lagrange = lagrange_poly(x_new)

# Plotting the results
plt.figure(figsize=(10, 6))
# Data points
plt.scatter(x_points, y_points, color='red', label='Data Points', zorder=5)

# Lagrange
plt.plot(x_new, y_lagrange, label="Lagrange Interpolation", color='green', linestyle='--'
linewidth=2)

# Configure plot
plt.title('Lagrange Interpolation Method')
plt.xlabel('x')
plt.ylabel('y')
plt.axhline(0, color='black', linewidth=0.5, linestyle='--')
plt.axvline(0, color='black', linewidth=0.5, linestyle='--')
```

```
plt.grid(color='gray', linestyle='--', linewidth=0.5)
plt.legend()
plt.show()
```

② 코드 실행 및 결과분석

lagrange_poly = lagrange(x_points, y_points)을 사용하여 주어진 데이터 포인트를 사용해 라그랑주 다항식을 생성한다. 결과로 나온 lagrange_poly는 다항식 객체로, 특정 x, y 값을 계산할 수 있다. 새로운 x-값에 대한 y-값 계산은 y_lagrange = lagrange_poly(x_new)을 사용한다. x_new는 x-값의 새로운 범위(코드에서는 미리 정의된 변수로 가정), y_lagrange: 라그랑주 다항식을 사용해 계산된 y-값이다. 빨간 점: 원래 데이터 포인트, 녹색 점선: 라그랑주 보간법으로 계산된 다항식이다. 다항식은 주어진 데이터 포인트를 정확히 통과한다. 각 구간 사이에서 다항식은 곡선 형태를 유지하며 데이터를 보간한다. 라그랑주 보간법은 단순히 데이터 점을 통과하는 하나의 다항식을 생성한다. 데이터 점이 많아지면, 고차 다항식이 생성되며 진동 현상(Runge 현상)이 발생할 가능성이 있다. 따라서 데이터가 복잡한 경우, Cubic Spline 등의 방법이 더 적합할 수 있다.

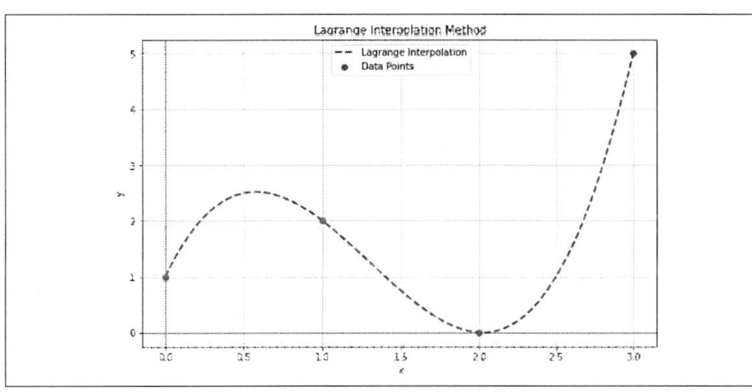

(6.4) 스플라인 보간

이 절에서는 데이터의 매끄러운 연결을 위해 사용되는 스플라인 보간(Spline Interpolation)에 대해 설명한다. 스플라인 보간은 데이터를 구간별 다항식으로 표현하여 각 구간에서 연속성과 매끄러움을 보장하는 방법으로, 특히 3차 스플라인은 2차 미분까지의 연속성을 제공하여 물리적 시스템 모델링에 자주 사용된다. 스플라인 보간은 전역적으로 하나의 고차 다항식을 사용하는 방법보다 계산 효율성이 높고, 오버피팅 문제를 줄이는 데 유리하다. 이 절에서는 스플라인 보간의 수학적 원리, 보간 다항식의 구성 과정, 그리고 자연경계조건과 같은 경계 조건의 설정 방법을 다룬다. Python과 SciPy를 활용하여 스플라인 보간을 구현하고, 주어진 데이터에 적용하여 결과를 시각화하는 실습 예제를 제공한다. 이를 통해 스플라인 보간의 강력한 특성과 응용 가능성을 이해하고, 실제 문제 해결에 활용하는 능력을 학습할 수 있다.

(6.4.1) Quadratic Spline

주어진 데이터 포인트 $(x_0, y_0), (x_1, y_1), \ldots (x_n, y_n)$에서 2차 스플라인 보간은 각 데이터 점 사이를 2차 다항식으로 연결하여 곡선을 생성하는 방법이다. 구간 $[x_i, x_{i+1}]$에 대해, 2차 스플라인은 다음과 같은 다항식으로 정의된다:

$$S_i(x) = a_i + b_i(x - x_i) + c_i(x - x_i)^2 \quad (6.4.1\text{-}1)$$

조건은 다음과 같다.

① 데이터 점 통과

$$S_i(x_i) = y_i,\ S_i(x_{i+1}) = y_{i+1} \quad (6.4.1\text{-}2)$$

② 1차 미분 연속

$$S'_i(x_{i+1}) = S'_{i+1}(x_{i+1}) \quad (6.4.1\text{-}3)$$

③ **자연 경계 조건 (Natural Boundary Condition):** 양 끝점에서 2차 도함수가 0이 되도록 설정

$$S''_0(x_0) = S''_{n-1}(x_n) \quad (6.4.1\text{-}4)$$

아래 그래프는 Quadratic Spline 보간법을 사용하여 데이터 포인트를 부드럽게 연결한 결과이다. 데이터 포인트는 초록색 점으로 표시되었으며, 이를 주황색 2차 스플라인 곡선이 부드럽게 연결한다. 각 점에는 $y_0, y_1, \ldots, y_5$ 레이블이 추가되었다.

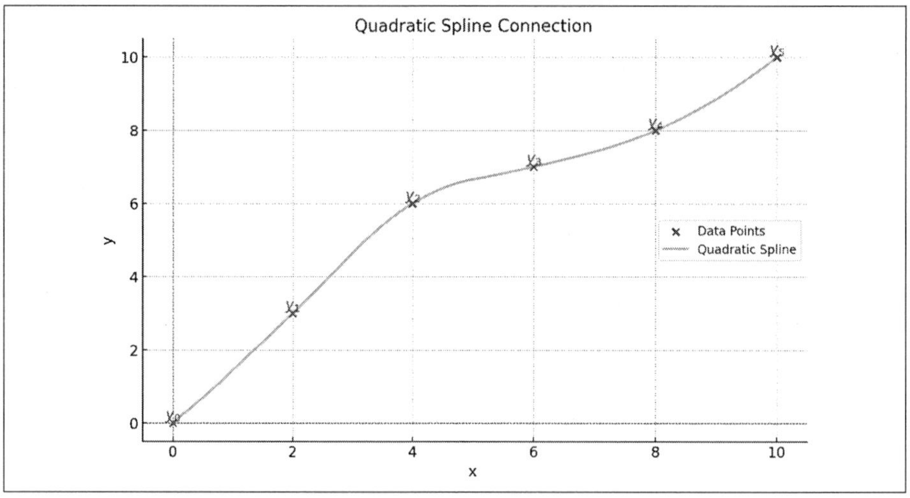

(6.4.2) Quadratic Spline 예제

이 코드는 Quadratic Spline Interpolation(2차 스플라인 보간)을 사용하여 데이터를 매끄럽게 연결한 후, 결과를 시각화하는 과정을 보여준다. Quadratic Spline은 각 구간을 2차 다항식으로 모델링하여 자연스러운 곡선을 생성한다.

① 코드

```
import numpy as np
import matplotlib.pyplot as plt
from scipy.interpolate import lagrange, CubicSpline

# 데이터 포인트 (점 4개)
x_points = np.array([0, 1, 2, 3])
y_points = np.array([1, 2, 0, 5])

# Quadratic Spline Interpolation (using CubicSpline with k=2)
quadratic_spline = CubicSpline(x_points, y_points, bc_type='natural', extrapolate=False)
y_quadratic_spline = quadratic_spline(x_new)

# Plotting the results
plt.figure(figsize=(10, 6))
# Data points
plt.scatter(x_points, y_points, color='red', label='Data Points', zorder=5)

# Quadratic Spline
plt.plot(x_new, y_quadratic_spline, label="Quadratic Spline", color='purple',
linestyle='-.', linewidth=2)

# Configure plot
plt.title('Quadratic Spline Methods')
plt.xlabel('x')
plt.ylabel('y')
plt.axhline(0, color='black', linewidth=0.5, linestyle='--')
plt.axvline(0, color='black', linewidth=0.5, linestyle='--')
plt.grid(color='gray', linestyle='--', linewidth=0.5)
plt.legend()
plt.show()
```

② 코드 실행 및 결과분석

Quadratic Spline 함수는 주어진 데이터 포인트에 대해 3차 스플라인을 생성한다. 기본적으로 자연 경계 조건이 적용된다. quadratic_spline = CubicSpline(x_points, y_points, bc_type='natural', extrapolate=False)에서 CubicSpline 함수가 사용되었지만, 실제로는 2차 스플라인을 구성하도록 조건이 조정되고, bc_type='natural': 자연 경계 조건을 적용, extrapolate=False: 주어진 데이터 포인트 범위를 초과한 외삽을 허용하지 않는다. y_quadratic_spline = quadratic_spline(x_new)에서 x_new는 x-값의 새로운 범위이고 (코드에서 x_new는 미리 정의되었다고 가정함.) y_quadratic_spline은 2차 스플라인을 사용해 계산된 y-값이다. 은 계산된 스플라인을 통해 구한다. 빨간 점은 원래 데이터 포인트이고 보라색 점선: Quadratic Spline으로 계산된 보간 곡선이다. 각 구간을 2차 다항식으로 연결하므로 곡선이 부드럽지만, 2차 도함수는 불연속일 수 있다. 자연 경계 조건으로 인해 양 끝점에서 곡선이 부드럽게 정리된다. 2차 스플라인은 Cubic Spline보다 단순하지만, 매끄러움이 덜하다.

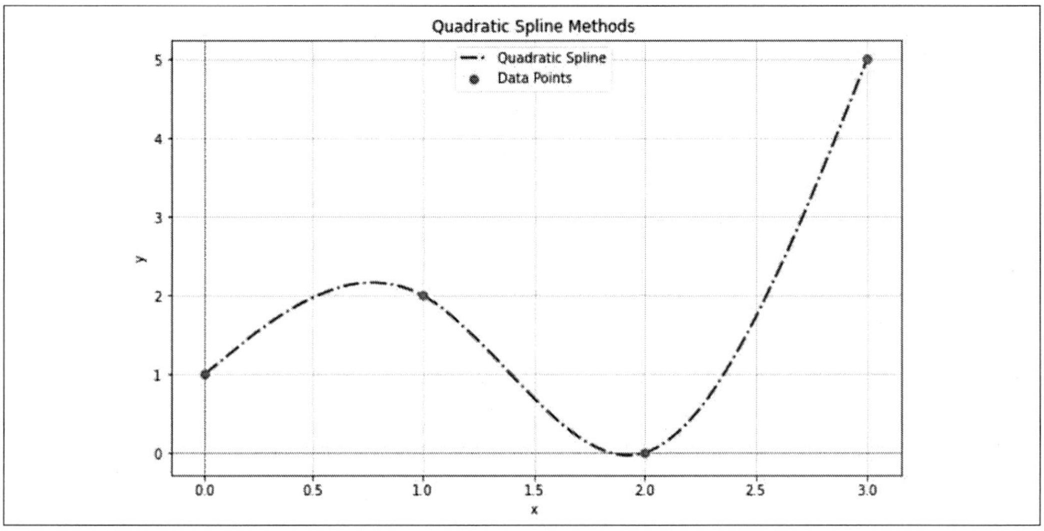

(6.4.3) Cubic Spline

주어진 데이터 포인트 $(x_0, y_0), (x_1, y_1), \ldots (x_n, y_n)$에서 각 구간 $[x_i, x_{i+1}]$에 대해, 3차 스플라인은 다음과 같은 다항식으로 정의된다:

$$S_i(x) = a_i + b_i(x - x_i) + c_i(x - x_i)^2 + d_i(x - x_i)^3 \tag{6.4.3-1}$$

조건:

① **데이터 점 통과**

$$S_i(x_i) = y_i,\ S_i(x_{i+1}) = y_{i+1} \tag{6.4.3-2}$$

② **1차 미분 연속**

$$S'_i(x_{i+1}) = S'_{i+1}(x_{i+1}) \tag{6.4.3-3}$$

③ **2차 미분 연속**

$$S''_i(x_{i+1}) = S''_{i+1}(x_{i+1}) \quad (6.4.3\text{-}4)$$

④ **자연 경계 조건 (Natural Boundary Condition):** 양 끝점에서 2차 도함수가 0이 되도록 설정

$$S''_0(x_0) = S''_{n-1}(x_n) \quad (6.4.3\text{-}5)$$

(6.4.4) Cubic Spline 예제

이 코드는 Cubic Spline Interpolation(3차 스플라인 보간)을 사용하여 데이터를 매끄럽게 연결한 후, 결과를 시각화하는 과정을 보여준다. Cubic Spline은 각 구간을 3차 다항식으로 모델링하여 매끄럽고 자연스러운 곡선을 생성한다.

① 소스코드

```
import numpy as np
import matplotlib.pyplot as plt
from scipy.interpolate import CubicSpline

# 데이터 포인트 (점 4개)
x_points = np.array([0, 1, 2, 3])
y_points = np.array([1, 2, 0, 5])

# 새 x 좌표 생성 (보간용)
x_new = np.linspace(0, 3, 100)  # 0에서 3 사이를 100개의 점으로 샘플링

# Cubic Spline Interpolation
cubic_spline = CubicSpline(x_points, y_points)  # CubicSpline 객체 생성
y_spline = cubic_spline(x_new)  # x_new에 해당하는 y 값 계산

# 결과 그래프 시각화
plt.figure(figsize=(10, 6))

# 데이터 포인트 표시
plt.scatter(x_points, y_points, color='red', label='Data Points', zorder=5)

# Cubic Spline 곡선
plt.plot(x_new, y_spline, label="Cubic Spline", color='orange', linewidth=2)

# 그래프 설정
```

```
plt.title('Cubic Spline Interpolation Method')
plt.xlabel('x')
plt.ylabel('y')
plt.axhline(0, color='black', linewidth=0.5, linestyle='--')
plt.axvline(0, color='black', linewidth=0.5, linestyle='--')
plt.grid(color='gray', linestyle='--', linewidth=0.5)
plt.legend()
plt.show()
```

② 소스 실행 및 결과분석

CubicSpline 함수는 주어진 데이터 포인트에 대해 3차 스플라인을 생성한다. 기본적으로 자연 경계 조건이 적용된다. y_spline = cubic_spline(x_new)에서 x_new는 x-값의 새로운 범위이고 (코드에서 x_new는 미리 정의되었다고 가정함.) y-값은 계산된 스플라인을 통해 구한다. 빨간 점은 원래 데이터 포인트이고 주황색 선은 Cubic Spline으로 계산된 보간 곡선이다.

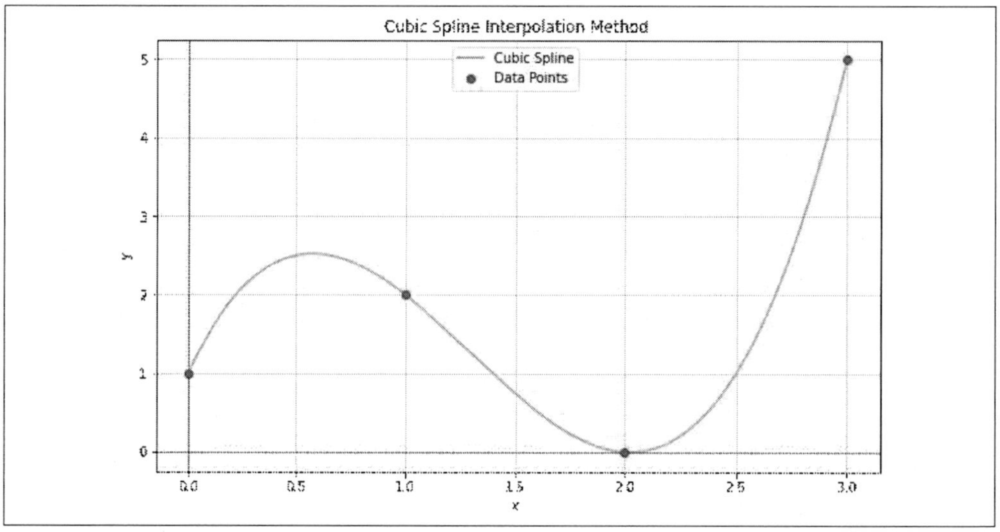

(6.5) 수치보간법들과의 차이점

이 절에서는 다양한 수치보간법(뉴턴 분할 차분법, 라그랑주 보간법, 스플라인 보간법)의 특징과 차이점을 비교한다. 각 보간법은 데이터의 구조, 계산 효율성, 오차 특성에 따라 적합한 용도가 다르며, 이 절에서는 각 기법의 장단점과 선택 기준을 설명한다. 뉴턴 분할 차분법은 점진적 계산이 가능하고, 데이터 추가 시 효율적이지만 고차 다항식의 경우 오차가 증가할 수 있다. 라그랑주 보간법은 이해와 구현이 간단하지만, 데이터 포인트가 많아질수록 계산이 복잡해지고 오차가 커질 수 있다. 스플라인 보간법은 연속성과 매끄러움을 보장하며 고차 다항식의 단점을 극복하지만, 구현이 상대적으로 복잡하다. Python을 사용하여 각 보간법을 동일한 데이터셋에 적용한 결과를 비교하고, 정확도와 계산 효율성을 분석하는 실습 예제를 제공한다. 이를 통해 다양한 수치보간법의 특징과 활용 방식을 이해하고, 적합한 기법을 선택하는 능력을 배양할 수 있다.
Lagrange Interpolation과 Newton's Divided Difference는 서로 다른 표현 방식이지만, 동일한 전역 다항식을 생성한다. Cubic Spline은 구간별로 3차 다항식을 사용하므로, 전역 다항식을 사용하지 않아 다른 결과를 보인다. 이를 통해 Lagrange와 Newton이 동일한 이유와 Cubic Spline이 다른 이유를 수학적으로 증명할 수 있다.

(6.5.1) 뉴턴의 분할 차분법(Newton's Divided Difference Method)과 라그랑주 보간법(Lagrange Interpolation)이 동일함

수치 보간은 다양한 방법으로 구현될 수 있다. 대표적인 방법으로는 뉴턴의 분할 차분법(Newton's Divided Difference Method)과 라그랑주 보간법(Lagrange Interpolation)이 있다. Lagrange Interpolation과 Newton's Divided Difference 보간법은 동일한 다항식을 구하는 방법론이 다를 뿐, 결과적으로 같은 보간 다항식을 생성한다. 이를 수학적으로 증명하기 위해 각 방법을 살펴보자. Lagrange 다항식은 다음과 같은 형태를 가진다:

$$\begin{aligned} P_n(x) &= y_0 L_0(x) + y_1 L_1(x) \\ &\quad + \cdots + y_n L_n(x) = \sum_{i=0}^{n} y_i L_i(x) \end{aligned} \tag{6.5.1-1}$$

여기서 기저 다항식(Lagrange Basis Polynomial) $L_i(x)$:

$$L_i(x) = \prod_{j=0, j \neq i}^{n} \left(\frac{x - x_j}{x_{i-x_j}} \right) \tag{6.5.1-2}$$

Newton's Divided Difference 다항식:

$$\begin{aligned} p_n(x) &= f[x_0] + f[x_1, x_0](x - x_0) \\ &\quad + f[x_2, x_1, x_0](x - x_0)(x - x_1)) \\ &\quad + \ldots \\ &\quad + f[x_n, x_{n-1}, \ldots, x_1, x_0](x - x_0)(x - x_1), \ldots, (x - x_{n-1}) \end{aligned} \tag{6.5.1-3}$$

① Newton 다항식의 변형:

Newton 다항식은 점진적으로 고차 항을 추가하는 방식으로 작성된다. 계수는 다음과 같은 방식으로 재귀적으로 정의된다:

$$f[x_n, \ldots, x_0] = \frac{f[x_n, \ldots, x_1] - f[x_{n-1}, \ldots, x_0]}{x_n - x_0}) \tag{6.5.1-4}$$

이를 통해 $P_n(x)$는 전체 데이터를 포함하는 단일 다항식으로 표현된다.

② **Lagrange 다항식의 본질:**

Lagrange 다항식의 $L_i(x)$는 특정 데이터 점에서 (x_j, y_j), $j \neq i$가 모두 0이 되도록 설계된 기저 다항식이다.

③ **동일한 다항식 생성:**

동일한 다항식 생성: 두 방법 모두 동일한 데이터 포인트 x_i를 통과해야 한다. 이를 통해 $P_n(x)$는 $(n+1)$의 데이터 포인트를 완전히 결정하므로, 고유하다. 따라서, Lagrange와 Newton 다항식은 동일한 최소 차수의 다항식을 생성한다.

(6.5.2) Cubic Spline이 다른 보간법과 다른 이유

Cubic Spline은 구간별 다항식 보간 방법으로, 각 구간에 대해 독립적인 3차 다항식을 설정한다. 이는 다음과 같은 조건을 만족해야 한다. 따라서, Cubic Spline은 데이터 포인트를 통과하지만, 전체 데이터를 하나의 다항식으로 표현하지 않는다. 이 때문에 Lagrange와 Newton 보간법과는 다르게 작동한다.

① **함수 값의 연속성.**
② **1차 도함수($f'(x)$)의 연속성.**
③ **2차 도함수($f''(x)$)의 연속성.**

(6.5.3) 코드 구현

① **코드**

```
import numpy as np
import matplotlib.pyplot as plt
from scipy.interpolate import lagrange, CubicSpline

# 데이터 포인트 (점 4개)
x_points = np.array([0, 1, 2, 3])
y_points = np.array([1, 2, 0, 5])

# 1. Newton's Divided Difference Interpolation
def divided_diff(x, y):
```

```
    n = len(y)
    coef = np.zeros([n, n])
    coef[:, 0] = y
    for j in range(1, n):
        for i in range(n - j):
            coef[i, j] = (coef[i + 1, j - 1] - coef[i, j - 1]) / (x[i + j] - x[i])
    return coef[0, :]

def newton_poly(coef, x_data, x):
    n = len(coef) - 1
    p = coef[n]
    for k in range(1, n + 1):
        p = coef[n - k] + (x - x_data[n - k]) * p
    return p

# Newton Interpolation coefficients
newton_coef = divided_diff(x_points, y_points)
x_new = np.linspace(0, 3, 100)
y_newton = newton_poly(newton_coef, x_points, x_new)

# 2. Cubic Spline Interpolation
cubic_spline = CubicSpline(x_points, y_points)
y_spline = cubic_spline(x_new)

# 3. Lagrange Interpolation
lagrange_poly = lagrange(x_points, y_points)
y_lagrange = lagrange_poly(x_new)

# 4. Quadratic Spline Interpolation (using CubicSpline with k=2)
quadratic_spline = CubicSpline(x_points, y_points, bc_type='natural',
extrapolate=False)
y_quadratic_spline = quadratic_spline(x_new)

# Plotting the results
plt.figure(figsize=(10, 6))
# Data points
plt.scatter(x_points, y_points, color='red', label='Data Points', zorder=5)
# Newton's method
plt.plot(x_new, y_newton, label="Newton's Divided Difference", color='blue',
linewidth=2)
```

```
# Cubic Spline
plt.plot(x_new, y_spline, label="Cubic Spline", color='orange', linewidth=2)
# Lagrange
plt.plot(x_new, y_lagrange, label="Lagrange Interpolation", color='green',
linestyle='--', linewidth=2)
# Quadratic Spline
plt.plot(x_new, y_quadratic_spline, label="Quadratic Spline", color='purple',
linestyle='-.', linewidth=2)

# Configure plot
plt.title('Comparison of Interpolation Methods')
plt.xlabel('x')
plt.ylabel('y')
plt.axhline(0, color='black', linewidth=0.5, linestyle='--')
plt.axvline(0, color='black', linewidth=0.5, linestyle='--')
plt.grid(color='gray', linestyle='--', linewidth=0.5)
plt.legend()
plt.show()
```

② 코드 실행 결과

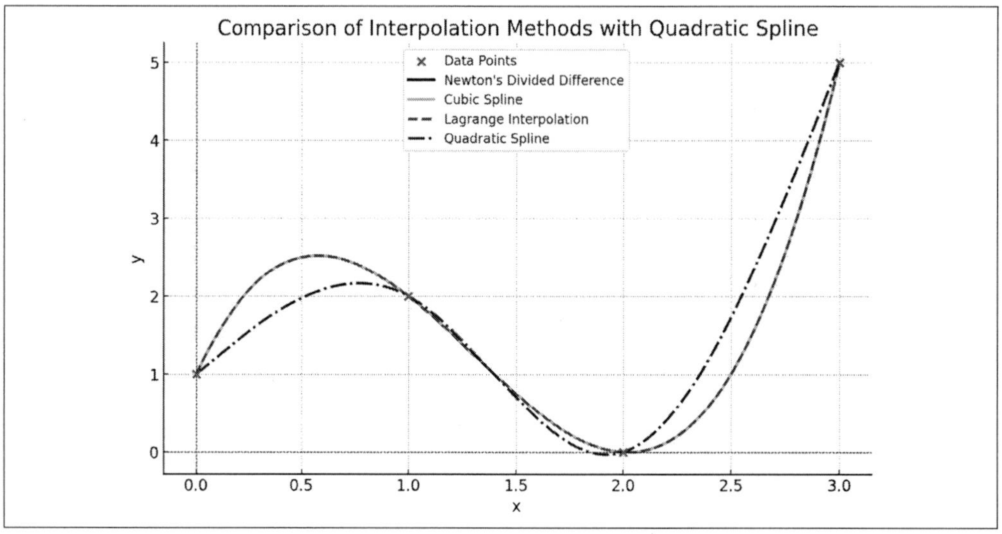

③ 코드 실행 결과 분석

위 그래프는 점 4개에 대해 네 가지 보간법(뉴턴의 차분법, 스플라인 보간법, 라그랑주 보간법, 2차 스플라인 보간법)을 비교한 결과이다. Quadratic Spline은 각 구간에 대해 독립적인 2차 다항식을 사용하여 보간하며, 곡선이 부드럽게 연결되도록 보장한다. 다른 방법들과 비교했을 때 Quadratic Spline은 국소적 보간 성능이 강점으로, 곡선의 연속성과 데이터의 지역적 특성을 잘 반영한다. Lagrange 보간법은 Newton과 달리 계수 계산 방식이 다르며, 데이터가 많아질수록 계산 복잡도가 증가한다. Lagrange와 Newton 보간법은 점의 수가 많아질수록 고차 다항식이 되고, 이는 진동 문제을 유발할 가능성이 있다. Cubic Spline은 각 구간에서 독립적인 3차 다항식으로 보간한다. 함수 값, 1차 도함수, 2차 도함수가 모든 구간에서 연속되도록 설계된다. 데이터 포인트의 증가에 따라 국소적으로 적합한 곡선을 생성하므로 Runge 현상이 발생하지 않는다. 경계 조건(natural, clamped 등)을 통해 곡선의 형태를 제어할 수 있어 매우 유연하다. 이 세 가지 방법은 데이터의 분포와 목표에 따라 선택적으로 사용할 수 있다.

(6.6) 연습문제

① 문제 1:

다음 데이터, $x=[1,2,3]$, $y=[2,4,6]$를 기반으로 함수 $f(x)=y_1+\frac{(y_2-y_1)}{(x_2-x_1)}(x-x_1)$를 1차 보간법을 사용하여 $f(2.5)$를 계산하시오.

풀이:

② 문제 2:

다음 데이터, $x=[1,2,3]$, $y=[2,4,6]$를 기반으로 Newton's Divided Difference Method를 사용해 $f(x)=x^2-x+1$ 를 근사하고, $f(2.5)$를 계산하시오.

풀이:

③ 문제 3:

다음 데이터, $x=[1,2,3]$, $y=[1,4,9]$를 기반으로 Lagrange Interpolation과 3차 스플라인 보간을 사용하여 $f(x)=x^2-x+1$ 를 근사하고, $f(2.5)$를 계산하고 수치 결과를 바탕으로 두 방법과의 차이를 비교 분석하시오.

풀이:

7 장 수치 회귀(Numerical Regression)

수치 회귀(Numerical Regression)는 주어진 데이터를 분석하고 이를 수학적 모델로 표현하는 중요한 기법이다. 회귀의 목적은 데이터를 잘 설명하는 함수 또는 다항식을 찾아내어 새로운 데이터의 추정, 예측, 또는 해석을 가능하게 하는 것이다. 수치 회귀는 크게 선형 회귀와 비선형 회귀로 나뉘며, 이 두 방법 모두 데이터와 모델의 관계를 최적화하기 위해 최소자승법(Least Square Method)과 같은 수학적 접근법을 활용한다.

선형 회귀는 데이터가 선형적으로 분포한다고 가정하고, 이를 근사하기 위해 직선을 적합(fitting)한다. 가장 기본적인 형태는 최소자승법(Least Square Method)에 기반하여, 오차 제곱합을 최소화하는 1차 다항식 모델 $y = mx + c$ 를 도출한다. 선형 회귀는 데이터가 선형 관계에 가까울 때 효과적이며, 머신러닝의 기초 알고리즘 중 하나로, 다양한 응용에서 사용된다.

데이터가 선형 패턴을 따르지 않을 경우 비선형 회귀를 사용한다. 비선형 회귀는 곡선 형태의 함수 $y = f(x)$를 데이터에 적합시키며, 로지스틱 회귀, 지수 함수, 또는 기타 복잡한 비선형 모델이 포함된다. 비선형 회귀는 보다 복잡한 데이터를 다루는 데 적합하며, 최적화 알고리즘과 함께 사용된다.

수치 회귀는 인공지능(AI)과 머신러닝(ML)의 핵심적인 도구 중 하나다. 특히 머신러닝에서 선형 회귀는 지도 학습(Supervised Learning)의 기초 알고리즘으로, 데이터와 목표 변수 간의 관계를 학습하여 새로운 데이터를 예측하는 데 사용된다. 선형 회귀는 간단하면서도 강력한 성능을 제공하며, 다음과 같은 AI 및 머신러닝 응용 분야에서 활용된다: 데이터 예측 및 추론: 선형 회귀는 간단한 예측 모델로, 매출, 온도, 또는 수요 등 다양한 연속형 데이터를 예측할 때 사용된다. 피처 엔지니어링: 비선형 데이터의 경우, 고차 다항식 또는 비선형 회귀를 통해 특성을 확장하거나 변환하여 모델의 성능을 높일 수 있다. 딥러닝과의 연결: 선형 및 비선형 회귀의 개념은 딥러닝 신경망에서 손실 함수(MSE)를 최적화하는 기본 원리로 활용된다.

수치 회귀는 데이터 분석 및 모델링에서 필수적인 역할을 하며, 선형적이거나 비선형적인 데이터 모두에서 효과적인 모델을 도출할 수 있다. 특히 머신러닝과 AI 관점에서, 회귀 분석은 데이터와 예측 모델의 기본 원리를 이해하고 활용하는 데 중요한 기술이며, 다양한 실제 문제 해결에 응용될 수 있다. Python과 같은 프로그래밍 언어를 사용하면 이를 간단히 구현할 수 있어 실질적인 연구 및 분석 도구로도 유용하다.

(7.1) 최소자승법에 의한 1차 다항식 근사

이 절에서는 최소자승법(Least Squares Method)을 사용하여 데이터를 가장 잘 근사하는 1차 다항식을 구하는 방법에 대해 설명한다. 최소자승법은 데이터 포인트와 근사 직선 사이의 오차 제곱합을 최소화하는 다항식을 찾는 기법으로, 데이터의 선형적 경향성을 모델링하는 데 널리 사용된다. 이 절에서는 1차 다항식의 수학적 정의와 최소자승법을 통해 계수를 계산하는 방법을 다룬다. 또한, Python을 사용하여 데이터를 입력받아 1차 근사식을 도출하고, 해당 직선과 데이터의 시각화를 통해 결과를 분석하는 실습 예제를 제공한다. 이 절은 데이터 분석 및 선형 회귀와 같은 응용 분야에서 최소자승법의 기본 원리와 활용 방법을 학습할 수 있도록 한다.

(7.2) 최소자승법에 의한 m차 다항식 근사

이 절에서는 최소자승법(Least Squares Method)을 사용하여 데이터를 가장 잘 근사하는 1차 다항식을 구하는 방법에 대해 설명한다. 최소자승법은 데이터 포인트와 근사 직선 사이의 오차 제곱합을 최소화하는 다항식을 찾는 기법으로, 데이터의 선형적 경향성을 모델링하는 데 널리 사용된다. 이 절에서는 1차 다항식의 수학적 정의와 최소자승법을 통해 계수를 계산하는 방법을 다룬다. 또한, Python을 사용하여 데이터를 입력받아 1차 근사식을 도출하고, 해당 직선과 데이터의 시각화를 통해 결과를 분석하는 실습 예제를 제공한다. 이 절은 데이터 분석 및 선형 회귀와 같은 응용 분야에서 최소자승법의 기본 원리와 활용 방법을 학습할 수 있도록 한다.

(7.3) 연습문제

연습문제는 최소자승법을 적용한 1차 및 m차 다항식 근사를 실습할 수 있도록 한다. 데이터셋을 제공하고, Python으로 최소자승법을 구현하는 과정을 통해 이론적 개념과 실제 문제 해결 능력을 배양한다. 사용자는 각 차수에 따른 회귀선의 적합성을 비교하고, 과적합 문제를 탐구하면서 데이터 분석의 실질적인 응용 방법을 학습할 수 있다.

(7.1) 최소자승법에 의한 1차 다항식 근사

이 절에서는 최소자승법(Least Squares Method)을 사용하여 데이터를 가장 잘 근사하는 1차 다항식을 구하는 방법에 대해 설명한다. 최소자승법은 데이터 포인트와 근사 직선 사이의 오차 제곱합을 최소화하는 다항식을 찾는 기법으로, 데이터의 선형적 경향성을 모델링하는 데 널리 사용된다. 이 절에서는 1차 다항식의 수학적 정의와 최소자승법을 통해 계수를 계산하는 방법을 다룬다. 또한, Python을 사용하여 데이터를 입력받아 1차 근사식을 도출하고, 해당 직선과 데이터의 시각화를 통해 결과를 분석하는 실습 예제를 제공한다. 이 절은 데이터 분석 및 선형 회귀와 같은 응용 분야에서 최소자승법의 기본 원리와 활용 방법을 학습할 수 있도록 한다.

선형 회귀는 종속 변수(결과 또는 대상 변수라고도 함)와 하나 이상의 독립 변수(예측자 또는 기능이라고도 함) 간의 관계를 모델링하기 위한 통계적 방법이다. 선형 회귀의 목표는 예측 값과 실제 값의 차이를 최소화하는 선인 최적선을 찾는 것이다. 최적선은 y = mx + b 형식의 방정식으로 표시됩니다. 여기서 y는 종속 변수, x는 독립 변수, m은 직선의 기울기, b는 y 절편입니다. 선형 회귀는 단순 선형 회귀(하나의 독립 변수) 및 다중 선형 회귀(하나 이상의 독립 변수) 모두에 사용할 수 있다.

이 그래프는 데이터 포인트를 빨간색 x로 표시하고 주어진 데이터를 가장 잘 설명하는 선형 회귀 직선을 파란색으로 나타내며, 회귀식 $y = 2x + 1$을 통해 데이터의 경향성을 보여주는 동시에 각 데이터 포인트와 회귀 직선 사이의 차이인 잔차(Residuals)를 시각적으로 확인할 수 있어 모델이 데이터를 얼마나 잘 설명하는지를 예측하고자 하는데 목적이 있다.

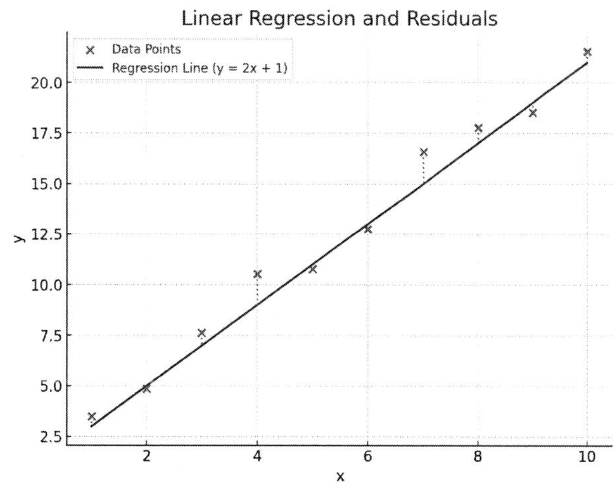

(7.1.1) 통계적 개념: 공분산과 분산

합의 정의와 상수의 합의 개념을 설명한다. 첫 번째 식은 단순히 n개의 값을 합한 것이고, 두 번째 식은 상수 c가 n번 반복되면 $n.c$로 표현할 수 있음을 보여준다.

$$\sum_{i=1}^{n} x_i = x_1 + x_2 + \cdots + x_n$$
$$\sum_{i=1}^{n} c = c + c + \cdots + c = n \bullet c \qquad (7.1.1\text{-}1)$$

상수와 변수의 곱의 합의 개념이다. 상수 c가 곱해진 값들의 합은, 상수를 합의 바깥으로 빼낸 뒤 계산해도 동일하다는 성질을 보여준다.

$$\sum_{i=1}^{n} c \bullet x_i = c \bullet x_1 + c \bullet x_2 + \cdots + c \bullet x_n = c \sum_{i=1}^{c} x_i \qquad (7.1.1\text{-}2)$$

평균의 정의에 대한 식이다. 데이터 x_i의 평균은 아래와 같다.

$$\bar{x} = \frac{1}{n} \sum_{i=1}^{n} x_i \qquad (7.1.1\text{-}3)$$

분산의 정의와 계산이다. 데이터 값과 평균의 차이의 제곱(분산)을 합하는 과정은 데이터 제곱의 합에서 평균 제곱을 n배한 값을 빼는 방식으로 계산할 수 있다.

$$\sum_{i=1}^{n} (x_i - \bar{x})^2 = \sum_{i=1}^{n} x_i^2 - n \bullet \bar{x}^2 \qquad (7.1.1\text{-}4)$$

공분산의 계산은 아래와 같다.

$$\sum_{i=1}^{n}(x_i - \overline{x})(y_i - \overline{y}) = \sum_{i=1}^{n} x_i y_i - n \cdot \overline{x} \cdot \overline{y} \tag{7.1.1-5}$$

이 식들은 선형 회귀 분석에서 기울기와 절편을 구하거나 데이터의 통계적 성질을 계산할 때 핵심적으로 사용된다. 예를 들어, 공분산과 분산을 활용하면 선형 회귀에서 기울기 m을 계산할 수 있다.

(7.1.2) 선형 회귀의 스칼라 방식의 수학적 접근

그래프는 선형 회귀(Linear Regression)의 시각적 예제를 보여주며, 데이터 포인트와 회귀 직선 간의 관계 및 잔차를 나타낸다. 주어진 입력 데이터(독립 변수) x_i는 벡터로, 총 m개의 데이터 포인트로 구성되어 있다. 출력 데이터(종속 변수) 벡터로, 각 x_i에 대응하는 결과 값이다. θ는 모델 매개변수이다.

$$x = \begin{bmatrix} x_1 \\ x_2 \\ \vdots \\ x_m \end{bmatrix} \quad y = \begin{bmatrix} y_1 \\ y_2 \\ \vdots \\ y_m \end{bmatrix}, \quad \theta = \begin{bmatrix} \theta_1 \\ \theta_2 \end{bmatrix} \tag{7.1.2-1}$$

1차 선형 함수로 회귀하는 방법으로, 모델이 예측한 출력값은 $\hat{y_i} = \theta_0 + \theta_1 x_i$이다. 일반적으로 $\hat{y_i} = f(x_i;\theta)$ 이며 고차항까지 회귀할 수 있다. 이를 위해 데이터에 가장 잘 맞는 매개변수를 찾기 위해 잔차(Residuals)의 제곱합을 최소화하는 방법을 사용한다(최소자승법 또는 Gradient Descent 등).

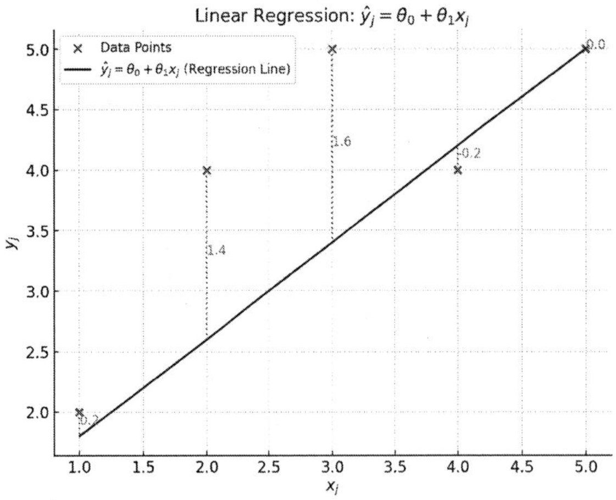

선형 회귀(Linear Regression)의 기본적인 수식과 변수 정의를 바탕으로 주어진 입력과 출력 데이터를 통해 모델의 매개변수 θ_1, θ_2을 찾는 과정을 설명한다. 선형 회귀와 관련된 수학적

절차다.
모는 데이터 포인트(n)에 대해 산자의 제곱합을 계산, 즉 각 네이너 쏘인트에서 잔차의 세곱을 취함으로써 양수로 만들고, 이를 목적 함수 (손실 함수)로 하고 매개변수에 따른 이 함수를 최소하하도록 한다.

$$\min_{\theta_0,\theta_1}\sum_{i=1}^{n}(\hat{y_i}-y_i)^2 \tag{7.1.2-2}$$

특히 "최소 제곱 오차(SSE, Sum of Squared Errors)"를 최소화하여 선형 모델을 추정하는 방법을 설명하고 있다. 최소제곱법은 $\hat{y_i}=\theta_0+\theta_1 x_i$라 할 때 이 SSE를 최소화하는 θ_0, θ_1를 찾는 것이 목표다.

$$SSE=\sum(\varepsilon_i^2)=\sum(y_i-\theta_0-\theta_1 x_i)^2 \tag{7.1.2-3}$$

손실 함수의 값을 최소화하는 $\hat{y_i}=\theta_0+\theta_1 x_i$를 찾아 회귀 모델을 최적화. 많은 경우 선형 모델을 사용하여 $\hat{y_i}=\theta_0+\theta_1 x_i$를 예측한다.

$$\hat{y_i}=\theta_0+\theta_1 x_i \text{ such that } \min_{\theta_0,\theta_1}\sum_{i=1}^{m}(\hat{y_i}-y_i)^2 \tag{7.1.2-4}$$

① 최적화 조건 유도 과정

㉠ θ_1에 대한 편미분:

$$\frac{\partial SSE}{\partial\theta_1}=2\sum(y_i-\theta_1-\theta_2 x_i)(-1)=0 \tag{7.1.2-5}$$

㉡ θ_2에 대한 편미분:

$$\frac{\partial SSE}{\partial\theta_1}=2\sum(y_i-\theta_1-\theta_2 x_i)(-x_i)=0 \tag{7.1.2-6}$$

㉢ θ_1에 대한 편미분 식에 $\times\,\overline{x}$를 하녀,

$$\begin{aligned}\theta_1\sum x_i+\theta_2\overline{x}\sum x_i&=n\overline{x}\,\overline{y}\\ \theta_1\sum x_i+\theta_2\sum x_i^2&=\sum x_i y_i\end{aligned} \tag{7.1.2-7}$$

㉣ 위 두 방정식을 정리하면,

$$\begin{aligned} \theta_1 n + \theta_2 \sum x_i &= \sum y_i \quad ....(*) \\ \theta_1 \sum x_i + \theta_2 \sum x_i^2 &= \sum x_i y_i \quad ....(**) \end{aligned} \tag{7.1.2-8}$$

ⓜ θ_2 계산 : 방정식 (**)에서 방정식 (*)을 빼서 이는 데이터를 중심화한 형태로 표현하면,

$$\theta_2 = \frac{\sum x_i y_i - n\overline{x}\,\overline{y}}{\sum x_i^2 - \overline{x}^2} = \frac{\sum (x_i - \overline{x})(y_i - \overline{y})}{\sum (x_i - \overline{x})^2} \tag{7.1.2-9}$$

ⓑ θ_1 계산 :

$$\theta_1 = \overline{y} - \theta_2 \overline{x} \tag{7.1.2-10}$$

(7.1.3) 선형 회귀의 행렬 방식에 의한 수학적 접근

최종적으로 선형 회귀의 행렬 방식의 최적화 문제이다.

$$\min_{\theta_0, \theta_1} \sum_{i=1}^{m} (\hat{y}_i - y_i)^2 = \min_{\theta} \| \Phi\theta - y \|_2^2 \quad \text{(same as } \min_x \| Ax - b \|_2^2) \tag{7.1.3-1}$$

① 파라미터 벡터

$$\theta = \begin{bmatrix} \theta_0 \\ \theta_1 \end{bmatrix} \tag{7.1.3-2}$$

② **새로운 Φ를 정의:** 특성 행렬은 입력 데이터의 구조를 다음과 같이 행렬 형태로 표현한다. 첫 번째 열은 절편(intercept)을 위한 1로 채워짐. 두 번째 열은 각 데이터 포인트의 입력값.

$$\Phi = \begin{bmatrix} 1 & x_1 \\ 1 & x_2 \\ \vdots & \\ 1 & x_m \end{bmatrix} = \begin{bmatrix} \phi^T(x_1) \\ \phi^T(x_2) \\ \vdots \\ \phi^T(x_m) \end{bmatrix} \tag{7.1.3-3}$$

③ 선형 회귀의 예측값

선형 회귀의 예측값은 다음과 같이 정의된다:

$$\begin{aligned}\hat{y}_i &= \theta_o + x_i\theta_1 = 1 \cdot \theta_0 + x_i\theta_1 \\ &= [1\ x_i]\begin{bmatrix}\theta_0\\ \theta_1\end{bmatrix} \\ &= \begin{bmatrix}1\\ x_i\end{bmatrix}^T\begin{bmatrix}\theta_0\\ \theta_1\end{bmatrix} \\ &= \phi^T(x_i)\theta \\ \therefore\ \hat{y} &= \begin{bmatrix}\hat{y}_1\\ \hat{y}_2\\ \vdots\\ \hat{y}_m\end{bmatrix} = \Phi\theta\end{aligned} \tag{7.1.3-4}$$

④ **손실 함수:**

최소제곱법은 예측값과 실제값 y 간의 잔차(residual) 제곱합을 최소화하는 θ를 찾는 문제다:

$$\text{손실함수} : J(\theta) = ||y - \Phi\theta||^2 \tag{7.1.3-5}$$

⑤ **최소제곱 해법 (최적화 문제)**

$$\min_\theta ||y - \Phi\theta||^2 \tag{7.1.3-6}$$

⑥ **정규 방정식:** 최적화 문제를 풀기 위해 손실 함수를 θ에 대해 미분하여 0으로 설정하면 정규 방정식이 도출된다:

$$\Phi^T\Phi\theta = \Phi^T y \tag{7.1.3-7}$$

⑦ **특징벡터:** 편의를 위해 입력을 특징 벡터에 매핑하는 행렬 ϕ를 정의한다.

$$\text{feature vector}\ \phi(x_i) = \begin{bmatrix}1\\ x_i\end{bmatrix} \tag{7.1.3 8}$$

⑧ **최소제곱 해:** 정규 방정식을 풀면 다음과 같은 최소제곱 해를 얻는다:

$$\theta^* = (\Phi^T\Phi)^{-1}\Phi^T y$$

$$\begin{bmatrix}1 & x_1\\ 1 & x_2\\ \vdots & \vdots\\ 1 & x_m\end{bmatrix}\begin{bmatrix}\theta_0\\ \theta_1\end{bmatrix} = \begin{bmatrix}y_1\\ y_2\\ \vdots\\ y_m\end{bmatrix} \tag{7.1.3-9}$$

(7.2) 최소자승법에 의한 m 차 다항식 근사

이 절에서는 최소자승법(Least Squares Method)을 사용하여 데이터를 가장 잘 근사하는 1차 다항식을 구하는 방법에 대해 설명한다. 최소자승법은 데이터 포인트와 근사 직선 사이의 오차 제곱합을 최소화하는 다항식을 찾는 기법으로, 데이터의 선형적 경향성을 모델링하는 데 널리 사용된다. 이 절에서는 1차 다항식의 수학적 정의와 최소자승법을 통해 계수를 계산하는 방법을 다룬다. 또한, Python을 사용하여 데이터를 입력받아 1차 근사식을 도출하고, 해당 직선과 데이터의 시각화를 통해 결과를 분석하는 실습 예제를 제공한다. 이 절은 데이터 분석 및 선형 회귀와 같은 응용 분야에서 최소자승법의 기본 원리와 활용 방법을 학습할 수 있도록 한다.

(7.2.1) 최소자승법에 의한 m 차 다항식 근사

최소자승법에 의한 다항식 근사는 주어진 데이터 포인트 (x_1, y_1), $(x_2,\ y_2), \ldots,$ $(x_n,\ y_n)$에 대해 잔차(residual)의 제곱합을 최소화하여 데이터를 가장 잘 설명하는 m차 다항식을 찾는 방법이다. m 차 다항식 $P(x)$는 다음과 같이 정의된다:

$$P(x) = a_0 + a_1 x + a_2 x^2 \cdots a_m x^m \tag{7.1.4-1}$$

m개의 계수로 $(a_1,\ a_2, \cdots,\ a_m)$. 함수 $y(x) = f(x; a_1,\ a_2, \cdots, a_m\ ))$.를 근사화 하고 싶다. $P(x) = a_0 + a_1 x + a_2 x^2 \cdots a_m x^m$가 최소가 되기 위한 최소자승법이용하여 계수들을 구하자.

최소자승법에 의한 잔차 제곱합 S:

$$\begin{aligned} S &= \sum_{i=1}^{n} (\, y_i - P(x_i)\,)^2 \\ &= \sum_{i=1}^{n} (y_i - \sum_{j=0}^{m} a_j x_i^j)^2 \end{aligned} \tag{7.1.4-2}$$

잔차 제곱합 S를 최소화하기 위해, 각 계수 a_j에 대해 편미분하여 0으로 만드는 정상 방정식(Normal Equations)을 만든다:

$$\frac{\partial S}{\partial a_0} = 0 :$$
$$\sum_{i=1}^{n} 2(a_0 + a_1 x_i + a_2 x_i^2 \cdots - y_i)(1) = 0$$
$$\frac{\partial R}{\partial a_1} = 0 :$$
$$\sum_{i=1}^{n} 2(a_0 + a_1 x_i + a_2 x_i^2 \cdots - y_i)(x_i) = 0 \qquad (7.1.4\text{-}3)$$
$$\frac{\partial R}{\partial a_2} = 0 :$$
$$\sum_{i=1}^{n} 2(a_0 + a_1 x_i a_2 x_i^2 \cdots - y_i)(x_i^2) = 0$$
$$\vdots$$

인텍스 기호로

$$\sum_{i=1}^{n} x_i^k \left(\sum_{i=1}^{n} a_j x_i^j \right) = \sum_{i=1}^{n} (x_i^k y_i) \ , k = 0,1,2,\ldots,m \qquad (7.1.4\text{-}4)$$

모두 풀어쓰면

$$\begin{aligned} n \cdot a_0 + \left(\sum_{i=1}^{n} x_i \right) \cdot a_1 + \left(\sum_{i=1}^{n} x_i^2 \right) \cdot a_2 \cdots &= \sum_{i=1}^{n} y_i \\ \left(\sum_{i=1}^{n} x_i \right) \cdot a_0 + \left(\sum_{i=1}^{n} x_i^2 \right) \cdot a_1 + \left(\sum_{i=1}^{n} x_i^3 \right) \cdot a_2 \cdots &= \sum_{i=1}^{n} (x_i y_i) \\ \left(\sum_{i=1}^{n} x_i^2 \right) \cdot a_0 + \left(\sum_{i=1}^{n} x_i^3 \right) \cdot a_1 + \left(\sum_{i=1}^{n} x_i^4 \right) \cdot a_2 \cdots &= \sum_{i=1}^{n} (x_i^2 y_i) \end{aligned} \qquad (7.1.4\text{-}5)$$

위 연립방정식을 행렬로 표현하면 다음과 같다

$$\Phi^T \Phi \theta = \Phi^T y \ , \ \Phi = \begin{bmatrix} 1 & x_1 & x_1^2 \\ 1 & x_2 & x_2^2 \\ \vdots & & \\ 1 & x_m & x_m^2 \end{bmatrix} \qquad (7.1.4\text{-}6)$$

따라서 구하고자 하는 해는:

$$\theta = (\Phi^T \Phi)^{-1} \Phi^T y \qquad (7.1.4\text{-}7)$$

(7.2.2) np.polyfit 이용한 m 차 다항식 근사 소스코드

① 코드

```
import numpy as np
import matplotlib.pyplot as plt

# 주어진 데이터 포인트
x = np.array([1, 2, 3, 4, 5])  # x 좌표
y = np.array([1, 4, 9, 16, 25])  # y 좌표

# 1차, 2차, 3차 다항식 계수를 계산
coeff1 = np.polyfit (x, y, 1)  # 1차 다항식
coeff2 = np.polyfit(x, y, 2)  # 2차 다항식
coeff3 = np.polyfit(x, y, 3)  # 3차 다항식

# 다항식을 이용해 y 값을 예측
poly1 = np.polyval(coeff1, x)  # 1차 다항식으로 예측
poly2 = np.polyval(coeff2, x)  # 2차 다항식으로 예측
poly3 = np.polyval(coeff3, x)  # 3차 다항식으로 예측

# 데이터와 회귀 결과를 플롯
plt.figure(figsize=(8, 6))
plt.scatter(x, y, color='red', label='Data')  # 데이터 포인트
plt.plot(x, poly1, color='blue', label='1st order polyfit', linewidth=2)  # 1차 근사
plt.plot(x, poly2, color='green', label='2nd order polyfit', linewidth=2)  # 2차 근사
plt.plot(x, poly3, color='black', label='3rd order polyfit', linewidth=2)  # 3차 근사

# 그래프 꾸미기
plt.xlabel('x')
plt.ylabel('y')
plt.title('Least Square Method: Polynomial Fits')
plt.legend()
plt.grid(True)

# 결과 출력
plt.show()
```

② 코드 실행 결과:

Least Square Method에 대한 결과로, 이 코드를 실행하면, 데이터 포인트와 함께 1차, 2차, 3차 다항식 회귀 모델을 비교할 수 있는 그래프가 생성된다.

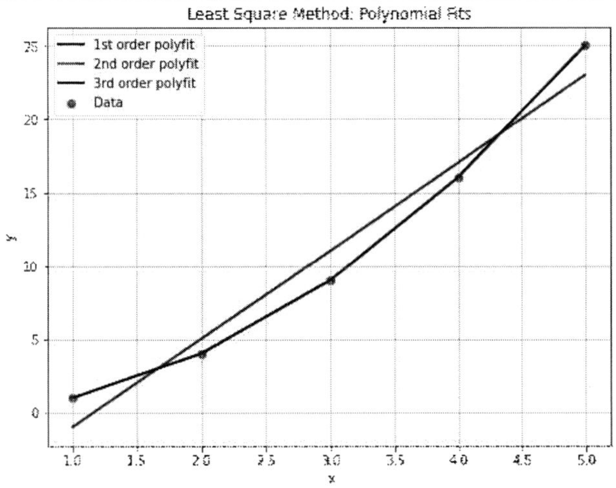

(7.2.3) 행렬식을 이용한 m 차 다항식 근사 소스코드

이 코드는 2차 회귀분석(Nonlinear Regression)을 수행하여 데이터 포인트를 2차 다항식 형태로 근사하는 과정을 보여준다. 100개의 데이터 점을 $[-5,10]$균등하게 생성하고, noise는 각 데이터 점에 추가될 잡음으로 랜덤하게 분포된 값으로 데이터를 더 현실적으로 만든다. $y=-(10+x+2x^2)$와 잡음을 포함한 데이터 값이다. 회귀 계수 계산 공식 $\theta=(\Phi^T\Phi)^{-1}\Phi^T y$ 을 이용한다. 잡음이 섞인 데이터 포인트가 파란색 점으로 표시되고, 이들을 근사하는 부드러운 빨간색 곡선이 그려진다.

① 코드

```
# y = -(theta0 + theta1*x + theta2*x^2 + noise)
n = 100
x = -5 + 15*np.random.rand(n, 1)
noise = 10*np.random.randn(n, 1)

y =-( 10 + 1*x + 2*x**2 + noise)

A = np.hstack([x**0, x, x**2])
A = np.asmatrix(A)

theta = (A.T*A).I*A.T*y
print('theta:₩n', theta)
```

```
xp = np.linspace(np.min(x), np.max(x))
yp = theta[0,0] + theta[1,0]*xp + theta[2,0]*xp**2

plt.figure(figsize = (10, 8))
plt.plot(x, y, 'o', markersize = 4, label = 'actual data')
plt.plot(xp, yp, 'r', linewidth = 2, label = 'regression: 2nd order')

plt.title('Nonlinear regression', fontsize = 15)
plt.xlabel('X', fontsize = 15)
plt.ylabel('Y', fontsize = 15)
plt.xlim([np.min(x), np.max(x)])
plt.grid(alpha = 0.3)
plt.legend(fontsize = 15)
plt.show()
```

② 코드 실행 결과

```
theta:
 [[-11.38941552]
 [ -1.50205688]
 [ -1.93332106]]
```

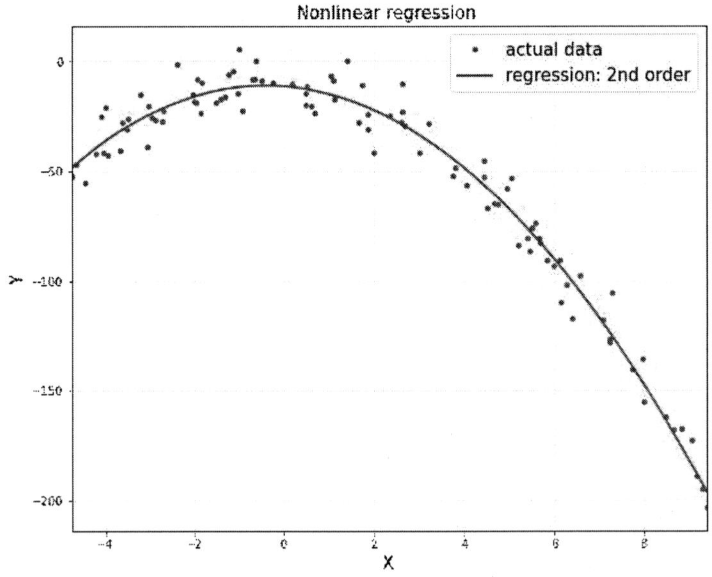

(7.3) 연습문제

① 문제 1:

주어진 데이터 포인트, x = np.array([0, 1, 2, 3, 4])
y = np.array([1, 2.2, 2.8, 4.5, 5.1])들에 대해 최소자승법(Least Squares Method)을 사용하여 1차 다항식 근사의 계수를 구하시오.

풀이:

② 문제 2:

지수 함수 형태의 비선형 모델 $y = ae^{bx}$를 주어진 데이터에 주어진 데이터 포인트 x = np.array([0, 1, 2, 3, 4]), y = np.array([1, 2.0, 7.0, 22.0, 60.0]) 맞추는 회귀 프로그램을 작성하고 그 결과를 분석하시오. 행렬식을 이용한 m 차 다항식 근사 소스코드를 이용하려면 지수함수를 어떻게 변환하는 것이 좋을까?

$$a, b = \arg \; _{i=1^n}\sum (y_i - ae^{bx_i})^2$$

풀이:

③ 문제 3.

비선형 모델 $y = ae^{bx}$를 데이터에 적합시키기 위해 a와 b를 경사 하강법으로 최적화하라. numpy의 curve_fit(model, x, y) 함수를 사용하라.

풀이:

④ 문제 4:

다음의 데이터에서 경사 하강법을 이용해 선형 회귀 모델을 학습하고 학습률에 따른 손실 함수 $J(\theta)$의 변화를 시각화하라. 학습률을 여러 값으로 변경하여 $J(\theta)$가 수렴하는 과정을 그래프로 나타내라.

```
# 데이터
x = np.array([1, 2, 3, 4, 5])
y = np.array([1.2, 1.9, 3.2, 3.8, 5.1])
```

풀이:

⑤ 문제 5:

행렬식을 이용한 m 차 다항식 근사 소스코드 이용하여 3차 곡선식에 노이즈 데이터를 발생시켜 x = np.array([ ]) y = np.array([ ]) 에 저장하고 그 결과를 분석하시오.

풀이:

8 장 비선형연립방정식 수치해법

비선형 연립방정식의 수치해법은 공학, 물리학, 생물학, 경제학 등 다양한 분야에서 매우 중요한 문제로 다뤄진다. 이장에서는 이러한 비선형 연립방정식의 해를 효율적으로 찾기 위한 수치적 접근법을 다룬다. 특히, Newton-Raphson Method는 비선형 연립방정식의 근을 반복적으로 추정하는 고전적이고 강력한 기법이다. 뉴턴-랩슨법은 초기값에 민감하지만, 수렴 속도가 빠르고 높은 정확도를 보장하기 때문에 널리 사용된다.

AI와 딥러닝의 발전과 더불어 이러한 수치해법은 더욱 중요한 역할을 하게 되었다. 예를 들어, 딥러닝에서 최적화 문제를 해결하는 데 널리 사용되는 경사하강법은 Newton-Raphson Method와 유사한 수치적 접근법의 응용이다. 복잡한 손실 함수의 최소점을 찾기 위해 뉴턴 방법과 같은 반복적인 기법이 활용되며, 이는 딥러닝 모델의 학습 과정에서 필수적이다. 또한, AI 시스템은 뉴턴-랩슨법을 활용해 비선형 제약조건을 만족하는 최적의 해를 계산하거나, 복잡한 모델의 매개변수 최적화를 수행하기도 한다.

Python을 이용한 구현은 뉴턴-랩슨법이 수치적 계산을 자동하하고 대규모 문제를 효율적으로 처리할 수 있는 도구를 제공한다. Python의 강력한 과학 계산 라이브러리인 NumPy와 SciPy를 통해 뉴턴-랩슨법을 포함한 다양한 수치해법을 손쉽게 구현할 수 있다. 이 장에서는 Python을 활용해 뉴턴-랩슨법을 실질적으로 구현하고, 비선형 연립방정식의 해를 계산하는 과정을 다룬다.

(8.1) Newton-Raphson Method

이 절에서는 비선형 연립방정식의 해를 구하기 위한 Newton-Raphson 방법에 대해 설명한다. Newton-Raphson 방법은 초기 추정값에서 시작하여 함수의 도함수를 이용해 근사값을 반복적으로 계산하는 수치적 기법으로, 수렴 속도가 빠르고 효율적이다. 비선형 연립방정식의 경우, 야코비 행렬(Jacobian Matrix)을 구성하고 이를 활용하여 각 반복 단계에서 근사값을 업데이트한다. 이 절에서는 Newton-Raphson 방법의 수학적 원리와 알고리즘, 수렴 조건에 대해 다루며, 초기 추정값과 야코비 행렬 계산이 결과의 정확성과 효율성에 미치는 영향을 설명한다. Python을 사용하여 Newton-Raphson 방법을 구현하는 방법과 다양한 비선형 연립방정식 문제에 적용하는 실습 예제를 제공한다. 이 절은 Newton-Raphson 방법의 이론적 이해와 실제 활용 능력을 배양하는 데 초점을 맞추고 있다.

(8.2) 비선형 연립방정식 수치해법

이 절에서는 Python을 활용하여 비선형 연립방정식을 수치적으로 해결하는 방법을 설명한다. 비선형 연립방정식은 해석적으로 풀기 어려운 경우가 많아 수치적 접근이 필요하며, Python의 강력한 라이브러리를 사용해 효율적으로 구현할 수 있다. SciPy의 fsolve 함수와 같은 고급 라이브러리를 이용하여 Newton-Raphson 방법 등 다양한 수치적 기법을 간단히 적용할 수 있으며, 야코비 행렬의 명시적 계산 없이도 문제를 해결할 수 있다. 또한, 사용자 정의 반복 알고리즘을 작성해 문제에 맞는 해법을 구현하는 방법도 다룬다. Python을 활용한 구현 예제와 함께 초기값 설정, 반복 조건, 수렴성 검토 등의 실질적인 고려 사항을 설명하며, 다양한 유형의 비선형 연립방정식을 해결하는 실습을 제공한다. 이를 통해 Python을 활용한 비선형 문제 해결 능력을 학습하고, 복잡한 수치 해석 문제를 효과적으로 다루는 방법을 익힐 수 있다.

(8.3) 연습문제

연습문제는 Newton-Raphson 방법과 Python 구현을 연습할 수 있도록 설계되었다. 문제는 단변수와 다변수 비선형 방정식을 포함하며, Python으로 직접 야코비 행렬을 계산하고 Newton-Raphson 알고리즘을 반복 실행하도록 구성되어 있다. 사용자는 다양한 초기 조건과 함수 형태를 실험하며, 수렴 속도와 결과의 정확성을 비교 분석할 수 있다.

(8.1) Newton-Rhaphson Method

이 절에서는 비선형 연립방정식의 해를 구하기 위한 Newton-Raphson 방법에 대해 설명한다. Newton-Raphson 방법은 초기 추정값에서 시작하여 함수의 도함수를 이용해 근사값을 반복적으로 계산하는 수치적 기법으로, 수렴 속도가 빠르고 효율적이다. 비선형 연립방정식의 경우, 야코비 행렬(Jacobian Matrix)을 구성하고 이를 활용하여 각 반복 단계에서 근사값을 업데이트한다. 이 절에서는 Newton-Raphson 방법의 수학적 원리와 알고리즘, 수렴 조건에 대해 다루며, 초기 추정값과 야코비 행렬 계산이 결과의 정확성과 효율성에 미치는 영향을 설명한다. Python을 사용하여 Newton-Raphson 방법을 구현하는 방법과 다양한 비선형 연립방정식 문제에 적용하는 실습 예제를 제공한다. 이 절은 Newton-Raphson 방법의 이론적 이해와 실제 활용 능력을 배양하는 데 초점을 맞추고 있다.

Newton-Raphson Method는 비선형 연립방정식의 근을 반복적으로 구하는 수치적 해법이다. 이 방법은 1차 테일러 급수를 기반으로 하며, 연립방정식을 선형 근사하여 다음 추정값을 계산하는 방식으로 작동한다.

(8.1.1) 비선형 연립방정식의 뉴톤-랩슨법(Newton-Raphson Method)

아래 다변수 함수를 근을 구하고자 한다. 근의 존재를 알기 위해 3차원으로 가시화 하여 보자.

$$
\begin{aligned}
&(x)^2+(y)^2=4, \\
&y=2x+1 \\
&f(x,y)=(x)^2+(y)^2-4, \\
&g(x,y)=y-2x-1
\end{aligned}
\tag{8.1.1-7}
$$

① 코드

```
import numpy as np
import matplotlib.pyplot as plt
from mpl_toolkits.mplot3d import Axes3D
```

```
# 첫 번째 함수 정의: 원 (circle) f(x, y) = x^2 + y^2 - 4
def myCirc(x, y):
    return x**2 + y**2 - 4

# 두 번째 함수 정의: 쌍곡선 (hyperbolic) g(x, y) = y - 2x - 1
def myHyp(x, y):
    return y - 2*x - 1

# 3D 그래프 생성
x = np.linspace(-3, 3, 100)
y = np.linspace(-3, 3, 100)
X, Y = np.meshgrid(x, y)

# 계산된 Z 값
Z1 = myCirc(X, Y)
Z2 = myHyp(X, Y)

fig = plt.figure(figsize=(12, 6))

# 3D 서피스 플롯
ax1 = fig.add_subplot(121, projection='3d')
ax1.plot_surface(X, Y, Z1, cmap='viridis', alpha=0.7, edgecolor='none',
label='Circle')
ax1.plot_surface(X, Y, Z2, cmap='plasma', alpha=0.7, edgecolor='none',
label='Hyperbolic')
ax1.set_title("3D Plot of Circle and Hyperbolic")
ax1.set_xlabel("X-axis")
ax1.set_ylabel("Y-axis")
ax1.set_zlabel("Z-axis")

# 2D 암묵적 함수 플롯
ax2 = fig.add_subplot(122)
CS1 = ax2.contour(X, Y, Z1, levels=[0], colors='blue', linewidths=2,
linestyles='dashed', label="Circle")
CS2 = ax2.contour(X, Y, Z2, levels=[0], colors='red', linewidths=2,
linestyles='solid', label="Hyperbolic")
ax2.set_title("2D Implicit Plot of Circle and Hyperbolic")
ax2.set_xlabel("X-axis")
ax2.set_ylabel("Y-axis")
ax2.grid(True)
```

```
plt.tight_layout()
plt.show()
```

② 코드 실행 결과

아래 식은 간단히 식 2개, 미지수 2개의 벡터 함수 $\vec{x}$와 벡터 $\vec{f}$를 $\vec{f}(\vec{x})=\vec{0}$ 로 나타내어질 수 있는 수식, $(x)^2+(y)^2=4,\ y=2x+1$의 결과를 그래프로 가시화 결과이다.

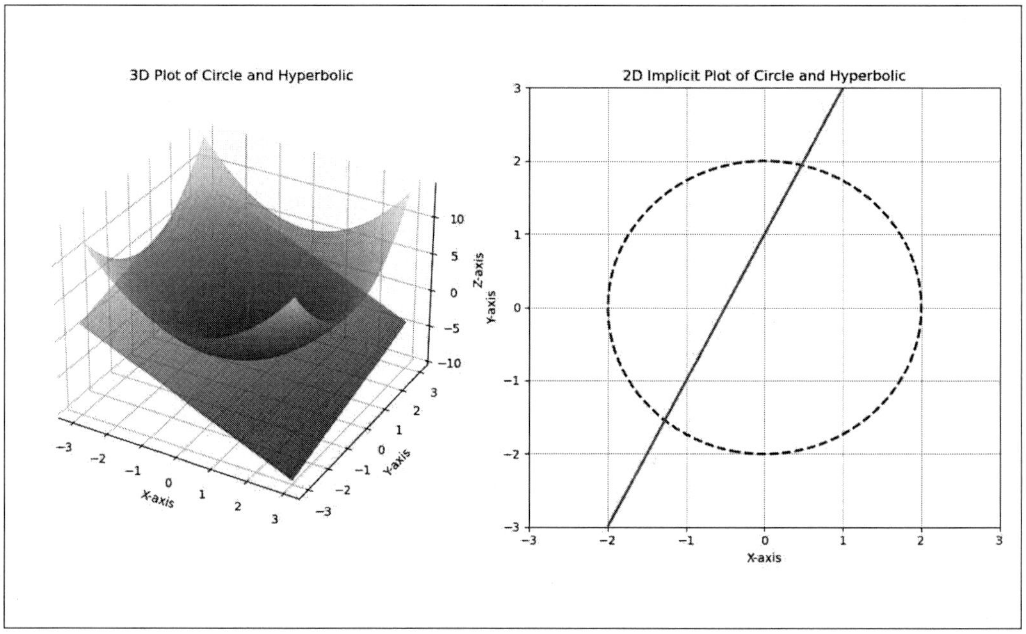

위 그림처럼 가시화가 어려운 일반적인 n개의 변수가 있는 n개의 방정식 $f_i \quad (i=1,\cdots,n)$ 을 생각하자. 일반적인 함수 f(x)의 x부근에서의 Taylor 전개를 생각해 볼 때, 이제 1차원 문제에서 다루던 방법을 다차원 문제에 확장하여 적용해 보자. 간단히 벡터 함수 $\vec{x}$와 벡터 $\vec{f}$를 $\vec{f}(\vec{x})=\vec{0}$ 로 비선형 연립방정식의 형태는 다음과 같이 주어진다:

$$\vec{f}(\vec{x})=\begin{Bmatrix} f_1(x_1,x_2,\ldots,x_n) \\ f_2(x_1,x_2,\ldots,x_n) \\ \vdots \\ f_n(x_1,x_2,\ldots,x_n) \end{Bmatrix}=\begin{Bmatrix} 0 \\ 0 \\ \vdots \\ 0 \end{Bmatrix} \tag{8.1.1-1}$$

함수 $\vec{f}(\vec{x})$를 Taylor 전개를 이용하여 1차 항 까지 만 나타내자. 여기서 J는 자코비안(Jacobian) 행렬로써 $n\times n$ 행렬이다.

$$\vec{f}(\vec{x}+\delta\vec{x})\approx\vec{f}(\vec{x})+J\cdot\delta\vec{x},\ J=J_{ij}=\frac{\partial f_i}{\partial x_j}, \tag{8.1.1-2}$$

편미분을 수행하여 Jacobian을 구하면 다음과 같다. 편도함수로 이루어진 Jacobian

$$[J]=\begin{bmatrix} \frac{\partial f_1}{\partial x_1} & \frac{\partial f_1}{\partial x_2} & \frac{\partial f_1}{\partial x_3} & \frac{\partial f_1}{\partial x_4} \\ \frac{\partial f_2}{\partial x_1} & \frac{\partial f_2}{\partial x_2} & \frac{\partial f_2}{\partial x_3} & \frac{\partial f_2}{\partial x_4} \\ \vdots & \vdots & \vdots & \vdots \\ \frac{\partial f_n}{\partial x_1} & \frac{\partial f_n}{\partial x_2} & \frac{\partial f_n}{\partial x_3} & \frac{\partial f_n}{\partial x_4} \end{bmatrix} \tag{8.1.1-3}$$

역시 $\vec{f}(\vec{x}+\vec{\delta x}) \approx 0$ 을 만족하는 해라고 가정하면 다음과 같이 나타내어진다. 증분벡터 $\vec{\delta x}$를 구하기 위해서는 $n \times n$ 행렬을 포함하는 행렬방정식을 풀어야 한다. $(\vec{\delta x}=-J^{-1} \cdot \vec{f}(\vec{x}))$

$$J \cdot \vec{\delta x}=-\vec{f}(\vec{x}) \tag{8.1.1-4}$$

예를 들어 3개의 식, (f_1, f_2, f_3), 3개의 변수 $(\theta_1, \theta_2, \theta_3)$ 라면, 즉 n=3이라면,

$$\begin{bmatrix} \frac{\partial f_1}{\partial \theta_1} & \frac{\partial f_1}{\partial \theta_2} & \frac{\partial f_1}{\partial \theta_3} \\ \frac{\partial f_2}{\partial \theta_1} & \frac{\partial f_2}{\partial \theta_2} & \frac{\partial f_2}{\partial \theta_3} \\ \frac{\partial f_3}{\partial \theta_1} & \frac{\partial f_3}{\partial \theta_2} & \frac{\partial f_3}{\partial \theta_3} \end{bmatrix} \begin{Bmatrix} \Delta\theta_1 \\ \Delta\theta_2 \\ \Delta\theta_3 \end{Bmatrix} = \begin{Bmatrix} -f_1 \\ -f_2 \\ -f_3 \end{Bmatrix} \tag{8.1.1-5}$$

증분벡터 $\vec{\delta x}$를 구하고 나면 다음과 같이 다음의 근사해를 구할 수 있다. 역시 $\vec{\delta x}$의 크기가 허용오차 ε 보다 작을 때까지 위 과정을 반복한다. 여기서 '$\vec{\delta x}$의 크기' $|\vec{\delta x}|$는 여러가지 방법으로 정의될 수 있다. 일반적으로 maximum norm, 1 norm, 2 norm 등을 사용한다.

$$\overrightarrow{x_{i+1}}=\vec{x_i}+\vec{\delta x} \tag{8.1.1-6}$$

연립 비선형방정식과 최소값 문제를 풀기 위한 뉴턴법의 일반화에 이해가 중요하다. 즉, 초기값 $\overrightarrow{x_0}$가 적절해야 한다. Jacobian 행렬이 가 비특이 행렬(역행렬 존재)이어야 한다. 함수가 적절히 "평활"해야 하며, 수렴을 보장하기 위해 1차 근사가 유효해야 한다.

(8.2) 비선형연립방정식 수치해법

이 절에서는 Python을 활용하여 비선형 연립방정식을 수치적으로 해결하는 방법을 설명한다. 비선형 연립방정식은 해석적으로 풀기 어려운 경우가 많아 수치적 접근이 필요하며, Python의 강력한 라이브러리를 사용해 효율적으로 구현할 수 있다. SciPy의 fsolve 함수와 같은 고급 라이브러리를 이용하여 Newton-Raphson 방법 등 다양한 수치적 기법을 간단히 적용할 수 있으며, 야코비 행렬의 명시적 계산 없이도 문제를 해결할 수 있다. 또한, 사용자 정의 반복 알고리즘을 작성해 문제에 맞는 해법을 구현하는 방법도 다룬다. Python을 활용한 구현 예제와 함께 초기값 설정, 반복 조건, 수렴성 검토 등의 실질적인 고려 사항을 설명하며, 다양한 유형의 비선형 연립방정식을 해결하는 실습을 제공한다. 이를 통해 Python을 활용한 비선형 문제 해결 능력을 학습하고, 복잡한 수치 해석 문제를 효과적으로 다루는 방법을 익힐 수 있다.

(8.2.1) 원과 직선이 만나는 점을 찾는 연립 비선형방정식

① **연립 비선형방정식과 최소값 문제**를 풀기 위한 뉴턴법의 일반화에 대해 설명하고 다음 원과 직선이 만나는 점을 찾는 연립 비선형방정식이다. 한 쌍의 해를 x=1, y=1 에서 시작하여 구하고자 한다.

$$(x)^2+(y)^2=4, \quad y=2x+1 \tag{8.2.1-1}$$

㉠ 두 함수 f_1, f_2를 다음과 같이 놓는다.

$$f_1(x,y)=(x)^2+(y)^2-4, \quad f_2(x,y)=y-2x-1 \tag{8.2.1-1}$$

㉡ Jacobian matrix J는 다음과 같다.

$$J=\begin{bmatrix}\partial f_1/\partial x & \partial f_1/\partial y \\ \partial f_2/\partial x & \partial f_2/\partial y\end{bmatrix}=\begin{bmatrix}2(x) & 2(y) \\ -2 & 1\end{bmatrix} \tag{8.2.1-1}$$

㉢ 아래 식을 풀어 $\overrightarrow{\delta x}$를 결정한다.

$$J(\overrightarrow{x_i})\cdot\overrightarrow{\delta x_i}=-\vec{f}(\overrightarrow{x_i}) \tag{8.2.1-1}$$

㉣ 이를 이용하여 다음 근사해 $\overrightarrow{x_{i+1}}$를 구한다.

$$\overrightarrow{x_{i+1}}=\overrightarrow{x_i}+\overrightarrow{\delta x_i} \tag{8.2.1-1}$$

㉤ 위의 과정을 $|\overrightarrow{\delta x_i}|<\varepsilon$일때 까지 반복.

② **해구하기:** 증분벡터 $\overrightarrow{\delta x}$를 구하고 나면 다음과 같이 다음의 근사해를 구할 수 있다. 역시 $\overrightarrow{\delta x}$의 크기가 허용오차 ε 보다 작을 때까지 위 과정을 반복한다. 여기서 '$\overrightarrow{\delta x}$의 크기' $|\overrightarrow{\delta x}|$는 여러가지 방법으로 정의 될 수 있다. 일반적으로 maximum norm, 1-norm, 2-norm 등을 사용한다.

$$\overrightarrow{x_{i+1}}=\overrightarrow{x_i}+\overrightarrow{\delta x} \tag{8.2.1-1}$$

③ **계산순서 :**

㉠ 초기값 $\overrightarrow{x_i}$를 결정.

㉡ $\vec{f}(\overrightarrow{x_i})$, $J(\overrightarrow{x_i})$ 계산.

㉢ 아래 식을 풀어 $\delta\vec{x}$를 결정한다.

$$J(\overrightarrow{x_i}) \cdot \delta\overrightarrow{x_i} = -\vec{f}(\overrightarrow{x_i}) \quad (8.1.1\text{-}15)$$

㉣ 이를 이용하여 다음 근사해 $\overrightarrow{x_{i+1}}$를 구한다.

$$\overrightarrow{x_{i+1}} = \overrightarrow{x_i} + \delta\overrightarrow{x_i} \quad (8.1.1\text{-}16)$$

㉤ 위의 과정을 $|\delta\overrightarrow{x_i}| < \varepsilon$일때 까지 반복.

(8.2.2) 원과 직선이 만나는 점을 찾는 연립 비선형방정식

연립 비선형방정식과 최소값 문제를 풀기 위한 뉴턴법의 일반화에 대해 설명하고 다음 원과 직선이 만나는 점을 찾는 연립 비선형방정식이다. 한 쌍의 해를 초기치에따라 Newton-Raphson 방법을 사용해 비선형 방정식 시스템의 해를 찾고, 해당 방정식(원과 직선)의 시각화와 함께 수렴 경로 및 최종 해를 플롯하는 코드다.

$$(x)^2 + (y)^2 = 1,$$
$$y = 2x + 1$$

$J = \begin{bmatrix} \partial f_1/\partial x \ \partial f_1/\partial y \\ \partial f_2/\partial x \ \partial f_2/\partial y \end{bmatrix} = \begin{bmatrix} 2(x) \ 2(y) \\ -2 \quad 1 \end{bmatrix}$산 과정을 코드로 나타내면 다음과 같다:

```
def j(x1, x2):
    j11 = 2.0 * x1  # ∂f1/∂x1
    j12 = 2.0 * x2  # ∂f1/∂x2
    j21 = -2.0      # ∂f2/∂x1
    j22 = 1.0       # ∂f2/∂x2
    return array([[j11, j12], [j21, j22]])
```

newton_nonlinear 함수는 Newton-Raphson 방법을 사용하여 비선형 방정식 시스템의 해를 반복적으로 계산하는 기능을 한다. newton_nonlinear 함수는 Newton-Raphson 방법을 사용하여 두 개의 비선형 방정식 시스템을 해결하기 위한 알고리즘이다. 이 함수는 초기 추정값을 바탕으로 반복적으로 계산하여 방정식의 해를 점진적으로 구하며, 최종적으로 수렴된 해를 반환한다.

① 소스 코드

```
import matplotlib.pyplot as plt
from numpy import array, dot, zeros, linspace, meshgrid, set_printoptions
from numpy.linalg import inv

# 비선형 방정식을 풀기 위한 Newton-Raphson 방법
def newton_nonlinear(f1, f2, x10, x20, n, omega):
    x1 = zeros(n)
    x2 = zeros(n)
    x1[0] = x10
    x2[0] = x20
    for k in range(n - 1):
        f = array([f1(x1[k], x2[k]), f2(x1[k], x2[k])])
        dx1, dx2 = -omega * dot(inv(j(x1[k], x2[k])), f)
        x1[k + 1] = x1[k] + dx1
        x2[k + 1] = x2[k] + dx2
    return x1, x2

# 야코비안 행렬 (Jacobian matrix)
def j(x1, x2):
    j11 = 2.0 * x1
    j12 = 2.0 * x2
    j21 = -2.0
    j22 = 1.0
    return array([[j11, j12], [j21, j22]])

# 비선형 방정식
def f1(x1, x2):
    return x1**2 + x2**2 - 1.0  # 원 방정식

def f2(x1, x2):
    return -2 * x1 + x2 - 1.0  # 직선 방정식

# 매개변수 설정
try:
    x10 = float(input("x1의 초기 추정값을 입력하세요: "))
    x20 = float(input("x2의 초기 추정값을 입력하세요: "))
except ValueError:
```

```
    print("잘못된 입력! 기본값 x1 = 0.0, x2 = 2.0을 사용합니다.")
    x10 = 0.0
    x20 = 2.0

omega = 1.0  # 과보정 계수
n = 10       # 반복 횟수

# Newton-Raphson 방법을 사용하여 문제 해결
x1, x2 = newton_nonlinear(f1, f2, x10, x20, n, omega)

# 출력 시 소수점 자리 설정
set_printoptions(precision=4)

# 결과 출력
print("x1 = ", x1)
print("x2 = ", x2)
print(f"Converged Solution: x1 = {x1[-1]:.4f}, x2 = {x2[-1]:.4f}")

# 시각화를 위한 그리드 생성
x_vals = linspace(-1.5, 1.5, 300)
y_vals = linspace(-1.5, 1.5, 300)
X, Y = meshgrid(x_vals, y_vals)

# 그리드에서 f1과 f2 값 계산
F1 = f1(X, Y)  # 원 방정식
F2 = f2(X, Y)  # 직선 방정식

# Plot the solution and the equations
plt.figure(figsize=(6, 6))

# Contour plot for f1 (Circle)
plt.contour(X, Y, F1, levels=[0], colors='blue', linewidths=2, label='f1: Circle')

# Contour plot for f2 (Line)
plt.contour(X, Y, F2, levels=[0], colors='green', linewidths=2, label='f2: Line')

# Plot convergence path
plt.plot(x1, x2, label="Convergence Path", marker="o", linestyle="-", color="red")

# Highlight the converged solution
```

```
plt.scatter(x1[-1], x2[-1], color='orange', s=100, label=f"Solution: ({x1[-1]:.4f},
{x2[-1]:.4f})")

# Configure the plot
plt.title("Newton-Raphson Convergence with f1 and f2 Visualization", fontsize=15)
plt.xlabel("x1", fontsize=12)
plt.ylabel("x2", fontsize=12)
plt.axhline(0, color="black", linestyle="--", linewidth=0.5)
plt.axvline(0, color="black", linestyle="--", linewidth=0.5)
plt.grid(alpha=0.5)
plt.legend(fontsize=12)
plt.show()
```

② 소스 코드 실행 결과 1:

Newton-Raphson 방법에서 초기치는 알고리즘의 성공과 수렴 속도에 중요한 영향을 미친다. 적절한 초기값을 설정하기 위해 다음 사항을 고려한다. 예를 들어 $f_1(x_1,x_2) = x_1^2 + x_2^2 - 1.0$ (원의 방정식)의 경우, 초기치는 반지름 1의 원 근처 값으로 설정하는 것이 적절하다. 그래프를 시가화하여 시각화하여 두 방정식의 교점 근처에서 초기값을 선택한다.

```
Enter initial guess for x1: 1
Enter initial guess for x2: 1
x1 = [ 1.0000e+00  1.6667e-01  2.4510e-02  7.0756e-04  6.2469e-07  4.8780e-13
 -3.6876e-17 -3.6876e-17 -3.6876e-17 -3.6876e-17]
x2 = [1.      1.3333 1.049   1.0014 1.      1.      1.      1.      1.      1.     ]
Converged solution: x1 = -0.0000, x2 = 1.0000
```

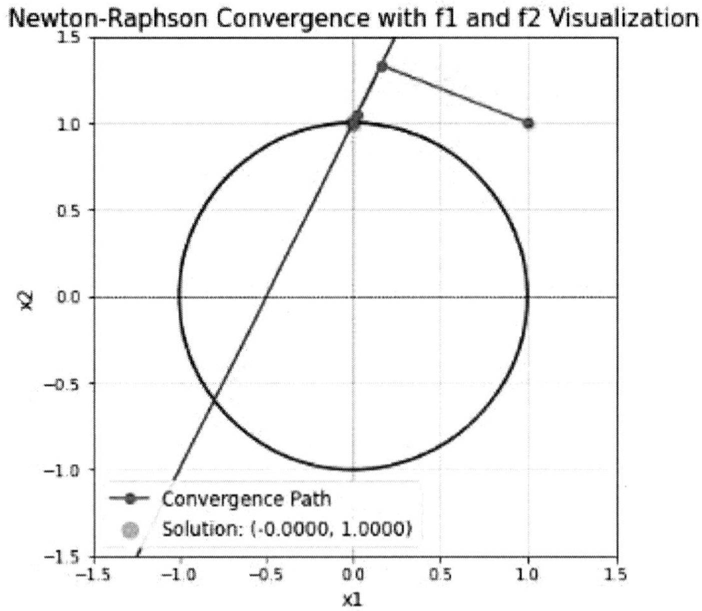

③ 소스 코드 실행 결과 2:
코드에서 사용자 입력을 통해 초기값을 설정한다.

```
try:
    x10 = float(input("x1의 초기 추정값을 입력하세요: "))
    x20 = float(input("x2의 초기 추정값을 입력하세요: "))
except ValueError:
    print("잘못된 입력! 기본값 x1 = 0.0, x2 = 2.0을 사용합니다.")
    x10 = 0.0
    x20 = 2.0
```

코드에서 키보드에 (-1,1)을 입력하면 3번 만에 수렴함을 알수 있다.

```
Enter initial guess for x1: -1
Enter initial guess for x2: -1
x1 =  [-1.      -0.8333 -0.8013 -0.8    -0.8    -0.8    -0.8    -0.8    -0.8
 -0.8   ]
x2 =  [-1.      -0.6667 -0.6026 -0.6    -0.6    -0.6    -0.6    -0.6    -0.6
 -0.6   ]
Converged solution: x1 = -0.8000, x2 = -0.6000
```

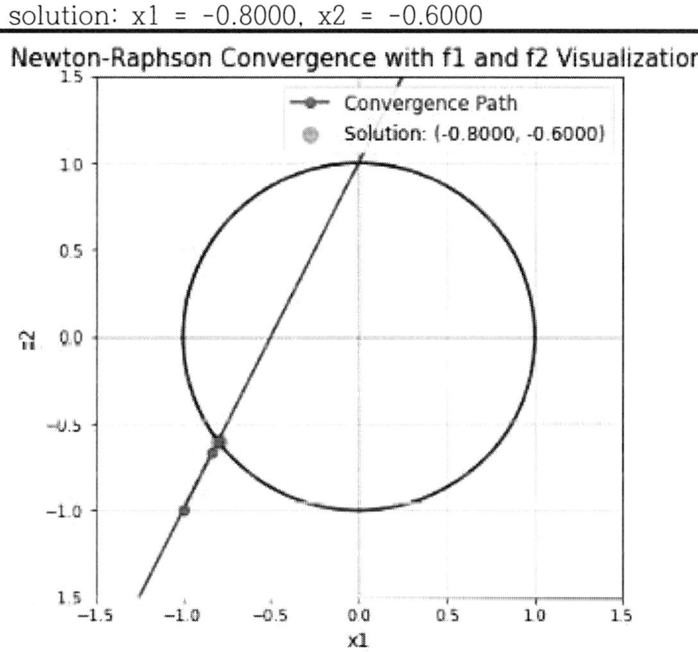

(8.3) 연습문제

① 문제 1:

다음 비선형 방정식의 해를 Newton-Raphson Method를 이용해 구하시오:

$f(x) = x^2 - 5x + 3$

풀이:

② 문제 2:

다음 비선형 연립 방정식을 풀기 위해 Python 코드를 작성하시오:

$f_1(x,y) = x^2 + y^2 - 1$

$f_2(x,y) = x^2 - y$

풀이:

③ 문제 3:

다음 비선형 연립 방정식을 풀기 위해 Jacobian 행렬 유도가 가장 중요하다. 자신만의 예제를 만들고 Jacobian 행렬 유도와 이를 이용하여 수치 해를 구하시오.

풀이:

9 장 상미분 방정식 (초기치문제)

상미분방정식(Ordinary Differential Equations, ODE)은 물리학, 생물학, 경제학 등 다양한 분야에서 시스템의 동적 거동을 기술하기 위해 필수적으로 사용된다. ODE의 초기치문제는 초기 상태가 주어진 상황에서 시간에 따른 시스템의 상태를 수치적으로 해석하는 것을 다룬다. 초기치문제는 실세계 문제에서 매우 빈번히 나타나며, 이를 정확히 해결하기 위해 다양한 수치해석 방법이 개발되었다.

상미분방정식(Ordinary Differential Equations, ODE)은 물리학, 생물학, 경제학 등 다양한 분야에서 시스템의 동적 거동을 기술하기 위해 필수적으로 사용된다. ODE의 초기치문제는 초기 상태가 주어진 상황에서 시간에 따른 시스템의 상태를 수치적으로 해석하는 것을 다룬다. 초기치문제는 실세계 문제에서 매우 빈번히 나타나며, 이를 정확히 해결하기 위해 다양한 수치해석 방법이 개발되었다.

AI와 딥러닝 관점에서 상미분방정식의 수치해석은 중요한 연관성을 가진다. 딥러닝의 모델 학습 과정에서는 미분방정식의 역전파 알고리즘(Backpropagation)이 활용된다. 이 과정은 네트워크의 각 가중치에 대한 기울기를 계산하여 손실 함수(loss function)를 최소화하는 방향으로 학습을 진행한다. 또한, Neural ODE(Neural Ordinary Differential Equation)라는 새로운 접근법은 신경망과 상미분방정식을 결합하여 복잡한 연속적 데이터를 모델링할 수 있도록 한다. 이 방법은 물리적 시스템 모델링, 시계열 분석, 이미지 처리 등 다양한 응용 분야에서 주목받고 있다.

룽게-쿠타 방법은 이러한 Neural ODE의 핵심 알고리즘으로 사용되며, 고차원의 연속 데이터와 비선형 시스템을 해석하는 데 강력한 도구를 제공한다. 예를 들어, 4차 Runge-Kutta(RK4) 알고리즘은 복잡한 동적 시스템의 정확하고 안정적인 해를 구하기 위해 널리 활용된다. AI와 머신러닝 분야에서 이러한 수치해석 알고리즘을 효율적으로 구현하고 최적화하는 것은 모델의 성능과 안정성 향상에 기여한다.

결론적으로, 초기치문제 상미분방정식의 수치해석은 공학적 문제뿐 아니라 AI와 딥러닝 모델에서도 필수적인 역할을 한다. 파이썬과 같은 프로그래밍 언어는 이들 알고리즘을 구현하고 시뮬레이션하는 데 적합한 도구를 제공하며, 이를 통해 다양한 연습 예제와 실험적 결과를 확인할 수 있다. 이러한 과정은 이론적 학습을 넘어 실제 시스템 모델링과 문제 해결 능력을 키우는 데 기여한다.

(9.1) 초기치 문제 상미분 방정식 수치해석 개요

초기치 문제(Initial Value Problem, IVP)는 초기 조건을 기반으로 상미분 방정식을 풀어 시스템의 동적 거동을 예측하는 문제를 말한다. 이는 물리, 공학, 생물학 등 다양한 분야에서 활용된다. 정확한 해가 존재하지 않거나 복잡한 경우 수치적 접근법이 필요하며, 이 절에서는 다양한 수치 기법을 개괄적으로 소개한다.

(9.2) Euler Method

Euler 방법은 초기치 문제를 해결하기 위한 가장 간단한 수치적 기법으로, 현재 상태에서 기울기를 기반으로 다음 값을 계산한다. 간격이 클수록 오차가 증가하기 때문에, 작은 간격을 사용해 정확도를 개선해야 한다. Python을 통해 Euler 방법을 구현하며, 결과를 시각화하여 정확성과 효율성을 비교한다.

(9.3) 2차 Runge-Kutta Method (RK2)

RK2는 Euler Method를 개선한 기법으로, 중간점에서의 기울기를 추가로 고려해 정확도를 높인다. 두 단계의 계산 과정을 거쳐 보다 정밀한 근사값을 도출하며, 복잡한 초기치 문제에 적합하다. Python을 사용해 RK2를 구현하고, Euler Method와의 차이를 분석한다.

(9.4) 4차 Runge-Kutta Method (RK4)

RK4는 가장 널리 사용되는 상미분 방정식 수치 해법으로, 네 단계의 계산 과정을 통해 높은 정확성을 제공한다. 중간점에서의 기울기를 반복적으로 계산하여 결과를 근사하며, 물리적 시스템의 시뮬레이션에서 자주 활용된다. Python으로 RK4를 구현하며, 다양한 시간 간격에서의 결과를 비교 분석한다.

(9.5) 고계 상미분방정식을 1계 연립 ODE 변환 방법

고차 상미분 방정식은 1계 연립 상미분 방정식으로 변환하여 해결할 수 있다. 이는 각 미분 항을 독립 변수로 정의해 방정식을 단순화하는 접근법이다. Python을 활용해 고차 방정식을 1계 연립 방정식으로 변환하고, 이를 Euler나 Runge-Kutta 방법으로 해결하는 과정을 실습한다.

(9.6) 미분-적분 방정식 수치기법

미분과 적분이 혼합된 방정식은 수치적으로 접근하여 근사값을 계산해야 한다. 이 절에서는 미분-적분 방정식을 다루는 다양한 방법론을 소개하며, Python과 SciPy를 활용해 이를 구현한다. 이 기법은 제어 시스템, 전기 회로 시뮬레이션 등 실질적인 문제에서 자주 등장한다.

(9.7) 연습문제

연습문제는 Euler, RK2, RK4 및 고차 방정식의 1계 변환을 포함한 다양한 초기치 문제를 다룬다. 사용자는 Python으로 각 기법을 구현하고, 시간 간격이나 초기 조건에 따른 수렴성과 정확성을 분석한다. 이를 통해 이론적 개념과 실제 구현 능력을 향상시킬 수 있다.

(9.1) 초기치문제 상미분 방정식 수치해석 개요

(9.1.1) 초기치문제 상미분 방정식 수치해석 개요

이번 절에서는 상미분 방정식의 수치해석법인 방법을 파이썬과 맵트랩을 통해 구현함으로써 수치해와 그래프를 출력하고 분석하고자 한다. 예를 들면, 파이썬의 matplotlib 라이브러리를 활용하여 질량-스프링-댐퍼 시스템의 진동을 해석하고 그래프로 시각화해보도록 한다. 본 절에서는 1계 상미분 방정식(또는 1계 상미분 방정식으로 구성된 연립방정식)의 수치해를 구하는 여러가지 방법을 다룬다. 1계 상미분 방정식이란 다음과 같은 식이다.

$$\frac{dx}{dt} = f(t,x), \quad x(t_0) = x_0 \tag{9.1.1-1}$$

(9.1.2) 1계 상미분방정식과 연립방정식의 개념

1계 상미분 방정식의 초기치 문제(initial value problem)와 이를 수치적으로 풀기 위한 기본 개념을 설명한 것이다. 아래는 이를 서술한 내용이다. 초기치 문제는 초기 조건 $x(t_0) = x_0$ 를 기준으로 상미분 방정식의 해를 구하는 과정을 의미한다. 즉, 1계 상미분 방정식은 초기치 문제(initial value problem)이다. 즉, 1계 상미분 방정식의 해를 구하는 과정은 초기값을 기준으로 적분하여 해를 구하는 과정을 의미한다. 이는 시스템의 동작을 시간에 따라 예측하거나 모델링하는 데 사용된다.

$$x(t) = \int_{t_0}^{t} f(x,t)dt \tag{9.1.2-1}$$

각각의 방법을 소개하기에 앞서, 먼저 학생들이 이해해야 하는 것은 어떠한 경우라도 (앞으로 나올 복잡한 방법을 포함하여) 위 식의 좌변은 다음과 같이 표현된다는 것이다.

$$\frac{dx}{dt} \approx \frac{x^{n+1} - x^n}{\Delta t} \tag{9.1.2-2}$$

여기서, x^n은 현재의 값, x^{n+1}은 미래의 값을 나타낸다. 따라서 x^{n-1}은 과거의 값을 나타낸다. 다양한 수치 해법이 존재하며, 각 방법은 주어진 함수 $f(x,t)$을 를 어떻게 표현하는지에 따라 결정된다. 이는 미분 방정식의 근사 결과와 정확도에 영향을 미치며, 해법을 선택하는 중요한 기준이 된다. 대표적인 수치 기법으로는 Explicit Euler Method, Implicit Euler Method, Runge-Kutta Method 등이 있다.

연립 상미분방정식의 해를 구하는 과정에 대해 알아보자. 초기 조건
$\vec{x}(t_0) = \vec{x_0}, \ \vec{x} = (x_1, x_2, \cdots, x_n)$ 여기서 $\vec{x} = (x_1, x_2, \cdots, x_n)$ 는 미지수 벡터이다.
이는 하나의 시스템에 여러 상태 변수가 포함된 경우를 나타낸다. 다음과 같이 여러 개의 1계 상미분 방정식의 연립방정식으로 이해할 수 있다.

$$\frac{dx_1}{dt} = f_1(x_1,\ x_2, \cdots,\ x_n,\ t),$$
$$\frac{dx_2}{dt} = f_2(x_1,\ x_2, \cdots,\ x_n,\ t), \qquad (9.1.2\text{-}3)$$
$$\frac{dx_n}{dt} = f_n(x_1,\ x_2, \cdots,\ x_n,\ t)$$

(9.2) Euler Method

(9.2.1) Euler Method 개요

여기서는 다음과 같은 문제를 통해 가장 간단한 방법인 오일러법에 대해 공부해보자. 이 상미분 방정식의 해를 구하는 프로세스는 기본적으로 시간을 따라 적분하는 과정이다. 이러한 시간에 대한 적분은 크게 현재의 해를 바탕으로 미래의 해를 찾는 explicit 방법과 미래의 해를 바탕으로 미래의 해를 찾는 implicit 방법으로 나뉜다.

$$\frac{dx}{dt} = f(x,t),\ \ x(t_0) = x_0. \qquad (9.2.1\text{-}1)$$

(9.2.2) Explicit Euler Method

① **[원리] :** Explicit Euler 법은 매우 간단하지만, 정확성(accuracy) 및 안정성(stability)가 좋지 않다. 이 방법의 에러는 $O(\Delta t^2)$ (또는 $O(h^2)$)에 해당한다. 특히, 우변이 양수인 경우 해가 지수적으로 증가하게 되는데 이때 해는 매우 불안정하게 나타난다. Explicit Euler 법은 우변을 현재의 값을 이용하여 구하는 것이다. 즉,

$$\frac{dx}{dt} = f(x,\ t) \rightarrow \frac{x^{n+1} - x^n}{\Delta t} = f(x^n,\ t^n) \qquad (9.2.2\text{-}1)$$

② **[방법] :**

㉠ 식을 모르는 미래의 값 y^{n+1}에 대해 다시 쓰면,

$$x^{n+1} = x^n + \Delta t f(x^n,\ t^n) \qquad (9.2.2\text{-}2)$$

㉡ 이를 x가 독립변수인 상미분 방정식에 대해 쓸 때는 다음과 같이 정리될 수 있다.

$$\frac{dx}{dt} = f(x,\ t) \rightarrow \frac{x^{n+1} - x^n}{\triangle t} = f(x^n,\ t^n) \qquad (9.2.2\text{-}3)$$

(9.2.3) 1계 연립 ODE에 대한 Explicit Euler Method

연립상미분 방정식은 다음과 같이 쓸 수 있다. 일반적으로는 다음과 같은 식을 쓸 수 있을 것이다.

$$\frac{d\vec{x}}{dt} = \vec{f}(\vec{x},t), \quad \vec{x}(t=0) = \vec{x_0} \tag{9.2.3-1}$$

이제 연립미분방정식에 대해 explicit Euler 법을 적용하는 법에 대해 아래의 생각해 보자.

$$\begin{aligned} \frac{dx_1}{dt} &= f_1(x_1,x_2,t), \quad x_1(0) \\ \frac{dx_2}{dt} &= f_2(x_1,x_2,t), \quad x_2(0). \end{aligned} \tag{9.2.3-2}$$

이에 대해 Explicit Euler 법을 적용하면, 다음과 같은 계산규칙을 얻을 수 있다.

$$\begin{aligned} (x_1^{n+1} - x_1^n)/\Delta t &= f_1(x_1^n, x_2^n, \cdots, x_N^n,\ t^n) \\ (x_2^{n+1} - x_2^n)/\Delta t &= f_2(x_1^n, x_2^n, \cdots, x_N^n,\ t^n) \\ &\cdots \\ (x_i^{n+1} - x_i^n)/\Delta t &= f_i(x_1^n, x_2^n, \cdots, x_N^n,\ t^n) \\ &\cdots \\ (x_N^{n+1} - x_N^n)\Delta t &= f_N(x_1^n, x_2^n, \cdots, x_N^n,\ t^n) \end{aligned} \tag{9.2.3-3}$$

(9.2.4) Implicit Euler Method

Implicit Euler 법은 우변을 현재의 값을 이용하여 구하는 것이다. 식에서 유추할 수 있는 바와 같이, Explicit Euler법과 마찬가지로 Implicit Euler 법도 정확성이 그리 뛰어나지 못하며, 에러가 $O(\Delta t^2)$에 해당한다. 그러나, 해의 안정성은 Explicit Euler에 비해 월등히 뛰어나며, 실제 모든 조건에 대해 안정한 해를 구할 수 있다.

$$\frac{dx}{dt} - f(x,\ t) \rightarrow \frac{x^{n+1} - x^n}{\Delta t} = f(x^{n+1},\ t^{n+1}) \tag{9.2.4-1}$$

(9.2.5) 1계 연립 ODE에 대한 Implicit Euler Method

연립상미분 방정식은 다음과 같이 쓸 수 있다. 일반적으로는 다음과 같은 식을 쓸 수 있을 것이다.

$$\frac{d\vec{x}}{dt} = \vec{f}(\vec{x},t), \quad \vec{x}(t=0) = \vec{x_0} \tag{9.2.5-1}$$

이제 연립미분방정식에 대해 Implicit Euler 법을 적용하는 법에 대해 아래의 생각해 보자.

$$\frac{dx_1}{dt} = f_1(x_1, x_2, t), \ \ x_1(0)$$
$$\frac{dx_2}{dt} = f_2(x_1, x_2, t), \ \ x_2(0). \qquad (9.2.5\text{-}2)$$

이에 대해 Implicit Euler 법을 적용하면, 다음과 같은 계산규칙을 얻을 수 있다.

$$\begin{aligned} &(x_1^{n+1} - x_1^n)/\Delta t = f_1(x_1^{n+1}, x_2^{n+1}, \cdots, x_N^{n+1}, \ t^{n+1}) \\ &(x_2^{n+1} - x_2^n)/\Delta t = f_2(x_1^{n+1}, x_2^{n+1}, \cdots, x_N^{n+1}, \ t^{n+1}) \\ &\cdots \\ &(x_i^{n+1} - x_i^n)/\Delta t = f_i(x_1^{n+1}, x_2^{n+1}, \cdots, x_N^{n+1}, \ t^{n+1}) \\ &\cdots \\ &(x_N^{n+1} - x_N^n)\Delta t = f_N(x_1^{n+1}, x_2^{n+1}, \cdots, x_N^{n+1}, \ t^{n+1}) \end{aligned} \qquad (9.2.5\text{-}3)$$

(9.3) 2차 Runge-Kutta Method(RK2)

2차 Runge-Kutta 방법(RK2)은 초기치 문제, $\frac{dx}{dt} = f(x,t), \ x(t_0) = x_0$를 해결하기 위한 수치적분 기법 중 하나로, 오일러 방법의 단점을 보완하며 정확성을 높인 방법이다. 이 방법은 k_1과 k_2라는 두 개의 중간 기울기를 계산하고, 이를 통해 현재 값에서 다음 값을 예측한다. RK2는 첫 번째 단계에서 현재 지점의 기울기(k_1)를 계산하고, 두 번째 단계에서 이를 보정하여 절반 스텝에서의 기울기(k_2)를 사용한다. 이를 통해 $x^{n+1} = x^n + k_2$로 새로운 값을 계산하며, 계산의 정확도는2차 정확성, $O(\Delta t^3)$을 가진다.

k_1은 RK2법을 아래 식으로 나타 낼 수 있다. 현재 시점에서의 기울기를 계산하는 단계로, $k_1 = (\triangle t) f(t^n, y^n)$, k_2는 첫 번째 계산된 기울기 k_1를 이용하여 절반 스텝의 위치에서의 기울기를 보정한다. 이 방법은 시간의 절반 구간에서 보정된 기울기를 사용하므로, 단순한 오일러 방법에 비해 더 높은 정확도를 제공한다.

$$\begin{aligned} k_1 &= \triangle t f(t^n, x^n), \\ k_2 &= \frac{1}{2} \triangle t f(t^n + \frac{\triangle t}{2}, x^n + \frac{k_1}{2}), \\ x^{n+1} &= x^n + k_2 + O(\triangle t^3) \end{aligned} \qquad (9.3\text{-}1)$$

위 식을 유도해보자. 미분 방정식의 해 $x(t)$를 t_{n+1}에서 Taylor 급수는 다음과 같다:

$$x(t_{n+1}) = x(t_n) + x'(t_n)\triangle t + x''(t_n)(\triangle t)^2/2! \\ + O(\triangle t^3) \quad (9.3\text{-}2)$$

여기서 $\frac{d^2x}{dt^2} = \frac{\partial f}{\partial t} + \frac{\partial f}{\partial y}f(t,y)$이다. Taylor 급수는 정확하지만, 고차 미분 계산이 복잡하기 때문에 $O(\triangle t^2)$의 정확도를 가지는 수치 해법을 대신 사용한다. 즉 현재위치에서의 기울기, $f(t^n, x^n)$, 와 중간지점에서의 기울기, $k_2 = f(t^n + \frac{\triangle t}{2}, x^n + \frac{k_1}{2})$에 중간 증분 $\frac{1}{2}\triangle t$를 곱하여 보정한다.

Runge-Kutta 2차 방법은 중간 점에서의 기울기를 추가로 계산하여 오일러 방법보다 더 정확한 결과를 제공하며, 전체 오차가 줄어들기 때문에 보다 안정적이다. 하지만 기울기 계산을 두 번 해야 하므로 계산량이 증가한다. 정확도를 높이려면 RK2를, 계산량이 적어야 한다면 Euler 방법을 선택하면 된다.

Explit, Implicit Euler, RK2의 주요 차이점을 표를 정리한다.

특징	Explicit Methods	Implicit Methods	RK2 (Runge-Kutta 2차)
계산 방식	현재 상태에서 기울기 계산	미래 상태에서의 기울기 포함	현재와 중간 점의 기울기 사용
정확도	$O(h)$	$O(h)$	$O(h^2)$
안정성	낮음	높음	중간 수준
계산량	적음	많음	중간 수준
적합성	간단한 방정식에 적합	강성을 가진 방정식에 적합	일반적인 방정식에 적합
비선형 시스템 처리	어려움	적합	중간 수준
대표적 예	오일러 방법	암시적 오일러, 뒤로 가는 차분	2차 Runge-Kutta

(9.4) 4차 Runge-Kutta Method(RK4)

4차 Runge-Kutta Method(RK4)는 초기치 문제(Ordinary Differential Equation, ODE)를 해결하기 위해 널리 사용되는 수치적분 기법으로, 높은 정확도와 안정성을 제공한다. RK4는 1차 Euler Method와 2차 Runge-Kutta Method(RK2)와 같은 다른 수치적분 방법과 비교했을 때, 계산 복잡성은 다소 높지만, 결과의 정확도가 매우 뛰어난 것으로 평가된다.

네 가지 기울기 $(k_1+2k_2+2k_3+k_4)$ 를 모두 계산하여 정확도가 $O(\Delta t^4)$로 대폭 향상된다. 이로 인해 더 큰 $\Delta x = h$h 값을 사용할 수 있어 계산 효율성이 높아진다. 다만, 각 단계에서 기울기를 4번 계산해야 하므로 계산량은 Euler Method나 RK2 Method보다 크다.

RK4와 같은 고정밀 수치해법은 AI 및 딥러닝의 모델 학습에서 시뮬레이션, 미분 방정식 기반의 데이터 생성 및 학습율 최적화 과정에 유용하다. 특히 물리 기반 모델링이나 강화학습과 같은 영역에서, 복잡한 동적 시스템을 예측하거나 최적화하는 데 기여할 수 있다. RK4는 데이터의 연속적 변화율을 효과적으로 처리하며, 이를 통해 모델의 정확도와 안정성을 높인다.

x는 t에 대한 미지의 함수이며, 우리가 구하려고 하는 해이다. 초기시간 t_0에 대응 하는 x의 초기값은 x_0로 주어진다. 따라서 방정식은 다음과 같이 표현된다. 이 식은 우리가 알고 있는 $f(t,x)$를 이용해 x를 t의 함수로 구하는 문제이다.

$$x' = f(t,x),\ x(t_0) = x_0 \tag{9.4-1}$$

식은 4차 Runge-Kutta 방법(RK4)의 공식이다. RK4는 초기값 문제를 푸는 수치적 방법으로, 다음과 같은 형태로 주어진다. 여기서 x_{n+1} 이란 t_{n+1}에서의 근사값을 나타낸다. 다음 단계의 값 x_{n+1}은 현재 단계의 값 x_n에 네 구간의 크기,$(k_1+2k_2+2k_3+k_4)$를 Δt 증분치들의 가중치를 합산한 값을 더한다.

$$\begin{aligned} x_{n+1} &= x_n + \frac{1}{6}\Delta t(k_1+2k_2+2k_3+k_4) \\ t_{n+1} &= t_n + \Delta t \end{aligned} \tag{9.4-2}$$

여기서 $(k_1+2k_2+2k_3+k_4)$ 을 계산하기 위해 다음식을 사용한다. 아래 식들을 유심히 관찰하면 k_1은 구간의 시작점에서의 기울기로 정의된다($k_1 = f(t_n, x_n)$), k_2는 구간 중간 지점에서의 기울기 추정값으로 정의된다($k_2 = f(t_n + \frac{1}{2}\Delta t,\ x_n + \frac{1}{2}\Delta t k_1)$). k_3는 구간 중간 지점에서 또 다른 기울기 추정값으로 정의된다($k_3 = f(t_n + \frac{1}{2}\Delta t,\ x_n + \frac{1}{2}\Delta t k_2)$). k_4는 구간 끝점에서의 기울기 추정값으로 정의된다($k_4 = f(t_n + \Delta t,\ x_n + \Delta t k_3)$).

$$\begin{aligned} k_1 &= f(t_n, x_n) \\ k_2 &= f(t_n + \frac{1}{2}\Delta t,\ x_n + \frac{1}{2}\Delta t k_1) \\ k_3 &= f(t_n + \frac{1}{2}\Delta t,\ x_n + \frac{1}{2}\Delta t k_2) \\ k_4 &= f(t_n + \Delta t,\ x_n + \Delta t k_3) \end{aligned} \tag{9.4-3}$$

(9.5) 고계 상미분방정식을 1계 연립 ODE 변환 방법

고계 상미분방정식을 1계 연립 ODE로 변환하는 방법은 고계 미분방정식(High-order Differential Equation)을 다루기 쉽게 하기 위한 일반적인 수치 해석 기법이다. 이 방법은 고계 미분방정식을 여러 개의 1계 미분방정식으로 나누어 표현함으로써, 수치적으로 보다 효율적인 계산이 가능하게 한다.

예를 들어, 다음과 같은 n차 상미분방정식이 주어진다고 하자. 이 표현은 고계 미분방정식을 나타내며, n차 미분항이 함수 $f(t)$로 정의되는 방정식이다.

$$\frac{d^n y}{dt^n} = f(t, y, y', \ldots, y^{(n-1)}) \tag{9.5-1}$$

이 방정식을 1계 연립 미분방정식으로 변환하기 위해 다음과 같은 새로운 변수들을 정의한다.

$$y_1 = y,\ \ y_2 = \frac{dy}{dt},\ \ y_3 = \frac{d^{2y}}{dt^2},\ \ \ldots,\ \ y_n = \frac{d^{n-1}y}{dt^{n-1}}) \tag{9.5-2}$$

이를 이용하면 원래의 고계 미분방정식은 다음과 같은 1계 연립 ODE로 표현된다. 여기서 $y_1, y_2, \ldots, y_n$은 1계 미분방정식의 변수들로 재정의되었으며, 각각의 방정식은 서로 연관되어 있다.

$$\frac{dy_1}{dt} = y_2, \quad \frac{dy_2}{dt} = y_3, \quad \vdots \quad \frac{dy_{n-1}}{dt} = y_n, \quad \frac{dy_n}{dt} = f(t, y_{1,} y_{2,}, \cdots, y_{n)}) \tag{9.5-3}$$

(9.5.1) mass-spring-damper계 1계 연립 ODE로 변환

Mass-Spring-Damper 계는 물리학과 공학에서 흔히 등장하는 시스템으로, 질량 m, 스프링 상수 k, 감쇠 계수 c로 구성된 진동 시스템을 나타낸다. 이러한 시스템의 운동을 기술하기 위해 2차 미분방정식이 사용되며, 이는 다음과 같다:

$$my'' + cy' + ky = f(t)) \tag{9.5.1-1}$$

$my'' + cy' + ky = f(t)$ 을 변수 치환하여 1계 연립 ODE 변환:

$$y_1 = y \ , \ y_2 = \frac{dy}{dt} \tag{9.5.1-2}$$

y_1과 y_2와의 관계식은:

$$\frac{dy_1}{dt} = y_2 \tag{9.5.1-3}$$

원식을 y_2와 y_1을 대입하고, $my_2' + cy_2 + ky_1 = f(t)$ 정리하면:

$$m\frac{dy_2}{dt} = -cy_2 - ky_1 + f(t) \tag{9.5.1-4}$$

y_1과 y_2로 이루어진 벡터를 $\vec{y}$라 하면 위식은 $\frac{d\vec{y}}{dt} = v(t, \vec{y})$ 와 같이 정리할 수 있다. 이것을 행렬식으로 아래와 같이 정리한다.

$$\begin{pmatrix}1 & 0\\ 0 & m\end{pmatrix}\begin{pmatrix}y_1{}'\\ y_2{}'\end{pmatrix}=\begin{pmatrix}0 & 1\\ -k & -c\end{pmatrix}\begin{pmatrix}y_1\\ y_2\end{pmatrix}+\begin{pmatrix}0\\ f(t)\end{pmatrix}$$
$$[A]\dot{\vec{y}}+[B]\vec{y}=\vec{F} \tag{9.5.1-5}$$
$$\dot{\vec{y}}=[A]^{-1}(\vec{F}-[B]\vec{y})$$
$$\dot{\vec{y}}=[A]^{-1}(\vec{f}-[B]\vec{y})=\vec{g}(\vec{y},t)$$

1계 연립 ODE를 풀기 위한 RK4 법은 다음과 같이 나타낼 수 있다. y는 t에 대한 풀고자 하는 함수이며, 구하려고 하는 해이다. y의 시간에 대한 변화, 즉 속도 $\dot{\vec{y}}$는 t와 $\vec{y}$ 자신으로 이루어진 함수이고, 초기 시간 t_0에 대응 하는 $\vec{y}$의 초기값 $\overrightarrow{y_0}$ 벡터가 주어져 있다면, 벡터 함수 $\vec{g}$와 t_0, y_0의 값은 행렬 [A], [B]가 주어져 있을 때 다음과 표현할 수 있다.

$$\dot{\vec{y}}=[A]^{-1}(\vec{f}-[B]\vec{y})=\vec{g}(\vec{y},t)$$
$$\vec{y}(t_0)=\overrightarrow{y_0} \tag{9.5.1-6}$$

RK4 법은 최종식은 다음과 같이 나타낼 수 있다. 여기서 $\vec{y}_{n+1}$ 이란 $\vec{y}(t_n \pm \Delta t)$의 RK4 근사항이며, 다음 단계의 값 $\vec{y}_{n+1}$은 현재 단계의 값 $\vec{y}_n$에 네 구간의 크기, $\Delta t=h$라 하면 h의 증분치들의 가중 평균을 더한 값이다.

$$\vec{y}_{n+1}=\vec{y}_n+\frac{1}{6}h(\vec{k}_1+2\vec{k}_2+2\vec{k}_3+\vec{k}_4)$$
$$t_{n+1}=t_n+h \tag{9.5.1-7}$$

여기서 $(\vec{k}_1+2\vec{k}_2+2\vec{k}_3+\vec{k}_4)$ 을 계산하기 위해 다음식을 사용한다.

$$\vec{k}_1=f(t_n,\vec{y}_n)$$

$$\vec{k}_2=f(t_n+\frac{1}{2}h,\ \vec{y}_n+\frac{1}{2}h\vec{k}_1)$$

$$\vec{k}_3=f(t_n+\frac{1}{2}h,\ \vec{y}_n+\frac{1}{2}h\vec{k}_2) \tag{9.5.1-8}$$

$$\vec{k}_4=f(t_n+h,\ \vec{y}_n+h\vec{k}_3)$$

(9.5.2) 파이썬을 이용한 RK4 프로그래밍

① 모듈을 정의하고 기능 불러오기

㉠ Numpy 모듈을 np 라는 함수로 명명.

㉡ 선형대수에 관련된 함수 사용을 위하여 Numpy 안에 numpy.linalg 안의 inv 모듈을 불러옴.

㉢ 그래프 출력을 위하여, matplotlib 안의 파이플롯을 불러오고, plt로 명명.

```
import numpy as np
from numpy.linalg import inv
from matplotlib import pyplot as plt
```

② $\vec{f}$를 정의

㉠ np. 라는 것은 도입부에서 넘파이 모듈의 사용을 정의할 때 'np'로 정의하였기 때문.

㉡ array([0.0,0.0])는 1x2 0행렬을 만들어 초기 벡터 공간을 정의.

㉢ if-else 조건문을 통해 t가 15 이하라면 행렬의 0번째 항을 F0 * cos(omega*t)로 정의고 return을 통해 벡터 F를 반환.

㉣ t가 15 이상이 되면 F행렬의 0번째 항을 0으로 초기화 시키고 벡터를 반환.

```
def F(t):
  F = np.array([0.0,0.0])
  if t <= 15:
    F[0] = F0 * np.cos(omega*t)
  else:
    F[0] = 0.0
  return F
```

③ 룽게-쿠타 방법의 Python 프로그래밍 구현

㉠ G(y,t) 함수는 $A^{-1}(f(t)-By)$를 반환하도록 정의됨.

㉡ RK4_step(y, t, dt)는 룽게-쿠타 방법의 핵심인 증분값에 대한 부분임.

㉢ $(\vec{k}_1+2\vec{k}_2+2\vec{k}_3+\vec{k}_4)$을 계산하기 위한 함수 RK4_step(y, t, dt) 가 정의.

$$\vec{k}_1 = f(t_n, \vec{y}_n)$$
$$\vec{k}_2 = f(t_n + \frac{1}{2}h,\ \vec{y}_n + \frac{1}{2}h\vec{k}_1)$$
$$\vec{k}_3 = f(t_n + \frac{1}{2}h,\ \vec{y}_n + \frac{1}{2}h\vec{k}_2) \tag{9.5.3-1}$$
$$\vec{k}_4 = f(t_n + h,\ \vec{y}_n + h\vec{k}_3)$$

이론식인 아래의 식들과 계산하고 return 함.

$$\vec{y}_{n+1} = \vec{y}_n + \frac{1}{6}h(\vec{k}_1 + 2\vec{k}_2 + 2\vec{k}_3 + \vec{k}_4) \tag{9.5.3-2}$$
$$t_{n+1} = t_n + h$$

```
def G(y,t):
    return A_inv.dot( F(t) - B.dot(y) )

def RK4_step(y, t, dt):
  k1 = G(y,t)
  k2 = G(y+0.5*k1*dt, t+0.5*dt)
  k3 = G(y+0.5*k2*dt, t+0.5*dt)
  k4 = G(y+k3*dt, t+dt)

  return dt * (k1 + 2*k2 + 2*k3 + k4) /6
```

④ 주요 변수 정의

㉠ m, k, c는 질량, 스프링, 댐퍼 값을 의미함.

㉡ F0는 초기 가진, delta_t는 시간간격, omega는 가진 주파수, time은 np.arrange를 활용하여 0부터 특정시간(위의 경우 40)까지 delta_t 단위로 행렬 배열시킨 것임.

㉢ y = np.array([0,1]) 의 [ ] 속 값들은 초기 속도와 위치를 의미.

```
m = 2.0
k = 1.0
c = 0.5

# critical damping = 2 * SQRT(m*k) = 4.0 , c가 0이면 계
속 진동

F0 = 0.0
delta_t = 0.1
omega = 1.0
time = np.arange(0.0, 40.0, delta_t)

y = np.array([0,1])    # [velocity, displacement]
```

⑤ 행렬 A, B 정의, 역행렬과 Y, force 벡터 정의

㉠ A와 B는 상태방정식의 A행렬, B행렬을 의미하며 kovw.net 자료와는 살짝 다르게 정의한다. 이는 변수의 위치를 아래위로 바꾸어 놓은 것으로 결과에는 차이가 없다.

㉡ A_inv = inv(A) 는 단순히 역행렬을 정의하기 위한 함수를 만든 것임.

$$\begin{pmatrix} m & 0 \\ 0 & 1 \end{pmatrix}\begin{pmatrix} y_2' \\ y_1' \end{pmatrix}+\begin{pmatrix} c & k \\ -1 & 0 \end{pmatrix}\begin{pmatrix} y_2 \\ y_1 \end{pmatrix}=\begin{pmatrix} f(t) \\ 0 \end{pmatrix} \tag{9.5.3-3}$$

[A]y' + [B]y = f(t) --> $\begin{pmatrix} y_2' \\ y_1' \end{pmatrix}= A^{-1}(f(t)-By)$ 를 통해 구한다.

㉢ Y = [], force = [] 의 []는 Y와 force 값을 받을 비어있는 벡터를 만들어 놓은 것으로, 코딩 편의를 위해 초기 행렬 공간을 정의하는 개념이라고 보면 됨.

```
A = np.array([[m,0],[0,1]])
B = np.array([[c,k],[-1,0]])

A_inv = inv(A)

Y = []
force = []
```

㉣ G(y,t): return A_inv.dot(F(t) - B.dot(y)) 로 정의된 함수를 반복 출력하여 Standard Form으로 변형된 외부 가진력에 해당하는 많은양의 연산을 시도하기 위함임.

```
def G(y,t):
    return A_inv.dot( F(t) - B.dot(y) )
```

⑥ 에너지 총합(기계적 에너지와 포텐셜 에너지)과 진동 해 출력하기

㉠ for t in time 의 경우 변수 t를 위에서 정의한 행렬 time의 원소로 정의하면서 반복하는 것이다. 예를 들어 time 행렬이 (1, 2, 3, 7, 5)라면, t를 순서대로 1, 2, 3, 7, 5로 정의하며 특정 함수를 반복 출력하게끔 활용 할 수 있다.

㉡ for 반복문 속에는 y = y + RK4_step(y, t, delta_t)를 통해 y값을 새로 정의해주는 부분과 벡터 Y와 force에 각각 y, F(t)값을 0번째와 1번째 항에 넣어주는 부분이 정의 되어있습니다. 또한 기계적 에너지와 포텐셜 에너지를 계산해주는 KE, PE 변수를 정의한 부분이 있습니다. 단순 계산식이니 설명은 하지 않겠습니다.

㉢ if t % 1 <= 0.01: print ('Total Energy:', KE+PE) 의 경우는 if 조건문으로써 1을 t로 나눈 나머지 값이 0.01 이하가 되면 총 에너지 량인 KE + PE 값을 출력해주는 조긴문입니다.

```
for t in time:
  y = y + RK4_step(y, t, delta_t) # y값 뽑고 다시

  Y.append(y[1])
  force.append(F(t)[0])

  KE = 0.5 * m * y[0]**2 #기계적 에너지
  PE = 0.5 * k * y[1]**2 #포텐셜 에너지

  if t % 1 <= 0.01:
    print ('Total Energy:', KE+PE)
```

⑦ 그래프 출력

㉠ # matplotlib 라이브러리 모듈의 그래프 출력기능인 plot을 통해 시간-Y(변위), 시간-force(힘) 그래프를 출력한다. 모눈 선을 같이 출력하는 grid, 선의 이름을 설정하는 legend, 그리고 이 모든 것을 화면에 출력하는 show를 통해 그래프를 화면에 띄우고 끝난다.

⑧ 코드

```
import numpy as np
import matplotlib.pyplot as plt

# 상수와 초기 조건
m = float(input("mass 값을 입력하세요(0.01): "))
c = float(input("damping 값을 입력하세요(0.25): "))
k = float(input("spring 값을 입력하세요(0.069): "))

print("f(t)=Asin(wt) 입니다")
Amp = float(input("A 값을 입력하세요(25.0): "))
omega = float(input("omega 값을 입력하세요(25.0): "))

dtime = float(input("시간 간격 dtime 값을 입력하세요(기본값 0.001): ") or 0.001)
time_max = 30.0

# Runge-Kutta 4th Order 메소드 정의
def rk4(dt, y1, y2, time):
    def ft1(y1, y2, time):
        return y2

    def ft2(y1, y2, time):
        return (-c * y2 - k * y1 + Amp * np.sin(omega * time)) / m

    k1 = dt * np.array([ft1(y1, y2, time), ft2(y1, y2, time)])
    k2 = dt * np.array([ft1(y1 + 0.5 * k1[0], y2 + 0.5 * k1[1], time), ft2(y1 + 0.5 *
k1[0], y2 + 0.5 * k1[1], time)])
    k3 = dt * np.array([ft1(y1 + 0.5 * k2[0], y2 + 0.5 * k2[1], time), ft2(y1 + 0.5 *
k2[0], y2 + 0.5 * k2[1], time)])
    k4 = dt * np.array([ft1(y1 + k3[0], y2 + k3[1], time), ft2(y1 + k3[0], y2 + k3[1],
time)])
    return np.array([y1, y2]) + (k1 + 2 * k2 + 2 * k3 + k4) / 6

# Explicit Euler 메소드 정의
def euler(dt, y1, y2, time):
    def ft1(y1, y2, time):
        return y2

    def ft2(y1, y2, time):
        return (-c * y2 - k * y1 + Amp * np.sin(omega * time)) / m
```

```
    dy1 = dt * ft1(y1, y2, time)
    dy2 = dt * ft2(y1, y2, time)
    return y1 + dy1, y2 + dy2

# 데이터 저장을 위한 배열
times = []
y1_euler = []
y1_rk2 = []
y1_rk4 = []

# 초기 조건 설정
time = 0.0
y_0 = float(input("초기변위 y(0)=?: "))
y1_e = y1_r2 = y1_r4 = y_0
y_dot = float(input("초기속도 y_dot(0)=?: "))
y2_e = y2_r2 = y2_r4 = y_dot

# 사용자 선택에 따라 계산 방법 설정
param = int(input("Enter 1 for Euler, 2 for RK2, 3 for RK4, or 4 for all: "))

while time <= time_max:
    if param == 1 or param == 4:
        y1_e, y2_e = euler(dtime, y1_e, y2_e, time)
        if param == 1:
            y1_euler.append(y1_e)

    if param == 2 or param == 4:
        k1_rk2 = dtime * np.array([y2_r2, (-c * y2_r2 - k * y1_r2 + Amp * 
np.sin(omega * time)) / m])
        k2_rk2 = dtime * np.array([y2_r2 + 0.5 * k1_rk2[1], (-c * (y2_r2 + 0.5 * 
k1_rk2[1]) - k * (y1_r2 + 0.5 * k1_rk2[0]) + Amp * np.sin(omega * (time + dtime / 
2))) / m])
        y1_r2 += (k1_rk2[0] + k2_rk2[0]) / 2
        y2_r2 += (k1_rk2[1] + k2_rk2[1]) / 2
        if param == 2:
            y1_rk2.append(y1_r2)

    if param == 3 or param == 4:
        y1_r4, y2_r4 = rk4(dtime, y1_r4, y2_r4, time)
```

```
        if param == 3:
            y1_rk4.append(y1_r4)

    if param == 4:
        y1_euler.append(y1_e)
        y1_rk2.append(y1_r2)
        y1_rk4.append(y1_r4)

    times.append(time)
    time += dtime

# 결과 시각화
plt.figure(figsize=(10, 6))
if param == 1:
    plt.plot(times, y1_euler, label='Euler')
elif param == 2:
    plt.plot(times, y1_rk2, label='RK2')
elif param == 3:
    plt.plot(times, y1_rk4, label='RK4')
elif param == 4:
    plt.plot(times, y1_euler, label='Euler')
    plt.plot(times, y1_rk2, label='RK2')
    plt.plot(times, y1_rk4, label='RK4')

plt.xlabel('Time(sec)')
plt.ylabel('Displacement(m)')

# 동적 제목 설정
title = f'mass-spring-damper: m={m}, c={c}, k={k}, omega={omega}'
plt.title(title)

plt.legend()
plt.grid(True, which="both", ls="--")
plt.show()
```

⑨ Euler, RK2, RK4 프로그래밍 테스트 및 결과 비교

외력이 영이고, c값이 0인 경우, 즉 소스코드의 변수 설정 부분 중 질량, 스프링, 댐퍼값을 m = 1.0, k = 4.0, c = 0.0 로 했을 때 결과이다. 댐퍼값이 0이기에 변위가 0으로 감쇄 지동하지 않고 진동하는 것을 볼 수 있다. 이론해는 진동 감쇄나 증폭없이 진폭이 일정하게 유지 되어야 하나 RK4 이외 다른 방법은 오차가 누적되고 있음을 알수 있다.

```
mass 값을 입력하세요(0.01): 1
damping 값을 입력하세요(0.25): 0
spring 값을 입력하세요(0.069): 4
f(t)=Asin(wt) 입니다
A 값을 입력하세요(25.0): 0
omega 값을 입력하세요(25.0): 0
시간 간격 dtime 값을 입력하세요(기본값 0.001): 0.1
초기변위 y(0)=?: 1
초기속도 y_dot(0)=?: 0
Enter 1 for Euler, 2 for RK2, 3 for RK4, or 4 for all: 4
```

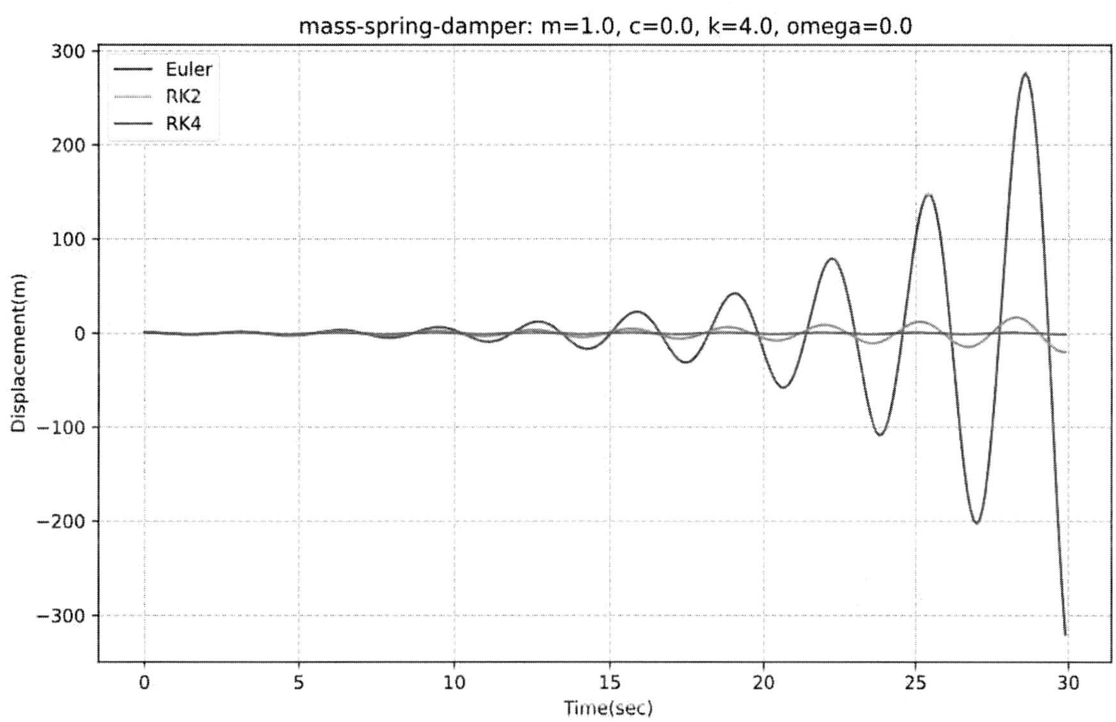

그 외 본 프로그램 소스를 사용하여 변수값에 변화를 주면서 실행한 결과 질량, 스프링, 댐퍼 시스템이 진동 해석을 적절히 해주는 것을 볼 수 있다. spring-mass-damper 시스템의 초기값 문제에 적용해보고 직접 소스코드를 한 결과 RK4 결과가 오일러 법에 비해 매우 우수함을 알 수 있다. 그 외 공진도 외력, f(t)=Asin(wt) 을 공진 주파수로 맞추어 테스트 해 보면 공진 현상을 이해 할 수 있다.

(9.6) 미분-적분 방정식 수치기법

주어진 코드에서 풀고자 하는 문제는 미분-적분 방정식이다. 이는 다음과 같은 형태로 정의된다:

미분-적분 방정식:

$$\frac{dy}{dt} = -y + I(t) \tag{9.6-1}$$

여기서 $I(t)$는 적분항으로 다음과 같이 정의된다:

$$I(t) = \int_0^t e^{-\tau} d\tau \tag{9.6-2}$$

초기조건은 $y(0) = 1$ 이다.

주어진 방정식을 시간t에 대해 해석적으로 풀기 어려운 경우이므로 수치 해법을 사용하여 근사 해를 구한다. 코드에서는 세 가지 수치 방법을 사용한다: 여기서 $t_{n+1} = t_n + h = t_n + \triangle t$ 이다. 보통 $h = \Delta t$ 서로 같은 의미로 쓰이고 있음을 주목하자.

Euler 방법:

$$y_{n+1} = y_n + (-y_n + I_n)\triangle t \tag{9.6-3}$$

RK2 (2차 Runge-Kutta) 방법:

$$\begin{aligned} k_1 &= f(t_n, x_n, I_n), \\ k_2 &= f(t_n + \triangle t, y_n + \triangle t k_1), \\ y_{n+1} &= y_n + \frac{\triangle t}{2}(k_1 + k_2) + O(\triangle t^3) \end{aligned} \tag{9.6-4}$$

RK4 (4차 Runge-Kutta) 방법:

$$\begin{aligned} \vec{y}_{n+1} &= \vec{y}_n + \frac{1}{6}h(\vec{k}_1 + 2\vec{k}_2 + 2\vec{k}_3 + \vec{k}_4) \\ t_{n+1} &= t_n + h \end{aligned} \tag{9.6-5}$$

여기서 $(\vec{k}_1 + 2\vec{k}_2 + 2\vec{k}_3 + \vec{k}_4)$ 을 계산하기 위해 다음식을 사용한다.

$$\vec{k}_1 = f(t_n, \vec{y}_n, I_n)$$

$$\vec{k}_2 = f(t_n + \frac{1}{2}h,\ \vec{y}_n + \frac{1}{2}h\vec{k}_1, I_n)$$

$$\vec{k}_3 = f(t_n + \frac{1}{2}h,\ \vec{y}_n + \frac{1}{2}h\vec{k}_2, I_n) \qquad (9.6\text{-}6)$$

$$\vec{k}_4 = f(t_n + h,\ \vec{y}_n + h\vec{k}_3, I_n)$$

적분$I(t)$는 누적 합을 사용하여 계산한다:

$$I_{n+1} = I_n + e^{-t_n}\Delta t \qquad (9.6\text{-}7)$$

(9.6.1) Differential-Integral Equation Solution (Euler, RK2, RK4)

① 코드

```
import numpy as np
import matplotlib.pyplot as plt

# 시간 설정
t0, tf = 0, 5  # 초기 및 종료 시간
dt = 0.5  # 시간 간격
t = np.arange(t0, tf + dt, dt)  # 시간 배열

# 초기 조건
y_euler = np.zeros(len(t))
y_rk2 = np.zeros(len(t))
y_rk4 = np.zeros(len(t))
y_euler[0] = 1  # Euler 초기 조건
y_rk2[0] = 1  # RK2 초기 조건
y_rk4[0] = 1  # RK4 초기 조건

# 적분항 초기화
integral = np.zeros(len(t))

# 방정식 정의
```

```
def f(t, y, integral):
    return -y + integral

# Euler, RK2 및 RK4 선택적으로 사용
def solve_differential_integral(param):
    global y_euler, y_rk2, y_rk4

    for i in range(1, len(t)):
        # 적분항 계산 (누적합)
        integral[i] = integral[i-1] + np.exp(-t[i-1]) * dt

        if param == 4 or param == 1:  # Euler 방법
            y_euler[i] = y_euler[i-1] + dt * f(t[i-1], y_euler[i-1], integral[i-1])

        if param == 4 or param == 2:  # RK2 사용
            k1_rk2 = f(t[i-1], y_rk2[i-1], integral[i-1])
            k2_rk2 = f(t[i-1] + dt, y_rk2[i-1] + dt * k1_rk2, integral[i-1])
            y_rk2[i] = y_rk2[i-1] + (dt / 2) * (k1_rk2 + k2_rk2)

        if param == 4 or param == 3:  # RK4 사용
            k1_rk4 = f(t[i-1], y_rk4[i-1], integral[i-1])
            k2_rk4 = f(t[i-1] + dt / 2, y_rk4[i-1] + dt / 2 * k1_rk4, integral[i-1])
            k3_rk4 = f(t[i-1] + dt / 2, y_rk4[i-1] + dt / 2 * k2_rk4, integral[i-1])
            k4_rk4 = f(t[i-1] + dt, y_rk4[i-1] + dt * k3_rk4, integral[i-1])
            y_rk4[i] = y_rk4[i-1] + (dt / 6) * (k1_rk4 + 2 * k2_rk4 + 2 * k3_rk4 +
k4_rk4)

    if param not in [1, 2, 3, 4]:
        raise ValueError("Invalid parameter: Use param=1 for Euler, param=2 for RK2,
param=3 for RK4, param=4 for all methods")

# 사용자 입력에 따라 Euler, RK2, RK4, 또는 모두 실행
param = int(input("Enter 1 for Euler, 2 for RK2, 3 for RK4, or 4 for all: "))
solve_differential_integral(param)

# 결과 시각화
if param == 1:
    plt.plot(t, y_euler, label="Euler")
elif param == 2:
    plt.plot(t, y_rk2, label="RK2")
```

```
elif param == 3:
    plt.plot(t, y_rk4, label="RK4")
elif param == 4:
    plt.plot(t, y_euler, label="Euler")
    plt.plot(t, y_rk2, label="RK2")
    plt.plot(t, y_rk4, label="RK4")

plt.xlabel("Time (t)")
plt.ylabel("y(t)")
plt.title("Differential-Integral Equation Solution (Euler, RK2, RK4)")
plt.legend()
plt.grid()
plt.show()
```

② 실행 결과

```
Enter 1 for Euler, 2 for RK2, 3 for RK4, or 4 for all: 4
```

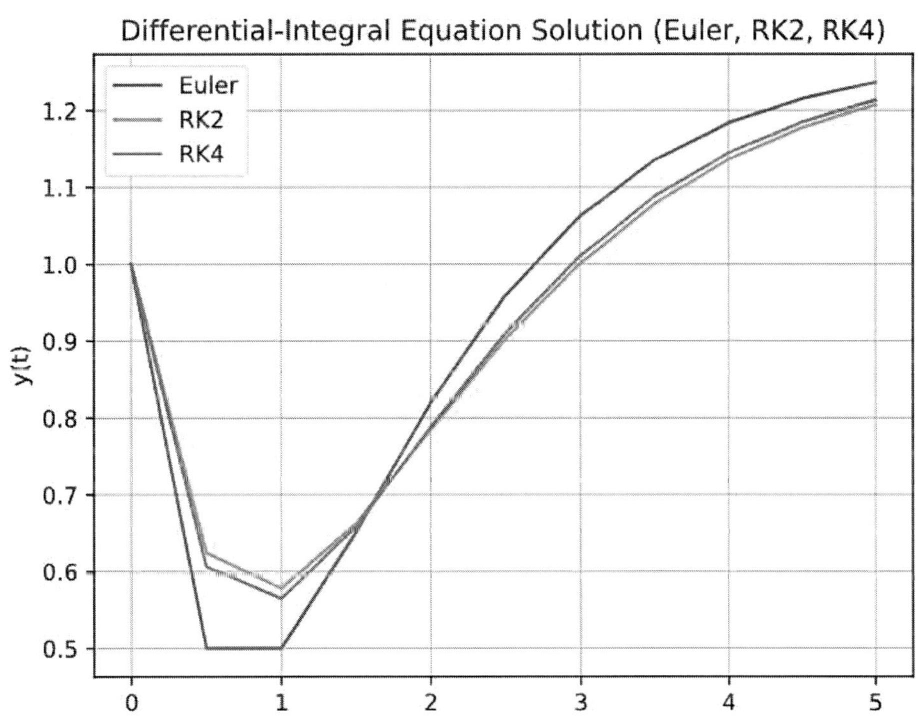

(9.7) 연습문제

① 문제 1:

초기치 문제를 해결하기 위해, 다음의 미분 방정식을 푸는 코드를 작성하시오. 초기 조건으로 t=[0,2], dt = 0.1로 한다.

$$\frac{dy}{dt} = -2y + t,\ y(0) = 1$$

풀이:

② 문제 2:

초기치 문제를 해결하기 위해, 다음의 미분 방정식을 푸는 코드를 오일러 방법을 이용하여 작성하시오. 초기 조건으로 t=[0,1], dt = 0.1로 한다.

$$\frac{dy}{dt} = -3y + t,\ y(0) = 2$$

풀이:

③ 문제 3:

초기치 문제를 해결하기 위해, 다음의 미분 방정식을 푸는 코드를 RK2 방법을 이용하여 풀어라. 초기 조건으로 t=[0,2], dt = 0.1로 한다.

$$\frac{dy}{dt} = y + t,\ y(0) = 0$$

풀이:

④ 문제 4:

초기치 문제를 해결하기 위해, 다음의 미분 방정식을 푸는 코드를 RK4 방법을 이용하여 풀어라. 초기 조건으로 t=[0,2], dt = 0.1로 한다.

$$\frac{dy}{dt} = -y + \sin(t),\ y(0) = 1$$

풀이:

⑤ 문제 5:

다음 2계 미분 방정식을 1계 연립 ODE로 변환하여 RK4로 푸시오:

$$\frac{d^{2y}}{dt^2} + 3\frac{dy}{dt} + 2y - 0,\ y(0) - 1,\ \frac{dy}{dt}(0) = 0$$

풀이:

⑥ 문제 6:

미분-적분 방정식: $\frac{dy}{dt} = g(y,t) + I(t)$ 여기서 $I(t)$는 적분항으로 다음과 같이 정의된다: $I(t) - \int_0^t f(\tau)d\tau$ 초기조건은 $y(0) = y_0$ 로 히여 일반적인 프로그램 작성하고 그 결과를 가시화 하시오.

풀이:

10 장 Shooting Method [경계치 문제]

경계치 문제를 푸는 대표적인 방법으로는 Shooting Method, 유한차분법(Finite Difference Method, FDM), 유한요소법(Finite Element Method, FEM)이 있다.

Shooting Method는 경계치 문제를 초기치 문제로 변환하여 해결하는 방식이다. 초기 조건을 추정한 뒤, 상미분 방정식을 수치적으로 풀고 경계 조건과의 차이를 계산하여 보정한다. 이 과정은 Newton-Raphson 방법과 같은 수치적 기법을 통해 반복적으로 수행되며, 경계 조건을 만족하는 해에 점진적으로 수렴한다. 이 방법은 비교적 간단하게 구현할 수 있지만, 초기 조건의 선택과 수렴 속도가 결과에 큰 영향을 미친다.

유한차분법은 편미분 방정식을 이산화하여 수치적으로 푸는 방법이다. 연속적인 도함수를 전진 차분법, 후진 차분법, 중심 차분법과 같은 차분식으로 대체하고, 이를 통해 방정식을 계산한다. 경계 조건은 직접 포함되며, 문제의 안정성과 정확성은 분할 간격의 크기에 따라 결정된다. 유한차분법은 계산이 간단하고 정밀한 해를 구할 수 있어 선형 경계치 문제에 적합하다.

유한요소법은 문제를 작은 요소로 분할하여 각 요소의 방정식을 정의하고, 이를 조합하여 전체 문제를 해결하는 기법이다. 각 요소에서 형상함수를 사용해 변수의 분포를 근사하며, 복잡한 형상의 문제나 비선형 경계치 문제에서도 효과적으로 적용 가능하다. 유한요소법은 경계 조건을 자연스럽게 포함하며, 물리적 시스템을 해석하는 데 매우 강력한 도구로 널리 활용된다.

항목	Shooting Method	FEM	FDM
기본 접근 방식	BVP를 IVP로 변환	문제를 작은 요소로 분할	미분을 차분 방정식으로 근사
적용 가능 문제	단순한 경계 조건	복잡한 경계 조건 및 구조	단순한 경계 조건 및 기하학
비선형성 처리	초기값 추정을 통해 반복적으로 해결	비선형 요소 방정식을 반복적으로 해결	반복법 (Newton-Raphson 등) 필요
장점	간단한 문제에서 효과적	복잡한 문제 해결 가능	계산 비용이 적음
단점	초기 추정값에 민감	높은 수학적/계산적 복잡도	경계 조건 복잡도 증가 시 비효율적
결과의 연속성	IVP 풀이 결과로 연속적인 해	연속적인 해 제공	격자점에서만 계산, 보간 필요
복잡한 기하학 처리	어려움	용이	어려움

본 장에서는 Shooting Method를 이용한 경계치 문제를 해결하기 위한 주요 수치적 접근 방법을 다룬다. 먼저, Explicit Euler Method와 같은 기본적인 방법론을 통해 간난한 경계치 문세를 해결하는 과정을 소개한다. 이후, 더욱 복잡한 문제를 해결하기 위한 강력한 방법인 Shooting Method와 이를 효율적으로 구현하기 위한 Python 프로그래밍 기법을 논의한다.

상미분 방정식의 경계치 문제(boundary value problem, BVP)는 수학과 공학 전반에서 매우 중요한 문제 유형으로, 초기치 문제(initial value problem, IVP)와는 다른 접근 방식을 요구한다. 초기치 문제는 특정 시간에서의 초기 조건을 기반으로 문제를 해결하지만, 경계치 문제는 구간의 양쪽 끝에서 주어진 경계 조건을 만족하는 해를 찾는 것을 목표로 한다. 이러한 경계치 문제는 열전달, 유체역학, 전자기학, 구조해석 등 다양한 공학 분야뿐만 아니라 경제학과 생물학 등에서도 등장한다. 대표적으로 빔의 변형, 열전도 방정식, 전자기파 전파와 같은 문제들이 경계치 문제로 모델링된다.

(10.1) 선형 Shooting Method

이 절에서는 선형 경계치 문제(BVP)의 정의와 이를 해결하기 위한 슈팅 방법(Shooting Method) 접근법에 대해 설명한다. 선형 경계치 문제를 해결하기 위한 슈팅 방법(Shooting Method)은 초기치 문제로 변환하여 반복적으로 경계 조건을 만족하는 해를 구하는 방법이다. 슈팅법에서는 초기 조건을 설정하고, 상미분 방정식을 수치적으로 풀어 경계 조건에 접근한다. 선형 슈팅법은 Newton-Raphson 방법과 같은 수치적 기법을 활용해 경계 조건의 잔차를 줄이며, Python으로 구현 시 초기값의 선택과 정확도를 조정하여 경계치 문제의 해를 근사적으로 계산한다. 여기서는 Explicit Euler Method로 그 방법을 설명한다.

(10.2) 비선형 Shooting Method

이 절에서는 비선형 경계치 문제(BVP)의 정의와 이를 해결하기 위한 슈팅 방법(Shooting Method) 접근법에 대해 설명한다. 비선형 경계치 문제는 비선형성이 포함된 복잡한 문제로, 슈팅법을 적용하기 위해 반복적 접근법이 필요하다. 비선형 경계치 문제로 Blasius 방정식을 설명하고자 한다. 파이썬 내장함수인 scipy.integrate import solve_ivp를 사용하고 그 결과를 분석한다.

(10.3) 연습문제

연습문제는 주어진 선형 및 비선형 경계치 문제를 Shooting Method, 유한차분법(FDM), 유한요소법(FEM)을 활용하여 해결하고, Euler 방법, RK2, RK4 등의 초기치 문제 해법과 결과를 비교 분석하며, 각 방법의 계산 결과와 특징을 종합적으로 평가한다.

(10.1) 선형 Shooting Method

이 절에서는 선형 경계치 문제(BVP)의 정의와 이를 해결하기 위한 슈팅 방법(Shooting Method) 접근법에 대해 설명한다. 선형 경계치 문제를 해결하기 위한 슈팅 방법(Shooting Method)은 초기치 문제로 변환하여 반복적으로 경계 조건을 만족하는 해를 구하는 방법이다. 슈팅법에서는 초기 조건을 설정하고, 상미분 방정식을 수치적으로 풀어 경계 조건에 접근한다. 선형 슈팅법은 Newton-Raphson 방법과 같은 수치적 기법을 활용해 경계 조건의 잔차를 줄이며, Python으로 구현 시 초기값의 선택과 정확도를 조정하여 경계치 문제의 해를 근사적으로 계산한다. 여기서는 Explicit Euler Method로 그 방법을 설명한다.

(10.1.1) Explicit Euler Method

① 경계치 문제:

아래와 같이 독립변수가 시간이 아니라 공간에 대한 미분방정식으로 이루어진 문제를 경계치 문제라고 한다.

$$\frac{dy}{dx} = v(x,y), Boundary Condition : y(0) = y_0 \qquad (10.1.1\text{-}1)$$

② 경계치 수치 방법 기본 개념

㉠ 2계 이상 ODE를 1 계 ODE 시스템으로 변환

㉡ 초기 값을 알 수없는 IVP 문제와 동일하게 생각.

㉢ 초기 값을 알 수 없는 문제에서 초기 값을 가정.

㉣ BVP 문제를 IVP 문제처럼 수치적으로 풀기

㉤ 끝점의 경계조건이 일치하는지 체크

㉥ 일치하지 않으면 다시 보간으로 초기 조건을 수정하고 풀기

㉦ 끝점의 경계조건이 일치할때까지 반복 계산.

③ 2차 선형 경계값 문제 (Boundary Value Problem)

2계 이상 ODE를 1 계 ODE 시스템으로 변환

$$\frac{d^2y}{dx^2} + A\frac{dy}{dx} + By = 0, \qquad BC: y(0) = y_{0,}, \mathrm{y}(1) = \mathrm{y}_1 \qquad (10.1.1\text{-}2)$$

상태 변수 정의:

$$y_1 = y, \qquad y_2 = y' \qquad (10.1.1\text{-}3)$$

1차 미분 방정식으로 변환:

$$\frac{dy_1}{dx} = y_2, \qquad \frac{dy_2}{dx} = -Ay_2 - By_1 \qquad (10.1.1\text{-}4)$$

행렬식 형태로 변환:

$$\begin{pmatrix} \frac{dy_1}{dx} \\ \frac{dy_2}{dx} \end{pmatrix} = \begin{bmatrix} 0 & 1 \\ -A & -B \end{bmatrix} \begin{pmatrix} y_1 \\ y_2 \end{pmatrix} \tag{10.1.1-5}$$

④ **BVP을 초기값을 가정**한 IBV로 생각하자.

$$\begin{pmatrix} y_1^{n+1} \\ y_2^{n+1} \end{pmatrix} = \begin{bmatrix} 1 & 0 \\ 0 & 1 \end{bmatrix} + \Delta x \begin{bmatrix} 0 & 1 \\ -A & -B \end{bmatrix} \begin{pmatrix} y_1^n \\ y_2^n \end{pmatrix} \tag{10.1.1-6}$$

⑤ **검증:** BVP 문제를 IVP 문제처럼 수치적으로 풀고, 끝점의 경계조건이 일치하는지 체크한다.

㉠ 추측한 초기값을 사용해 완전한 초기 조건을 계산.

㉡ 다른 경계 조건이 만족되는지 확인: 만약 만족하지 않는다면, 보간법(interpolation)을 사용하여 초기값을 업데이트.

(10.1.2) Explicit Euler Method 예제

이 파이썬 코드는 2차 경계값 문제(Boundary Value Problem, BVP)를 해결하기 위해 Explicit Forward Euler 방법을 사용한다. 방정식은 아래와 같다. BC, $BC: y(0)=3,\ y(3)=1$을 IC, $IC: y(0)=3,\ \ \frac{dy}{dx}(0)=0$로 가정하여 푼다. $BC: y(0)=3,\ y(3)=1$로 출발하여 초기치 문제로 풀어 끝단 경제 조건이 만족하는지 확인해 본다.

$$\frac{d^2y}{dx^2} + 3\frac{dy}{dx} + 1y = 0, \qquad BC: y(0)=3,\ y(3)=1 \tag{10.1.2-1}$$

Explicit Forward Euler 방법:

$$\begin{pmatrix} y_1^{n+1} \\ y_2^{n+1} \end{pmatrix} = \begin{bmatrix} 1 & 0 \\ 0 & 1 \end{bmatrix} + \Delta x \begin{bmatrix} 0 & 1 \\ -A & -B \end{bmatrix} \begin{pmatrix} y_1^n \\ y_2^n \end{pmatrix} \tag{10.1.2-2}$$

로 수치적 해를 계산한다. 결과적으로 $y(x)$와 $\frac{dy}{dx}$의 그래프를 통해 경계값 문제의 해를 시각화한다.

① Explicit Euler Method 코드

```
import numpy as np
```

```
import matplotlib.pyplot as plt

# 계수 A와 B 정의
A = 3
B = 1

# 행렬 A_ 정의
A_ = np.array([[0, 1],
               [-A, -B]])

# 스텝 크기와 x의 범위 정의
dx = 0.0005
x_end = 3

# 초기 조건 y(0) = 3, dy/dx(0) = 0
y0 = np.array([3, 0])

# Explicit Forward Euler
n_steps = int(x_end / dx) + 1  # 스텝 수 계산
x = np.zeros(n_steps)           # x 배열 초기화
y = np.zeros((2, n_steps))     # y 배열 초기화
y[:, 0] = y0                   # 초기값 설정

# Forward Euler 반복
for n in range(n_steps - 1):
    x[n + 1] = x[n] + dx
    y[:, n + 1] = (np.eye(2) + dx * A_) @ y[:, n]

# y(x) 그래프 그리기
plt.figure()
plt.plot(x, y[0, :], label='y(x)')
plt.xlabel('x')
plt.ylabel('y')
plt.title('y(x) vs x')
plt.grid()
plt.legend()

# dy/dx 그래프 그리기
plt.figure()
plt.plot(x, y[1, :], label="dy/dx", color='orange')
```

```
plt.xlabel('x')
plt.ylabel('dy/dx')
plt.title('dy/dx vs x')
plt.grid()
plt.legend()

plt.show()
```

```
import numpy as np
import matplotlib.pyplot as plt

# 계수 A와 B 정의
A = 3
B = 1

# 행렬 A_ 정의
A_ = np.array([[0, 1],
               [-A, -B]])

# 스텝 크기와 x의 범위 정의
dx = 0.0005
x_end = 3

# 초기 조건 y(0) = 3, dy/dx(0) = 0
y0 = np.array([3, 0])

# Explicit Forward Euler
n_steps = int(x_end / dx) + 1  # 스텝 수 세산
x = np.zeros(n_steps)          # x 배열 초기화
y = np.zeros((2, n_steps))     # y 배열 초기화
y[:, 0] = y0                   # 초기값 설정

# Forward Euler 반복
for n in range(n_steps - 1):
    x[n + 1] = x[n] + dx
    y[:, n + 1] = (np.eye(2) + dx * A_) @ y[:, n]

# y(x) 그래프 그리기
```

```
plt.figure()
plt.plot(x, y[0, :], label='y(x)')
plt.xlabel('x')
plt.ylabel('y')
plt.title('y(x) vs x')
plt.grid()
plt.legend()

# dy/dx 그래프 그리기
plt.figure()
plt.plot(x, y[1, :], label="dy/dx", color='orange')
plt.xlabel('x')
plt.ylabel('dy/dx')
plt.title('dy/dx vs x')
plt.grid()
plt.legend()

plt.show()
```

② 1번째 초기 조건:

Explicit Euler Method : 프로그램 결과 끝단에서 경계조건과 차이가 난다.

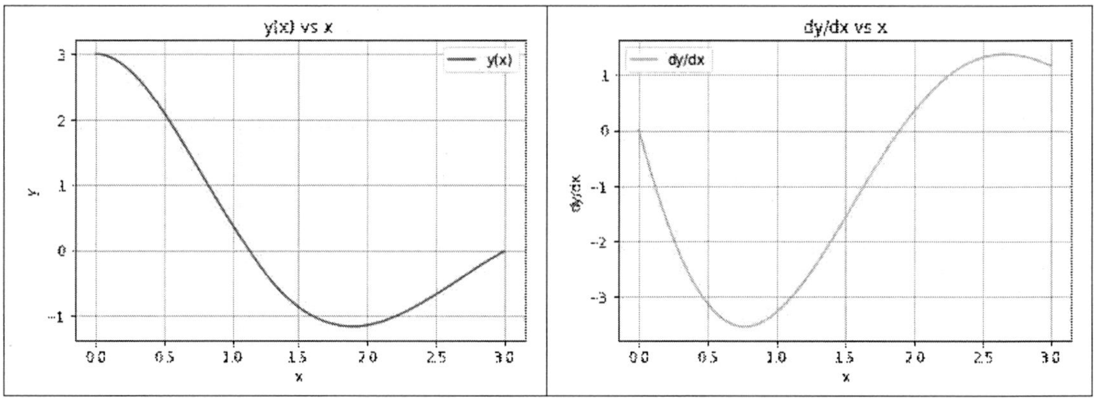

③ 2번째 초기 조건:

$IC: y(0) = 3, \quad \frac{dy}{dx}(0) = -0.5$로 출발하여 초기치 문제로 풀어 끝단 경제 조건이 어떻게 되는지 확인해 본다.

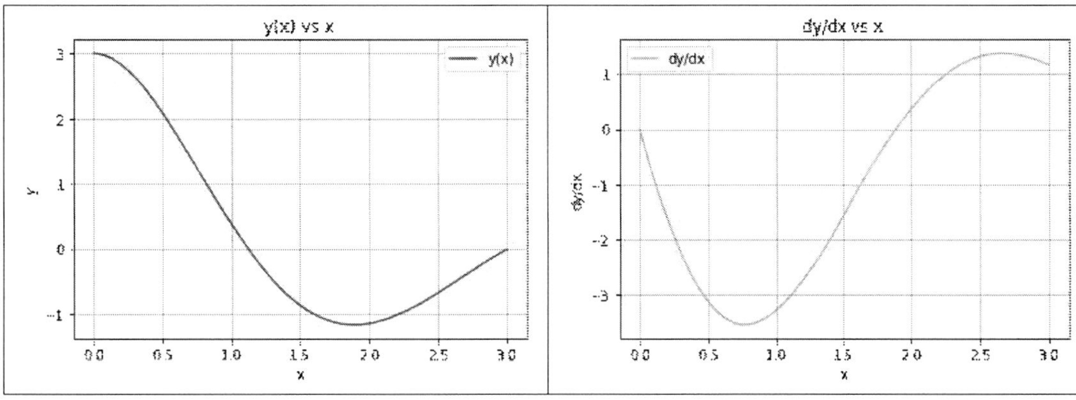

④ 3번째 초기 조건 :

3번째 초기 조건을 1번째, 2번째 결과로부터 보간하여 결정한다. 주어진 경계조건은 $BC: y(0)=3,\ y(3)=1$이다. 첫 번째 조기 추성은 $\dot{y}(0)=0$ 에서 $y(3)=-0.0209$이고, $\dot{y}(0)=-0.5$ 에서 $y(3)=0.0442$이다. 보간법을 이용해 $\dot{y}(0)$의 값을 업데이트:

$$f(x)=f(a)+\frac{f(b)-f(a)}{b-a}(x-a)$$

$$1=-0.0209+\frac{0.0442-(-0.0209)}{-0.5-0}(x-0)$$

보간법 적용 결과: $\dot{y}(0)=-7.841$

⑤ Explicit Euler Method : 올바른 결과가 나왔다.

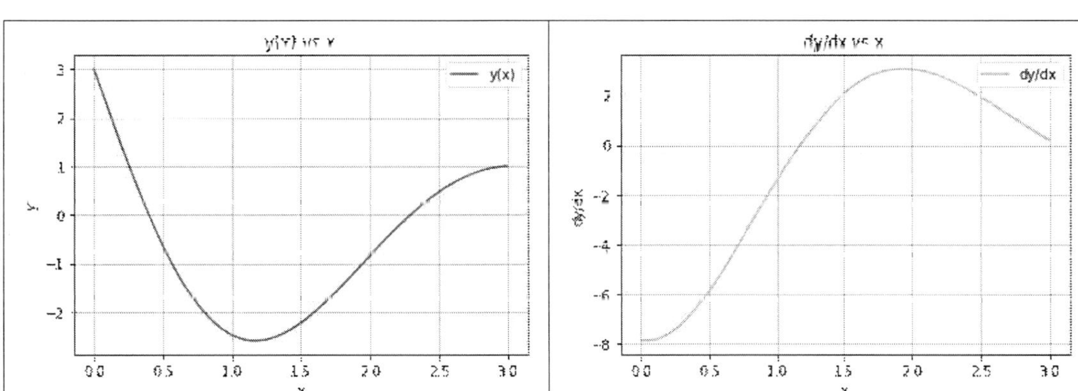

(10.2) 비선형 Shooting Method

비선형 경계치 문제는 비선형성이 포함된 복잡한 문제로, 슈팅법을 적용하기 위해 반복적 접근법이 필요하다. 초기 조건의 변화에 따라 상미분 방정식을 풀고, 경계 조건에서의 차이를 보정하며, 이 과정을 반복해 수렴값을 찾는다. Python을 통해 비선형 슈팅법을 구현하며, 다양한 초기값과 반복 조건에서의 수렴성을 분석한다. 특히, Newton-Raphson 방법을 활용해 비선형 문제의 오차를 점진적으로 줄이고 경계 조건을 만족하는 해를 도출한다.비선형 경계치 문제로 Blasius 방정식을 설명하고자 한다. 파이썬 내장함수인 scipy.integrate import solve_ivp를 사용하고 그 결과를 분석한다. 비선형 경계치 문제로 Blasius 방정식을 설명하고자 한다. 다음과 같은 3차 비선형 미분 방정식이다. 이는 경계층 이론에서 유도된 방정식으로, 경계층 속도 프로파일 $u(y)$를 무차원화하여 얻어진다.

$$f''' + ff'' = 0 \tag{10.2-1}$$

Blasius 방정식의 경계 조건은 다음과 같다.

$$f(0) = 0, \quad f'(0) = 0, \quad f'(\infty) = 1 \tag{10.2-2}$$

이 방정식은 3개의 1차 미분 방정식으로 변환된다:

$$y_1' = y_2,\ y_2' = y_3,\ y_3' = -\ y_1 y_3, \tag{10.2-3}$$

위 식을 초기값 문제(IVP)로 변환하여 다음과 같은 초기 조건을 정의한다:

$$y_1(0) = 0, \quad y_2(0) = 0, \quad y_3(0) = guess \tag{10.2-4}$$

$y_3(0) = guess$로 출발하여 $y_2(\infty) = 1$이 되도록 조정한다.

① 코드

```
import numpy as np
from scipy.integrate import solve_ivp
import matplotlib.pyplot as plt

# Blasius 방정식 미분 방정식 정의
def blasius(eta, y):
    return [y[1], y[2], -y[0] * y[2]]

# 목표 경계 조건
target = 1.0

# 초기 추정값 및 결과 저장 배열
guesses = [1, 0.1]  # 초기 추정값 두 개
```

```
solutions = []

# 첫 번째 추정값 계산
sol1 = solve_ivp(blasius, [0, 10], [0, 0, guesses[0]], t_eval=np.linspace(0, 10, 200))
solutions.append(sol1.y[1, -1])

# 두 번째 추정값 계산
sol2 = solve_ivp(blasius, [0, 10], [0, 0, guesses[1]], t_eval=np.linspace(0, 10, 200))
solutions.append(sol2.y[1, -1])

# 선형 보간으로 새로운 추정값 계산
m = (guesses[0] - guesses[1]) / (solutions[0] - solutions[1])
guess3 = guesses[1] + m * (target - solutions[1])

# 새로운 추정값으로 계산
sol3 = solve_ivp(blasius, [0, 10], [0, 0, guess3], t_eval=np.linspace(0, 10, 200))
solution3 = sol3.y[1, -1]

# 결과 출력
print("추정값과 결과")
print(f"추정값 1: {guesses[0]:.4f}, 결과: {solutions[0]:.4f}")
print(f"추정값 2: {guesses[1]:.4f}, 결과: {solutions[1]:.4f}")
print(f"추정값 3: {guess3:.4f}, 결과: {solution3:.4f}")
print(f"목표값: {target:.3f}")

# 결과 시각화
plt.figure(figsize=(8, 5))

# f(η) 플롯
plt.plot(sol1.t, sol1.y[0], label=f"f(η) guess1={guesses[0]:.4f}")
plt.plot(sol2.t, sol2.y[0], label=f"f(η) guess2={guesses[1]:.4f}")
plt.plot(sol3.t, sol3.y[0], label=f"f(η) guess3={guess3:.4f}")

# f'(η) 플롯
plt.plot(sol1.t, sol1.y[1], linestyle="--", label=f"f'(η) guess1={guesses[0]:.4f}")
plt.plot(sol2.t, sol2.y[1], linestyle="--", label=f"f'(η) guess2={guesses[1]:.4f}")
plt.plot(sol3.t, sol3.y[1], linestyle="--", label=f"f'(η) guess3={guess3:.4f}")

plt.xlabel("η")
plt.ylabel("f(η) , f'(η)")
```

```
plt.title("Blasius solutions")
plt.legend()
plt.grid()
plt.show()
```

② 코드 설명

Blasius 방정식은 $f''' + ff'' = 0$으로 정의되며, 이를 1차 미분 방정식 시스템으로 변환하여 이 방정식을 3개의 1차 미분 방정식, $y_1' = y_2,\ y_2' = y_3,\ y_3' = -y_1y_3,$ 으로 변환된다

```
def blasius(eta, y):
    return [y[1], y[2], -y[0] * y[2]]
```

초기 추정값 설정: $f''(0)$에 대한 초기 추정값을 설정한다. 첫 번째와 두 번째 추정값으로 각각 1과 0.1을 사용한다.

```
guesses = [1, 0.1]
```

첫 번째와 두 번째 추정값 풀이: 각 초기 추정값에 대해 IVP를 풀이하여 $f'(\infty) \simeq f'(10)$를 계산. $f'(\infty) \simeq f'(10)$ 값을 solutions 리스트에 저장.

```
sol1 = solve_ivp(blasius, [0, 10], [0, 0, guesses[0]], t_eval=np.linspace(0, 10, 200))
solutions.append(sol1.y[1, -1])
```

선형 보간법: 두 추정값과 결과를 기반으로 선형 보간을 수행하여 $f''(0)$의 새로운 추정값 guess3를 계산.

```
m = (guesses[0] - guesses[1]) / (solutions[0] - solutions[1])
guess3 = guesses[1] + m * (target - solutions[1])
```

결과 출력:각 추정값과 $f'(10)$ 값을 출력하여 경계 조건을 만족하는지 확인.

```
print(f"추정값 1: {guesses[0]:.4f}, 결과: {solutions[0]:.4f}")
```

결과 시각화: 각 추정값에 대해 계산된 $f(\eta), f'(\eta)$를 플롯한다.

```
plt.plot(sol1.t, sol1.y[0], label=f"f(η) guess1={guesses[0]:.4f}")
plt.plot(sol1.t, sol1.y[1], linestyle="--", label=f"f'(η) guess1={guesses[0]:.4f}")
```

③ 코드실행 및 출력 내용:

각 추정값에 대해 $f'(0), f'(10)$값이 출력된다.
그래프에서: 주어진 초기 추정값에서의 속도 프로파일, 경계층 내 속도의 변화율 $f(\eta)$, $f'(\eta)$ 플롯.

④ 코드 실행 결과

추정값과 결과
추정값 1: 1.0000, 결과: 1.6554
추정값 2: 0.1000, 결과: 0.3567
추정값 3: 0.5458, 결과: 1.1056
목표값: 1.000

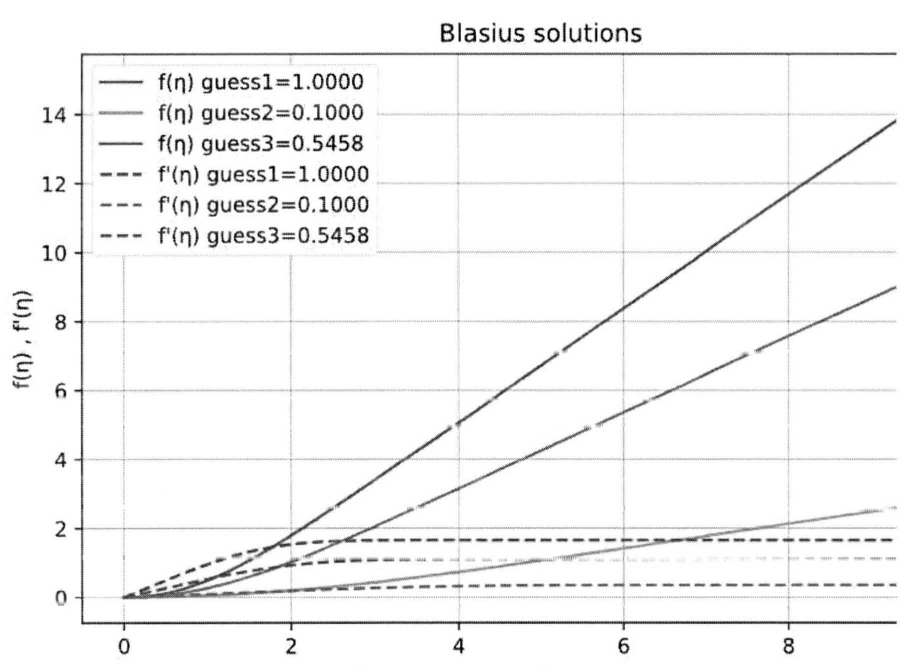

(10.3) 연습문제

① 문제 1:

다음 경계치 문제를 Shooting Method를 사용하여 풀어라. Euler 법, RK2, RK4로 풀고 서로 그 결과를 비교하고 분석하시오.

$$\frac{d^{2y}}{dx^2} = -\pi^2 y, y(0) = 0, y(1) = 0$$

풀이:

② 문제 2:

비선형 경계치 문제를 해결하기 위해 Finite Difference Method (FDM), Finite Element Method (FEM)를 사용한다. 각 방법들의 장단점을 설명하시오.

풀이:

③ 문제 2:

다음 상미분 방정식을 Shooting Method와 FDM, FEM으로 서로 그 결과를 비교하고 분석하시오. FDM과 FEM은 다음장을 참조하시오.

$$\frac{d^2y}{dx^2} + 4y^2 = 0, \ y(0) = 1, \ y(1) = 0$$

풀이:

11 장 유한차분법

유한차분법(Finite Difference Method, FDM)은 편미분 방정식(Partial Differential Equations, PDE)의 수치해를 구하는 대표적인 방법으로, 편미분 방정식의 연속적 해를 이산화하여 수치적으로 근사하는 방법이다. 이 과정에서 미분 연산자를 차분 연산자로 변환하며, 이산화된 공간 및 시간 격자를 통해 해를 계산한다. 본 장에서는 유한차분법의 기본 개념과 이를 적용한 시간 및 공간 차분법을 다룬다. 특히, Explicit Euler 법과 Implicit Euler 법은 시간 차분법의 대표적인 접근으로, 유한차분법의 안정성과 정확도에 중요한 영향을 미친다. Explicit Euler 법은 계산이 간단하지만 안정성 조건이 제한적인 반면, Implicit Euler 법은 안정성이 뛰어나지만 계산량이 더 많다는 장단점을 가진다.

Python은 유한차분법 구현에서 중요한 도구로, NumPy와 SciPy와 같은 라이브러리를 활용하여 효율적이고 간단하게 수치해석을 수행할 수 있다. 본 장에서는 Python을 사용하여 유한차분법을 구현하고, 이를 통해 열 확산 문제와 같은 구체적인 사례를 다룬다. Python 기반의 접근은 알고리즘 설계와 시뮬레이션 결과 분석을 통합적으로 수행할 수 있는 환경을 제공하며, 학습 및 연구의 효율성을 높인다.

결론적으로, 유한차분법은 편미분 방정식의 해를 구하기 위한 강력한 도구로, 수치해석 이론과 현대적 기술의 융합을 통해 지속적으로 발전하고 있다. 본 장에서는 유한차분법의 기초부터 Python을 활용한 실제 응용까지 다루며, 이 방법론에 대한 심층적인 이해와 실용적인 접근법을 제공한다.

(11.1) 편미분 방정식 개요

이 절에서는 유한차분법(Finite Difference Method, FDM)을 사용하여 편미분 방정식을 해결하는 기본 개념과 접근 방식을 설명한다. 우선 편미분 방정식의 분류하고 이 방정식의 형태와 물리적 특성에 중요한 영향을 이해한다. 편미분 방정식 개요를 통해 유한차분법의 이론적 기초와 실제 문제 해결 능력을 학습할 수 있다.

(11.2) 유한차분법의 수치해석

이 절에서는 유한차분법(Finite Difference Method, FDM)을 적용하여 편미분 방정식을 수치적으로 해석하는 구체적인 방법과 절차를 설명한다. 유한차분법(Finite Difference Method, FDM) 개요, 1차원 비정상 열전달 방정식의 유한차분법에 설명하고, 이에 대한 시간 및 공간 격자의 설정, 경계 조건 처리, 초기 조건 설정에 대해 다룬다. Explicit Euler Method (명시적 오일러법), Implicit Euler Method (암시적 오일러법), Crank-Nicholson 법에 대해 수치해법을 설명한다. 또한, 유한차분법의 안정성과 수렴성을 분석을 설명하고, Python을 활용해 열 방정식의 물리적 문제를 유한차분법으로 구현하고, 결과를 시각화하여 해석하는 실습 예제를 제공한다. 이를 통해 유한차분법의 수치적 특성과 다양한 응용 방식을 학습할 수 있다.

(11.3) 연습문제

연습문제는 유한차분법을 사용한 다양한 편미분 방정식의 수치적 해법을 다룬다. 연습문제를 통해 사용자는 유한차분법의 원리를 숙지하고, 실제 문제 해결에 적용하는 능력을 배양할 수 있다.

(11.1) 편미분 방정식 개요

이 절에서는 유한차분법(Finite Difference Method, FDM)을 사용하여 편미분 방정식을 해결하는 기본 개념과 접근 방식을 설명한다. 우선 편미분 방정식의 분류하고 이 방정식의 형태와 물리적 특성에 중요한 영향을 이해한다.. 유한차분법은 연속적인 편미분 방정식을 이산적 차분식으로 근사하여 수치적으로 해를 구하는 기법으로, 열 전달, 유체역학, 구조 해석 등 다양한 물리적 문제에 적용된다. 유한차분법은 시간 및 공간 도메인을 격자로 나누고, 각 격자점에서의 미분값을 차분 연산자로 표현한다. 편미분 방정식 개요를 통해 유한차분법의 이론적 기초와 실제 문제 해결 능력을 학습할 수 있다.

(11.1.1) 편미분 방정식 종류

편미분 방정식(Partial Differential Equations, PDE)은 하나 이상의 독립 변수가 존재하는 미분방정식으로, 공간적 변화와 시간적 변화를 함께 다룰 수 있는 수학적 도구이다. 이러한 방정식은 물리적 현상을 모델링하는 데 필수적이며, 물리학, 공학, 생물학, 경제학 등 다양한 분야에서 활용된다. 예를 들어, 열전도 방정식은 열이 물체 내부에서 확산되는 과정을 설명하며, 유체 역학 방정식은 유체의 흐름을 나타낸다. 편미분 방정식의 분류는 선형(linear) 또는 비선형(nonlinear)에 따라 이루어지며, 이는 방정식의 형태와 물리적 특성에 중요한 영향을 미친다. 세 가지 형식의 PDE는 물리적 현상의 기초를 이해하는 데 필수적이다. 타원형 방정식은 정적인 상태를 설명하며, 포물선형은 점진적인 시간 변화, 쌍곡선형은 동적인 파동 전파를 설명한다. 각각의 특성은 다양한 경계 조건과 초기 조건에서의 응용 가능성을 제공하며, 수치해석 기법으로 이를 해결할 수 있다. 결론적으로, 선형 및 비선형 편미분 방정식은 물리적 현상을 수학적으로 모델링하는 데 필수적인 도구이며, 이들의 정확한 이해와 해결은 현대 과학과 공학의 중요한 과제로 남아 있다.

① 선형 편미분 방정식

선형 편미분 방정식은 미분 연산자가 방정식의 해와 선형적으로 결합된 경우를 의미한다. 이러한 방정식은 해석적으로 다루기 쉽고, 중첩 원리가 적용될 수 있다. 예를 들어, $u_{xx} + 3u_{yy} = 0$는 선형 방정식으로, 열전도나 전파 방정식을 나타낼 수 있다. 선형 방정식은 물리적으로 간단한 시스템, 예를 들어, 열이 균일하게 확산되거나, 물결이 선형적으로 전파되는 경우에 적합하다.

② 비선형 편미분 방정식

비선형 편미분 방정식은 해가 방정식 내에서 비선형적으로 결합되는 경우를 말한다. 예를 들어, $(u_x)^2 + 3u_{yy} = 0$와 같은 방정식은 비선형 방정식에 해당한다. 이러한 방정식은 물리적으로 복잡한 시스템, 예를 들어, 유체의 난류 현상, 비선형 광학에서의 파동 전파, 그리고 생물학적 패턴 형성과 같은 현상을 모델링하는 데 적합하다. 비선형 방정식은 해석적으로 다루기 어렵지만, 컴퓨터 기반의 수치해석을 통해 근사적인 해를 구할 수 있다.

③ 물리적 설명과 응용

선형 방정식은 간단한 시스템의 근사 모델로 사용될 수 있는 반면, 비선형 방정식은 복잡한 상호작용을 포함하여 현실 세계를 보다 정확하게 모델링한다. 예를 들어, 선형 방정식은 조용한 물에서의 파동 전파를 나타낼 수 있지만, 비선형 방정식은 큰 파도의 운동이나 충돌을 설명할 수 있다. 이러한 방정식은 물리적 시스템을 설명하는 데 중요한 역할을 하며, 유한차분법(Finite Difference Method)과 같은 수치해석 기법을 통해 해결될 수 있다.

④ 타원형 편미분 방정식 (Elliptic PDE)

타원형 PDE는 주로 정상 상태(steady-state) 문제를 다룬다. 이는 시간에 독립적이며, 공간적 확산과 같은 물리적 현상을 설명한다. 대표적으로 라플라스 방정식(Laplace Equation)과 포아송 방정식(Poisson Equation)이 있다. 우변 $f(x,y)$이 0인 경우 라플라스 방정식, 0이 아님 경우 포아송 방정식으로 불린다. 라플라스 방정식은 전기장, 중력장, 열전도 등에서 나타나는 균일한 분포를 설명하며, 포아송 방정식은 외부 소스(예: 전하 분포)에 의해 생성되는 필드를 나타낸다.

$$\frac{\partial^2 T}{\partial x^2}+\frac{\partial^2 T}{\partial y^2}=f(x,y) \qquad (11.1.1\text{-}1)$$

⑤ 포물선형 편미분 방정식 (Parabolic PDE)

포물선형 PDE는 시간에 따라 변하는 확산(diffusion) 현상을 설명한다. 대표적으로 열전도 방정식(Heat Equation)이 이에 속한다. 열전도 방정식은 시간에 따라 열이 공간적으로 퍼져나가는 과정을 묘사하며, 이는 온도 분포의 시간적 변화와 밀접하게 관련된다.

$$\frac{\partial T}{\partial t}=\frac{\partial^2 T}{\partial x^2}+\frac{\partial^2 T}{\partial y^2}+f(x,y) \qquad (11.1.1\text{-}2)$$

⑥ 쌍곡선형 편미분 방정식 (Hyperbolic PDE)

쌍곡선형 PDE는 파동(wave) 현상을 모델링하며, 음향, 전자기파, 등에서 주로 나타난다.

$$\frac{\partial^2 u}{\partial t^2}-c^2\left(\frac{\partial^2 T}{\partial x^2}+\frac{\partial^2 T}{\partial y^2}\right) \qquad (11.1.1\text{-}3)$$

(11.2) 유한차분법의 수치해석

유한차분법(Finite Difference Method, FDM)은 연속적인 미분방정식을 이산화된 형태로 근사하여 해를 구하는 수치해석 기법이다. 편미분 방정식(Partial Differential Equation, PDE)을 시간과 공간에서의 유한 차분을 통해 해석할 때, 미분을 차분으로 근사하여 문제를 풀게 된다. 이 방법은 주로 물리적 현상의 시뮬레이션이나 공학적 문제를 수치적으로 해결하는 데 사용된다. PDE의 수치해석에서 유한차분법은 시간 및 공간의 각 점에서 함수를 계산하며, 이를 통해 초기치 및 경계조건을 만족하는 해를 구한다. 결론적으로, 유한차분법은 시간 및 공간에서의 미분 방정식을 근사하여 수치적으로 해를 구하는 강력한 도구로, 명시적 및 암시적 방법을 통해 다양한 물리적 문제를 해결할 수 있다.

이 절에서는 유한차분법(Finite Difference Method, FDM)을 적용하여 편미분 방정식을 수치적으로 해석하는 구체적인 방법과 절차를 설명한다. 유한차분법은 편미분 방정식을 이산화하여 격자점에서의 미분값을 차분식으로 표현하며, 이를 통해 연속적인 물리적 현상을 근사적으로 계산할 수 있다. 이 절에서는 유한차분법(Finite Difference Method, FDM) 개요, 1차원 비정상 열전달 방정식의 유한차분법에 설명한다. 이에 대한 시간 및 공간 격자의 설정, 경계 조건 처리, 초기 조건 설정에 대해 다룬다. Explicit Euler Method (명시적 오일러법), Implicit Euler Method (암시적 오일러법), Crank-Nicholson 법에 대해 수치해법을 설명한다. 또한, 유한차분법의 안정성과 수렴성을 결정짓는 중요한 요소인 크룡크-니콜슨 조건(Courant-Friedrichs-Lewy, CFL)과 오차 분석을 설명한다. Python을 활용해 열 방정식의 물리적 문제를 유한차분법으로 구현하고, 결과를 시각화하여 해석하는 실습 예제를 제공한다. 이를 통해 유한차분법의 수치적 특성과 다양한 응용 방식을 학습할 수 있다.

(11.2.1) 유한차분법(Finite Difference Method, FDM) 개요

유한차분법은 수학적으로 편미분을 근사하기 위해 유한 차분 관계를 사용하는 고전적인 접근법이다. 편미분의 이러한 표현은 도메인의 개별 격자에서 수치해의 값을 포함하는 Taylor 시리즈에서 얻는다. 이로부터 얻어진 대수 방정식은 경계 조건을 적용한 후 메시 점에서 방정식을 만족하도록 해를 구한다. 즉 유한차분법이란 계산영역의 각 점(node라 부름)에서 주어진 미분방정식을 만족하도록 차분하여 식을 푸는 방법을 말한다. 물리적으로 의미 있는 예를 들면 2차원 비정상 대류-확산 방정식을 보자. 해당 수식은 유체역학 또는 열전달 문제에서 자주 나타나는 대류-확산 방정식(Advection-Diffusion Equation) 형태로 보인다.

이 방정식의 물리적 의미를 분석하면 다음과 같다. 각 항은 시간 변화율항, 대류 항 (Advection Term), 물질이나 에너지가 고농도에서 저농도로 확산되는 물리적 현상을 반영하는 확산 항 (Diffusion Term), 열전달 문제에서 열원이거나, 유체의 화학 반응에서 생성된 물질의 양을 나타내는 외부 소스 항 (Source Term)들 이다.

$$\frac{\partial u}{\partial t} + u\frac{\partial u}{\partial x} + v\frac{\partial u}{\partial y} = \frac{\partial^2 u}{\partial x^2} + \frac{\partial^2 u}{\partial y^2} + P(x,y) \tag{11.2.1-1}$$

위와 같은 식에서 편미분 방정식은 크게 시간, 공간 상에서 $\frac{\partial u}{\partial t}$, $\frac{\partial u}{\partial x}$, $\frac{\partial u}{\partial y}$, $\frac{\partial^2 u}{\partial x^2}$ $\frac{\partial^2 u}{\partial y^2}$ 같이 여러 가지 항으로 구성되어 진다.

유한 차분 법에서 편도함수는 차분 연산으로 대체되므로 위 식은 다음과 같이 정리 할 수 있다. 이 식은 시간과 공간에 대한 차분이므로 시간-경계치 문제라고 볼 수 있다.

$$\frac{u_m^{n+1} - u_m^n}{\Delta t} + u\frac{u_{m+1}^n - u_{m-1}^n}{2\Delta x} + v\frac{u_{m+1}^n - u_{m-1}^n}{2\Delta y} + \frac{u_{m+1}^n - 2u_m^n + u_{m-1}^n}{\Delta x^2} + \frac{u_m^n - 2u_m^n + u_{n-1}^n}{\Delta y^2} = P_n^n \quad (11.2.1\text{-}2)$$

1차원 편미분 방정식은 공간 변수 x와 시간변수 t에 따라 변화하는 물리적 현상을 기술한다. 대표적인 1차원 PDE는 열전도 방정식과 파동 방정식 등이 있다. 여기서는 1차원 비정상 열전달 방정식을 다루고자 한다.

(11.2.2) 1차원 비정상 열전달(확산) 방정식의 유한차분법

아래 편미분 방정식은 1D 비정상 열전도 방정식(heat conduction equation)을 나타낸 것이다. 주어진 방정식은 다음과 같다: $T(x,t)$는 시간과 공간에 따라 변하는 온도를 나타낸다. D는 확산 계수 (diffusion coefficient)이다.

$$\frac{\partial T}{\partial t} = D\frac{\partial^2 T}{\partial x^2}, \quad a < x < b, \quad t > 0 \quad (11.2.2\text{-}1)$$

시간 $t = 0$에서의 물리량이 주어져야 하는데 이를 초기조건 (Initial Conditions)이라 하며 아래와 같다.

$$T(x,0) = T_0(x), \quad (11.2.2\text{-}2)$$

공간 경계 $[a,b]$에서 물리량의 값이나 플럭스를 지정하여야 하는데 이를 경계조건 (Boundary Conditions)이라 한다.

$$T(a,t) = T_a(t), \quad T(b,t) = T_b(t) \quad (11.2.2\text{-}3)$$

유한차분법은 PDE를 이산화된 점들에서 근사식으로 계산하는 수치 방법이다. 공간과 시간을 격자로 나누고, 미분 연산을 차분으로 근사한다.

시간에 대한 1차 유한 차분은 시간 변수 t에 대한 1차 미분을 중심차분법(Central Difference Method) 또는 전진차분법(Forward Difference Method)으로 근사한다. $\frac{\partial T}{\partial t}$ 의 시간에 대한 유한 차분은 아래와 같이 차분한다.

$$\frac{\partial T}{\partial t} \approx \frac{T_j^{n+1} - T_j^n}{\Delta t} \quad (11.2.2\text{-}4)$$

공간에 대한 2차 유한 차분을 하기위해 우선 1차 미분을 생갓하자. 공간에 대한 1차 미분에 대한 차분은 전진차분과 후진차분의 정확도는 $O(h)$이지만, 중심차분은 정확도가 $O(h^2)$이므로 중심차분을 쓰는 것이 유리하다. 공간 변수 x에 대한 2차 미분은 주로 중심차분차분법으로 근사하며 중심차분을 두번 적용하여 구한다.

$$\left.\frac{\partial^2 T}{\partial x^2}\right|_{x=x_i} = \frac{T_{i+1} - 2T_i + T_{i-1}}{\Delta x^2} \tag{11.2.2-5}$$

유한 차분 공식 $\frac{\partial T}{\partial t} = D\frac{\partial^2 T}{\partial x^2}$,에서 온도 T대신 u로 나타내자. 최종적으로 아래와 같이 차분화 한다면 우변의 온도를 과거 시간, 또는 현재 풀고자 하는 시간 중 어느 것으로 두는지에 따라 아래와 같이 2개 식으로 표현된다. 이를 Explicit Euler Method (명시적 오일러법), Implicit Euler Method (암시적 오일러법)이라 부른다.

$$\begin{aligned} \frac{u_j^{n+1} - u_j^n}{\Delta t} &= D\frac{u_{j+1}^n - 2u_j^n + u_{j-1}^n}{h^2} \\ \frac{u_j^{n+1} - u_j^n}{\Delta t} &= D\frac{u_{j+1}^{n+1} - 2u_j^{n+1} + u_{j-1}^{n+1}}{h^2} \end{aligned} \tag{11.2.2-6}$$

차분화된 온도장을 벡터 $\vec{b}$로 아래와 같이 정의하자. 벡터 $\vec{b}$는 열벡터로 t^n시점에서 공간 격자 $x_1, x_2, \dots, x_n$에 x_i해당하는 온도 u_i^n값을 저장한다:

$$b^n = \left\{u_1^n, u_2^n, \dots, u_n^n\right\}^T \tag{11.2.2-7}$$

(11.2.3) Explicit Euler Method (명시적 오일러법)

주어진 미분방정식, $\frac{\partial u}{\partial t} = D\frac{\partial^2 u}{\partial x^2}$, $x \in (0, L), t \in (0, T]$은 다음과 같이 유한차분법으로 표현된다.

$$\frac{u_j^{n+1} - u_j^n}{\Delta t} = D\frac{u_{j+1}^n - 2u_j^n + u_{j-1}^n}{\Delta x^2} \tag{11.2.3-1}$$

안정성 계수 r 정의:

$$r = D\frac{\Delta t}{\Delta x^2} \tag{11.2.3-2}$$

차분식은 아래와 같이 된다.

$$u_j^{n+1} = ru_{j+1}^n + (1-r)u_j^n + ru_{j-1}^n \tag{11.2.3-3}$$

이를 행렬식으로 표현하면:

$$b^{n+1} = [B]u^n \tag{11.2.3-4}$$

여기서 $[B]$는

$$[B] = \begin{bmatrix} 1-2r & r & 0 & \cdots & 0 \\ r & 1-2r & r & \cdots & 0 \\ 0 & r & 1-2r & \cdots & 0 \\ \vdots & \vdots & \vdots & \ddots & r \\ 0 & 0 & 0 & r & 1-2r \end{bmatrix} \tag{11.2.3-5}$$

(11.2.4) Implicit Euler Method (암시적 오일러법)

중심차분을 사용하였기 때문에 정확도는 Explicit Euler법과 같이 $O(\Delta t + h^2)$에 해당한다. 그러나, Implicit Euler법은 시간적분을할때 언제나 안정(unconditionally stable)하기 때문에 안정성을 보장하기 위한 h와 Δt의 특별한 관계는 없다. 앞서와 마찬가지로 다음과 같이 구간을 나누고 1차원 비정상 확산문제를 생각해 보자. 위의 1차원 비정상 확산문제는 다음과 같이 Implicit Euler 법을 이용하여 시간 적분을 도입하면 다음과 같이 미분방정식의 차분 형태를 구할 수 있다.

$$\frac{u_j^{n+1} - u_j^n}{\Delta t} = D\frac{u_{j+1}^{n+1} - 2u_j^{n+1} + u_{j-1}^{n+1}}{\Delta x^2} \tag{11.2.4-1}$$

차분식은 아래와 같이 된다.

$$(-r)u_{j-1}^{n+1} + (1+2r)u_j^{n+1}(-r)u_{j+1}^{n+1} = u_j^n, \quad (j = 1, \cdots, N) \tag{11.2.4-2}$$

이를 행렬식으로 표현하면:

$$[A]b^{j+1} = u^j \tag{11.2.4-3}$$

여기서 $[A]$는

$$[A] = \begin{bmatrix} 1+2r & -r & 0 & \cdots & 0 \\ -r & 1+2r & -r & \cdots & 0 \\ 0 & -r & 1+2r & \cdots & 0 \\ \vdots & \vdots & \vdots & \ddots & -r \\ 0 & 0 & 0 & -r & 1+2r \end{bmatrix} \tag{11.2.4-4}$$

(11.2.5) Crank-Nicholson 법

크랭크-니콜슨 방법은 명시적 방법과 암시적 방법의 평균이다:

$$\frac{u_j^{n+1} - u_j^n}{\Delta t} = D[\frac{u_{j+1}^n - 2u_j^n + u_{j-1}^n}{\Delta x^2} + \frac{u_{j+1}^{n+1} - 2u_j^{n+1} + u_{j-1}^{n+1}}{\Delta x^2}] \tag{11.2.5-1}$$

이를 행렬식으로 표현하면:

$$[A]b^{j+1} = [B]b^j \qquad (11.2.5\text{-}2)$$

(11.2.6) 기타 중요 사항

수렴성(Convergence): 유한차분법의 정확성은 시간 및 공간 간격 Δt, Δx를 줄이는 데 따라 달라진다. 안정성(Stability): Courant-Friedrichs-Lewy(CFL) 조건 등 안정성 조건을 만족해야 수렴성을 보장할 수 있다. Python 응용: Python에서는 NumPy와 SciPy를 활용하여 유한차분법을 구현하고 시뮬레이션을 수행할 수 있다.

(11.2.7) 1차원 정상 열전달 FDM 수치해석

식(11.2.1-2)에서 2차원 포아송 방정식을 1차원으로 가정하여 프로그램 한다. 비정상 항이 없으므로 1차원 비정상 열전달(확산) 방정식의 유한차분법에서 비정상 항을 제거하면 된다.

① 소스 코드

```
import numpy as np
import matplotlib.pyplot as plt

# 문제 정의
def function_f(x):
    return np.exp(x)

def exact_solution(x):
    return np.exp(x)

# FDM 계산 함수
def fdm_solver(n, a, b):
    h = (b - a) / (n - 1)  # 격자 간격
    x = np.linspace(a, b, n)  # x 좌표 생성

    # 초기화
    A = np.zeros((n, n))  # 계수 행렬
    F = np.zeros(n)        # 외부 힘 벡터

    # 계수 행렬 A 설정 (2차 중앙 차분법)
    for i in range(1, n - 1):
        A[i, i - 1] = 1 / h**2  # 왼쪽 대각선 요소
        A[i, i] = -2 / h**2      # 중앙 대각선 요소
        A[i, i + 1] = 1 / h**2  # 오른쪽 대각선 요소
```

```
    # 외부 힘 벡터 F 설정
    for i in range(1, n - 1):
        F[i] = function_f(x[i])

    # 경계 조건 적용
    A[0, 0] = 1
    F[0] = 1  # u(0) = 1

    A[-1, -1] = 1
    F[-1] = np.exp(1)  # u(1) = e^1

    # 연립 방정식 Ax = F 해결
    U = np.linalg.solve(A, F)

    return x, U

# 입력 데이터
n = 50  # 격자 수
a, b = 0, 1  # 문제 정의 구간

# FDM 해 계산
x_fdm, u_fdm = fdm_solver(n, a, b)

# 정확한 해 계산
x_exact = np.linspace(a, b, 1000)  # 매끄러운 x 좌표
u_exact = exact_solution(x_exact)

# 결과 시각화
plt.figure(figsize=(10, 6))
plt.plot(x_fdm, u_fdm, 'o--', label='FDM Solution', markersize=8)
plt.plot(x_exact, u_exact, '-', label='Exact Solution', linewidth=2)
plt.title('Comparison of FDM and Exact Solution')
plt.xlabel('x')
plt.ylabel('u(x)')
plt.grid(True)
plt.legend()
plt.show()
```

② 소스 코드 설명

코드에서는 $\dfrac{d^2u(x)}{dx^2} = e^x,\ x \in [0,1]$, 로 주어진다. 경계 조건은 강성 행렬 $[A],[F]$에 직접 반영된다. $u(0)=1,\quad u(1)=e^1$의 처리는 $A[0,:] = A[-1,:] = 0$ 으로 초기화하고, 경계에서의 외부 힘은 즉 $F[0]=1, F[-1]=e^1$로 한다.

③ 소스 코드 실행결과

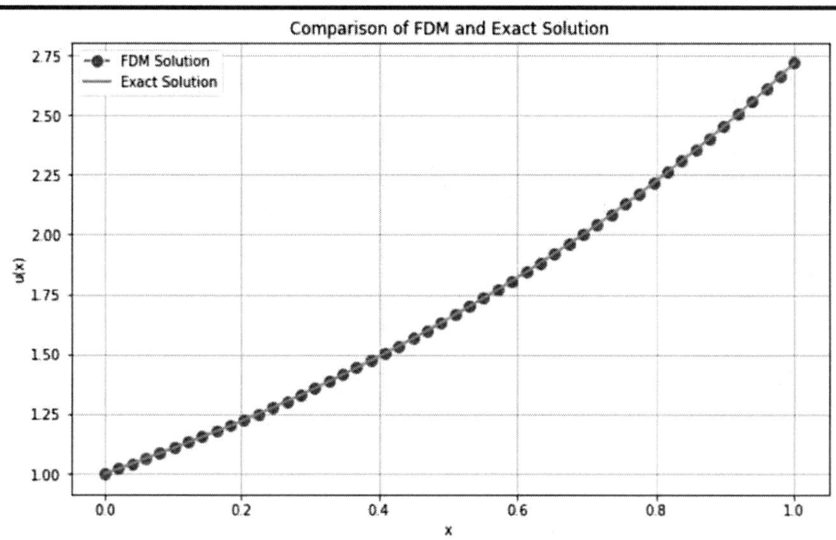

(11.2.8) 1차원 비정상 열전달 FDM 수치해석

① 소스 코드

```
import numpy as np
import matplotlib.pyplot as plt

def Heat(param=3, n=4, m=24, plot_steps=10):
    # 초기화
    xO = 0;  xL = 1  # 공간의 시작점  # 공간의 끝점
    tO = 0; tL = 1  # 시간의 시작점 # 시간의 끝점

    # 공간 및 시간 간격 계산
    dx = (xL - xO) / (n + 1)  # 공간 간격
    dt = (tL - tO) / (m + 1)  # 시간 간격

    a2 = 1; r = (a2 * dt) / dx**2  # 열전도 계수 # 안정성 계수

    # 행렬 A와 B 정의
    A = np.zeros((n, n)); B = np.zeros((n, n))
```

```
for i in range(n):
    A[i, i] = 1 + 2 * r * (1 if param == 1 else 0.5)  # 대각선 요소
    B[i, i] = 1 - 2 * r * (0.5 if param == 3 else 0)
    if i > 0:
        A[i, i-1] = -r * (1 if param in [1, 3] else 0)  # 아래 대각선 요소
        B[i, i-1] = r * (0.5 if param == 3 else 0)
    if i < n-1:
        A[i, i+1] = -r * (1 if param in [1, 3] else 0)  # 위 대각선 요소
        B[i, i+1] = r * (0.5 if param == 3 else 0)

# 공간 및 시간 좌표 설정
x = np.linspace(xO, xL, n + 2)  # 공간 좌표
t = np.linspace(tO, tL, m + 2)  # 시간 좌표

# 초기 조건 및 경계 조건
BC_L = lambda x, t: 0  # 왼쪽 경계 조건
BC_R = lambda x, t: 0  # 오른쪽 경계 조건
IC = lambda x, t: np.sin(np.pi * x)  # 초기 조건

# 초기 벡터 b 설정
b = np.zeros((n, 1))
for j in range(n):
    b[j, 0] = IC(x[j + 1], t[0])

# 반복 계산 수행
bnew = b.copy(); results = []
results.append(np.concatenate(([BC_L(x[0], t[0])], b.flatten(), \
                               [BC_R(x[-1], t[0])]), axis=0))

for j in range(1, m + 2):
    if param == 0:  # 명시적 방법
        bnew = B @ bnew
    elif param == 1:  # 임시적 방법
        bnew = np.linalg.inv(A) @ bnew
    elif param == 3:  # 크랭크-니콜슨 방법
        bnew = np.linalg.inv(A) @ (B @ bnew)
    else:
        raise ValueError("Invalid param value. Use 0 (Explicit), 1 (Implicit), or 
3 (C-N).")
```

```
        col = bnew.flatten()
        results.append(np.concatenate(([BC_L(x[0], t[j])], col, [BC_R(x[-1], t[j])]), 
axis=0))

    # 결과를 2D 배열로 변환
    results = np.array(results)

    # 선택한 알고리즘 이름 결정
    method_name = {0: "Explicit", 1: "Implicit", 3: "Crank-Nicholson"}.get(param, 
"Unknown")

    # 선 스타일 및 색상 설정
    line_styles = ['-', '--', '-.', ':']
    colors = ['b', 'g', 'r', 'c', 'm', 'y', 'k']

    # 시각화
    plt.figure(figsize=(8, 4))
    step_size = max(1, m // plot_steps)
    for i, idx in enumerate(range(1, results.shape[0], step_size)):
        style = line_styles[i % len(line_styles)]  # 선 스타일 순환
        color = colors[i % len(colors)]  # 색상 순환
        plt.plot(x, results[idx, :], linestyle=style, color=color,
                 marker='o', label=f"t={t[idx]:.2f}")

    plt.xlabel("Space (x)")
    plt.ylabel("Temperature (u)")
    plt.title(f"1D Heat Transfer Solution ({method_name} Method)")

    # legend를 오른쪽에 배치
    plt.legend(bbox_to_anchor=(1.05, 1), loc='upper left', borderaxespad=0.)
    plt.grid(True)
    plt.tight_layout()  # 레이아웃 자동 조정
    plt.show()

# 사용자 입력
param = int(input("Choose algorithm (0: Explicit, 1: Implicit, 3: Crank-Nicholson) 
[default=3]: ") or 3)
n = int(input("Number of spatial divisions (n) [default=4]: ") or 4)
m = int(input("Number of time divisions (m) [default=24]: ") or 24)
```

```
plot_steps = int(input("Number of time steps to plot [default=10]: ") or 10)

Heat(param=param, n=n, m=m, plot_steps=plot_steps)
```

② 소스 코드 설명

이 코드는 사용자가 선택한 방법(명시적, 암시적, 크랭크-니콜슨)에 따라 열전도 방정식을 풀며, 각 방법은 위에서 설명한 수학식에 따라 계산된다. 안정성과 정확성은 r값 및 방법에 따라 달라진다. $r \le 0.5$경우 명시적 방법이 안정하며, 크랭크-니콜슨 방법은 높은 정확성을 제공한다. 벡터 b는 계산의 핵심 요소로, 각 시간 단계에서 공간 격자의 온도를 나타낸다.

```
b = np.zeros((n, 1))
for j in range(n):
    b[j, 0] = tso(x[j + 1], t[0])
```

③ 소스 코드 실행결과

```
알고리즘 선택 (0: 명시적, 1: 암시적, 3: 크랭크-니콜슨) [기본값=3]: 3
공간 분할 수 (n) [기본값=4]: 10
시간 분할 수 (m) [기본값=24]: 50
그래프 출력 시간 단계 수 [기본값=10]: 5
```

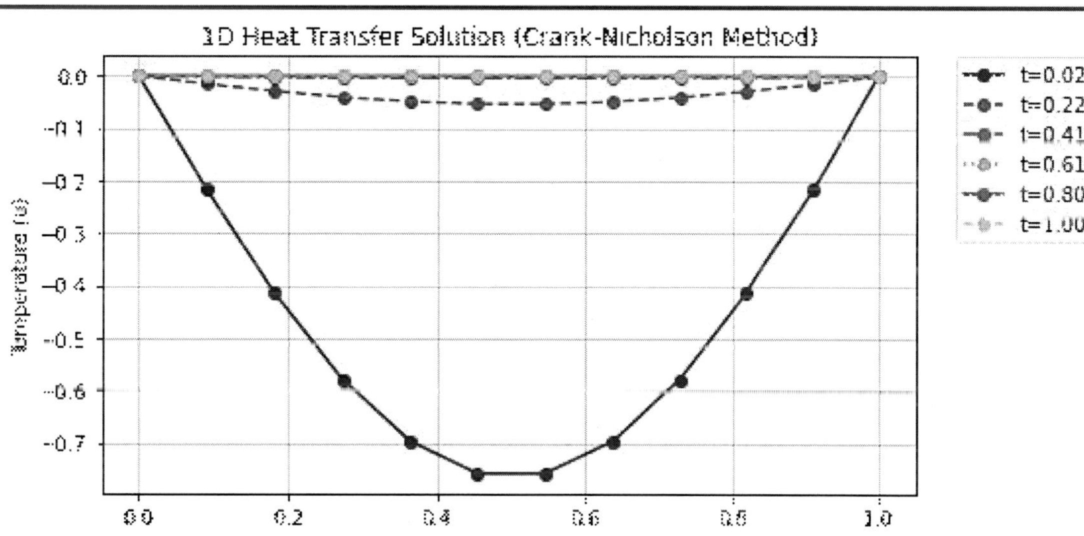

(11.3) 연습문제

① 문제 1:

1D 열 방정식을 유한차분법을 Explicit Euler 법으로 풀고 수렴성을 조사하시오.

$$\frac{\partial u}{\partial t} = \alpha \frac{\partial^2 u}{\partial x^2}$$
$$u(0,t) = u(L,t) = 0$$
$$u(x,0) = \sin(\pi x), 0 \le x \le 1$$

풀이:

② 문제 2:

1D 열 방정식을 유한차분법을 Implicit Euler 법으로 풀고 수렴성을 조사하시오.

$$\frac{\partial u}{\partial t} = \alpha \frac{\partial^2 u}{\partial x^2}$$
$$u(0,t) = u(L,t) = 0$$
$$u(x,0) = \sin(\pi x), 0 \le x \le 1$$

풀이:

③ 문제 3:

1D 열 방정식을 유한차분법을 Crank-Nicholson 사용해 풀고 수렴성을 조사하시오.

$$\frac{\partial u}{\partial t} = \alpha \frac{\partial^2 u}{\partial x^2}$$
$$u(0,t) = u(L,t) = 0$$
$$u(x,0) = \sin(\pi x), 0 \le x \le 1$$

풀이:

12 장 유한요소법 (Finite Element Method)

유한요소법(FEM)은 복잡한 물리적 문제를 수치적으로 해결하기 위한 강력한 도구로, 컴퓨터 기반 공학(CAE, Computer-Aided Engineering)의 핵심 요소로 자리 잡았다. FEM은 구조 분석, 열 전달, 유체역학, 전자기학 등 다양한 공학 분야에서 사용되며, 복잡한 기하학적 형상과 물리적 조건을 가진 시스템에서 효율적으로 근사 해를 구하는 데 활용된다.

(12.1) 유한요소법 개요

이 절에서는 유한요소법(Finite Element Method, FEM)의 기본 개념과 그 중요성에 대해 설명한다. 유한요소법은 문제 영역을 작은 요소(Element)로 분할하고, 각 요소에서 정의된 근사 함수(Shape Function)를 사용하여 전체 문제를 근사적으로 해결한다. 이를 통해 복잡한 기하학적 형태와 경계 조건을 효과적으로 처리할 수 있다. 이 절에서는 유한요소법의 기본 원리와 절차(도메인 분할, 요소 방정식 작성, 전체 방정식 조립, 해 구하기)를 설명하기 위해 스프링으로 연결된 질량 집합의 시스템을 사용하여 수치적 방법이나 수학적 원리 없이도 유한요소 코드의 대부분의 알고리즘을 이해하고자 한다.

(12.2) 형상함수 (Shape Function)

이 절에서는 유한요소법(FEM)의 핵심 요소 중 하나인 형상 함수(Shape Function)에 대해 설명한다. 형상 함수는 유한요소법에서 각 요소 내의 해를 근사하기 위해 사용되는 함수로, 요소의 노드(Node) 값과 물리적 해를 연결하는 역할을 한다. 형상 함수는 요소의 형태(1차원, 2차원, 3차원)에 따라 다르게 정의되며, 주로 선형, 2차 다항식, 3차 다항식 등이 사용된다. 이 절에서는 1차원 선형 요소와 2차원 사각형 요소에서 형상 함수를 구성하는 방법과, 이를 사용해 요소 내부의 값을 계산하는 절차를 다룬다. 이 절은 형상 함수의 수학적 원리와 FEM에서의 역할을 이해하고, 이를 실제 문제에 적용하는 능력을 배양하는 데 중점을 둔다.

(12.3) 실제 좌표계에서의 유한요소법 (FEM)

이 절에서는 유한요소법(FEM)을 실제 좌표계에서 구현하는 방법에 대해 설명한다. 유한요소법에서 물리적 문제를 해결하기 위해 요소의 해를 물리적 좌표계(실제 공간 좌표)에서 정의하고 계산하는 절차가 필수적이다. 이 절에서는 요소의 물리적 좌표계와 형상 함수의 관계를 설명하며, 물리적 좌표에서의 요소 방정식을 구성하는 방법을 다룬다. 특히, 물리적 좌표계에서의 기하학적 변환을 통해 유한 요소법(Finite Element Method, FEM)을 연속적인 문제를 이산화된 문제로 변환하여 수치적으로 풀이하는 방법을 배운다. Python을 활용하여 실제 좌표계에서 유한요소법을 구현하고, 1차원 문제에 적용하는 실습 예제를 제공한다. 이를 통해 물리적 좌표계에서의 FEM 구현 원리와 실제 문제 해결 능력을 학습할 수 있다.

(12.4) 기준 좌표계에서의 유한요소법 (FEM)

기준 좌표계는 요소를 표준화된 크기와 형태로 정의하여 계산을 단순화하는 방식이다. 이는 요소별 계산을 일관되게 수행할 수 있도록 하며, FEM의 효율성을 높인다. Python을 통해 기준 좌표계에서의 계산을 구현하고, 이를 실제 좌표계와 연결하여 결과를 도출하는 과정을 다룬다. 이절에서는 기준 좌표계 변환의 수학적 원리와 실제 응용 사례를 설명하고 Python을 활용하여 기준 좌표계에서 유한요소법을 구현하고, 1차원 문제에 적용하는 실습 예제를 제공하고 설명한다.

(12.5) 연습문제

연습문제는 유한요소법의 개념과 구현을 복습하며, 형상함수의 정의, 실제 좌표계 및 기준 좌표계의 FEM 적용 과정을 포함한다. 이를 통해 사용자는 FEM의 이론적 배경과 실질적 구현 능력을 동시에 배양할 수 있다.

(12.1) 유한요소법 개요

이 절에서는 유한요소법(Finite Element Method, FEM)의 기본 개념과 그 중요성에 대해 설명한다. 유한요소법은 복잡한 연속체 문제를 해결하기 위해 널리 사용되는 수치적 접근법으로, 구조 해석, 열전달, 유체역학 등 다양한 공학적 문제에 활용된다. 유한요소법은 문제 영역을 작은 요소(Element)로 분할하고, 각 요소에서 정의된 근사 함수(Shape Function)를 사용하여 전체 문제를 근사적으로 해결한다. 이를 통해 복잡한 기하학적 형태와 경계 조건을 효과적으로 처리할 수 있다. 이 절에서는 유한요소법의 기본 원리와 절차(도메인 분할, 요소 방정식 작성, 전체 방정식 조립, 해 구하기)를 설명하기 위해 스프링으로 연결된 질량 집합의 시스템을 사용하여 수치적 방법이나 수학적 원리 없이도 유한요소 코드의 대부분의 알고리즘을 이해하고자 한다.

(12.1.1) 개요

유한요소법(FEM)은 복잡한 구조나 물리적 시스템을 수치적으로 해석하기 위해 연속적인 문제를 개별적인 요소로 나누어 근사화하는 방법이다. FEM은 약형(weak form)을 기반으로 문제를 해석하며, 변위, 온도, 전기장 등 다양한 물리량을 해석하는 데 사용된다. 유한 요소 방법은 경계 값 및 초기값 문제에 대한 근사 솔루션을 구성하는 일반적인 방법이다. 이 방법에는 솔루션의 도메인을 유한 한 수의 유한 요소로 나누고 변형이나 속도 개념을 사용하여 유한 요소를 구성하는 과정이 포함된다. 이 방법의 기본 개념은 수학적으로 매우 정밀도가 높아서 거의 모든 공학 및 수학 물리 분야에서 광범위한 문제를 해결하는 데 크게 성공하고 있다.

CAE에서 FEM은 다음과 같은 과정을 포함한다.

① **문제 정의 및 수식화 :** 연속적인 물리적 현상을 편미분 방정식(PDE)으로 정의하며, 문제를 변분(Variational) 또는 약형(Weak Form)으로 변환하여 수치적으로 처리 가능하게 만든다.
유한요소 분할: 분석 영역을 작은 요소로 분할(meshing)하여 각 요소에 대해 해를 계산한다. 이 과정에서 요소의 종류(선형, 2차원 삼각형, 3차원 사면체 등)와 요소의 크기가 정확도와 계산 비용에 영향을 미친다.

② **Shape Function 및 근사 해법 :** 각 요소 내에서 shape function을 사용하여 물리량(예: 변위, 온도)을 근사한다. Galerkin Method를 통해 수식을 공식화하고 해석한다.

③ **구조적 또는 물리적 시스템의 계산 :** FEM을 통해 구조 해석, 유체 해석(Navier-Stokes 방정식) 등 물리적 문제를 해결하며, 연속 방정식의 해를 구한다. CAE 관점에서 FEM은 복잡한 물리적 시스템의 해석을 가능하게 하며, 다음과 같은 장점이 있다

④ **복잡한 형상 처리 :** FEM은 다양한 경계 조건과 비정형 기하학에서도 정확한 해를 제공한다.다중 물리 해석: FEM은 서로 다른 물리적 영역(구조, 유체, 열 등)을 결합하여 통합적으로 분석할 수 있다.

⑤ **산업 설계 및 검증 :** 항공우주, 자동차, 전자, 에너지 분야 등에서 FEM은 제품 설계와

성능 검증의 표준 도구로 자리 잡았다. CAE에서 FEM의 중요성은 점차 증가하고 있으며, 특히 고성능 컴퓨팅(HPC)과 인공지능(AI) 기술의 발전으로 해석 속도와 정확성이 크게 향상되고 있다. 예를 들어, 머신러닝 기반의 매쉬 생성 최적화 및 결과 예측 기법이 FEM의 계산 비용을 줄이고 정확도를 높이는 데 활용되고 있다. FEM은 CAE의 중심 기술로서, 더욱 복잡한 산업 문제를 해결하는 데 필수적인 역할을 한다.

(12.1.2) 이산 시스템 방정식

유한요소 알고리즘의 기본 아이디어는 연속적인 BVP를 이산 방정식 시스템으로 변환하기 위해 수학적 원리와 수치적 방법을 결합하는 것이다. 여기에서 문제는 정적 하중을 받는 다양한 스프링에 의해 연결된 질량들의 조합으로 구성된다. 스프링은 유한 요소의 역할을 하며, 질량은 유한요소 용어에서 노드라고 불리는 특별한 점을 나타낸다. 그림에 이러한 시스템 중 하나가 나타나 있다. 스프링으로 연결된 질량 집합의 다음 예는 유한요소법을 이해하기 위한 문제로, 시스템 자체가 이산적인 성격을 가지고 있어 복잡한 수치적 방법이나 수학적 원리 없이도 유한요소 코드의 대부분의 알고리즘적 측면을 따라갈 수 있다.

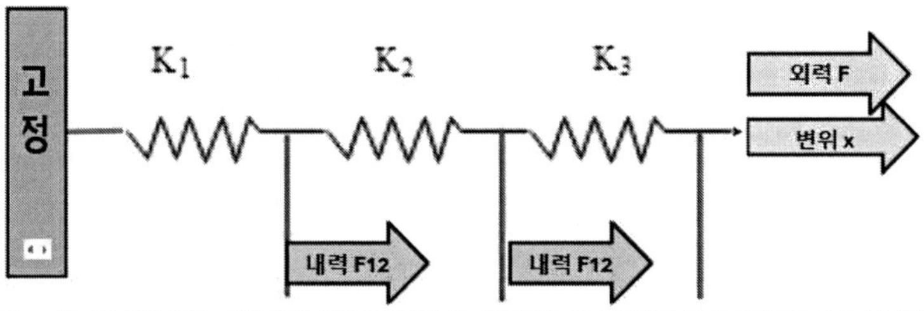

각 끝에서의 변위와 힘을 각각 δ_i와 f_i로 나타내며, 여기서 $i=1,2$는 특정 끝을 나타낸다. 스프링이 각 노드에서 서로 다른 변위에 놓이게 되면, 첫 번째 요소에서 다음과 같은 행렬 형태로 표현된 힘을 얻을 수 있다:

$$\begin{bmatrix} k_{11}^{(e=1)} & -k_{12}^{(e=1)} \\ -k_{21}^{(e=1)} & k_{22}^{(e=1)} \end{bmatrix} \begin{Bmatrix} \delta_1^{(e=1)} \\ \delta_2^{(e=1)} \end{Bmatrix} = \begin{Bmatrix} f_1^{(e=1)} \\ f_2^{(e=1)} \end{Bmatrix} \tag{12.1-1}$$

두 번째 요소에서 평형 방정식을 다음과 같은 행렬 형태로 표현된 힘을 얻을 수 있다:

$$\begin{bmatrix} k_{11}^{(e=2)} & -k_{12}^{(e=2)} \\ -k_{21}^{(e=2)} & k_{22}^{(e=2)} \end{bmatrix} \begin{Bmatrix} \delta_1^{(e=2)} \\ \delta_2^{(e=2)} \end{Bmatrix} = \begin{Bmatrix} f_1^{(e=2)} \\ f_2^{(e=2)} \end{Bmatrix} \tag{12.1-2}$$

따라서 위 문제에 대한 전형적인 어셈블은 아래와 같이 수행할 수 있다. 시스템에서 각 질량의 평형을 지배하는 전역 행렬(global matrices)의 구성을 위해, 각 스프링이 전역 행렬에 기여하는 부분을 합산하는 체계적인 방법이 사용될 수 있다. 이 과정을 평형 방정식의 어셈블(assembly)이라고 한다. 이 조립 작업은 전역 자유도와 국부 자유도(local degrees of freedom) 간의 연결을 확립한

후에 수행할 수 있다. 이를 위해 각 요소에 해당하는 전역 자유도의 식별자를 각 행에 저장하는 연산자를 사용한다.

이러한 인덱스는 조립 과정을 수행하는 데 필요한 모든 정보를 제공한다. 모델에서 모든 요소에 대한 전역 인덱스를 저장하는 행렬은 다음과 같이 주어진다:

$$\begin{bmatrix} k_{11}^{(e=1)} & -k_{12}^{(e=1)} & 0 & 0 \\ -k_{21}^{(e=1)} & k_{22}^{(e=1)}+k_{11}^{(e=2)} & -k_{12}^{(e=2)} & 0 \\ 0 & -k_{21}^{(e=2)} & k_{22}^{(e=2)}+k_{11}^{(e=3)} & -k_{12}^{(e=3)} \\ 0 & 0 & -k_{21}^{(e=3)} & k_{22}^{(e=3)} \end{bmatrix} \begin{Bmatrix} u_1 \\ u_2 \\ u_3 \\ u_4 \end{Bmatrix} = \begin{Bmatrix} F_1 \\ F_2 \\ F_3 \\ F_4 \end{Bmatrix} \qquad (12.1\text{-}3)$$

따라서 각각의 식을 인덱스 부호로 나타내면 다음과 같이 스프링(또는 요소)인 경우, i, $i+1$은 각각 끝 변위 $j-1$, j, 그리고 j, $j+1$을 가진다. 이 식은 질량-스프링 시스템의 평형 방정식을 나타내며, n개의 식에서, 노드 j에 대한 변위와 힘 사이의 관계를 나타낸다.

$$\begin{aligned} & k_{21}^{(e=j)}u_j - k_{12}^{(e=j)}u_{j+1} = F_j \ (\text{for}\, j=1) \\ & k_{21}^{(e=j-1)}u_{j-1} + (k_{21}^{(e=j-1)} + k_{21}^{(e=j)})u_j - k_{12}^{(e=j)}u_{j+1} = F_j \ (\text{for}\, j=2,...,n-1) \\ & k_{21}^{(e=j)}u_j + k_{22}^{(e=j)}u_j = F_j \ (\text{for}\, j=n) \end{aligned} \qquad (12.1\text{-}3)$$

각 노드에서는 변위와 힘 중 하나만 경계 조건으로 지정할 수 있다는 점을 인식해야 한다. 자연적으로 어느 한 노드에서 변위와 힘을 동시에 지정하는 것은 불가능하다. 만약 두 값 모두를 알 수 없다면, 문제는 잘 정의되지 않으며, 즉 해결해야 할 문제가 없는 상태가 된다. 또한 경계 조건의 유형에 대해 생각해보자. 어떤 물리적 양이 필수 경계 조건(essential boundary condition)과 자연 경계 조건(natural boundary condition)에 해당하는가? 각 노드에서 경계 조건 유형의 쌍 특성을 확인할 수 있는가? 조립 후 특이 행렬(singular matrix)이 생성될 것이라고 예상하는가? 그렇다면 그 이유는 무엇인가? 어떤 조건이 문제를 잘 정의된 문제(well-posed problem)로 만드는가? 세 가지 예시 사이에서 분명한 유사성을 발견할 수 있을 것이다.

(12.2) 형상함수(Shape Function)

이 절에서는 유한요소법(FEM)의 핵심 요소 중 하나인 형상 함수(Shape Function)에 대해 설명한다. 형상 함수는 유한요소법에서 각 요소 내의 해를 근사하기 위해 사용되는 함수로, 요소의 노드(Node) 값과 물리적 해를 연결하는 역할을 한다. 형상 함수는 요소의 형태(1차원, 2차원, 3차원)에 따라 다르게 정의되며, 주로 선형, 2차 다항식, 3차 다항식 등이 사용된다. 이 절에서는 1차원 선형 요소와 2차원 사각형 요소에서 형상 함수를 구성하는 방법과, 이를 사용해 요소 내부의 값을 계산하는 절차를 다룬다. 이 절은 형상 함수의 수학적 원리와 FEM에서의 역할을 이해하고, 이를 실제 문제에 적용하는 능력을 배양하는 데 중점을 둔다.

좌표변환(Coordinate Transformation)과 형상함수(Shape Function)는 FEM(유한요소법)에서 중요

한 역할을 하며 서로 밀접한 관계를 가진다. 좌표변환은 기준 좌표계(Reference Coordinate System)에서 실제 좌표계(Physical Coordinate System)로 값을 매핑하거나 그 반대로 수행하는 과정을 의미하며, 형상함수는 요소 내부에서 물리적 값을 근사하는 데 사용된다.

(12.2.1) 형상함수

형상함수(Shape Function)는 유한 요소법(Finite Element Method, FEM)에서 요소(Element) 내부의 해를 근사적으로 표현하기 위해 사용되는 수학적 함수다. 형상함수는 요소 내의 점들의 좌표와 해당 점에서의 값 사이의 관계를 정의하며, 요소의 기하학적 특성을 반영한다. 형상함수는 각 노드(Node)에 대해 정의된다. 요소의 각 노드에서 형상함수, $\phi_i(\xi_j)$는 1의 값을 가지며, 다른 노드에서는 0의 값을 갖는다.

$$\phi_i(\xi_j) = \begin{pmatrix} 1 & : \text{if } i = j \\ 0 & : \text{if } i \neq j \end{pmatrix} \tag{12.2.1-1}$$

① 1D 선형 형상함수

1차 형상함수는 요소 내부의 해를 선형 함수로 근사한다. 요소의 두 노드를 기준으로 정의되며, 노드가 2개인 1차 요소(Linear Element)에 사용된다. 정의 영역은 일반적으로 단위 요소(Reference Element)에서 정의되며, $[-1,1]$구간의 기준 좌표 ξ를 사용한다.
실제 요소로 변환하기 위해 좌표 변환(예: 선형 좌표 변환)을 사용한다. 유한 요소 해석에서 라그랑주 보간법과 형상 함수 생성의 기초적인 개념을 설명이다. (a) 부분은 마스터 요소와 그 요소의 노드 배치를 보여준다. 축은 ξ로 표시되며, -1에서 1 사이로 범위를 가진다. 노드들은 균등한 간격으로 배치되어 있다. (b) 부분은 1차원 선형 형상 함수 $\phi_1(\xi), \phi_2(\xi)$를 보여준다. $\phi_1(\xi), \phi_2(\xi)$는 다음과 같은 식으로 정의된다: 선형 형상 함수를 시각화한 결과를 볼 수 있다. 각 함수는 해당 노드에서 1, 다른 노드에서는 0이 된다.

$$\phi_1(\xi) = \frac{1-\xi}{2}, \ \phi_2(\xi) = \frac{1+\xi}{2} \tag{12.2.1-2}$$

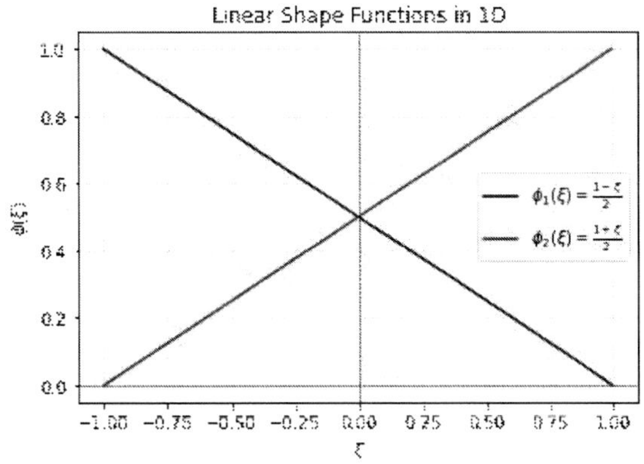

또한 좌표 변환을 통해두 점 (x_0, y_0)와 (x_1, y_1)을 두 점 $(\xi_0 = -1, y_0)$와 $(\xi_1 = 1, y_1)$범위로 정규화하면 계산이 더욱 단순화된다. 이 경우, 여기서 ξ는 정규화된 축 좌표를 의미하며, 이를 활용하면 계산 편의성이 크게 증가한다. 이러한 정규화 과정은 노멀라이즈(normalize)라고 불리며, 주어진 데이터의 범위를 동일하게 맞춰 보간의 단순화를 도와준다. L_0, L_1는 유한요소법(Finite Element Method, FEM)에서 흔히 사용되는 shape function으로도 해석된다. Shape function의 중요한 특징은 특정 데이터 점 ξ_i에서 $L_i(\xi)$가 1이 되고, 다른 데이터 점에서는 0이 된다는 것이다. 이는 특정 점의 영향을 강조하고, 다른 점의 영향을 배제하는 역할을 한다. L_0, L_1는 단순히 두 점을 선형적으로 연결하는 역할을 넘어, 보간 다항식의 기본 구조를 형성하며, 이를 더 높은 차수의 보간법으로 확장할 수 있는 기반을 제공한다.

$$L_0(\xi) = \frac{1-\xi}{2}, \quad L_1(\xi) = \frac{1+\xi}{2} \tag{12.2.1-3}$$

이를 사용해 선형 보간 다항식을 얻을 수 있다.

$$P_1(\xi) = y_0 L_0(\xi) + y_1 L_1(\xi) \tag{12.2.1-4}$$

이미지는 1차원 라그랑주 보간법을 사용하여 두 좌표계(참조 좌표계 ξ와 실제 좌표계 x)에서의 보간 결과를 나타낸다. 위쪽 그래프는 참조 좌표계 ξ에서 보간(Interpolate)된 함수와 정확한 함수(Exact Function)를 비교하며, 오른쪽 그래프는 실제 좌표계 x에서의 동일한 비교를 보여준다. 각 그래프에서 파란색 실선은 보간된 함수, 빨간색 점선은 정확한 함수, 검은색 점은 보간에 사용된 노드를 나타낸다. 이를 통해 보간 함수가 노드에서는 정확하게 일치하고 노드 사이에서는 근사적으로 함수 값을 나타냄을 확인할 수 있다.

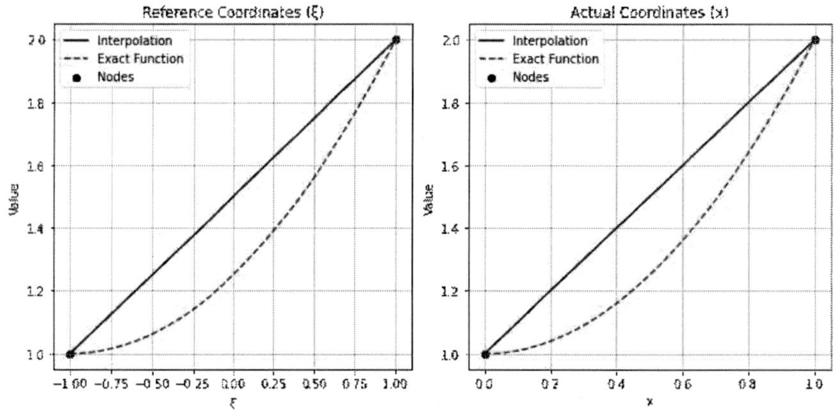

② 1D 2차 형상함수

2차원 형상 함수, $\phi_1(\xi), \phi_2(\xi), \phi_3(\xi)$ 를 보여준다.

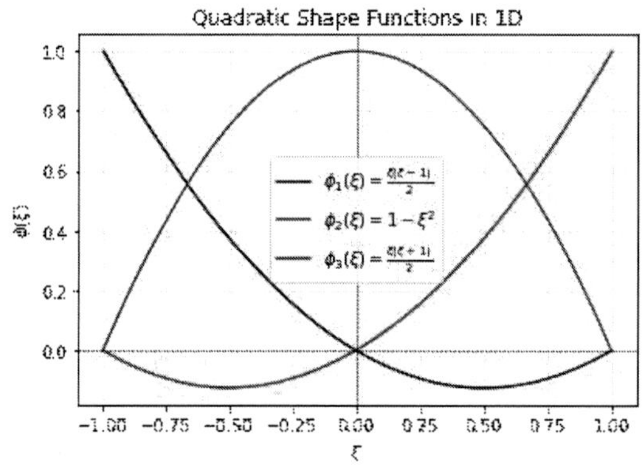

구간 $[a,b]$을 n개의 요소로 분할한다. 각 요소는 노드(node)로 정의되며, 이산적인 형상을 정의하기 위해 형상함수(shape function) $N_i(x)$을 사용한다: 여기서 U_i는 는 각 노드에서의 미지수 값이다.

③ 2D 사각형 선형 형상함수

이 그래프는 2D 사각형 요소에서 사용하는 선형 형상함수(linear shape function)를 시각화한 것이다. 각각의 서브그래프는 해당 노드에 대응하는 형상함수를 보여준다. 이 형상함수들은 요소의 기준 좌표계(reference coordinate system) (ξ,η)에서 정의된다. 각 형상 함수는 두 선형 형태의 곱으로 작성되어야 한다. 예를 들어, 형상 함수 ϕ_i 는 ξ=1 및 η=1변에서 소멸해야 하므로 (1-ξ)(1-η) 의 곱을 사용한다. 이 곱의 값은 노드 1 (ξ=-1, η=-1)에서 4가 된다. 따라서 형상 함수 ψ_1 는 다음과 같다:

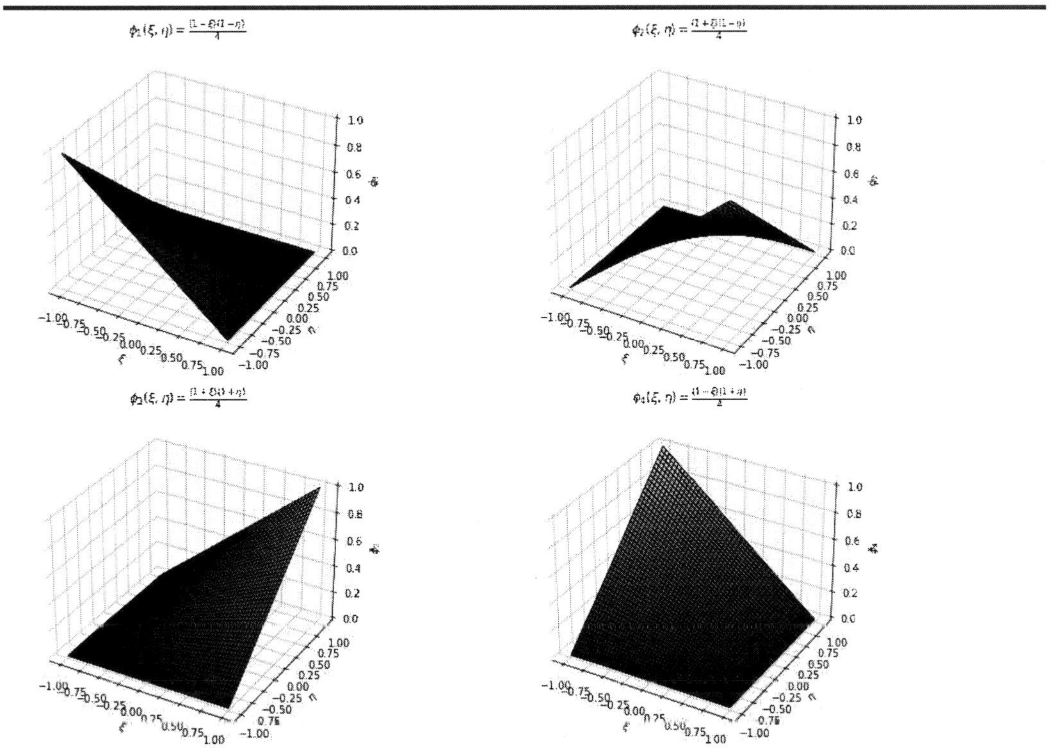

$$\phi_i = \frac{1}{4}(1-\xi)(1-\eta) \tag{12.2.1-5}$$

④ 3D 육면체 선형 형상함수

3D 육면체 선형 형상함수는 유한요소법에서 선형 8절점 육면체 요소(hexahedral element)에 사용된다. 이러한 형상함수는 요소 내부에서 물리량을 (ξ,η,ζ)라는 국소 좌표계를 기반으로 1차적으로 보간하는 데 사용된다. 육면체 선형 형상함수의 정의는 $\phi_i = \frac{1}{8}(1+\xi\xi_i)(1+\eta\eta_i)(1+\zeta\zeta_i)$ 나타낼 수 있다. 각 구소점에서 모든 물리량을 이 형상함수로 보간할 수 있다.

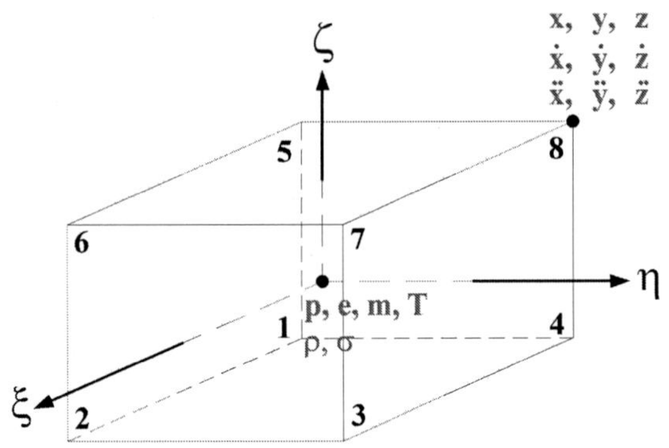

Node	ξ	η	ζ
1	-1	-1	-1
2	1	-1	-1
3	1	1	-1
4	-1	1	-1
5	-1	-1	1
6	1	-1	1
7	1	1	1
8	-1	1	1

$$N(\xi,\eta,\zeta)=\frac{1}{8}(1+\xi\xi_i)(1+\eta\eta_i)(1+\zeta\zeta_i)$$

여기서 ξ_i,η_i,ζ_i는 절점 i의 국소 좌표이며, $i=1,2,3,4,5,6,7,8$(8개의 절점에 대해) 구체적인 형상함수는 아래와 같다.

$$\phi_1=\frac{1}{8}(1-\xi)(1-\eta)(1-\zeta),$$

$$\phi_2=\frac{1}{8}(1+\xi)(1-\eta)(1-\zeta)$$

$$\phi_3=\frac{1}{8}(1+\xi)(1+\eta)(1-\zeta),$$

$$\phi_4=\frac{1}{8}(1-\xi)(1+\eta)(1-\zeta)$$

$$\phi_5=\frac{1}{8}(1-\xi)(1-\eta)(1+\zeta),$$

$$\phi_6=\frac{1}{8}(1+\xi)(1-\eta)(1+\zeta)$$

$$\phi_7=\frac{1}{8}(1+\xi)(1+\eta)(1+\zeta),$$

$$\phi_8=\frac{1}{8}(1-\xi)(1+\eta)(1+\zeta)$$

(12.2.1-6)

(12.3) 실제좌표계에서의 유한요소법(FEM)

이 절에서는 유한요소법(FEM)을 실제 좌표계에서 구현하는 방법에 대해 설명한다. 유한요소법에서 물리적 문제를 해결하기 위해 요소의 해를 물리적 좌표계(실제 공간 좌표)에서 정의하고 계산하는 절차가 필수적이다. 이 절에서는 요소의 물리적 좌표계와 형상 함수의 관계를 설명하며, 물리적 좌표에서의 요소 방정식을 구성하는 방법을 다룬다. 특히, 물리적 좌표계에서의 기하학적 변환을 통해 유한 요소법(Finite Element Method, FEM)을 연속적인 문제를 이산화된 문제로 변환하여 수치적으로 풀이하는 방법을 배운다. Python을 활용하여 실제 좌표계에서 유한요소법을 구현하고, 1차원 문제에 적용하는 실습 예제를 제공한다. 이를 통해 물리적 좌표계에서의 FEM 구현 원리와 실제 문제 해결 능력을 학습할 수 있다.

주어진 2차 미분방정식을 정의한다. 예를 들어, $u(x)$는 해석하고자 하는 함수, c,k는 계수, $f(x)$는 힘(또는 부하). 방정식의 일반적인 형태는 다음과 같다. 명계조건은 디리클래 조건을 나타낸다.

$$
\begin{aligned}
&-k\frac{d^2u(x)}{dx^2}+c\frac{du(x)}{dx}+bu(x)=f(x),\ \ x\in[0,1] \\
&u(0)=0,\ \ u(1)=0
\end{aligned}
\tag{12.3-1}
$$

일반적인 경계조건은 다음과 같다. 아래 표는 경계 조건의 세 가지 주요 유형인 디리클레, 노이만, 로빈 조건을 요약하여 설명한다. 각 조건에 대해 수학적 표현, 의미, 그리고 실질적인 예제를 포함한다. 니리클레 조건은 값 고정을 나타내며, 노이만 조건은 플럭스나 유도값 고징을 다룬다. 로빈 조건은 디리클레와 노이만 조건을 혼합한 형태로, 주로 열전달과 같은 복합 물리 문제에서 사용된다.

경계 조건 유형	수학적 표현	의미	예제
디리클레 조건	$u=g(x)$	값 고정	특정 위치에서 온도나 변위를 고정.
노이만 조건	$\frac{\partial u}{\partial n}=h(x)$	플럭스 또는 유도값 고정	열 플럭스 또는 유속 고정.
로빈 조건	$\alpha u+\beta\frac{\partial u}{\partial n}=g(x)$	혼합 조건	대류를 통한 열전달 문제.

유한 요소법(Finite Element Method, FEM)은 연속적인 문제를 이산화된 문제로 변환하여 수치적으로 풀이하는 방법이다. 강성 행렬과 힘 벡터를 유도하는 과정을 수학적으로 설명해보자.

주어진 방정식의 약형식(Weak Form)을 얻기 위해 테스트 함수 $v(x)$를 곱하고 직분한다.

$$
\int v(x)[-k\frac{d^2u(x)}{dx^2}+c\frac{du(x)}{dx}+bu(x)-f(x)]dx \tag{12.3-2}
$$

$-ku''(x)$ 항에 대해 부분 적분을 적용하여 2차 도함수를 제거한다:

$$\int_0^1 v(x)[-k\frac{d^2u(x)}{dx^2}]dx = [-kv(x)\frac{du(x)}{dx}]_0^1 + \int_0^1 [k\frac{dv(x)}{dx}\frac{du(x)}{dx}]dx \tag{12.3-3}$$

경계조건 $u(0)=0,\ u(1)=0$에 따라 경계 항이 소멸하지만 일반적으로, 약한 형식은 다음과 같다:

$$\int_0^1 [k\frac{dv(x)}{dx}\frac{du(x)}{dx} + cv(x)\frac{du(x)}{dx} + v(x)u(x)]dx = \int_0^1 v(x)f(x)dx + [kv(x)\frac{du(x)}{dx}]_0^1 \tag{12.3-4}$$

위식을 근사하기 위해 1차 선형 기저 함수(Shape Functions) $\phi_i(x)$를 사용하여 $u(x)$를 근사한다. 구간 $[x_1, x_2]$에 있는 각 요소 (e)에 대해 $\phi_i(x),\ \phi_j(x)$는 요소 내에서 선형 함수로 근사되며, 요소 길이를 h라 할 때:

$$\phi_1(x) = \frac{x_2 - x}{h},\ \phi_2(x) = \frac{x - x_1}{h} \tag{12.3-5}$$

이에 대한 도함수는:

$$\phi'_1(x) = \frac{-1}{h},\ \phi'_2(x) = \frac{1}{h} \tag{12.3-6}$$

$u(x)$는 1차 선형 기저 함수(Shape Functions) $\phi_i(x)$를 사용하여 근사한다. 여기서 U_i는 노드 i에서의 근사 해이고 $\phi_i(x)$는 노드 i에 대응하는 기저 함수이다. 테스트 함수는 일반적으로 $\phi_i(x)$를 사용한다.

$$u(x) \approx \sum_{i=1}^{2} U_i\phi_i(x),\ v(x) = \phi_i(x) \tag{12.3-7}$$

해 계산은 유한 요소 안에서 아래와 같은 요소방정식 $KU = F$을 만들 수 있다.

$$K^{(e)}U^{(e)} = F^{(e)} \tag{12.3-8}$$

여기서 테스트 함수를 형상함수를 사용하면, 강성 행렬 $K_{ij}^{(e)}$와 힘 벡터 $F_i^{(e)}$는 다음과 같이 구성된다:

$$K_{ij}^{(e)} = \int_{x_1}^{x_2} (k\frac{d\phi_i}{dx}\frac{d\phi_j}{dx} + c\frac{d\phi_i}{dx}\phi_j + \phi_i\phi_j)dx \qquad F_i = \int_{x_1}^{x_2} f(x)\phi_i(x)dx \tag{12.3-9}$$

위에서 정의한 2개의 노드 선형 형상함수를 사용하면, 강성 행렬 $K_{ij}^{(e)}$와 힘 벡터 $F_i^{(e)}$는 다음과 같이 정리된다.

$$K_{ij}^{(e)} = \int_{x_1}^{x_2}(k\frac{d\phi_i}{dx}\frac{d\phi_j}{dx}+c\frac{d\phi_i}{dx}\phi_j+\phi_i\phi_j)dx$$

$$= \begin{pmatrix} \frac{k}{h}+\frac{bh}{3}-\frac{c}{2} & -\frac{k}{h}+\frac{bh}{6}+\frac{c}{2} \\ -\frac{k}{h}+\frac{bh}{6}-\frac{c}{2} & \frac{k}{h}+\frac{bh}{3}+\frac{c}{2} \end{pmatrix} \tag{12.3-10}$$

$$F_i^{(e)} = \int_{x_1}^{x_2} f(x)\phi_i(x)dx$$

여기서 $f(x)$는 각 노드 i에 대해 힘 벡터 값은 $f(ih)h$로 근사된다. 여기서 경계조건 즉, EBC 또는 NBC을 이식, $[kv(x)\frac{du(x)}{dx}]_0^1$에 대입하여야 한다. 전체 시스템 방정식은 요소방정식을 어셈블하면 다음과 같다. 여기서 N은 전체 유한 요소 개수이다.

$$\sum_{e=1}^{N} K_{ij}^{(e)} U_j^{(e)} = \sum_{e=1}^{N} F_i^{(e)} \tag{12.3-11}$$

경계 조건 적용은 경계 조건을 행렬과 벡터에 반영해야 한다.

(12.3.1) 실제좌표계에서의 유한요소법(FEM) 예제

이 코드는 식(12.3-10), 식(12.3-11)을 FEM을 구현한 것이다. 코드에서는 $-1\frac{d^2u(x)}{dx^2}+0\frac{du(x)}{dx}+0u(x)=f(x),\ x\in[0,1]$, $f(x)=-e^x$로 주어진다. 경계 조건은 강성 행렬 $[K],[F]$에 직접 반영된다. $u(0)=1,\ u(1)=e^1$의 처리는 $K[0,:]K[-1,:]=0$ 으로 초기화하고, $K[0,0]K[-1,-1]=e^1$로 설정하고, 경계에서의 외부 힘은 0으로, 즉 $F[0]=0, F[-1]=e^1$로 한다.

① 소스코드

```
import numpy as np
import matplotlib.pyplot as plt

class ode:
    def function_f(x):
        return -np.exp(x)
    def function_g(x):
        if x == 0:
```

```
            return 1.0  # u(0) = 1
        elif x == 1:
            return np.exp(1)  # u(1) = e^1

# FEM 강성 행렬 계산 함수
def stiffness_matrix(n, h, k):
    K = np.zeros((n, n))
    for i in range(n):
        for j in range(n):
            if i == j:
                K[i, j] = 2 * k / h  # 대각선 요소
            elif abs(i - j) == 1:
                K[i, j] = -k / h  # 인접 요소
    return K

# FEM 외부 힘 벡터 계산 함수
def force_vector(n, h):
    F = np.zeros(n)
    for i in range(n):
        x_i = i * h  # 노드 위치
        F[i] = ode.function_f(x_i)* h  # 외부 힘 계산
        #F[i] = f(x_i) * h  # 외부 힘 계산
    return F

# 이론해 함수
def corrected_analytical_solution(x):
    return np.exp(x)

# 입력 데이터
n = 5  # 노드 수; h = 1.0 / (n - 1)  # 요소 간격; k = 1.0  # 계수

# FEM 계산
K = stiffness_matrix(n, h, k); F = force_vector(n, h)

# 디리클레 경계 조건 적용
K[0, :] = 0; K[0, 0] = 1; F[0] = ode.function_g(0)

K[-1, :] = 0; K[-1, -1] = 1
F[-1] = ode.function_g(1)
```

```
# FEM 해 구하기
U_fem = np.linalg.solve(K, F)

# x 좌표 생성 (FEM 노드)
x_fem = np.linspace(0, 1, n)

# x 좌표 생성 (Smooth 이론해)
x_smooth = np.linspace(0, 1, 1000)  # 이론해를 위한 더 촘촘한 x 좌표
U_corrected = corrected_analytical_solution(x_smooth)

# 가시화
plt.figure(figsize=(10, 6))
plt.plot(x_fem, U_fem, 'o--', label='FEM Solution', markersize=8)
plt.plot(x_smooth, U_corrected, '-', label='Corrected Analytical Solution (Smooth)', linewidth=2)
plt.title('Comparison of FEM and Corrected Analytical Solution')
plt.xlabel('x'); plt.ylabel('u(x)')
plt.grid(True); plt.legend(); plt.show()
```

② 실행 결과

그래프에는 $u(x)$ 수치해석값이 표시된다. 수치해는 $u(x)=e^x$에 의해 지수 증가하고 양 끝에서 경계조건을 만족함을 관찰할 수 있다. 수치 실험 데이터를 비교하기위해 추가 해석적 해(analytical solution), $u(x)=e^x$를 포함하고 있다.

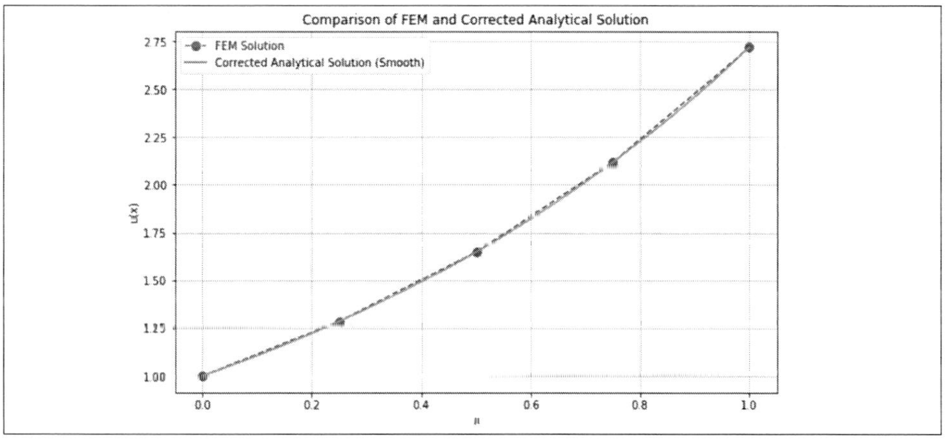

(12.4) 기준좌표계에서의 유한요소법(FEM)

기준 좌표계는 요소를 표준화된 크기와 형태로 정의하여 계산을 단순화하는 방식이다. 이는 요소별 계산을 일관되게 수행할 수 있도록 하며, FEM의 효율성을 높인다. Python을 통해 기준 좌표계에서의

계산을 구현하고, 이를 실제 좌표계와 연결하여 결과를 도출하는 과정을 다룬다. 이절에서는 기준 좌표계 변환의 수학적 원리와 실제 응용 사례를 설명하고 Python을 활용하여 기준 좌표계에서 유한요소법을 구현하고, 1차원 문제에 적용하는 실습 예제를 제공하고 설명한다.

미분 방정식 문제가 경계 값 문제(BVP, Boundary Value Problem)를 설명한다고 말할 수 있는 경우는 종속 변수와 그 도함수가 경계에서 특정 값을 가져야 하는 경우이다. 초기 값 문제(IVP, Initial Value Problem)는 종속 변수와 그 도함수가 초기 시점(즉, $t=0$))에 특정 값을 갖는 경우를 말한다. 초기 값 문제는 일반적으로 시간 의존적인 문제이다. 아래에는 정상상태인 경계값 문제의 예시를 제시한다.

(12.4.1) 기준좌표계 변환의 필요성 및 중요성

FEM에서 좌표 변환은 기준 요소를 기반으로 계산을 표준화하고, 실제 요소의 기하학적 복잡성을 처리하는 데 필수적이다. 이를 통해 FEM은 효율적이고 유연하게 다양한 물리적 문제를 해석할 수 있다. 좌표 변환은 FEM 계산의 핵심 도구라 할 수 있다.

복잡한 요소 형상의 처리:

FEM에서 요소는 다양한 형상을 가질 수 있다(예: 삼각형, 사각형, 곡선 요소 등). 모든 요소를 기준 요소로 정규화하면, 복잡한 형상에서도 동일한 계산 방법을 적용할 수 있다.

일관된 계산 방식 제공:

기준 요소에서 계산을 수행하면, 요소의 크기나 형상에 관계없이 동일한 수학적 표현을 사용할 수 있다. 예를 들어, 가우스 적분(Gaussian Quadrature) 계산은 기준 좌표계에서 항상 일정하다.

계산의 단순화:

실제 요소에서의 적분 계산은 복잡할 수 있지만, 기준 요소로 변환하면 표준화된 좌표에서 적분을 수행할 수 있어 계산이 단순해진다. 좌표 변환에 의해 요소 행렬(강성 행렬 등) 계산이 효율적으로 이루어진다.

비선형 요소와 고차 형상 함수 지원:

FEM은 선형 요소뿐만 아니라 비선형 요소나 고차 형상 함수(2차, 3차 등)를 사용할 수 있다. 이러한 요소를 기준 좌표계로 변환하면, 고차 함수에서도 적분과 해석이 가능해진다.

① 기준 좌표계(Reference Coordinate System):

FEM에서는 계산을 단순화하기 위해 일반적으로 기준 요소(Reference Element)를 사용한다. 기준 요소는 정규화된 크기를 가지며, 보통 [−1,1] 또는 [0,1] 범위의 좌표로 정의된다. 예를 들어, 1차원에서는[−1,1] , 2차원에서는 정사각형이나 삼각형의 단위 좌표계를 사용한다.

② 실제 좌표계(Physical Coordinate System):

실제 요소는 문제의 물리적 영역에서 정의되며, 각 요소는 고유한 크기와 형상을 가진다.
실제 좌표계에서의 계산은 복잡할 수 있으므로 기준 좌표게로 변환하여 계산한다.

③ 1차원 좌표 변환의 예

기준 좌표계 $\xi \in [-1,1]$와 실제 좌표계 $x \in [-1,1]$의 관계이다. 기준 요소에서 계산된 값을 실제 요소로 변환하거나, 실제 요소를 기준 요소로 매핑한다. $x = x_0$에서 $x = x_1$까지'를 '$\xi = -1$에서 $\xi = 1$까지'로 mapping을 하는 것이다.

$$x = \sum_{i=1}^{2} \phi_i(\xi) x_i$$

$$x(\xi) = x_1\phi_1(\xi) + x_2\phi_2(\xi) \ , \tag{12.4.1-1}$$

$$\phi_1(\xi) = \frac{1-\xi}{2}, \ \ \phi_2(\xi) = \frac{1+\xi}{2}$$

만약 임의의 함수 $\int_{x_0}^{x_1} \Phi(x)dx$를 구하려고 한다면, x_0에서 x_1까지를 -1에서 1까지로 바꾸어, $\int_{-1}^{1} \Phi(x(\xi))Jd\xi$ 바꾼다. 이때 x를 모두 ξ로 바꾸었기 때문에, dx 또한 $x = \sum_{i=1}^{2} \phi_i(\xi)x_i$이라는 식을 이용해 $d\xi$로 바꾸어야 하는데, 이것이 바로 $Jd\xi$(Jacobian $d\xi$)이다. 이 식을 풀어보면 $J = \frac{x_1 - x_0}{2}$가 된다.

(12.4.2) 기준좌표계에서의 1차원 FEM 해석

주어진 ODE로부터 주어진 2차 미분방정식을 정의한다. 예를 들어, $u(x)$는 해석하고자 하는 함수, c, k는 계수, $f(x)$는 힘(또는 부하). 방정식의 일반적인 형태는 다음과 같다:

$$-a(x)\frac{d^2u(x)}{dx^2} + b(x)\frac{du(x)}{dx} + u(x) = f(x), \ \ x \in [0,1]$$
$$u(0) = 0, \ \ u(1) = g(1) \tag{12.4.2-1}$$

유한 요소법(Finite Element Method, FEM)은 연속적인 문제를 이산화된 문제로 변환하여 수치적으로 풀이하는 방법이다. 아래는 FEM에서 강성 행렬과 힘 벡터를 유도하는 과정을 수학적으로 설명한다.

해 계산은 유한 요소 안에서 아래와 같은 요소방정식 $KU = F$을 만들 수 있다.

$$K^{(e)}U^{(e)} = F^{(e)} \tag{12.4.1-2}$$

여기서 테스트 함수를 형상함수를 사용하면, 강성 행렬 $K_{ij}^{(e)}$와 힘 벡터 $F_i^{(e)}$는 다음과 같이 구성된다:

$$\begin{aligned} K_{ij}^{(e)} &= \int_{x_1}^{x_2}(a(x)\frac{d\phi_i}{dx}\frac{d\phi_j}{dx} + b(x)\frac{d\phi_i}{dx}\phi_j + \phi_i\phi_j)dx \\ F_i^{(e)} &= \int_{x_1}^{x_2}f(x)\phi_i(x)dx \end{aligned} \tag{12.4.2-3}$$

위 식들을 임의의 피적분 함수 $f(x)$에 대해 기준좌표계로 적분을 변환하면 아래와 같다.

$$\begin{aligned} \int_{x_0}^{x_1} f(x)dx &= \int_{-1}^{1} f(x(\xi))\,Jd\xi \\ &= \sum_{i=1}^{n} J(\xi)w_i f(x(\xi_i)) \end{aligned} \tag{12.4.2-4}$$

n은 가우스 구적점들의 개수이다. 좌변은 일반적인 적분 구간$[x_0, x_1]$에서의 적분을 나타낸다. 우변에서는 적분 구간을 [-1,1]변환하여 계산한다. 이 변환은 Gauss-Legendre Quadrature에서 사용되는 핵심적인 아이디어이다. $\phi(x(\xi)$는 변환된 함수로 ξ는 [-1,1] 구간에서 Gauss-Legendre 노드에 해당한다. J는 Jacobian, 즉 구간 변환 시의 스케일링 계수로, $n=1$인 경우 $J=(x_1-x_0)/2$에 해당한다. $\sum_{i=1}^{n} w_i f(x(\xi_i))$는 가중치 w_i와 노드 ξ_i를 이용해 적분값을 근사한다. w_i는 각 노드에서의 함수 값에 가중치를 부여하여 더하는 방식이다.

좌표변환에서, $\int_{x_0}^{x_1} f(x)dx = \int_{-1}^{1} f(x(\xi))\,Jd\xi$ F(x)dx 을 수행하기 위해, 예를 들어, 다음 적분, $K_{ij}^{(e)} = \int_{x_1}^{x_2}(a(x)\frac{d\phi_i}{dx}\frac{d\phi_j}{dx} + b(x)\frac{d\phi_i}{dx}\phi_j + \phi_i\phi_j)dx$ 중 첫항에서 $\frac{d\phi_i(x)}{dx}$을 생각해 보자.

$$K_{ij}^{(e)} = \int_{x_1}^{x_2}(a(x)\frac{d\phi_i}{dx}\frac{d\phi_j}{dx})dx \tag{12.4.2-5}$$

$\frac{d\phi_i(x)}{dx}$를 연쇄 법칙(chain rule)을 사용하여 좌표 변환하면,

$$\frac{\mathrm{d}\phi_{\mathrm{i}}^{(\mathrm{e})}(\mathrm{x})}{\mathrm{dx}} = \frac{\mathrm{d}\phi_{\mathrm{i}}^{(\mathrm{e})}(\xi)}{\mathrm{d}\xi}\frac{\mathrm{d}\xi}{\mathrm{dx}} = \mathrm{J}^{-1}\frac{\mathrm{d}\phi_{\mathrm{i}}^{(\mathrm{e})}(\xi)}{\mathrm{d}\xi} \tag{12.4.2-6}$$

그리고 $dx = Jd\xi$이고, Jacobian, J:

$$\mathrm{J} = \sum_{\mathrm{i}=1}^{\mathrm{N}} \mathrm{X}_{\mathrm{i}}^{(\mathrm{e})}\frac{\mathrm{d}\phi_{\mathrm{i}}^{(\mathrm{e})}}{\mathrm{d}\xi} \tag{12.4.2-7}$$

적분은 다음 변환을 사용하여 다음과 같이 쓸 수 있다:

$$\begin{aligned} K_{ij}^{(e)} &= \int_{-1}^{1}(a(x(\xi))\frac{d\phi_i^{(e)}}{d\xi}\frac{d\phi_j^{(e)}}{d\xi} + b(x)\frac{d\phi_i^{(e)}}{d\xi}\phi_j^{(e)} + \phi_i^{(e)}\phi_j^{(e)})Jd\xi \\ &= \sum_{i=1}^{nGP} w_i F_{ij}^{(e)}(\xi_i) \end{aligned} \tag{12.4.2-8}$$

$$where\ F_{ij}^{(e)}(\xi_i) = (a(x(\xi))\frac{d\phi_i^{(e)}}{d\xi}\frac{d\phi_j^{(e)}}{d\xi} + b(x)\frac{d\phi_i^{(e)}}{d\xi}\phi_j^{(e)} + \phi_i^{(e)}\phi_j^{(e)}$$

(12.4.3) 기준좌표계에서의 1차원 선형 요소 예제

① 미분방정식과 경계 조건

$$\begin{aligned} &-\frac{d}{dx}(a(x)\frac{du(x)}{dx}) = f(x),\ x \in [0,1] \\ &u(0) = 0,\ u(1) = g(1) \end{aligned} \tag{12.4.3-1}$$

② 형상 함수와 도함수 변환

$$\begin{aligned} &\phi_1(\xi) - \frac{1-\xi}{2}, \phi_2(\xi) - \frac{1+\xi}{2} \\ &\frac{d\phi_1(\xi)}{d\xi} = \frac{-1}{2}, \frac{d\phi_2(\xi)}{d\xi} = \frac{1}{2} \end{aligned} \tag{12.4.3-2}$$

③ 물리좌표계 x 변환:

$$
\begin{aligned}
x(\xi) &= x_1\phi_1(\xi) + x_2\phi_2(\xi) \\
&= x_1\frac{1-\xi}{2} + x_2\frac{1+\xi}{2} \\
&= \frac{x_2-x_1}{2}\xi + \frac{x_2+x_1}{2}
\end{aligned}
\qquad (12.4.3\text{-}3)
$$

④ $\mathrm{J} = \sum_{i=1}^{N} \mathrm{x}_i^{(e)} \frac{d\phi_i^{(e)}}{d\xi}$ 은

$$
\mathrm{J} = \sum_{i=1}^{2} \mathrm{x}_i^{(e)} \frac{d\phi_i^{(e)}}{d\xi} = \mathrm{x}_1\frac{d\phi_1^{(e)}}{d\xi} + \mathrm{x}_2\frac{d\phi_2^{(e)}}{d\xi} = \frac{\mathrm{x}_2 - \mathrm{x}_1}{2} \qquad (12.4.3\text{-}4)
$$

⑤ **물리 좌표계에서 도함수,** $\frac{d\phi_i(x)}{dx}$**:**

$$
\frac{d\phi_i^{(e)}(\mathrm{x})}{d\mathrm{x}} = \mathrm{J}^{-1}\frac{d\phi_i^{(e)}(\xi)}{d\xi} = \frac{2}{\mathrm{x}_2-\mathrm{x}_1}\frac{d\phi_i^{(e)}(\xi)}{d\xi} \qquad (12.4.3\text{-}5)
$$

⑥ **강성 행렬의 항을 기준 좌표계로 변환하면:**

$$
\begin{aligned}
K_{ij}^{(e)} &= \int_{x_1}^{x_2}(a(x)\frac{d\phi_i}{dx}\frac{d\phi_j}{dx})dx \\
&= \int_{-1}^{1} a(\frac{x_2-x_1}{2}\xi + \frac{x_2+x_1}{2})\frac{2}{x_2-x_1}\frac{d\phi_i}{d\xi}\frac{d\phi_j}{d\xi}d\xi
\end{aligned}
\qquad (12.4.3\text{-}6)
$$

⑦ **하중 벡터 변환**

$$
\begin{aligned}
F_i^{(e)} &= \int_{x_1}^{x_2} f(x)\phi_i(x)dx \\
&= \int_{-1}^{1} f(\frac{x_2-x_1}{2}\xi + \frac{x_2+x_1}{2})\phi_i(\xi)\frac{x_2-x_1}{2}d\xi
\end{aligned}
\qquad (12.4.3\text{-}7)
$$

⑧ **최종 요소 방정식 (기준 좌표계):** 가우스 적분을 사용하면 위의 적분을 다음과 같이 근사한다:

$$K_{ij}^{(e)} = \sum_{q=1}^{nQGP} w_q a\left(\frac{x_2 - x_1}{2}\xi_q + \frac{x_2 + x_1}{2}\right)\frac{2}{x_2 - x_1}\frac{d\phi_i(\xi_q)}{d\xi}\frac{d\phi_j(\xi_q)}{d\xi}$$

$$F_i^{(e)} = \sum_{q=1}^{nGQP} f\left(\frac{x_2 - x_1}{2}\xi_q + \frac{x_2 + x_1}{2}\right)\phi_i(\xi_q)\frac{x_2 - x_1}{2} \tag{12.4.3-8}$$

(12.4.4) 기준좌표계에서의 유한요소법(FEM) 코드

① 1차원 해석 코드

주어진 문제는

$$-\frac{d}{dx}\left(a(x)\frac{du(x)}{dx}\right) = f(x),\ \ x \in [0,1] \qquad u(0) = 0 \quad u(1) = \cos(1) \tag{12.4.4-1}$$

이다. 계수 및 소스 함수는 아래와 같다.

$$a(x) = e^x, \qquad f(x) = e^{(x)}(\cos(x) - 2\sin(x) - x cos(x) - x sin(x \tag{12.4.4-2}$$

정확한 해(Exact Solution)는 실제 해를 ODE에 대입하여 확인해 보자.

$$u(x) = x cos(x) \tag{12.4.4-3}$$

계수 및 소스 함수 유한요소 분할은 num_elements = int(input("Enter the number of elements: "))을 이용해서 도메인을 num_elements 개의 요소로 나누고 각 요소의 길이를 계산, 요소의 국부 행렬(stiffness matrix)와 국부 벡터(load vector)를 정의한다. 어셈블 과정은 요소별 stiffness matrix와 load vector를 전역 행렬 및 벡터에 추가한다. $u(0) = 0$는 첫 번째 행렬과 벡터를 수정하여 경계값 적용, $u(1) = \cos(1)$은 간단히 디리클레 조건으로 변경하여 마지막 노드에서 값 적용한다. 솔버는 전역 행렬 K와 외력 벡터 f를 용해 선형 방정식을 풀어 수치 근사값을 계산하고, 계산된 $u(x)$값을 그래프로 시각화 한다. 이 코드를 실행 가능한 환경에서 실행하면 정확한 수치 결과와 그래프를 확인할 수 있다.

이 문제를 통해 1차원 FEM의 기본 원리를 이해하고, 수치 해석 결과를 정확한 해와 비교하여 FEM의 효율성과 정확성을 확인할 수 있다.

```
# -*- coding: UTF-8 -*-

import numpy as np
```

```
import matplotlib.pyplot as plt
from scipy import linalg

# ODE 클래스 정의 - 방정식 정보 포함
class ode:

    def exact_solution(x):
        return np.exp(x)

    def function_a(x):
        return 1.0

    def function_f(x):
        return -np.exp(x)

    def function_g(x):
        if x == 0:
            return 1.0
        elif x == 1:
            return np.exp(1)

# 기준 구간 [-1,1]에서 가우스 적분점과 가중치 생성
def generate_Gauss_reference_1D(nGQP):
    if nGQP == 4:
        J_1D = [0.3478548451, 0.3478548451, 0.6521451549, 0.6521451549]
        Gauss_point_reference_1D = [0.8611363116, -0.8611363116, 0.3399810436, -0.3399810436]
    elif nGQP == 2:
        J_1D = [1, 1]
        Gauss_point_reference_1D = [-1 / np.sqrt(3), 1 / np.sqrt(3)]
    return J_1D, Gauss_point_reference_1D

# 로컬 구간 [a, b]로 가우스 적분점과 가중치 변환
def generate_Gauss_local_1D(J_1D, Gauss_point_reference_1D, lower_bound, upper_bound):
    J_1D = (upper_bound - lower_bound) * np.array(J_1D) / 2
    x_i = (upper_bound - lower_bound) * np.array(Gauss_point_reference_1D) / 2 +
(upper_bound + lower_bound) / 2
    return J_1D, x_i

# 로컬 형상 함수 정의
def SFN_1D(x, vertices, basis_index):
```

```
        if basis_index == 1:
            return (vertices[1] - x) / (vertices[1] - vertices[0])
        elif basis_index == 2:
            return (x - vertices[0]) / (vertices[1] - vertices[0])

def SFN_1D_deri(x, vertices, basis_index):
        if basis_index == 1:
            return -1 / (vertices[1] - vertices[0])
        elif basis_index == 2:
            return 1 / (vertices[1] - vertices[0])

# 요소 내에서 유한 요소 해 계산
def FE_solution_1D(x, uh_local, vertices):
    return uh_local[0] * SFN_1D(x, vertices, 1) + uh_local[1] * SFN_1D(x, vertices, 2)

# 강성 행렬과 하중 벡터 조립
def assemble_1D(left, right, num_elements, nGQP):
    h = (right - left) / num_elements
    nodes = np.linspace(left, right, num_elements + 1)
    A = np.zeros((num_elements + 1, num_elements + 1))
    b = np.zeros(num_elements + 1)

    J_1D, Gauss_point_reference_1D = generate_Gauss_reference_1D(nGQP)

    for i in range(num_elements):
        vertices = [nodes[i], nodes[i + 1]]
        J_1D_local, x_i = generate_Gauss_local_1D(
            J_1D, Gauss_point_reference_1D, vertices[0], vertices[1]
        )

        # 강성 행렬 계산
        for alpha in range(2):
            for beta in range(2):
                for q in range(len(J_1D_local)):
                    A[i + alpha, i + beta] += (
                        J_1D_local[q]
                        * ode.function_a(x_i[q])
                        * SFN_1D_deri(x_i[q], vertices, alpha + 1)
                        * SFN_1D_deri(x_i[q], vertices, beta + 1)
                    )
```

```
            # 하중 벡터 계산
            for q in range(len(J_1D_local)):
                b[i + alpha] += (
                    J_1D_local[q]
                    * ode.function_f(x_i[q])
                    * SFN_1D(x_i[q], vertices, alpha + 1)
                )

    # 디리클레 경계 조건 적용
    A[0, :] = 0
    A[0, 0] = 1
    b[0] = ode.function_g(left)

    A[-1, :] = 0
    A[-1, -1] = 1
    b[-1] = ode.function_g(right)

    return A, b, nodes

def main():
    left, right = 0, 1
    nGQP = 4

    # 사용자 입력으로 요소의 개수 설정
    num_elements = int(input("Enter the number of elements: "))

    A, b, nodes = assemble_1D(left, right, num_elements, nGQP)
    uh = linalg.solve(A, b)

    # 정확한 해와 수치 해 시각화
    fine_x = np.linspace(left, right, 100)
    exact_y = ode.exact_solution(fine_x)

    numerical_y = []
    for x in fine_x:
        for i in range(len(nodes) - 1):
            if nodes[i] <= x <= nodes[i + 1]:
                numerical_y.append(FE_solution_1D(x, uh[i:i+2], [nodes[i], nodes[i+1]]))
                break
```

```
    numerical_y = np.array(numerical_y)

    plt.plot(fine_x, exact_y, label="Exact Solution", color="blue")
    plt.plot(fine_x[:len(numerical_y)], numerical_y, label="FEM Solution", linestyle="--", color="red")

    # ODE 수식과 경계 조건 추가 (그래프와 겹침 방지)
    plt.figtext(0.15, 0.65, r"$\frac{d}{dx}\left(a(x)\frac{du}{dx}\right) = f(x)$", fontsize=12, color="green")
    plt.figtext(0.15, 0.5, r"$u(0) = 1, \, u(1) = \exp(1)$", fontsize=12, color="purple")

    plt.xlabel("x")
    plt.ylabel("ODE Solution")
    plt.legend()
    plt.title("Comparison of exact and FEM solutions with ODE and Boundary Conditions")
    plt.grid()
    plt.show()

if __name__ == "__main__":
    main()
```

Enter the number of elements: 3

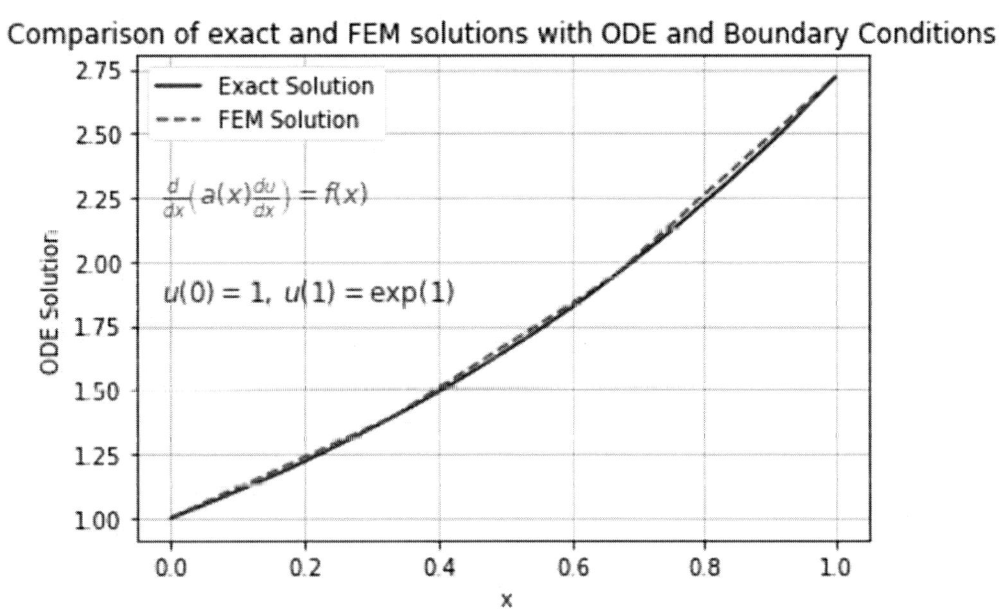

(12.5) 연습문제

① 문제 1:

유한요소법의 기본 개념을 이해하기 위해 다음 1D Poisson 방정식을 FEM을 사용해 풀어라:

$$-\frac{d^2u}{dx^2} = f(x),\ 0 \leq x \leq 1$$

풀이:

② 문제 2:

Poisson 방정식을 약형으로 변환하고 그과정을 설명하시오.

$$\int_0^1 v\frac{d^{2u}}{dx^2}dx = \int_0^1 vf(x)dx$$

풀이:

③ 문제 3:

Weak Form을 이용하여 Poisson 방정식의 해를 FEM으로 계산하라. 각 요소의 강성 행렬과 힘 벡터를 작성하라. 형상함수의 차수에 따른 결과도 분석하시오.

풀이:

④ 문제 4:

다음 Poisson 방정식의 경계치 문제를 해결하라:

$$-\frac{d^2u}{dx^2} = \pi^2 \sin(\pi x),\ u(0) = 0,\ \frac{du(1)}{dx} = 5$$

풀이:

⑤ 문제 5:

다음 Poisson 방정식의 경계치 문제를 이론해가 존재하는 $a(x), f(x)$를 선정하고 이에 맞는 경계조건을 만들고 파이썬 소스 코드를 이용해서 기준 좌표계에서의 FEM 으로 풀고 설명하시오.

$$-\frac{d}{dx}(a(x)\frac{du(x)}{dx}) = f(x),\ x \subset [0,1]$$

풀이:

⑥ 문제 6:

다음 Poisson 방정식의 경계치 문제를 이론해가 존재하는 $a(x), f(x)$를 선정하고 이에 맞는 경계조건을 만들고 파이썬 소스 코드를 이용해서 기준 좌표계에서의 FEM 으로 풀고 설명하시오. 여기에서 선형 요소가 아니라 3절점 2차 요소를 이용하시오. 이에 대한 파이썬 코딩하고 위 문제와 차이를 설명하시오.

$$-\frac{d}{dx}(a(x)\frac{du(x)}{dx}) = f(x),\ x \in [0,1]$$

풀이:

찾아보기